U1070561

知乎

有问题 就会有答案

超级学习 ①

SUPER LEARNING

思维模型

吴建平　著

台海出版社

图书在版编目（CIP）数据

超级学习．思维模型 / 吴建平著．— 北京：台海出版社，2022.8
ISBN 978-7-5168-3317-9

Ⅰ．①超… Ⅱ．①吴… Ⅲ．①思维方法 Ⅳ．① B804

中国版本图书馆 CIP 数据核字 (2022) 第 093600 号

超级学习：思维模型

著　　者：吴建平

出 版 人：蔡　旭　　封面设计：今亮后声
责任编辑：吕　莺

出版发行：台海出版社
地　　址：北京市东城区景山东街 20 号　邮政编码：100009
电　　话：010-64041652（发行、邮购）
传　　真：010-84045799（总编室）
网　　址：www.taimeng.org.cn/thcbs/default.htm
E - mail：thcbs@126.com

经　　销：全国各地新华书店
印　　刷：三河市兴博印务有限公司
本书如有破损、缺页、装订错误，请与本社联系调换

开　　本：889 毫米 ×1194 毫米　1/16
字　　数：184 千字　印　张：11.5
版　　次：2022 年 8 月第 1 版　印　次：2022 年 8 月第 1 次印刷
书　　号：ISBN 978-7-5168-3317-9

定　　价：168.00 元（全四册）

目录

02 思维方式：认知升级的关键

03 心智模型：观察、思考与行动的模型

04 思维模型：关于模型

本书如何使用

如果在阅读过程中，遇到问题，可以在微信公众号“晓布研习社”后台留言，作者会给予解答。

公众号会持续更新文章，欢迎读者积极参与互动。

从学习的角度来说，要想真正掌握知识，最有效的方法是亲自动手实践。动手设计一个思维模型，或者是做思想实验。

思维模型是最高级的思维方式，如果读者通过阅读本书，掌握了设计思维模型的方法和原理，能够搭建一个合格的思维模型，意味着你拥有了“体系化”“科学性”和“系统化”概念和思维。

本书适合以下读者：

1. 希望提升思维能力、解决复杂问题能力的企业高层管理者、创业者。

2. 对“思维”“认知”“模型”等心理过程有兴趣，人工智能领域的互联网从业者。

3. 苦于论文写作的硕士、博士研究生。

4. 希望提升“自学能力”的终身学习者。

致读者

上一本书《认知》出版之后，我一直在思考一些问题，什么是认知升级？抛开用抽象的认知心理学术语定义的解释，怎样让人们轻松理解？认知升级之后有什么行为特征？认知升级的终极目标是什么？

认知升级，是以通过提升抽象思考能力为目标，在“万物皆有模型”的思维基础上，构建知识体系，提升自学能力，完成世界观、人生观、价值观升级的过程。认知升级后的典型特征是思维方式的转变，对自己有透彻的了解，有清晰的人生目标，了解当今世界有哪些学科以及学科的作用，有适用于自己的学习方法和路径，清楚知道自己的能力范围，看事物不会停留在现象层，能够用理论指导实践，最终形成自己的理论。

认知升级没有止境，只有不同的阶段。中间目标是“提升直觉准确度”，终极目标是“提升趋势预判在不同时间尺度上的准确度”。直觉用于处理眼前的问题，趋势预判用于未来。多数人经过训练，可以达到中间目标。那么直觉准确度怎么衡量？当我们遇到问题时，能够通过直觉发现问题的关键点，如果遇到 10 个问题，依靠直觉解决了 5 个，准确度是 50%。趋势预判的准确度如何衡量？从“做正确的事”维度衡量，如果做了 10 件事，只有 5 件事在事后证明正确，准确度是

50%。时间尺度如何理解？时间单位可以分为小时、日、月、年等，尺度和有多少时间单位有关。相对人类个体而言，小时间尺度可以是1到3年，中时间尺度是3到5年，大时间尺度是5到10年，甚至更长。用通俗语言表达，类似于“关于未来，你能看多远？”这样的问题。未来有无数可能性和不确定性，人类个体的知识储备越丰富，抽象能力越高级，人从出生时就戴着用于观察世界的“有色眼镜”，能清晰地还原世界真相。

如果之前的《认知》一书是认知的1.0版本，那么《超级学习》系列就是认知的3.0版本（跳过2.0版本）。过去几年的闲暇时间都用来思考研究和“认知”相关的问题，“认知”是抽象的概念，“什么是思考”，是更抽象的概念。抽象的事物具象化的方式，除了“视觉化”之外还有写作，为什么我会认为“写作即思考”，因为写作是“将网状的三维立体信息转化为一维文字”的过程，这种“降维”的过程必然带来信息损耗，而想要将损耗降到最低，就需要“思考”。我的研究方法并无特殊之处，简而言之，首先提出一个“大问题”，例如“什么是思考”这种抽象问题，然后通过不断提出问题的方式，来驱使自己层层思考；画图可以辅助思考整理出框架和结构，例如思维导图、概念图、流程图等；最后用文字填充内容。

本书在编写过程中，遵循“MVP[1]”原则，先写出书稿原型，把部分内容发表在公众号上，在和读者互动的过程中，了解读者的痛点，回答读者的提问，再补充到书稿中，从系统性、逻辑性、实用性出发，最后整合成书稿，辅助思考的各类图表，演变成为书稿的插图。互联网时代的书籍，需要用“产品思维”打磨，使之最终成为“知识服务”的一种产品形态——书籍。因此，每一个作者都应该将读者视为“用户”，经过出版上市后，再利用公众号这类平台为读者提供“答疑”“修订”之类的服务，从而真正帮助到用户。

读者购买书籍是一种“投资”行为，如此看来，读者都是作者的“股东”。股东投资一家公司，是因为相信能带来丰厚的回报。读者阅读书籍，基于对出版社、作者的信任，相信书能给自己带来有启发、有价值的内容。我需要对“股东”们负责，尽可能写出好作品为读者带来回报。

在“超级学习”这个系列中，我把过去思考过、实践过、行之有效的，关于如何提升思维能力、如何构建知识体系的心得写出来，供读者参考。写作过程中，我也在时时反思：写的这些内容，有多少能够让读者耳目一新，获得启发？换句话说，有多少是新知？

1 MVP，最小可用产品原则。

本系列第一册以“思维模型”为主题，该思维模型能不能再优化？能不能做到通俗易懂，同时有深度？我不想写一些很快就会被时间湮灭的内容，所以，本书对我而言，具有挑战性。

如果仅仅是整理该领域已有的知识和经验，而没有一些新东西、新发现，那么就是在认知领域“知识内卷”，即低水平重复。

认知有层级，你的认知在哪一层？

“认知”是“认知科学”的术语，指的是“信息加工的过程”。当你走在路上的时候，看到交通拥堵，听到嘈杂的声音，感受到空气的温度，你会产生一些想法，无论是好的还是坏的，这些想法都是认知的结果。

当人们听到一个事件的时候，例如 2020 年某报点名批评互联网大公司在“社区团购买菜”开辟战场的事件，不同认知层次的人就会有不同的反应（认知结果）。

第一层的人会停留在事情的表面，以看一看的心态为主，多数人居于此层。

第二层的人会主动思考，为什么会点名批评？

第三层的人能够发现问题的原因。即这些大公司抢了那些菜场卖菜的人们的饭碗。

第四层的人则会从更抽象的层面来看，这起事件本质上是“公平与效率”之争。卖菜的市场份额有限，做“社区团购”这种方式并没有增加市场份额，而是改变了原有市场份额的分配方式。

通过互联网的优势，提升了“效率”，但是会有失“公平”。网约车解决打车难的问题，但影响出租车司机的收益。网约车初期价格便宜，是资本为了垄断投入巨额的补贴。当市场份额已定时，提价不可避免。

原先因为便宜而打车的人群，一旦发现网约车和出租车价格差不多甚至更贵的时候，就不会再选择打车，而是改坐公共交通。互联网巨头入局“社区团购”，也是当初“打车大战”“单车大战”的重演。

最终改变的是人们去菜市场买菜的习惯，虽然效率提升，但会让在菜场卖菜人们的收入减少。

这个案例是为了利于读者理解“认知层次”这个概念。

我曾把“人脑”和“计算机”进行类比，把“认知升级”比喻为“升级大脑的操作系统”。类比是一种人类常用的手法，是用人们熟悉的事物来阐释复杂的概念，但这样的类比容易让人误解。实际上，科学家们对于大脑的神经网络产生“意识”的过程仍然所知甚少。

“认知升级”没有“升级操作系统”那么简单。仅仅学习一些思维方法，就能“认知升级”了吗？如果是这样，人人都是解决问题的高手，都是信息加工的专家。

“捷径”这种东西真的存在吗？人类天性喜好“取巧”，某些地方确实有“捷径”，但是在学习这件事情上，并没有捷径。

古人说，书山有路勤为径。这句话在过去适用，放在今天仍适用，但应更进一步。在古代，知识掌握在少数人手里，印刷术没有发明出来之前，竹简、皮革书都是稀罕之物，完全可以列入“奢侈品”一类。所以古代读书最大的挑战是需要读者有钱，能买到竹简。既然是“奢侈品”，数量必然不会多，只需要“勤奋”即可。如今知识大爆炸，如果只知道“勤奋”没有掌握“方法”，“迷失”在知识海洋里是常态。

这里说的“方法”是，先建立“学习模型”，模型包括动机、知识、能力，通过模型，建立知识的“地图”“路径”“网络”，通过实践，转换为你自己的能力。

怎样搭建模型？怎样将“持续学习”这一行为养成习惯？怎样构建某个领域的知识体系？怎样提升解决问题的能力？怎样从“大问题”入手，提升在时间尺度上的格局，带动自己的高速成长？

这些是本书的核心主题。

01

思考的本质

当人们谈论“思考”的时候谈的是什么？看起来是个不言而喻的问题，实际上人们所知甚少。这既是一个哲学问题，也是一个现实问题。

为什么人们不爱思考

我们日常如果说："这个人有脑子"，其实是对一个人很高的评价。大脑是身体器官里的能量消耗王者，消耗占比在20% ~ 40%。有一种流传甚广但不实的说法，即许多文章提到海鞘纲动物在幼虫时，会像蝌蚪一样四处游荡，在海底寻找合适的家，一旦找到后会定居下来，从此不再需要移动，大脑因此成为累赘，为庆祝"喜迁新居"，幼虫会"吃掉自己的大脑"，这听起来像是"财务自由的人从此不用上班"一样充满喜剧气氛。实际上"吃掉的真相"是海鞘幼虫在发育中退化了的"脊索和大部分神经系统"。

动物因为有移动的需要从而演化出"大脑"，因此可以说，大脑最初的出现并非是为了思考。植物不需要移动，因而没有"大脑"。海鞘纲脊索动物和脊椎动物亲缘关系最近，在遥远的过去，海鞘类生物演化出两个分支，一个分支是海鞘纲动物，走"无脑"退化路线，另一个分支是脊椎动物，走"有脑"演化路线，后者因此占据动物界的顶端。早期人类食物匮乏，大脑为了避免能量消耗过快，逐步演化出"节能机制"，术语称为"重复抑制"，意思是大脑对于重复出现的事物，会“抑制”神经元活动，避免浪费能量，有点像“内心毫无波澜”，这种现象解释了人们为什么会“熟视无睹”“习以为常”。如果某些事物已经发现规律，或者不会对人们造成威胁，大脑会降低关注度，不占用注意力，达到“节能”效果。

大脑节能机制还包括：

1. 快速反应：遇到问题，大脑会寻找过去的解决方法，这样不需要动用资源。看见草绳，大脑预判为“像蛇一样的东西”，为保险起见，会发出“立刻退后”的指令，心理上有“吓一跳”的感觉。

2. 回收机制：不常用的记忆会定期清空。大脑存储空间有限，只存储经常使用的信息。某些信息经常使用意味着对大脑“有用”，从来没有用过的“知识”会被“势利”的大脑视为“可回收信息”。

3. 高速缓存：在一些大脑判定为危险（受到威胁、挑衅、失控等）的场景下，会自动调用内置方案。例如孩子写不出作业的时候，父母会气血攻心，脾气暴躁，随时表现出“攻击”行为。

4. 简单决策：尽可能减少判断思考的复杂度，用简单的分析方法来面对问题，例如二分法（非黑即白）、平均法（只看平均数）、规避损失（只看到坏的一面）、线性思维（按照当前的情况，线性推理未来）等。相对简单思维，如系统思维、批判性思维、抽象思维等深度思考会占用过多大脑资源，毕竟人类进入文明社会的时间在人类演化时间长河中只占很少的比例。

这些节能机制，在上古时代一直运作良好，帮助人类在几十万年间一路披荆斩棘，到人类进入文明社会后，反而成为制约发展的枷锁。得益于农业发展和科技进步，粮食产量极大提高，现代人已不缺食物，而摄入的能量过多，除了导致肥胖，还导致各种疾病。大脑显然还没适应，依然喜欢吃甜食和高油脂食物。除了食物，过去人们常面临大自然的威胁也基本消失，出门不需担心有猛虎。但人们还保留着上面所说的这些节能机制。

游戏玩家们买电脑的时候，十分注意电脑散热，如果 CPU 或者 GPU（图形处理器）过热会造成宕机，要用大功率电源，才能给主机提供稳定充足的电流。电脑游戏软件为了让场景接近真实，包括 3D 游戏人物、场景、光效，需要大量的多边形运算，这些都需要高效的算法（软件）及强劲的 CPU 和 GPU（硬件），CPU 和 GPU 内部集成了上千亿的晶体管，这些晶体管有点像大脑的神经元。由此可见，人类大脑在思考问题的时候，复杂度越高，参与运算的神经元也越多，占用的“认知资源”也越多。人的“认知资源”有限，一旦消耗完，大脑就会宕机，人会非常疲惫，有头痛的感觉，这都是大脑提醒需要休息的信号。大脑只有在充分休息后，才能补充“认知资源”。

人们使用电脑或者手机，有时会发现卡顿或者反应慢，很可能是软件算法低效导致，低效的算法会占用大量的内存和 CPU 运算资源，需要长时间和更多的能量（电量）。算法是解决问题的方法，有效率高低之分。人们在思考问题的时候，如果不懂“思维框架”“思维方式”这类思考算法，可能无法解决复杂问题，反而浪费大脑的“认知资源”，效率变低，最终感觉非常疲惫，心力交瘁，大脑同样会觉得头痛。

如果每次思考问题，都感觉到头痛，长此以往，形成“思考——头痛”“学习——头痛”这类条件反射，也是人们不喜欢思考的原因。

决策可能是思考的结果，也可能不是思考的结果。

现实中，多数人的决策受情绪影响，少数人根据理性做决策。情绪影响不需要思考，而理性需要思考。

情绪化决策，指的是在特定情境下，人在情绪的影响之下做出的决策，例如生气、悲伤、快乐、痛苦、贪婪等。情绪会让人失去理智。

回忆一下：你最近一次生气，在什么样的场景下，是否有人出言不逊，是否有人对你进行羞辱；你读到一篇文章，让你心情激动，迫不及待想要分享给他人，这时候不妨冷静一下，想一想让你认同的到底是文章渲染的情绪，还是客观的数据和缜密的逻辑推理？——小心情绪绑架。

理性决策，指的是通过逻辑推理，消除情绪的影响，用理性思考做出的决策。情绪化决策符合人类的本能，是典型的“刺激——反应”的行为表现。情绪在大脑中的优先级很高，人类演化的过程中，情绪能够帮助人们提升生存能力。

回到上面提到的那篇文章，你在平复心情之余，检查其中提到的数据是否有可靠出处，逻辑是否合理，是否用批判性思维阅读，是理性决策吗——决策“这篇文章可信度如何”。

人之所以为“人”，是因为有情绪。计算机没有情绪，一丝不苟，不会出错。但因此也无法产生真正的智能。生物能够演化，正是因为基因在复制过程中难免会出现差错，有些差错导致生物灭绝，有些差错正好适应环境，从而得到演化。如果基因复制从来不会出错，也意味着不会有“多样性”，不会产生演化分支。“进化论”中的“进化”容易让人误以为同一种生物越变越强，用“演化”更为准确。早期人类在演化过程中，有很多分支因为无法适应环境变化，例如尼安德特人、弗洛里斯人、克罗马农人等，消失在历史长河中，最后只剩下“智人”分支走出非洲。

人类属于动物界脊索动物门哺乳纲灵长目类人猿亚目人科人属智人种。灵长目动物的一个显著特征就是大部分成员都生活在树上，因为在树上可以避开凶猛的野兽。为了抓牢树干，早期人类演化出手指，为制造工具提供了最好的基础。为了更好地从一根树枝跳到另一根树枝，大脑演化出“计划”能力，在大脑中“想象”应该怎么跳，什么时候跳，这是“抽象”能力的基础。当地球的气候发生变化，非洲森林大面积消失，人类祖先不得不从树上下来，进入草原。直立行走比四肢行走更节省能量。为解决长时间行走的散热问题，逐渐褪去了毛发。直立行走的姿势减少阳光暴晒下的皮肤表面积，只留下头顶的毛发。直立行走带来的好处远不止于此，视野变得更宽阔，信息量更大，进一步促进大脑的演化，同时解放双手，可以用来制造工具。[1]

高级生命的科技文明层次体现在“能量使用”上，对火、电、核等能量的驾驭能力，代表着不同的文明层次。

人类掌握“火”的用法之后，进入一个新时代。火可以烹饪食物，肉类更容易消化，还有消毒作用，养活了更多人类；火可以驱寒、驱赶野兽，提高了人类的存活率。人类祖先部落有了增长，活动半径增加，从而增加了不同部落的基因交流概率，而基因交流又能带来新的基因变化。人类需要通过打猎获得更多的食物，打猎促进了协作，而协作促进了语言的产生。

“篝火”的出现，让祖先们可以在夜晚围着篝火讲故事，而故事则意味着人类有了抽象能力和想象能力，促进了语言的演化。

人类喜欢图像化、视觉化，有助于理解事物，文字类的抽象概念则难以理解。因此人类更喜欢具象化的事物，而不是抽象事物。短文比长文受欢迎，视频比文字更受欢迎，短文和视频不需要占用太多的“认知资源”。

“认知资源”消耗越少，大脑感觉越轻松。阅读一部小说，需要经过“理解文字、解释意义、构建场景、解读场景、预测变化”几个步骤，但是观看小说改编的电影，则只需要“解读场景、预测变化”。思考具象化事物，可称为“浅层思考”，相对应的是“深度思考”。

1　有兴趣的读者，可参阅袁越所著《人类的终极问题》、庄孔韶教授所著《人类学通论》等相关书籍。

深度思考是在大脑内发生的一种抽象而复杂的活动，它更关注事物的本质和规律。

思考费力费时费神，不能立即得到反馈。投入产出比不高，得不到多数人的欢心。相反，需要思考少的电视剧、电影、小说会更受欢迎。人们可以及时得到游戏的反馈，而学习和思考的反馈无法预期。不能立刻收到反馈的事物，人们敬而远之，例如学习等。

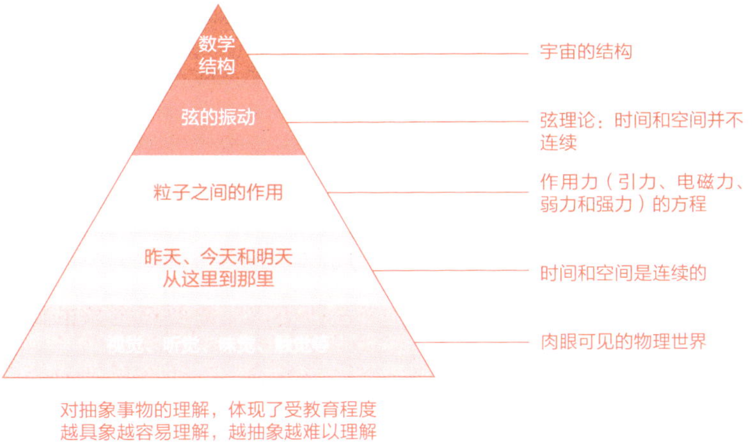

图 1-1　教育程度和抽象程度的关系

有效思考需要知识储备和思维工具，而这些并非一朝一夕能够获得。热力学第二定律表明一切事物都从“有序”往“无序”发展，从“确定性”往“不确定性”变化，文明发展越高级，事物越来越复杂。人只有不断学习才能减少“无序”和“不确定性”。“覆水难收”是最佳的热力学第二定律示例，把一杯水倒在地上很轻松，但要想把地上的水都收回杯子里几乎不可能。“思考”则是人们试图将“无序”变成“有序”的行为。

哲学上有个名词称为“概念”。

A. 你知道什么是概念，能清晰地定义“概念”吗?

B. 能向一个 8 岁的孩子说清什么是“概念”吗?

C. 能自己定义新的概念吗?

越具体的事物越容易理解，越抽象的事物越难理解。教育程度和对抽象的理解程度之间呈正相关。对抽象事物的理解程度，体现了受教育的程度。人在理解抽象概念的时候，往往会从自己大脑中已有的知识库中先行搜索对比，然后和已知的事物联系起来，这种方式可称为“类比”“比喻”。“费曼技巧”适合检验学习成果，是因为，向一个 8 岁的孩子讲解抽象的概念，必须用孩子能听明白的事物（在孩子掌握的知识基础上）来进行类比。需要把抽象的概念翻译成孩子能理解的具象的事物。类比越准确，说明你对抽象概念的理解越深刻，越接近本质。

例如和孩子试图说明什么是“圆”。圆的定义是:“在一个平面内，一动点以一定点为中心，以一定长度为距离旋转一周所形成的封闭曲线。”这样描述，孩子一定听不懂，因为孩子缺乏“平面”“曲线”“距离”等名词的基础知识，但如果说“圆，看起来像车轮、月饼”，孩子就能理解。科普书籍能基于普通大众的知识储备讲解抽象的科学知识，里面会有大量的类比，能和生活中的事物联系起来；一个人的受教育程度越高，大脑中掌握的概念越多，可联系的范围则越广，对于抽象概念的理解则越为容易。

胡思乱想不等同于“有效思考”，想象、概念、范畴、结构、规则、符号、逻辑、关系、言语、图形都是用于思考的元素。和直觉、感觉等相反，需要“消耗认知资源”的认知过程，都可称之为思考。

有效思考有以下特征：

1. 有目的：思考需要有明确的目的，例如针对某个具体的问题，越具体越好。

假如思考的问题是：“为什么我没有及时提交书稿？”

不妨换成“为什么没有达成 6 个月内完成 30 万字书稿的目标？”

在思考“30 万字目标”这个问题时，先回顾每天在这件事情上花费了多少时间。6 个月完成 30 万字，预计要写 40 万字，再进行删减、修改。每个月需要写 7 万字，每天需要写 2500 字。目标经过分解之后，有可能实现。

为什么每天没有写到 2500 字，因为有其他事情占用了写作时间？还是因为写不出内容？或者说缺少写作的动力？

2. 以客观事实为主：客观事实是指在时间和空间中存在的事物、现象和过程，它是一种本体意义上的范畴，无所谓对错之分，不以人的意志为转移。

主观：“今天很热。”

客观：“最高气温 35 度。”

3. 理性判断：理性判断指的是在做决策时，能够避免情绪的影响做出的决策。

想做到理性判断，要避免负面情绪左右自己，例如愤怒、贪婪、饥饿、恐惧、懒惰等。

4. 关注本质发现规律：本质指事物本身所固有的根本属性，它对事物的性质、状况和发展起决定作用（跟“现象”相区别）。

比如写作的本质是一种艺术创作。要想提升创作能力，就需要学习相关的文学史、艺术史，以及拥有足够多的知识储备，最为重要的是不断地进行写作实践。

比如教育可以分为“教”和“育”，“教”是传递知识，“育”是培养人格。所以教育的本质是一种通过传递知识培养人格的社会活动。“学问”包括“学”与“问”，学会提问是积累学问的基础。当我们看到熟悉的词语时，不妨试试“解字”，可能会有新的认识，这个过程也是思考。

思考本质能够提升抽象能力。对事物进行抽象考虑，能提升思考能力。人们看到加菲猫、英短猫、暹罗猫、橘猫、波斯猫，脑海中会浮现出“猫”的范畴，同理，看到 A 问题、B 问题、C 问题时，能够“抽象”出这些问题的共性。

人总是喜欢发现规律，因为有了规律之后可以在下次面对同样的事物时，快速反应，避免思考。发现规律的步骤通常包括：观察事物、记录过程、整理经验和数据、分类和比较。

5. 关注事实：客观事实是不以人的意志为转移的。在思考的过程中，注重事实和真相，而不是关注观点，被观点所左右。

事实是可以被证明是“真或假”的，观点却无法被证明，它是说话者内心的看法，别人只能同意或反对，既无法被证明是“真”的，也无法被证明是“假”的。

在传统的教育体系里，没有特别区分观点和事实。多数人也不会刻意分辨，因而常常导致观点和事实混淆在一起。

A. 我喜欢吃橙子（观点）。

B. 橙子是一种水果（事实）。

现实世界里遇到的实际问题会更复杂，要区分事实、观点依然不易，人们需要有意识地训练自己这方面的能力。

“网络上有许多人反对‘996’的工作方式，但也有很多人努力想进入这样的公司工作。”

这句话是观点还是事实？为什么？

“有超过80%人反对‘996’的工作方式，但还是有80%的人想进入提倡‘996’的公司工作。”

这句话是观点还是事实？为什么？

“对网络数据抽样调查显示，有超过80%的人反对‘996’的工作方式，但还是有80%的人想进入提倡‘996’的公司工作。”

这句话是观点还是事实？为什么？

有哪些特征可以帮助区分呢？

A. 事实没有“对与错”，只有“真和假”。

B. 事实的可验证性分为“可验证且显然”“可验证、不显然”“不可验证”。

看到某个观点时，下面这些问题有助于理性判断：

A. 我看到的这段叙述是真的吗?

B. 它会改变我对事物的看法吗?

C. 它会影响我的行为吗?

D. 提出这段叙述的人有没有什么意图? 这段叙述能帮助他们达到自己的目的吗?

E. 他们有可能省略某些事实吗?

F. 他们提出的证据可靠吗?

G. 同样的事实或数据，可能用其他方式来表述吗? 如果换个方式，意义会不会改变?

H. 这段叙述的立论根据，是对方出于道德和金钱价值的主观判断吗?

事实有真假，观点无对错。

6. 有理有据，有输入有输出：输入输出是指有理论支持及客观事实作为依据，并且进行认知加工，得出结论，通过文字和语言进行表达的过程。

思考的过程是对信息加工的过程，把理论和事实依据作为信息输入，输出的结果才客观、有效。

如果缺乏足够信息的情况，人是很难做出有效判断的。企业决策者在面临选择时，首先考虑的不是尽快下结论，而是首先“检查”手中掌握的信息是否全面，是否缺失关键信息。

7. 运用工具解决复杂问题：指在处理信息过程中，能够运用归纳、演绎、分析、综合、评价等高级认知能力。

运用思维工具和思维模型解决复杂问题，掌握的方法越多，解决复杂问题的能力越强。

运用视觉化图形表格辅助思考，可发现事物之间的联系、因果关系、时间关系、空间关系等。

运用工具能够分辨出事物之间的联系，是相关关系还是因果关系，多数人容易把“相关关系”误认为“因果关系”。

小结：

1. 多数时候人们以为的思考更多是在提取记忆。
2. 大脑的节能模式使人们不爱思考，是一种制约。
3. 区分事实和观点，是独立思考的基础。
4. 好奇心是思考的出发点，请保持好奇心。
5. 养成凡事先问“为什么”的习惯。

人类如何思考

这看上去是一个不太好回答的问题，为什么要思考“人类如何思考”这样的问题？

除了人类学家、哲学家、认知神经科学家、认知科学家之外，人工智能领域的专家们也对此很有兴趣，如果想设计会思考的机器——AI（人工智能），这是个无法绕过去的问题。

如果想学习如何构建知识体系和提升思考能力，也绕不开“人类如何思考”这个问题。

在“科学为王”的时代里，科学家创造了无数奇迹，但依然没有解开神经元如何产生意识的问题。

哲学家们很早开始思考这类问题，叶浩生教授在《具身认知的原理与应用》一书中指出：“柏拉图把身体和灵魂对立起来，认为身体充满了肉欲、情色等使人分心的东西，因此成为思维和认识的障碍。在哲学实践中，为了摆脱肉欲的干扰，就要远离肉体，甚至要‘消灭肉体’，以解放灵魂。亚里士多德、奥古斯丁、笛卡尔、洛克和康德等人的哲学思想都受到这种二元论思想的影响。

“17 世纪，笛卡尔从认识论的角度对身体和心智的关系进行了深入思考。他视身体仅仅为心智的一个观念。身体是物质的，但是身体的物质属性是通过心智中的观念实现的：当我们的意识指向身体时，身体就变成了一个物质实体，成为认识的对象；当意识转向其他事物或者意识自身时，身体就从意识视野中消失了。笛卡尔区分了两种实在，即物质实在、思维实在。心智、意识、认知等思维实在在数量化的物理世界中没有位置，其功能完全是自主的。物质占有空间，可以无限分割；思维则不占空间，是不可分割的。包括大脑和神经系统在内的身体属于物质实在，而各种思想、欲望、意志和情感等属于思维实在。思维由于其自主属性，因而不需要任何物质空间，也不需要依赖于任何物质形式。”

从认识论的角度出发，笛卡尔认为人们可以怀疑包括身体在内的一切物质存在，但是却不能怀疑作为过程的思维存在。

什么是“我思故我在”

“我思故我在”体现了思维第一性和身体次要性的原则。

笛卡尔这个证明过程是一个很天才的想法。首先他因为“知识存在真假难辨的情况”，所以从怀疑一切开始。

我在一个房间里，看见了面前的笔记本电脑，听见了笔记本电脑正在播放的音乐，手开始在键盘上敲下这段话，看上去一切如此真实。但是我们都知道，我们的感官容易受到欺骗。

我们都做过梦，梦里难分真假。也许现在正是一场梦，怎么证明眼前的一切是真实的呢？所以这也是可以怀疑的。

由此我可以推论，我认识的人、生活的环境、学过的知识、爱过的人，都可能是假的，整个世界甚至宇宙都可能是假的。

当我通过这种方式怀疑一切的时候，只有一件事——“我在怀疑”这件事是真的。我可以怀疑一切，但是我不能怀疑“我在怀疑”这件事。因为我对“我在怀疑”的怀疑恰恰证实了我在怀疑的真实性。

在笛卡尔看来，怀疑也是一种思想。因而我们可以说，“我在思想”是一个无可置疑的事实。显然，我在怀疑，我在思想，必然有一个在怀疑在思想的“我”存在。因为说某个东西在思维着，而它在思维时却又不存在，这是自相矛盾的。换言之，怀疑必然有一个怀疑者在怀疑，思维必然有一个思维者在思维。

笛卡尔这句话的意思就意味着：“我思”才有“我”，而“我思故我在”的重点不在“在”，而在“我”。

这个“我思故我在”的“我”，是一个心灵实体，这个心灵实体的本质乃是“思”——这个思指的是一般的意识，包括了“思考”。这个“我”不需要依赖任何地点和物质性的东西。

这个论证过程放在《第一哲学沉思录》里，从书名就能看出，笛卡尔把“我思故我在”当作哲学的第一性。

注：亚里士多德创建了“第一哲学”。这里的“第一”指的是顺序上，相对“物理”“数学”而言。如果我们要追溯事物的本源，那么就可以从事物的表象、行为一直追溯到物理、数学上，但亚里士多德认为“自然学”（物理）、“数学”都不是“第一”，在物理和数学之前，还有一个“第一”的哲学，即“第一性原理（原则）”。古人认为组成世界的元素有“水”“火”“气”等，但都难免被追问“前面还有什么‘先在者’？”

自笛卡尔以来的西方文化思想大多接受了这种二元论，视身体为一个物质对象，而自我或心智则是一个非物质性的、虚无缥缈地渗透在身体之中。

二者的关系有如船夫和渔船的关系，船夫寓居于渔船之中，驾驶着渔船。心智驾驭着身体，指挥着身体的运作，但是身体对心智则没有实质性的影响。

如今人们都知道，意识由大脑中数十亿神经元产生。也意味着，“意识”和“身体”两者是一体（“灵魂”一词，如今依然活跃在宗教和文学中）。

这些简单的神经元是如何产生“我存在”的主观体验的？至今仍是未解之谜。

如何向外星人介绍什么是“苹果”

辅导过作业的家长都经历过这样的场景：

孩子（一脸委屈）：这道阅读理解的题目我不会做。

家长（无名火起）：你为什么不思考一下呢？

孩子（一脸茫然）：什么是思考啊？

家长（哑口无言）：……

“什么是思考？”这是一个非常好的问题，对于“思考”“爱”“幸福”“美”等熟悉得不能再熟悉的概念，看似简单明了，但并不容易向孩子解释清楚。

也许你会说“思考是思维的一种探索活动”，那么：

1. 什么是思维？

答：思维是对新输入的信息与脑内储存的知识经验进行一系列复杂的心智操作的过程。

2. 什么是心智？

答：心智是一个人过往获得的一切知识和经验的总和。

3. 什么是知识？

答：这个问题是哲学的大问题，目前公认“知识是明确证实的真信念”。

4. 什么是经验?

答：经验是人们在同客观事物直接接触的过程中通过感觉器官获得的关于客观事物的现象和外部联系的认识。

按照这样的方式，还可以追问“什么是信念”“什么是客观”“什么是现象”，上升到哲学问题。

从“定义”的角度解释“什么是思考”，结果会越来越复杂，引申出一堆新问题。

试试换个角度看问题。

有人说“思考是进行分析、综合、推理、判断等思维活动”，这样说来，思考是理性的。那么，“只有理性是思考吗？”

如果只有理性才是思考，机器没有感情，只有理性，那么“机器会思考吗？”别笑，这是一个很严肃的问题。人工智能专家还有认知科学家都在认真思考这个问题。

如果“理性是思考的全部”，那么“想象力”是思考吗?

如果“想象力”也是思考，那么可以说明“理性并非是思考的全部”，也意味着“思考是进行分析、综合、推理、判断等思维活动，”这样的定义有失偏颇。

因此，你可能会无奈地告诉孩子：思考就是动脑。不过，对于孩子来说，“动脑”是一个更难理解的概念。孩子能理解“动手”，因为能看见手在动，但是无法看见“动脑”。

这又引出新问题：“我们如何理解那些从未见过的事物？”

假设有一天，有个外星人来到地球，在几十亿人群中，选择和你交朋友。

外星人学习能力很强，很快掌握了和你交流的语言。你很想知道外星人对于“苹果”这种水果的看法。但是外星人没有见过苹果，你手头正好也没有苹果的任何图片或者实物。

你要怎样才能让外星人准确理解“苹果是什么？”这里说的“准确理解”是指外星人在看见“苹果”的时候能认出来，不会把西红柿误认为苹果。

你博学多识，告诉对方：“苹果是蔷薇科苹果亚科苹果属植物。”在对方一脸茫然的表情下，你不得不尝试进一步进行说明。

苹果的外形是圆的，像小皮球一样大小，是看上去很饱满的一种可以吃的东西。苹果颜色有多种，例如红色、青色、黄色。苹果表面有鲜红色条纹，果肉呈黄白色，果肉在空气中氧化后会变黄。

你还可以进一步介绍吃下去的口感和味道，甚至从植物学角度描述果皮、果肉、果核，从经济学角度描述种植苹果对于贫困山区的经济收益，从社会学角度描述苹果在社会和人际关系中情感象征上的寓意。

经过你的解释，外星人能理解吗?

这个假设的故事说明了我们对于没有见过的事物，理解起来会很有难度。外星人需要达到接近你对“苹果”的理解，意味着你所有关于“苹果”的介绍不能超出外星人的知识储备。

机器会思考吗

现代的人工智能很强，在棋类竞技比赛中打遍人类无敌手。人工智能的图像和视频美颜功能强大，人脸识别的准确率高，无人驾驶越来越高级。

但这些人工智能依然属于“弱人工智能”。现在的人工智能以“深度学习”算法为主。“深度学习”借鉴了人脑神经网络、统计学、应用数学的知识，“学习”是从无数个样本中寻找特征，从而“学习”到可以准确地标识、筛选出事物的程度。

机器可以识别出“人”“动物”“植物”等，但无法理解“什么是人”。人类轻而易举可以办到的事情，对于机器却困难重重。

人类的“学习”包括分类、识别、理解、实践等过程，而机器目前依然停留在分类、识别的有限程度上。

人工智能目前最大的问题还是在于“鲁棒性”——即在遇到设计之外的意外情况时，系统是否能够有有效运作的能力。

美颜算法出错，或是推荐内容不符合喜好，都是无伤大雅的错误。但在无人驾驶汽车上，只要出错，就会事关人身安全。

人工智能如果想获得突破，需要深刻理解时间、空间，以及不同领域的因果关系。

人类想要制造出“和人一样的机器人”，除非认知神经科学家解开了“大脑神经元如何产生意识”的问题。如果真的有一天制造出来，就会面临一个更大的问题：“什么是人？”这又成为“机器人和人类”之间的伦理哲学问题。

认知科学有个概念叫作“认知偏差”，其中包含“知识的诅咒”。[1]

“知识的诅咒”，指的是拥有更多知识的人潜意识里会认为他人掌握的知识和自己一样多，没有站在对方的角度去思考对方的理解能力。

如同开头提到的孩子提出的问题“什么是思考”，人们会不由自主地认为孩子会和成年人一样遵守人类社会的“规则”。

当年迈的父母拿着智能手机转发文章，把所谓的养生知识发到“一家人”群里的时候，你会不会觉得不可理解？当父母除了打电话和发消息之外，不知如何使用智能手机的其他功能时，做儿女的你会觉得是自己的问题吗？

工作中这样的事例也不少，尤其是技术人员和业务人员之间的沟通问题，也是“知识的诅咒”的一种表现。业务人员认为技术人员总是说着让人听不懂的术语，技术人员同样认为业务人员水平太低。

除此之外，“外星人理解苹果”的故事说明人类对于世界的认知也是模糊的、易出错的。

由此推论，没有任何一种定义能够完整概括事物。

---

1 知识的诅咒，援引自科林·法瑞尔·卡梅勒（Colin Farrell Camerer）、乔治·列文斯坦（George Loewenstein）和马丁·韦伯（Martin Weber ）的论文《经济环境中的知识诅咒：一项实验分析（The Curse of Knowledge in Economic Settings: An Experimental Analysis）》，此文刊登于《政治经济学杂志（Journal of Political Economy）》1989 年第 97 期，在本杂志的第 1232 至 1254 页。

哲学有一部分作用，是对我们那些“自认为熟悉和理解”的抽象概念进行深入探索。例如，“什么是美？”从某种意义上来说，哲学家的思考并非是为了寻求问题的答案，而是引申出更多有意义的问题。

哲学的贡献并不在于给出问题的答案，而是不断提出新问题。历史已经证明，无论是科学还是哲学，问题的答案不一定是正确的。

我们对于“思考的目的”的理解依然存在误区。思考不是在寻求答案，而是针对问题本身不断地问问题。如果思考仅仅是为了找出答案，那么这个找出来的答案是真的答案吗？

单纯地围绕着问题本身不断地提出问题，这是对问题本身的探索，是我们所说的“思考”。直到问题问到根源上，或者是问到“人类知识的疆界”这个程度，才意味着可能会有新的突破，这是哲学思维。

有一种称为“涌现”的理论——即把大量简单的事物组合在一起互动，造就无法预知的复杂形态的现象。

“涌现”理论的主要奠基人约翰·霍兰德（John Henry Holland）在《涌现：从混沌到秩序》一书中这样描述“涌现”现象：

在复杂的自适应系统中，“涌现”现象俯拾皆是：社群、神经网络、免疫系统、互联网乃至世界经济等。但凡一个过程的整体行为远比构成它的部分复杂，皆可称为涌现。

“涌现”理论中的“部分”可能也是一个“复杂”的个体。这些“个体”组成另一个“整体（系统）”的时候，可能会展现出级别更高的复杂度（也可以理解为无序度、不确定性）。

神经网络是由具有各种相互联系的单元组成的集合。每个单元具有极为简化的神经元的特性。

从表面上看，神经元显得异常简单，它对众多的输入信号的响应是通过沿着它的轴突发送出一串电脉冲（告诉另一个神经元它的兴奋程度）实现的。只有当我们试图准确地刻画它是怎样反应的、这种反应是怎样随时间变化的，以及它又如何随着脑中其他部分的状态而变化时，才真正会遇到神经元内在的复杂性。

单个神经元的行为通常远不止那么简单。

组成互联网的“个体”真的简单吗？人是互联网的组成部分，人简单吗？

“涌现”理论中个体的“简单”，只是人们“认为”的简单。

认知的核心：范畴化

先暂时忘记神经元的互动如何造就“意识”的问题，毕竟知不知道这个并不会影响工作和生活。

思考属于“认知”范畴，接下来，认知是人类大脑处理外部信息的心理过程。

如果说“人类认知的核心是类比”，看起来和“人类认知的核心是范畴化”相比，似乎“范畴化”更专业一些。实质上，这两者是一样的。[1]

“类比”是一种推理，是人类无时无刻都在使用的思维方式。

为了更好地体现专业性，从现在开始，我用“认知”替换“思考”。

认知是人类大脑处理外部信息的心理过程。

如果说“人类认知的核心是类比”，看起来和“人类认知的核心是范畴化”相比，似乎“范畴化”更专业一些。实质上，这两者是一样的（认知科学家侯世达写了一本900页的书来证明）。

“类比”是一种推理，是人类无时无刻都在使用的思维方式。

当我说“猫”这个字的时候，你脑海里是不是会想起“有四肢和尾巴、胖乎乎、毛茸茸、宠物、可爱、昼伏夜出”这些特征。这是大脑对“猫”这个概念的认知，也可以称为“范畴”（在这里，可以把概念和范畴作为同义词理解）。

把事物依据相似性归类到某个范畴的过程称为“通过类比进行范畴化”。范畴化是抽象思维的一种心理表征，好处是简化认知复杂度，加速推断。

有人说自己感冒了，你脑海里可能会浮现出“多喝热水”四个字。天冷了，多喝热水；肚子不舒服，多喝热水；发烧了，多喝热水。

“多喝热水”是一个范畴。

1　延伸阅读：美国认知科学家侯世达（Douglas Richard Hofstadter）所著《表象与本质》。

如果没有范畴化，向朋友介绍“我有一只猫”的时候，需要这么说：“我有一只长着圆脸、胖乎乎、毛茸茸的宠物，它昼伏夜出，走路的时候把爪子收起来避免发出声音惊动猎物，你要不要来看看？”

当你在路边看见一只流浪猫，在猫咖看到加菲猫，在电视里看见“汤姆”和“杰瑞”，在网络上看见一张猫的图片时，都会把这些归类到“猫”的范畴中。

当朋友说你是“夜猫子”的时候，你知道对方是在说你“昼伏夜出，像猫一样”，而不是真的说你是一只猫。

把像猫一样的东西称为“猫”，这并不是无谓的取乐。称为“猫”，是把它归入记忆中已经存在的某个范畴。

这样做是为了获得许多额外的信息，诸如它喜欢蹭鞋子、发出喵喵的叫声、柔软无骨、高冷、白天睡觉、晚上活动等。一旦将该实体归入猫的范畴，就可以通过推断获得类似信息，你甚至不需要直接去观察猫的上述特征。

为了寻找规律，人类需要将现在发生的事和过去发生的事进行对比，时刻把握已有经历和当前情况的相似之处，并以此帮助我们理解新事物。而对比时产生的一串串类比，是形成思维的关键。

学习了“涌现”理论，从此看见蚂蚁出入蚁穴，会想到“涌现”；看见蜜蜂在空中飞舞，看见深海中的鱼群，也是如此。

当你见过暹罗猫、蓝猫、橘猫、布偶猫、加菲猫、波斯猫甚至更多的猫之后，脑海中“猫”的范畴半径会越来越大。对“猫”的认知也会越来越深刻，能轻易地在脑海中建立猫的“分类树”，可以当之无愧进入“猫类专家”级别系列。

1. 高级范畴化。

即使是那些很熟悉的概念，也可能会让我们有所犹豫。

麻雀是鸟，鸽子是鸟，猫头鹰是鸟吗？企鹅是鸟吗？鸡是鸟吗？蜂鸟是鸟还是蜂？

请试着给如下事物归类：

一张摄影师拍的蜂鸟照片。

喜马拉雅山下的鸟类骨架。

一段鸟鸣的录音。

深圳南澳岛上大鹏展翅的雕塑。

语境对范畴的影响也很大。喜欢户外的人可能去过马峦山，农家乐有走地鸡（即使这些肉鸡在农家院子里只走了7天），在这种语境下，鸡是“食物”范畴。爬山累了，脑海中想得最多的是在农家吃上一餐柴火烧“走地鸡”，而不是生物意义上的“鸡”。

一个男人在公司里是“CEO”，在同学聚会上是“同学”，在家里则是“父亲”，在学校老师眼里成了“家长”，在餐厅里则是“顾客”……清单可以无休止地继续列下去。

一本书属于什么范畴？仅仅属于“书”吗？书在学校里是“教材”，在书店是“商品”，在废品回收站成了“废品”，在桌子不平垫在桌脚下的时候是“桌脚垫”，在咖啡厅则是“装饰”，在送人的时候是“礼物”。

哲学史是放在“哲学”科目下，还是“历史”下？

社会心理学是“社会学”范畴，还是“心理学”范畴？

一篇关于“人类智慧起源及发展”的文章，是归到“人类学”“历史”“认知科学”“考古学”“认知升级”“思维方式”“语言学”“符号学”“人工智能”中的哪类呢？

你也可以把上面这些事物都归类为多个范畴，就像笔记可以有多个标签一样。但这样可能会造成“范畴”的有序度降低——事物总是朝着熵增的方向发展，如果你不想多费力气。

“范畴化”具备模糊性，正是模糊性、相似性让人们可以灵活自如地运用，成为认知的核心。

困扰家庭主妇的一大问题是“今天买什么菜”，在写字楼上班的打工族也会纠结“今天中午吃什么”这样的烦恼，最终大家都会依照习惯和喜好来决定。这些“习惯”和“喜好”，就是不同的范畴。

当“共享汽车”出现时，创业者会通过类比创建“共享单车”“共享充电宝”“共享雨伞”“共享照片打印”等项目。

类比可分为“浅显类比”和“深层次类比”。

浅显类比在日常生活中比比皆是。如上所述的例子，而这些都是我们在生活中不知不觉应用的。

你和朋友见面打招呼，“最近怎么样？”“还行。”出于对保持友谊的需要，你大概率不会追问“什么是还行？”“还行”这种模糊度极高的词语在这里是一种双方心照不宣的默契。

这是通过用自己的“还行”类比对方的“还行”来达到理解对方的目的。

在工作上遇到问题的时候，会不自觉地在脑海中寻找类比——上一次是怎样解决这样的问题的。

人类对原子结构的理解，是通过用“太阳系行星模型”来类比“原子结构模型”。

物理学家做出的伟大发现，也是通过类比发现。“四维空间”类比于“三维空间”，“电子是波”类比于“光子是粒子”，“矢量玻色子”类比于“光子”。

爱因斯坦为什么选择研究物理而没有选择成为数学家，因为他发现数学分支太多，“其中任何一个都可以吸走时间赋予我们的短暂生命”，这里的“吸走”很形象地让读者产生一个类比。就像是中国古代神话《聊斋》中的狐狸鬼怪“吸走”人的“精气神”一样。

爱因斯坦通过类比“经典力学实验”在脑海中做“物理学思想实验”。他把“力学”的概念类比扩展到“物理学”概念，从而发现了“狭义相对论”“广义相对论”。

爱因斯坦的“吸走”是浅层次类比，而“广义相对论”则是深层次类比的结果。

2. 模糊的范畴化。

可以说，人类“范畴化”的模糊性，是当今人工智能进步的核心原因。

20世纪的人工智能实质上是“伪人工智能”，过去称为“专家系统”，这是什么意思呢?

假设需要设计一个“能够与人对话”的计算机程序，为了让计算机表现起来像“人”，最简单的方法是把“世界上所有的对话”都输入电脑里，加上一些规则和逻辑判断。

“世界上所有的对话”需要语言专家来设计。计算机会根据人们输入的语句在系统中查找“预置的规则”。一旦人们问出一个系统里没有的“语句”，计算机则会告诉你“无可奉告”“抱歉，我没明白你的意思”。

这样的系统被称为“专家系统”，是一种过去的思路。

这样的计算机不具备学习能力，因为计算机内部完全遵循严格的逻辑，程序无法处理“模糊性”。

所以，如今的人工智能依然算是“弱人工智能”，利用的是“神经网络”算法，模拟人类大脑神经网络的机制——这是深层次类比。

前面提到，人类依然没有解决“神经元网络如何形成意识”这个难解之谜，所以，人工智能专家依然是在“接近人脑”这个层面探索。

不精确、不可靠、易出错，是人类大脑的特性。论计算的速度，人脑远远不如计算机，但正是这些看起来像是“弱点”的特性，让人类的进化有了无限可能。

从微观的粒子到宏观的宇宙，从“三人成众”到复杂社会，人类正是使用模糊、抽象的类比来理解所有现象。

对现象进行类比，首先要建立范畴。

知识与能力

1. 什么是知识。

知识是一个抽象概念。哲学上的认识论、知识论、理解论都围绕着“知识”展开。研究知识的知识被称为“元知识”——也可理解为“关于知识的知识”。

从古希腊的哲学家开始，一直有学者研究和定义知识。

苏格拉底的名言是“美德即知识”。柏拉图首先提出了什么是知识的定义。他说，知识就是得到了证实的真的信念。由于他是在《泰阿泰德篇》中给出知识的定义，所以什么是知识的问题，在西方哲学中又称为“泰阿泰德问题”。

《现代汉语词典》中将知识定义为：“人们在改造世界的实践中所获得的认识和经验的总和。”

《韦氏大词典》中知识的定义：“知识是人们通过实践对客观事物及其运动过程和规律的认识，是对科学、艺术或技术的理解，是人类获得关于真理和原理的认识的总和。”

《泰阿泰德篇》对知识的定义："知识是得到证实的真的信念。[1]"

这句话表明知识三要素："信念、真、被证实的"。[2]——即知识是信念，是真的信念，是经过证实的信念。

信念是信任或信赖一个人或一件事物的心智行动、状况或习惯。

这是知识的第一个条件。这意味着，知识一定是信念。就人们所能够确切地知道的，知识是人类的知识，或者说任何知识都必须是认识主体所能够把握或相信的。

"地球围绕太阳公转"首先是一个信念，开始可能有人会赞同这个信念，但后来经过天文学家证实后，成为大部分人都相信的一个真信念，因此这是知识。

但是有的信念不一定是知识。

"上帝无处不在"也是信念，西方有很多人相信，但是因为无法证实（证伪），所以不能算知识。

对知识的研究离不开分类，人们对知识的认识，就是一部知识分类史。

培根根据"能力"把知识分成三大部分：

1　由兴趣的读者，可参阅牛津大学古典哲学教授特伦斯·埃尔文所著《柏拉图的伦理学》。

2　爱德蒙·盖特尔（Edmund L.Gettier）在1963年第6期的《分析》杂志上发表了文章《证实了的真的信念是知识吗？》对传统的这一知识定义发起了攻击．在他看来，显然证实了的真的信念不是知识。有兴趣的读者可参阅北京大学哲学系胡军教授所著《知识论》，这篇文章曾引起哲学界旷日持久的争论——准确定义知识的要素，还缺了什么要素，才能构成对知识既必要又充分的定义？当然也有哲学家反对盖特尔的论证。但对于非学术界的人们来说，传统的知识三要素已经足够人们去理解"什么是知识"。

A. 对应记忆力的学科是历史。

B. 对应理解力的是哲学（中世纪时把科学也归入哲学）。

C. 对应想象力的是诗学（包括文学艺术和美学）。

把人类全部知识分成三大类：

A. 外界自然（1 ～ 40 门类，包括天文、气象、地理等）。

B. 人类自身（41 ～ 59 门类，包括人体构造、体力、行为等）。

C. 人类对自然的作用（60 ～ 130 门类，包括医学、化学、技术、艺术，以及衣食住行、写作、印刷、农业、航海等）。

分类的方法代表了提出者对事物的认知程度。

迈克尔 · 波兰尼（1958 年）提出了“隐性知识”和“显性知识”分类。“隐性知识”指的是无法（难以）用语言或者文字、图像等任何媒介准确表达出来的知识。“显性知识”则正好相反。

SECI 知识转化模型（野中郁次郎，1995 年）提出了知识转化的模型，包括知识的外化、内化、汇总化、社会化。

OECD（经济合作与发展组织，1996 年）把知识分为四类：事实知识、原理知识、技能知识、人际知识。

还有一些知识分类方法，限于篇幅不一一列出和细说。

知道知识的分类，对于我们有什么用？

知识分类的作用是在心理表征层面建立范畴，对一个事物的分类了解得越多，意味着你对该事物的了解越深刻。除了分类，还包括事物的抽象层级，抽象的程度越高，意味着通用性越高。

有些需要死记硬背的知识，不用刻意去学习。这类知识多数以

“陈述性知识”呈现，例如“拉斯维加斯的经度和纬度”“2020 年英国有多少人口”。这些知识，应当是在人们需要的时候，通过查找和搜索获得即可。

我不喜欢记忆“陈述性知识”，除非要应对考试，否则会占用大脑存储。所以多数时候，阅读书籍我会忽略这部分内容，这样可以给大脑做减法，减轻记忆负担。

一家企业或一个人的成功无法复制的本质原因是，“隐性知识”包含了成功的重要因素，而我们无法获得的恰恰是这部分知识。

有本书里说“能够改变你的行为的知识才是知识”，这种定义非常不严谨，容易误导读者。一个人的行为是否改变，根源在于这个人是否真的理解把某个知识当成信念，从而做出改变。不能因为没有做出改变而判断某个知识就不是知识。

“地球围绕太阳公转”是知识没错，但是人们需要做出什么改变？有太多人理解后并不需要做出改变的知识。

客观的说法应该是“衡量一个人是否真正理解某个知识，标准在于这个人的行为是否根据知识做出改变”。

“坚持科学健身能够提升一个人的魅力”，这是一个信念，是一个经过证实的真信念，因此是知识。但是并没有很多人因此开始健身。

因此，“能够改变你的行为的知识才是知识”这句话是作者的信念，因为可以证伪（这样的例子举不胜举），所以不能算“知识”，可以称为“观点”。

2. 什么是能力。

能力的定义是：生命体对自然探索、认知、改造水平的度量。

从定义中可以看出，能力和“实践”（探索、认知、改造）有关，是完成某事的水平的度量。

那么，什么是“实践”呢？

实践的定义是：人们能动地改造和探索现实世界一切客观物质的社会性活动。

在实验室里做化学、生物、材料实验都是实践工作；在社会中进行工作的也是社会实践，例如在工作中解决问题等。

假设有一个人作为观察者A，另一个人作为实践者B。那么在A看来，B必须要有活动才称得上是“实践”。

一定要和外界有交互（社会性活动）才叫实践吗？

思想实验算不算实践？爱因斯坦在大脑里用思想进行实验，伽利略从塔上扔铁球，都是思想实验。

无论是社会实践还是思想实验，都属于“实践”。

所以，能力必须要通过“完成某事”的水平来度量。“完成某事”意味着有产出，有成果。这个成果和产出，需要具备“社会性”，意味着需要他人给予评判。

假设我读了《批判性思维》一书，学习了“批判性思维”，但也并不代表我具备批判性思维。即使我向他人介绍批判性思维的定义，也不能证明我具备批判性思维。

只有我运用“批判性思维”在某个文章上，详细举例告诉你整个过程，并且得到多数人的认可，才能证明我拥有这个能力。

能力可分为“先天能力”和“可习得能力”。

“先天能力”，指与生俱来的能力，包括本能、语言能力、心智能力（包括类比）、情绪反应能力、类比能力、判断能力等。

“可习得能力”，指通过后天学习获得的能力，例如系统思维能力、批判性思维能力等。

也可以按层次分类，分为基础能力（感知能力、策略能力、情绪控制能力）、社会能力（沟通能力 、解决问题能力）、高阶认知能力（元认知、批判性思维、创新能力）。

3. 知识和能力的联系与区别。

知识和能力，属于不同的范畴。可以类比为“知”和“行”。一名作家可能并不懂语言学和文艺理论。而在艺术领域中，掌握理论，不代表拥有同水平的能力。

学习知识，却没有改变行为，意味着没有真正理解知识。

讲述“批判性思维”的文章和书籍，属于知识。当人们学习完“批判性思维”的基础知识，按知识的步骤进行社会实践，并取得成果时，才具备了“批判性思维”能力。

有人看了很多书，假设知识“吸收”程度为 80%，但因为缺乏有效实践，也不能形成能力。

以“写作能力”来说，通读完市面上所有关于“写作”的书籍，也不一定能让你成为一位作家。

多数讲“写作”的书籍，都是侧重于技法、技巧，但是成为公认的作家，需要的不仅仅是这些技巧，更重要的是人文素养及天赋（想象力、文采）。

02

思维方式：认知升级的关键

人们解决问题离不开思维方式，遇到难题时，也许换一种思维方式就能解决。当人们知道有哪些因素影响思维方式时，就能有意识训练有效思维方式。

认知升级关键在于思维方式的转变。

看到一则新闻，先问自己“是不是”，再问“为什么”，是一种思维方式转变，意味着具备了批判性思维意识。

用“是什么”替代“做什么”是一种转变。“学习新知识”是不是比“看书”更容易让自己接受？“让身体变得更健康”是不是比“跑步”更让人有动力行动？“让房间更干净”是不是比“打扫卫生”更有吸引力？

从“看别人”转变为“看自己”，是转变。“看别人”容易产生比较心理，“看自己”能够审视自己，不要和别人比较，只和自己比较。把今天的自己和昨天的自己相比较，是思维方式的良性转变。

把“焦虑”转变成“行动”，也是一种转变。焦虑是不确定性对情绪的影响，情绪对解决问题无济于事。先分析最坏的结果是什么，再用行动来减少不确定性。

把“急功近利”转变为“长期主义”，“做正确的事，再正确地做事”，都是思维方式的表征。对于不理解这些表征的人，这些思维方式等同于“大道理”，真正理解并且辅以行动的人，会认为这些是宝藏。

你真的理解“思维方式”吗

“思维方式”到底指的是什么呢?

有一种定义这么说：思维方式是看待事物的角度、方式和方法，对人们的言行起决定性作用。不同文化背景下的人看事物的角度也不同。

阅读的书籍越多，越会发现人们对“思维方式”有不同的理解，意味着这个概念非常模糊。

你可以试试回答下列问题，并给出理由：

直觉思维是思维方式吗?

直觉思维，是指对一个问题未经逐步分析，仅依据内因的感知迅速地对问题答案做出判断、猜想、设想，或者在对疑难问题百思不得其解之中，突然对有灵感和顿悟，甚至对未来事物的结果有预感、预言等，这都是直觉思维。

反直觉思维是思维方式吗?

精益思维是思维方式吗?

线性思维是思维方式吗?

系统思维是思维方式吗?

第一性原理是思维方式吗?

形而上学是思维方式吗?

逆向思维是思维方式吗?

产品思维是思维方式吗?

复利思维是思维方式吗？

概率思维是思维方式吗？

飞行员思维是思维方式吗？

这样的问题清单可以无止境地列下去。

“专业”和“非专业”

为什么要在这个问题上花时间来谈？不懂“思维方式”的定义也不影响使用这个词。

正如人们不知道“量子力学”，是可以随时拿出来用的，“遇事不决，量子力学”。有基础的人会解释“薛定谔的猫”是怎么回事——当有观察者出现的时候，“轰”的一声，波函数就坍缩了，那只不知是死是活的可怜猫儿，终于确定了生死。

“坍缩”一词非常形象，我们会在脑海里不由自主地联想出建筑或者什么结构倒下来的场景。

但这是一种错误的类比。

普林斯顿高级研究所物理学名誉教授弗里曼·戴森（Freeman Dyson）说：

当人们写关于量子力学的文章时，经常会使用“波函数坍缩”这样的词，来描述当一个对象被观察到以后发生的事情。这种词误导了读者，使人很容易认为波函数本身就是一个物理对象。当一个物理对象撞到一个障碍物，它可以坍缩，但波函数并非如此。

薛定谔提出了波函数，用来描述原子和其他微小物质的行为。根据量子力学的规律，对象的运动是不可预测的。波函数能告诉我们的只有运动的概率。当一个对象被观察到，观察者能看到它的确切位置时，运动的不确定性就消失了。

波函数是概率的描述，而概率是对于未知的陈述。未知不是物理对象，波函数就更不是了。当新的知识取代了未知时，波函数本身不会坍缩，它仅仅是变得无关紧要罢了。

这是“专业”和“非专业”的区别。

如果没有理解什么是“思维方式”，容易被一些书或者一些文章里的“思维方式”误导。

思维方式

人们常把“思维方式”和“思维工具”弄混。上面列出的问题清单，里面也包括了思维工具。

即使是前面对“思维方式”下的定义，也不容易让人轻易分辨。

当人们见到一个经常白天睡觉、夜里出动、毛茸茸、弹跳力惊人、喜欢待在箱子里、长着胡须、会抓老鼠、好像液体一样的动物时，想必脑海中会出现“猫”这个字眼。

“猫”这个概念是一个“范畴”。

区分一个事物，我们通常会从特征上来分辨，事物的特征越符合某个“范畴”（如果对范畴不熟悉，也可以用“概念”来替代），那么该事物就越容易辨别。

现在的某些国产品牌手机上的“相机”和一些自动美化照片的软件，能够识别出“人像”“自拍”“人景”“风景”“静物”等。在算法上是通过对图像进行“特征识别”来实现的，包括颜色特征、纹理特征、形状特征以及局部特征等。

我们来找找思维方式和其他容易混淆的概念（例如思维工具）不同的特征。

思维方式是看待事物的角度

你看问题是单一角度还是多角度？是看“里面”还是“外面”？还是内外都看？是看表象还是看本质？

假设你来到一家公司担任技术负责人，初来乍到，听到很多坏消息，例如“系统很零散，没有一个完整的”“财务和采购的库存总对不上”“对技术部门没有期望了”，听上去像是技术部门存在很大问题。

先从“内部管理”切入，比如，替换不合适的人，重新制定规则，解决技术问题，包括“前后端分离”“统一技术框架”“优化系统性能”，把能做的都做了。

如果3个月后，业务部门仍认为技术部门没有解决多少业务问题，那么问题出在哪里？

从技术部门“内部”找问题，是一种看问题的角度。这种思维方式能解决小问题以及表象问题，但不能解决根源问题。

如果看问题的层次能更高一些，知道业务系统是公司组织架构和流程的映射，你会意识到要从更高的业务层面来寻找问题的根源。

“系统很零散”，指的是有很多功能零散的小系统。一个用户要完成一个业务操作，可能要在几个不同的系统之间来回切换才能完成。该问题根源在于，虽然公司业务做得很大，但是没有统一的业务流程和指标，各事业部各有各的做事方法。这已经不是一个IT部门能够解决的问题。

部门级流程参差不齐，而公司级流程没有，组织架构随时调整，这让技术部门怎么配合设计系统？

那么，公司为什么不重视业务流程建设呢？原本企业的创始人有些偏激，认为流程会制约效率、容易犯大公司病，非常不喜欢大家提到“流程”两字。时间一久，公司上下都很避讳。公司在早期的时候，遇上红利期得以快速发展。各个部门“野蛮”生长，在市场竞争不充分的时候，销售额和利润的增长能掩盖内部管理问题。一旦市场充分竞争，到企业真刀真枪拼“精细化运营”的时候，“粗犷式管理”的问题就会出现，这时候销售额和利润不仅没有持续增长，成本却在增加。

企业如果想同时满足“精细化管理”和“没有流程的制约”，除非企业中大多数人是 A、A+ 级人才。这对于中小型企业而言很难做到，因为大多数人都是 B、B+ 级人才，甚至更低。所以，归根结底是人的问题，人才结构跟不上，就需要建立“流程”“机制”来弥补短板。“没有流程的制约”是理想目标，企业可以遵循“建立流程、优化流程、简化流程”这样的顺序，避免出现“流程制约效率”的问题。

“财务和采购的库存数据总是对不上”，这个问题表象是系统问题，但深入挖掘后发现财务部门和采购部门对于一些核心概念（例如库存）的计算公式、定义不统一。这反映出，财务部门和采购部门之间的跨部门沟通协作有大问题，实际上销售部门和采购部门之间也存在着跨部门协作的大问题。

所以，内外结合起来，形成对问题的整体认识，才能真正解决根源问题。这个案例说明任何事物都具有两面性，不能仅仅看一面。转变思维方式，才能有“豁然开朗”的发现。

思维方式是看待事物的方式、方法

“非黑即白”“便宜没好货”，都是看待事物的方式。

小时候看电视剧，一定要分出“好人”“坏人”，如果很难分出来，电视剧看着没意思。过去的一些导演为了降低观众的分辨难度，“好人”都长得一脸正气，“坏人”都长得像歪瓜裂枣。“长得好看的是好人”，这是很多电视剧给观众带来的影响，是人们看待事物的方式。如今，影视剧中的“好人和坏人”已无法通过长相和气质来分辨，说明人们看待事物的方式改变了。

一个圆形的蛋糕和一个方形的蛋糕，如果从“蛋糕”这个范畴来看，两者是同样的事物，但如果从“形状”的范畴来看，两者是不同的事物。

一部电影，普通观众看到的是演员、剧情、特效等；影评家看到的是结构、手法、符号、主义等；电影爱好者看到的是风格、主题、类型、演技等。

很多人认为专家说的都是正确的，即使专家发表和专业不相关的观点也全盘接受，这种看待事物的方法称为“迷信权威”，是一种“认知偏差”。

认为每天阅读学习这件事等同于知识量呈1，2，3，4，5，6……N自然数增长，是一种按固定比例增加的看法，也可以称为“线性思维”。实际上，“学习”这件事，如果坚持到某个转折点的时候，就可能是1，2，3，4，5，6，8，12，16，32，64……N这样的非固定比例增长方式，这可以称为“非线性思维”。

一亩地能够种植多少棵苹果树？是不是计算好行列间隔就能根据面积计算出数量？树和树之间的距离多少比较合适呢？要不要根据树苗期和结果期来调整距离？一棵苹果树能产多少个苹果和有多少根枝条有关，而枝条又和果树距离有关。这中间的关系是线性变化还是非线性变化呢？

手机摄像头的感光元件面积和像素、画质之间存在什么样的关系？同等面积下的 CMOS[1]，是像素越高画质越好吗？

了解这些问题不是为了成为果农，或是手机研发工程师，而是通过问题启发思考，对于不同事物该用什么样的方法来看待，事物之间又会有什么区别和联系。

是静态地看待事物，还是动态地看待事物？这没有一定之规。“没有一成不变的事物”，是一种思维方式。一部手机出了问题，更换了 10% 的元件，还是那部手机对吧？当更换的部件比例逐步增加到 20%、30%，直至所有的部件都更换完了时，这部手机是新手机还是原来那部手机呢？

哲学家怎样看待事物呢？哲学家们研究我们日常使用的那些似乎不证自明的名词和概念，例如正义、爱、美、高兴、知识、存在等，如何下定义呢？现在你能对“茶”这个我们熟悉得不能再熟悉的事物做个定义吗？

人们读经典的出发点是什么呢？思想发展史告诉人们，过去的某些理论已经被证明是错误的，但为什么我们还要读经典？历史学家是怎样看待事物的？美学家是怎样看待事物的？

以上的每个问题都可以长篇累牍地解释，因此不做阐述。我之所以提出来，是因为这些问题能够说明看待事物的方法和方式有多复杂和不同。

1 CMOS 是 Complementary Metal Oxide Semiconductor（互补金属氧化物半导体）的缩写。它是指制造大规模集成电路芯片用的一种技术或用这种技术制造出来的芯片，是电脑主板上的一块可读写的 RAM 芯片。（科普中国）

思维方式与文明、地理生态、文化背景等相关

如果从地理维度给文明分类，可分为游牧文明、山地文明、农耕文明、海洋文明。

把东方和西方分成“农耕文明”和“海洋文明”是简单分类法。由于自古以来中国大部分人口都是以农耕为主，所以把中国归类到农耕文明。

中国北方是农耕文明与游牧文明的复合体；而南方则是以农耕文明为主，明代以后，是农耕文明和海洋文明的复合体。不同文明的互动，形成了独特的南北方文化。

对于农业耕作而言，“水”非常重要，在古代不仅要治水，还要引水。建立农业水利工程需要集体协作，合作培养，则强化了人们的集体意识。农耕经济时人们对于天灾（大旱、大涝和大病虫害）恐惧强烈，因此要形成强大的集体力量共同抵御，需要集体协商与合作、需要集体纪律性和组织协调性，需要有权威人士带领集体前进。

农业靠天吃饭，有对抗大规模自然灾难的需要，所以对领头的权威人士要有一种发自内心的尊重，与此同时，对能制造各种灾难的自然，有神灵崇拜。从很早开始，人们就已关注河流从哪儿来的问题。河流的源头，那些难以进入、不宜居住的山脉，聚集着云雾的地方，在神话中成为神仙所在地。

海洋文明则不同，人类进入凶险且未知的大海，需要有探险、

进取精神，要敢于面对大自然的挑战。在希腊人的眼中，没有至高无上的权威。即便是主神宙斯和其他诸神，也有各种各样的缺点，是“人格化”的神。

农耕文明能够自给自足，这种生产方式和生活方式让人的思维趋向于“保守、中庸、和平”，对外部的交易需求非常少，内部的交易则基于熟人和社会关系，使得契约文化失去发展的土壤。相比之下，海洋文明需要通过外部交易获取资源，交易基于“陌生人”关系，需要建立契约和信用，从而促进商业发展。

农耕文明对于土地的依赖性强，人们居住在固定的房屋里，生活在窄小的空间中，人的行为往往依附并封闭于土地和房屋，对于外界的新生事物接触不多。所以有强烈的故土情结和“落叶归根”的想法。

太阳有50亿年寿命，当太阳快要老去时，人类要寻找新的家园。西方的科幻作品会设计“恒星级星舰”带领人类离开太阳系。而中国的科幻作品则会设计“行星发动机”推动地球离开太阳系，流浪也要带着地球走，这是隐藏在不同文化的人类大脑中的思维方式。

人类学家和认知科学家认为“语言影响思维方式”。中国人在学习外语的时候，最大阻碍是不同语言背后的文化。因为人们只了解自己的文化，当学习的外语与母语在文化上的差异较大时，很容易犯语法错误，例如中式英语或者是英式中文。

平卡姆（Joan Pinkham）在其《中式英语之鉴》（The Translator’s Guide to Chinglish）一书中说：“中式英语是一种混合语，它既不是英语，也不是汉语，而是带有汉语特点的英语。”

如果人习惯用汉语的思维说英语，先在大脑里想出词语对应的英文单词，再按照汉语的表达方式组合起来，会出现“中式英语”。例如“day day up”（天天向上），“long time no see”（好久不见），只不过后者已被英语社会接受。所以，有人说某些中国人学习英语有难度，是因为本质上中西方文化有巨大差异。在中国，无论是活着的鸡还是餐桌上的鸡，统称为“鸡”，但英美人士会进行区分，鸡肉是 chicken，母鸡是 hen，公鸡是 rooster，鸡蛋是 egg，鸡的一家都有自己的名字。

中文里的“秋老虎”，中国人知道是形容天气很热的意思，但是不能直译成英语，英语中很少有用动物来比喻事物的。

思维方式与职业背景

计算机硬件只认识“1”和“0”，这两个简单的数字组成了复杂的逻辑判断。如果逻辑不严谨会有漏洞，程序就会出现“臭虫”，俗称 bug，也许会导致计算机出现异常，或中断，或导致退出，也许会得到错误的结果。

写多了程序会影响软件工程师的思维方式，程序员不能给计算机下达模糊的指令，计算机会拒绝“你自己看着办”这类意思的代码。在人类可以阅读的代码层面，通常会有这样的基本判断逻辑

“if……then”。

有个程序员的女友对程序员说：“下班回家路上买两个苹果，如果看见西瓜，就买一个。”程序员回到家后，女友看到只买了一个苹果，就问为什么只买了一个苹果，程序员告诉她：“因为我看见了西瓜。”这事不能怪程序员，只能怪女友的语言不严谨。但这种情况在现实中很少出现，因为作为一个严谨的程序员，必然会进行确认：“买两个苹果，如果看见西瓜就再买一个西瓜？”

当软件工程师成长为软件架构师之后，就意味着能够用更抽象的方法来看待事物，并且能够根据事物的复杂度来设计系统的架构和实现方式。

除了严谨，程序员还擅长将现实中的事物“翻译”成计算机代码世界中的“对象”，擅长各种分析错误的方法（代码写得越多，出错的概率越高），锻炼出善于查找问题的能力。

但是这种职业特征会给程序员养成不好的思维方式，例如“非黑即白”，看待事物容易两极化，理性有余，感性不足。程序员也需要多提升一些人文素养。

每一种职业，因为其特殊情况，有其他职业所没有的工作方法和要求，而这些也会影响人的思维方式。

飞行员这份职业在思维上和普通人有什么区别呢？

1935 年美国空军举办了一次飞行比赛，参赛选手是两大公司研制的下一代远程轰炸机。其中波音公司研制的 299 型铝合金机身轰炸机遥遥领先马丁与道格拉斯公司的轰炸机。

但是在这样一场“走过场”的比赛中，299 型轰炸机飞到 100 米高空之后突然掉了下来，造成了飞机坠毁、试飞员死亡。后来调查结果发现并不是飞机自身的机械故障原因，而是因为试飞员人为失误导致的问题。这架新型飞机比以往的飞机复杂许多，多了很多项操作。由于忙于各种操作，试飞员忘记了一项简单却很重要的工作。即研发人员为飞机设计了一套全新的控制面锁定机制，但试飞员在起飞前忘记将升降舵和方向舵解锁了。

这次 299 型轰炸机的试飞员少校是全军首席试飞员，连他都会出错，因此航空公司认为波音的飞机太难操作。但是军方专家还是认为波音飞机好，最后专家们想出一个绝妙主意，编制一份“飞行员检查清单”，试飞员把起飞、巡航、着陆和滑行各阶段的重要步骤浓缩在一张索引卡片上，防止飞行员操作出现遗漏。

自从有了“飞行检查清单”后，299 型轰炸机的无事故安全飞行距离达到了 290 万公里，这种型号的飞机后来被称为 B-17。

飞行员的“飞行检查清单”是一种尽可能避免因人为因素造成事故的思维方式。

小结：

除了以上所述，思维方式还有一些特点：

1. 思维方式和多种因素相关，在人们看待事物的过程中逐渐形成，意味着被多次运用，在个人大脑中存在较长时间。

2. 思维方式因为长期使用，容易形成思维定式，也就是人们常说的思维固化、认知偏差。

3. 思维方式会随着环境和时代的变化而变化，但这个周期会比较长。因此，有些思维方式在环境发生变化之后，可能就不是有效的思维方式、好的思维方式，甚至可能产生误导。

4. 思维方式和个人成长的环境、受教育程度、获得的经验相关。

5. 思维方式的熟练度和使用频次呈正相关。

6. 不同的人有不同的思维方式。

当我们说到一个人的思维方式的时候，这个思维方式通常具备长期性、文化相关性、高频使用性、区域性的特征。

再看看开头提到的那些问题，现在能清楚地回答了吗？

直觉思维是思维方式吗？

解析：直觉思维指的是在经验的前提下，大脑对思维过程进行简化、压缩或超越后，得出问题答案的一种闪电式的过程。符合上述所说的特点，属于思维方式。

反直觉思维是思维方式吗？

解析：是一种看待事物的方法，属于思维方式，只被少数人掌握。

精益思维是思维方式吗？

解析：是一种看待事物的方法，属于思维方式，只被少数人掌握。

线性思维是思维方式吗？

解析：是一种看待事物的方法，属于常见思维方式。

系统思维是思维方式吗？

解析：是一种全面看待事物的体系化思维工具，属于思维方式，但只被少数人掌握。

第一性原理是思维方式吗?

解析：是一种从源头思考问题的思维工具，是思维方式，只有少数人能够运用。

形而上学是思维方式吗?

解析：是亚里士多德创建的哲学学科，不是思维方式。

逆向思维是思维方式吗?

解析：和常见的因果思维相反，在看待事物的角度上不同，属于思维方式。

产品思维是思维方式吗?

解析：是和职业相关的思维方式，属于思维方式，但通常掌握的人较少。

复利思维是思维方式吗?

解析：属于思维方式，但通常掌握的人较少。

概率思维是思维方式吗?

解析：属于思维方式，但通常掌握的人较少。

飞行员思维是思维方式吗?

解析：是和职业相关，属于思维方式。

那么，“思维工具”和“思维方式”有区别吗?

思维工具是那些能有效影响思维抽象活动、提高思维效能、加深思维深度，能把抽象思维过程具体可视化的一类方法技能的总称。

从上面的定义可以看出，思维工具也是影响思维的方法，可以归类到思维方式中。

唯一不同的是，只有你掌握了（能够下意识运用）思维工具，才是你的思维方式。

假如“批判性思维”你没有掌握，那么这对你而言，只是一个思维工具，而不是你的思维方式。

思维工具

提到“思维工具”这个词你会想到什么？

是用来分析事物的“5W2H”？

是用来分析商业模式的“商业画布”？

是对输入信息过滤的“批判性思维”？

是分析问题原因的“鱼骨图”？

还有其他的吗？这些工具有什么特点？

如果仅仅是类似于上面列表中的工具，那么这篇文章值得你阅读。

哲学是不是思维工具？语言是不是思维工具？文字是不是思维工具？

工具有简单的，有复杂的，有初级的，有高级的，有层次之分。

看看思维工具的标准定义：

A：有助于思考的抽象工具，和人类改造自然的工具不同，思维工具用于改造人类思维。

B：能有效影响思维抽象活动、提高思维效能、延伸思维深度，是能把抽象思维过程具体可视化的一类方法技能的总称。

事物的定义能够帮助我们认识事物，将大范围缩小，把事物化繁为简，抽象出特征。

假设第一个发现苹果的人，已经掌握了语言，能够和他人描述，那么他会怎样去向另一个没有见过苹果的人描述呢？这个时候的世界并不存在“苹果”这个名词（概念）。

也许这位发现者，可能需要连说带比画，把苹果的形状、长在哪里、什么颜色、什么味道、什么样的大小、有什么纹路、闻起来什么味道，事无巨细地阐述，但也不能保证对方能够在脑海中想象出来。

当有位智者给这个水果起名“苹果”，并且拿着一个实际的苹果作为样本给人看，这样看到的人就会知道原来有这样一种水果。下次交流的时候，不必像苹果发现者那样详细描述一遍，这个过程就是抽象和定义。

任何事物有好的一面必然有其不好的一面。“定义”不好的一面在于简化了对事物的全息信息。因为“抽象”而不具体，因为“简化”而不全面。

当学者讲述一个科学概念和术语时，如果没有附上示例或者用通俗的语句解释，普通读者或听众会觉得不知所云。学术论文或书籍往往有特定的读者，因此可以省去那些对于专业人士“众所周知”的内容的解释。

人类的大脑喜欢定义，大脑会省略细节，只需要记住事物的定义（概念）。久而久之，“定义”会让大脑陷入“固化”的局限中。为什么成年人不再有想象力？因为大量的名词、概念、定义会让人们更方便认识世界，大脑会认为“世界就是这样”。没有想象力，就没有创新。

人们建立“框架”的同时，也建立了“边界”和“限制”。智人还生活在树上的时候，天为被，地为床；在山洞里生活时，洞穴为天，洞穴为地；在房屋里生活的时候，屋顶为天，地板为地。方便的同时也为自己设限。

人们学习一个个“思维工具”，这些抽象的工具类似于现实中的扳手、锤子、电钻、螺丝刀、钳子等，被放在大脑的“思维工具箱”中，查理·芒格称之为“多元思维”。

好了，到现在为止，你收集了许多思维工具，并且在工作生活中进行实践，应用得越来越娴熟，可以算一名“思维工具”的熟练工了。

在武侠世界中，武器是“杀人的工具”，处于武器最底层的是那些狼牙棒、锤子、长枪（战场近战武器）。

比狼牙棒这些高一层的，当属“刀”。同样是“刀”，没花样的刀“看不起”有花样的刀，“屠龙刀”要比“铁环刀”有档次。

比“刀”高一层级的是“剑”，“剑是君子所佩，刀乃侠盗所使。”古龙认为：“剑是优雅的，是属于贵族的；刀却是普遍化的，平民化的。”

“剑”里头，软剑比不上硬剑。“剑”是站在武器顶端的王者。

但是，高手能做到“手中无剑，心中有剑”。大道于无形中，你看不见我的兵器是什么，自然也不知道如何防备。

回到思维工具上来，高手已经脱离使用“有形的思维工具”层次。

人们对思维工具的理解

有很多讲思维的书提到思维工具，例如逆向思维、交叉思维等。

企业经营管理中也有许多经典工具，例如PDCA[1]、六顶思考帽、MECE[2]原则、四象限矩阵分析工具、SWOT[3]竞争、5W2H[4]分析法等等。多数人对思维工具的理解，停留在这个层次。

工具都有时代背景，当时代变化缓慢的时候，工具的生命周期会更长，适用性会更广，匹配度会更高。但是在快速变化的时代，这些工具显得有些不够用。

人们需要转变对“思维工具”的认识，不要让自己局限在人为划分的“思维工具”范畴中。

仅仅学习这些冠以“思维”后缀的工具，不足以让人们面对日益复杂的问题，需要引入哲学、科学思想和方法论，作为传统思维工具的延伸。还包括还原论与整体论、归谬法、归纳法、契约论、先验批判、辩证法等。

还原论是指相信凡事总可以在还原为其组成要素的基础上搞清楚。笛卡尔是还原论的奠基者之一，他认为：凡是在理性看来清楚

1　PDCA 循环是指将质量管理分为四个阶段，即 Plan(计划)、Do(执行)、Check(检查)和 Act(处理)。

2　MECE，Mutually Exclusive Collectively Exhaustive，即相互独立，完全穷尽。

3　SWOT，一种基于内外部竞争环境和竞争条件下的态势分析，S（strengths）是优势、W（weaknesses）是劣势、O（opportunities）是机会、T（threats）是威胁。

4　5W2H 分析法：为什么（Why）；做什么（What）；何人做（Who）；何时（When）；何地（Where）；如何（How）；多少（How much）。

明白的就是真的，复杂的事情看不明白，应当尽可能把它分成简单的部分，直到理性可以看清其真伪的程度。

还原论主张“分析—重构方法”。在还原论方法中居主导地位的是分析、分解、还原：首先把系统从环境中分离出来，孤立起来进行研究；然后把系统分解为部分，把高层次还原到低层次；最后，用低层次说明高层次，用部分说明整体。

在还原论思想的统领下，生物学从细胞学说、基因学说发展到人类基因组测序工作的完成，没有还原论就没有现在的自然科学。还原论还影响人们日常解决问题的方法。项目管理的WBS[1]分解是典型的还原论应用，大学学科也是还原论的产物。还原论方法的核心其实非常简单：“一个整体可以被理解为其各个组成部分之间的相互作用。”如果你小时候拆过闹钟或者别的东西试图了解其奥秘，背后就有还原论的思想。

科学发展到当代，还原论已出现瓶颈。以认知科学中对大脑的研究为例，科学家们研究到神经元细胞微观层级，大脑区域也通过先进的脑部扫描技术，逐步确定了各个区域的主要功能（脑科学家认为大脑的结构像互联网络），但仍然没有发现“神经元产生意识”的奥秘。

现代科学中的系统论，将还原论与整体论有机结合起来，超越了还原论，完善了整体论。整体论的观点是“整体大于部分之和”，认为光把事物拆分再进行分析并不能真正了解事物。虽然如此，人

1 Work Breakdown Structure，工作分解结构（简称WBS）。

们仍然需要还原论，还原论仍然是科学的核心概念工具，整体论是对还原论的修正。

归谬法是从对方主张推导出矛盾或荒谬结果，由此推翻或否定对方主张的反驳方法。这里的矛盾或是指荒谬的，或是指自相矛盾的，即逻辑矛盾、不合事实或不合常理的推论。古代有个卖武器的人拿起矛，说自己的矛可以刺穿任何盾；拿起盾，说自己的盾可以挡住任何矛。旁边的人问，那用你的矛刺你的盾是什么结果？这是归谬法。

要获取新知识，归纳法是一条避不开的途径。归纳法是从“一般到特殊”的思维工具。假如有个人周游世界发现过 1 万只天鹅，都是白色，由此得出结论“所有的天鹅都是白色的”。但是休谟指出了归纳法的缺陷——在经验基础上用归纳法建立起来的知识是不可靠的。除非这个人把全世界所有的天鹅都检查一遍，只要有一只黑天鹅出现，前面的结论就不能成立。

除了哲学，其他学科也有其特有的思维工具。

统计学有贝叶斯定理、帕累托效率、幂律分布。

数学有空间坐标轴、时间轴。

物理学有第一性原理、相变与裂变、尺度分析。

心理学有信号检测理论。

生物学有双盲控制实验。

除了学科，还有从各个行业诞生的思维工具。

如：航空业的“黑匣子”、飞行员的检查清单、企业管理中的价值链、产业链（生态圈）、互联网思维、福特汽车的流水线思维、丰田制造的精益思维、产业思维，等等。

实际上，思维工具无处不在，你我每天不知不觉都在使用。每天都在用的语言和文字，如果没有它们，思维从何谈起？正是因为有了语言，人类才有了沟通和协作的能力。有了文字，知识才能传承，这也是人们对语言和文字的固有印象。

我认为我们要学好英语，必须了解西方的宗教、历史、地理、思想史，否则背再多单词和语法，说出来的英语依然“中式”。根本原因是，学习一门外语，本质上是学习一种新的思维方式。

思维与语言有密切关系：

（1）语言是思维活动的载体。

（2）语言是思维活动的核心元素。

（3）语言是思维活动内容和结果的记载或表达的工具。

曾经有人进行过研究，欧美人喜欢“基于范畴进行分类”，中国人大多喜欢“基于关系进行分类”。

例如让欧美人和中国人对鸡、牛、草做“三选二”分类，欧美人选择“鸡、牛”分为一类，因为鸡和牛都是动物，而中国人会选择“牛、草”，因为牛吃草。同样对医生、老师、作业进行分类，欧美人根据职业分类“医生、老师”，中国人根据关系分类“老师、作业”。

文化也是一种无形的思维工具，所以说，思维工具无处不在。

03

心智模型：观察、思考与行动的模型

人的认知能力取决于个体的心智模型成熟度，心智模型影响人们如何理解这个世界（包括我们自己、他人、组织和整个世界）以及如何采取行动的诸多假设、成见、逻辑、规则，甚至图像、印象等。

什么是心智模型

心智是人类全部精神活动，包括情感、意志、感觉、知觉、表象、学习、记忆、思维、直觉等。

心智模型是用通过科学方法对心智建立的模型。

苏格兰心理学家肯尼思·克雷克（Kenneth Craik）在1943年首次提出心智模式（Mental Model）。美国麻省理工学院斯隆管理学院资深教授彼得·圣吉将其定义为：根深蒂固存在于人们心中，影响人们如何理解这个世界（包括我们自己、他人、组织和整个世界）以及如何采取行动的诸多假设、成见、逻辑、规则，甚至图像、印象等。

从本质上看，心智模式是人们在大脑中构建起来的认知外部现实世界的“模型”，它会影响人们的观察、思考以及行动。

计算机科学家和认知心理学家建立了一些心智模型，例如物理符号系统（计算机就是一个典型的物理符号系统）和OADI循环。

1. 心智模式的作用机理示意图。

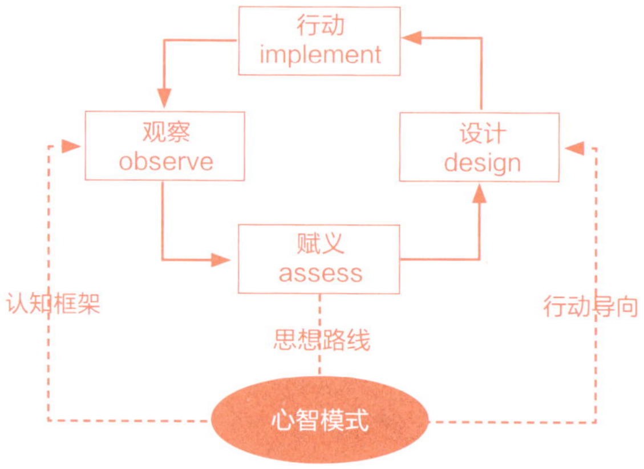

图 3-1　心智模式的作用机理示意图

图 3-1 上图中上部显示的是个体学习的 OADI 循环（考夫曼，1992），下部则显示了心智模式的作用机理。

按照考夫曼的说法，个体的学习过程可描述为“见——解——思——行”的循环（简称 OADI 循环）：

见（Observe），指的是从特定经历中取得素材，不仅指观察，还包括通过各种渠道获得的感觉、知觉等；

解（Assess），是对得到的素材进行解释、评估，加以理解；

思（Design），是对解释、评估以后的信息加以总结，形成抽象的概念、理论或模式；

行（Implement），是将概念、理论付诸实践，以检验概念或理论的真伪。

还有 ACT-R[1] 认知体系结构、SOAR[2] 认知架构等，过于专业，就不介绍了。

图 3-2 是我整理的大脑心智模型（也可以称为心智框架）——只列出了主要模块，没有标注先后顺序以及模块之间的关系。

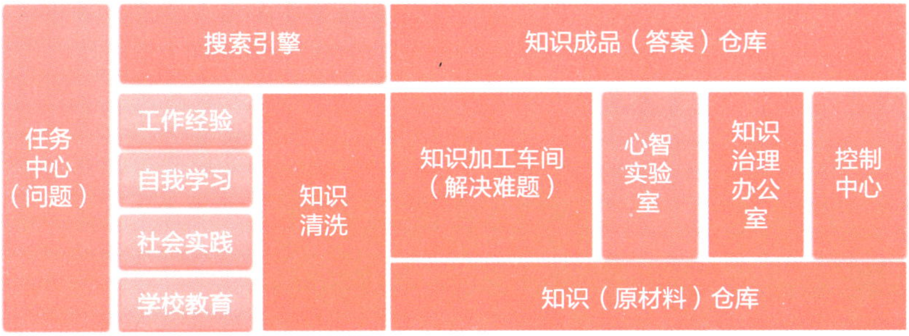

图 3-2 大脑心智模型

心智模型是一种假设，有助于人们理解大脑在逻辑层面如何工作。

2. 大脑心智模型。

心智模型里包括任务中心、搜索引擎、输入和输出、知识清洗、知识仓库、加工中心、心智实验室、控制中心、知识治理、知识成

1 ACT-R，Adaptive Control of Thought—Rational，意为“思想的适应性控制 - 理性”，是一种认知架构。

2 SOAR 是一种认知理论，也是该理论的计算实现。SOAR 的名字源自状态、算子和结果（State，Operater And Result）的基本循环但不再限于该含义。

品等十大模块。这是“逻辑”层面的抽象划分，不对应大脑“生物有机体”层面的模块、区域。因为没有人可以对着大脑各部分指出这一块是什么，那一块是什么。

不同的人，认知水平不一样，各模块的成熟度也会不一样。学习的目的，是为了提升模块的成熟度，高效运作。

（1）任务中心。也是问题中心，从早餐吃什么到怎么选择工作都包含在这里。这里找出问题和任务的优先级，包括识别任务的价值、真正的问题等。

每天醒来，人们会思考今天要做哪些事情，哪些事情重要，哪些事情往后放。有人用逻辑判断，有人凭感觉判断。有些事情可以量化，有些事情不可以量化。人不是计算机，无法把每件事量化成数字，再进行比较排序。

话虽如此，还是应该有些方法，用工具帮助估算价值，判断优先级。例如采用四象限分析法。不过，多数时候价值很难量化。人们终其一生都在不断调整排序算法。读书的时候，玩具比学习重要。青年时期，娱乐比事业重要。中年时期，子女比自己重要。

（2）搜索引擎。每当我们遇见问题时，通常会回忆过去的经验和知识，看看是不是有办法。大脑的检索效率非常高，如果在知识成品中找到，那么很快就能反馈给任务中心。

联想和类比是人的本能，看到太阳会联想到火球，而这也是大脑在内部搜索相似的结构得出的结果。当我们习得一个技能后，下一次面临类似的场景，就能自然而然知道如何使用。但这仅限于我们已经掌握的技能和知识。

如果没有找到有效的知识，那么由控制中心来决定是否启用知识加工中心或心智实验室来解决问题。

我们总会遇到新问题，如换个新工作、上级安排一个新任务、学习一门新技能、进入一个新行业。

（3）输入和输出，包含着学校教育、社会实践、自我学习、工作经验几个部分，内容包括数据、信息、知识等。

任何一个系统，都有输入和输出。宇宙是一个大系统，银河系是个大系统，太阳系是个大系统，地球、国家、社会、公司、个人是规模、量级逐步变小的系统。

（4）知识清洗（批判性思维），负责对接受的知识进行判断和清洗。输入的知识是该抛弃的还是该保留的、该不该相信，都由该模块负责。

人的认知偏差正在阻碍人们进行判断，人们之所以容易轻信谣言，是为了减少不确定性带来的不安。古人容易迷信权威，农耕文明需要权威人士带领才能对抗天灾，改造自然。

移动互联网及万物互联正在制造前所未有的海量信息，人们既是数据的产生者，也是数据的使用者。数据包含了信息，信息有真有假。人们很容易判断纯正的“假信息”，但是很难分辨“十句话里有八句真话两句假话”这样的混合谎言。

当有些专家或老师发表超出其专业领域的观点时，如果有业内人士指出问题，也会被专家的“拥簇者”口诛笔伐。

（5）知识（原材料）仓库。里面存放着你的知识储备，包含着你学过的所有知识，包括用过的和没用过的知识。知识仓库会定期清理一些你没用过的知识（该过程并不受你自己控制），这样才能保证仓库有足够的剩余空间。

道听途说的信息，课堂上学习的知识，或者是其他途径获取的知识，在没有被“内化”之前，都存储在这里。“内化”的意思是将外部的知识转化成你真正掌握的知识。

人的大脑容量有限，人类知觉是由光线、声音、分子成分及压力等外在信号启动的。这些信号为我们的感觉系统所觉察，然后被转换成大脑可以理解的信息（转化成神经能量）。而由我们的感官所获得的可用信息量是相当庞大的。仅我们的视觉系统每秒钟就可传输 4.3× 106 比特（约 0.5GB 数据量）的信息到大脑。费根鲍姆（Feigenbaum，1967）指出，一些边缘部件（有时也称作边缘记忆系统）起着类似感觉缓冲器的作用，以防止大脑被流入其中的信息洪流所淹没。

（6）加工中心（知识加工车间），里面存放着各种模型和工具，用来加工处理不同的问题，以维持性问题为主，这类问题相对容易找到答案。

维持性问题，指的是那些可以找到答案的问题。例如组装有上千个零件的乐高玩具，有说明书指导。想要设计一个大型分布式系统，有很多成熟的企业架构和框架供你选择。

你要做一个项目计划，用工作分解结构（Work Breakdown

Structure，简称 WBS）这种工具即可。需要分析一本书，用 MECE 原则（不重不漏）做思维导图。程序员想要解决问题写好代码，可选用 23 种典型的设计模式做设计。创业者设计商业模式，用商业画布工具辅助思考。当然，没有一种思维工具可以解决所有问题。你要做的，是尽可能掌握更多的思维工具。

但是有一些问题，找不到现成答案，或者说很难有现成知识可供参考。这类问题称为变革性问题。

这些问题可能很常见，但是很难通过看书或者上网寻找教程来解决。例如如何让一个从来不运动的人开始健身并且坚持下去。这对有些人来说是个难题，对有些人来说又不是个难题。又如怎样让一个不爱学习的人忽然变得非常自律，每天阅读思考，这不是让他看无数的书籍和文章就可办到的，尽管这些书与文章全是阐述如何让一个人变得爱学习，但只要这人不爱学习，不自律，他还是不爱学习。

这些问题也可能不常见，是只有少数人会思考的问题。例如怎样把一家创业公司做到千亿市值。如果你不信，尽管去书店或者网络上寻找，虽然能看到那些成功企业的发展史，但这些无法复制，因为“天时地利人和”缺一不可。成功的创始人怎么说都是对的。但如果你要复制某企业的成功，只能还原从企业创业到上市时间段内其状态变化过程，再进行分析。

（7）心智实验室，用来解决变革性问题。心智实验室可用来做思想实验。那些历史上的天才们，正是利用自己的大脑来做思想实验，帮助人类突破知识疆界。

笛卡尔的“我思，故我在”，柏拉图的“洞穴隐喻”，伽利略的“斜塔铁球下落实验”，爱因斯坦的“相对论”，都是通过大脑做思想实验获得的。

思想实验大多数用在科学和哲学领域。科学领域除上述例子，还有“薛定谔的猫”“麦克斯韦之妖”“费米悖论”。思想实验在哲学领域数不胜数，例如“电车难题”“得克萨斯神枪手”“罗素的火鸡”“忒修斯之船”。所不同的是，科学上的思想实验解决了一个个问题，哲学上的思想实验，提出了更多天才问题（启发思考）。

别认为思想实验是科学家们和哲学家们的专有工具，人人都会不自觉地运用，只是应用的层级较低。

一个孩子做错事情之后，也会开始在大脑中做思想实验，他会假设父母知道后，多数情况下的后果是挨打，思考父母是会用扫帚打还是用什么其他工具打。因此孩子会思考对策，下策是多穿几条裤子，中策是藏起所有可能成为父母“帮凶”的称手工具，上策是撒谎。

创业者们也经常做思想实验，通常他们把思想实验的结果称为“商业计划书”。一个成功的商业计划书可以帮助创业者获得所需资金。

除了创业者和投资人群体，做思想实验的还有文学领域的小说家。那些流传的经典，无一不是构建了虚拟的时空、人物、情节，想象那些角色的理想、对话、行动、冲突、问题、结果，最终体现超越时代的人性。例如《百年孤独》《红楼梦》等。

“心智实验室”中还可以进行各种思想实验，研究不同的思维工具，实验成功后可以提供给知识加工模块使用。

（8）知识治理（元知识），拥有知识的解释权，包括知识的定义、分类、完整性、一致性等，负责知识体系化，也负责对心智模型的工作方式进行优化升级，发现问题并进行改进。

元知识是关于知识的知识，如同元认知是关于认知的认知，元方法是关于方法的方法，元数据是描述数据的数据，元理论是学科的基础理论，包括整体论、还原论等。

现在大家都知道要建立自己的知识结构，要建立自己的知识体系，不过，是不是要先了解知识的定义？知识有哪些类别？什么才是体系化？

什么知识才值得学习？知识应该怎样学习？知识和知识之间的结构应该怎样建立？像一个结构工程师，要设计房屋结构，必须懂材料，了解不同的材料如何组合才能达到建筑要求。聪明的读者会想到，我又不用设计房屋，为什么要了解房屋结构和材料呢？如果你知道房屋结构和材料，就能了解更多的信息，从更专业的角度来选择房子。

人是知识的消费者，也是创造者。但多数时候是消费者。普通商品有国家标准和监察机构保证质量，消费者能通过认证来避免自己买到假冒伪劣产品。东西买得不好，可以扔了。但是错误的知识或有误导性的知识、逻辑混乱的知识，只会给人带来坏处。

驾驶员不了解汽车原理也能驾驶汽车，但如果懂得原理，就可以充分发挥汽车的性能，提升驾驶体验和安全。

（9）控制中心（情感、意志、感觉），如果其他模块偏重逻辑理性，那么这部分则偏重感性（人性）。可想而知，该模块在心智模型中地位最高，或许称之为“情感中心”会更贴切，但我想表明的是，这个模块对人们的行为起到了“控制”的作用，而不是控制情感。

我们可以把理性和感性从概念上区分开来，但是在行动上，两者互相融合在一起。纯理性和纯感性的人并不存在，人与人之间的差异，只是在于两者在此方面比例不同。有的人偏理性，有的人偏感性，总体来说，感性要多于理性。

在饥饿的时候去超市，人们会购买许多超出需求的食物和零食。饱腹之后逛超市，人们则有意识控制购买欲望。

理性和感性并非是对立关系，而是相辅相成。明白这一点，就能理解很多心理现象。审美是典型的感性和理性综合行为。为什么艺术作品只有理解之后才能感知到美？《实践论》说：“感觉到了的东西，我们不能立刻理解它，只有理解了的东西才能更深刻地感觉它。”

情绪、意志、欲望，都是感性组成部分。心理学上的“自控力”“意志力”，这些名词看起来容易让人产生一种幻觉，似乎可以控制自己，有掌控权。

自控力实质上是面对理性与情、欲、偏好的关系问题，是人类道德永恒的主题，即如何节制、自制的问题。自控力本质上是为了未来的欲望牺牲眼前的欲望，或者为了高级欲望牺牲低级欲望，归根结底服务于人的欲望。但在重要的事情上，人们仍然需要自控力。

什么是重要的事情？——在强烈的动机驱动之下，自己认为做有价值的事情。

不要试图去控制感性。了解感性的工作机理，有助于人们了解自己的情绪，而不是被情绪所控制。

人类的心智模型，存在一些缺陷，类似于人类进化过程中由于基因不精确复制导出的不确定性（有可能好，也可能坏）。

如果将时间尺度放大，对于人类群体而言，不论是心智模型（模式）缺陷，还是基因复制出现小错误，总体而言都让人类获得了新的发展方向。

但是对于我们每个个体而言，都不愿意成为心智有缺陷的人吧?

这也是要提升认知的原因。

大脑的记忆和遗忘理论

1. 大脑的记忆理论。

记忆是认知心理学的研究对象，心理学家威廉·詹姆斯提出了记忆的“二元模型”，认为记忆分为初级记忆、次级记忆。初级记忆类似于短时记忆，大脑对刚察觉到的事件忠实还原，具有临时性。次级记忆类似于长时记忆，是长久记录在大脑中的信息。如果读者对手机硬件参数“RAM[1]”“内存”和电脑硬件参数“内存”“硬盘”

1 RAM，Random Access Memory，随机存取存储器。

略知一二，就可以把“初级记忆”简单理解为电脑的“内存”，把“次级记忆”理解为电脑的“硬盘”。电脑关机后“内存”里的信息会丢失，而“硬盘”不会丢失信息。

大家应该都熟悉手机短信验证码，为什么会设计为6位数字，是因为大脑短时记忆不能超过5+2个单元。人们通常会一边默念验证码数字，一边切换到输入界面。这种场景下，验证码放在大脑的短时记忆存储区，用完丢弃。

同样是数字，人们对于自己长达18位的身份证号码，无论经过多长时间都能记清楚，因为人们理解18位数字的规律：居民身份证号码是特征组合码，由17位数字本体码和一位校验码组成。排列顺序从左至右依次为：6位数字地址码，8位数字出生日期码，3位数字顺序码和1位数字校验码。由于身份证号经常需要填写，形成次级记忆，而使用次数越多，记忆越牢固。因此可以认为，形成次级记忆的关键点在于“理解信息规律”“重复使用”。从人的角度是“使用”，从大脑的角度是神经元信号“刺激”。

后来，认知心理学家认为存在一种“工作记忆”，定义为“为人类思考提供支持的、容量有限的暂时性储存系统”，像电脑的内存一样的功能。但有一点值得提醒读者注意，虽然有多处使用“存储”这样的词语，容易让我们联想到在大脑中有类似“文件柜”这样的区域，但实际上，这是一种“逻辑”上的描述，不代表在大脑中某块区域被划分为“存储区域”。而关于“记忆”一词，也是生物学上的抽象名词，大脑中没有一种可观测的生物有机体进行的行为反应，它不像电脑的“内存”信息更新——指的是将某个字节从“0”改变为“1”。

有一种称为“记忆形态模型”的记忆研究方法，即把记忆分成三种不同的类型：感觉记忆，在特殊的通道中保存记忆一到几秒（由通道决定）；短时记忆，在几秒或几分钟的较短时间内保持有限数量的信息；长时记忆，长时间地将信息保持在记忆中。

反驳“记忆形态模型”的理论，被称为“记忆加工水平理论（levels-of-processing theory of memory）”。在该理论中，记忆取决于识记信息的最初编码形式，这种理论并不认为存在不同的记忆存储系统（比如短时记忆和长时记忆），而是假设人们在编码信息时采取了不同类型的认知加工。这一理论的基本假设是，一些加工只达到“表面”“浅层”的水平，记忆保持的效果不好；而另一些加工达到“深层”的水平，就能改善保持的效果。这种理论认为，死记硬背并不能让记忆更深刻，只有从意义层面上深入分析“需要记忆的信息”，才能真正加深记忆。

还有一种分类方法是把记忆分为“有意识记忆”和“无意识记忆”。

有意识记忆的强度，取决于人对该部分记忆内容的使用次数和强度。无意识记忆，指的是潜意识操控的记忆，例如人们走在路上，想着事情，大脑会顺便把眼睛看到的内容保存在脑海中备用，记录的信息可能仅仅只是一些特征而非细节。

人类的记忆“不靠谱”——指的是潜意识记忆。你是否有过这种体验：明明没有去过的地方，当你站在那里时，脑海里好像浮现出一个念头——你曾经在梦里来过。这很有可能是大脑“无中生有”的记忆。大脑最擅长的是“脑补”（术语称之为加工、构建、扭曲），我们看世界表面上是用眼睛看，实际上是用眼睛将光信号传导到大脑中，大脑自动将之转变为图像，让我们感觉我们在“看”。

大脑远比人们想象的更为复杂。

现代的神经科学家早已抛弃了将记忆视为大脑中的“单一加工过程”这样的观点。记忆是非常基础的认知过程，几乎每一个认知活动（感觉、回忆、想象、思考）都会用到。记忆的过程包括编码信息、储存信息、提取信息。

2. 大脑“遗忘”理论。

大脑“遗忘”的本质是，大脑没有找到所需要的信息。当我们说“记忆力不好”的时候，有可能是“没记”；当我们看到某些事物的时候，大脑压根没用启用“认知加工”，也可能是“找不到”，即信息还在大脑里，但是被“隐藏”了，或者是“提取线索”丢失了。

大脑的遗忘理论也有不少，包括：衰退理论、干扰理论、提取失败理论和动机性遗忘理论。

衰退理论，认为记忆随着时间流逝，会逐渐衰退直至遗忘。就像物理痕迹随着时间消失一样，但这个理论目前尚未得到科学证明。

干扰理论，是对衰退理论的反驳，认为遗忘的原因是大脑受到了干扰，一旦排除干扰，就能恢复记忆，类似于“看了后面忘了前面”“只记得开头和结尾”这些现象；甚至出现“记忆歪曲”现象，大脑会自作主张加工，要么“偷工减料”，要么“添枝加叶”。

无意（潜意识）遗忘，大脑的遗忘是人类演化而来的能力，很久没有用过（提取）的信息，大脑通过自己的算法，适当地进行清理，才能空出位置存储新的信息。

就像家里东西多了，活动空间会变小，必须定期扔掉一些很久不用的东西，才能空出位置。

如果你需要加深记忆，就要提高使用频率。经常使用这部分知识，记忆自然深刻。知识之间都有关联度，一个神经元与其他神经元的接触越多，这部分的存储对于大脑来说，就是重要的内容，不会轻易被覆盖。

人多年不用数学，可能连初中数学公式都忘得一干二净。

提取失败理论，认为遗忘实质上是因为人们丢失了提取线索，所以找不到需要的信息。目前这种看法占据主流。类似于图书馆里藏有成千上万本书，如果没有做好整理，进行分类和索引，人会很难找到所需要的书。

动机性遗忘，是基于精神分析的理论，分为定向遗忘和压抑遗忘。

有意遗忘是指个体主动忘记无用和过时的信息，本质是记忆的主动抑制，包括定向遗忘和压抑遗忘。

定向遗忘是指人们有意地按指令去忘记一些信息，是主动的过程。

压抑遗忘是指个体有意识地避免回想某一目标对象而导致的遗忘现象。

有意识地遗忘某一段不愿记起的记忆，是一件很困难的事情，因为越希望抑制某件事情，反而越会促使大脑更为关注这件事情。在饥肠辘辘的时候，让自己不去想“香喷喷的红烧肉”，反而脑子里会充满“我要吃红烧肉”的念头。

综上所述，由于认知心理学家们对大脑的工作机制还不够了解，从而有多种理论存在。对于学习者而言，我们能从中借鉴什么呢？

记忆的核心在于“深层”，死记硬背无法形成长时记忆，想要形成长时记忆，就要真正理解“记忆材料”的真实意义——形成概念、范畴化，掌握推理过程。怎样才能知道自己理解了？试试用自己的语言说出来、写出来，因为只有理解才能有效记住。

遗忘的原因可能是“提取失败”，因为缺少了提取线索，包括分类、范畴、定义、结构、关联等。再往前溯源，会发现还是在于没有真正理解。

因此，构建知识体系能够帮助人们提升记忆能力。

请允许我做一些没有经过科学证明的猜想，在看待人类大脑这事上，要避免把大脑和计算机完全画等号。人类大脑在复杂度和层级上，远超当今世界的计算机。虽然本书也会使用计算机术语来做类比，但这是在抽象层面，而不是在物理层面类比。计算机存储能够精确记录每个字节，说明当今的计算机仍然处在“原始”阶段。人类大脑经过百万年的演化，因为大脑有物理容量和能量消耗的限制，在“精确记录每个字节”这条路上走不通，只能换一条路走。所以人类大脑存储的信息是抽象结构，例如特征、关系、因果、规律、概率等，优点是高效且节能，但是记忆的代价是“不精确”“模糊”“易出错”，换来的好处是为“想象”“创新”提供了演化的可能性。正如同生物演化的前提是“基因复制产生小概率的错误”，正是这种“错误”产生不同的生物功能，有利于适应环境的功能得到保留，不适应环境的功能会被淘汰，从而看起来像“进化”，实则是“演化”。

以此可以推理，高级文明的关键特征在于“抽象”。死记硬背是追求“精确记录”，而理解意义则是“提取特征、规律”。

大脑的容量会用完吗

人的大脑是生物有机体，空间有限，从“物理”的角度看容量也有限。

大脑的主要工作细胞是神经元，约有 860 亿到 1000 亿个左右。神经元除了有两个突起外，在结构上与机体内的其他细胞相似。树突顾名思义，长得像灌木树枝，负责接收信息。轴突则像一条尾巴（更像是每年冬天挂在外面晒的一串串腊肠），负责发送信息。轴突只有一根，树突有很多根。树突和轴突在其整个生命周期内都会不断成长和不断被修正，这取决于人们的经历和环境。虽然人类大脑在发育完成后不会新增神经元，但树突和轴突可以不断成长，这是个好消息，意味着人们可以通过学习来“优化”“重塑”大脑。

轴突发送信息（电信号）的速度很快。电信号到达轴突末端时，会刺激神经元细胞释放化学物质，释放到突触中、神经元之间的空间里。这些化学物质包括谷氨酸（兴奋性神经递质）、伽马氨基丁酸（抑制性神经递质）、血清素（减少烦恼）、多巴胺（提高积极性）、乙酰胆碱（提高学习能力、记忆力）。每个神经元与1000多个其他神经元相连。据估计，神经元会通过100万亿个连接神经元的突触交换信号。

现今，从网络上和资料库中能看到不少有关脑容量估算的内容。

有科学家推测一个成年人在中年时（35岁）长时记忆的容量为10亿比特的信息，换算成我们熟知的单位是1024Mb，也就是1GB。

2016年，美国索尔克生物学研究所科学家对人类大脑突触的存储容量进行测量发现，平均一个突触能够存储大约4.7比特的信息数据。这就意味着人类大脑的信息存储容量至少为1PB（1000TB），即1千万亿字节，这一容量比此前认为的人类大脑信息存储容量要大10倍。

哪一个更准确？事实上可能一个都不准确。在人类没有真正破解大脑的神经元如何产生意识的秘密之前，所有的估算都不可能准确，甚至有科学家认为，估算脑容量是一件不可能的事情。

大脑有回收机制。该机制的原理是，如果有一类信息很久不用，大脑会将相关的信息权重降低，直至新的信息替代原有的信息。

还有更高级的机制，通过提取事物的关键特征、意义、结构、规律、因果关系等进行存储，而不是详细记录事物的具体细节，因此，人类的记忆和复印机不一样。

神经—中枢—大脑的工作过程，是一个不断迭代、不断抽象的过程。从原始信号开始，由低级抽象，逐渐向高级抽象迭代。

以视觉举例，从原始信号摄入开始（瞳孔摄入像素），接着做初步处理（大脑皮层某些细胞发现边缘和方向），做抽象（大脑判定，眼前的物体的形状是圆形的），然后做进一步抽象（大脑进一步判定该物体是只气球）。

视觉输入有大量的数据，经过运算后不会保存原始数据，只会保留边缘特征数据。

视觉关注指在纷繁复杂的外界场景中，人视觉总能快速定位重要的目标区域并进行细致的分析，而对其他区域仅仅进行粗略分析甚至忽视。这种主动选择的心理活动被称为视觉关注（Visual Attention）机制。

这种机制能够减少大脑的记忆负担，但同时也容易让人忽略掉不关注的部分，“手里拿着锤子，更容易发现钉子”就是这种现象。

升级你的心智实验室

1. 什么是心智实验室?

心智实验室是用来做思想实验的虚拟实验室，是当今世界最没有门槛的实验形式。

心智实验室和现实中的实验室差别在于，前者所有的实验都是在想象中进行，包括原料、器皿、实验仪器等。

某大学的“暗物质实验室”位于地下2400米处，其中的宇宙射线量为地面的亿分之一，是世界上最“干净”的实验室。

全球的地下实验室有十几个，为了避免专门挖掘地下实验室的高成本，它们都是利用已有的土建设施，基本分为两类，一类是利用废弃的矿井，比如美国700米深的SOUDAN地下实验室，在建的DUSEL地下实验室有几百米到2400米深的多个实验厅。另一种是利用隧道，在隧道里横向挖出实验大厅。最著名的有意大利的GRAN SASSO地下实验室，入口建在一条10公里长高速路隧道的中部，上方有1700米岩石覆盖，实验室内有3个各100米长、20米宽、20米高的实验大厅和众多较小的实验厅和通道，内容积目前世界第一。

2010年12月，中国锦屏极深地下暗物质实验室正式挂牌。该地下实验室有一个40米长、6.5米宽、8.5米高的实验大厅，尽管目前大厅总容积不是很大，但它是目前世界上条件最好的地下实验室：首先，它是当今世界上最深的地下实验室，上方有2.5公里岩层覆盖，宇宙射线通量最少，每平方米每周只有一个μ子通过，比意大利GRAN SASSO实验室小300倍。其次，地下实验室所在处不是花岗岩，而是大理岩，其自然放射性相当低，实验检测发现其天然放射性比洞外的岩石都低，和意大利GRAN SASSO的岩石相比，放射性元素铀的含量低了3倍。这些都为暗物质直接探测实验提供了非常好的条件。目前地下实验室的各个物理参数，包括宇宙射线通量、光子和中子的通量，都在测量之中。

现在越来越多的实验采用计算机进行虚拟实验。除了用于教学的实验之外，有许多实验是通过构建数学模型来验证假设，以及进行推理。这一类通常都是解决社会科学问题的实验，例如建立病毒传播模型、经济发展模型等。

不需要花钱，只需要在一个合适的时间，在一个安静的地方，静静思考，就能在大脑的心智实验室里做思想实验。

“思想实验”和“计算机虚拟实验”有相同也有不同。相同之处是都不需要在真实世界建立完整的实验室（有真实的实验对象），不同之处在于，只有思想实验可以完全脱离现实世界。这也意味着思想实验更注重想象力、逻辑推理，更为抽象，难度更高。

在了解心智实验室的过程中，同时也要学习如何做思想实验。

2. 心智实验室需要准备的内容：

（1）领域问题：特定领域所研究的具体问题。科学问题、哲学问题，或者自己的个人问题，都可以。

任何实验都需要有一个明确的目的。有的实验是验证假设，有的实验是在观察现象中找出规律。实验在科学研究中主要有两种目的：一是探索和发现新现象或新规律；二是检验已有知识或理论的正确性。

比如，以“宇宙中是否存在外星文明”为问题，来做思想实验。

（2）虚拟场景：为领域问题服务而搭建的虚拟场景。该场景可以位于不同的时间和空间，可以穿越到过去，也可也穿越到未来。可以是在地球上，也可以是在太空中。

既然是讨论外星文明，那么场景就需要放在宇宙中，从太阳系开始，再到银河系。

（3）材料（知识储备）：做思想实验所需的理论、数据、参考文献等。

如果读书少，会“思而不学则殆”，光思考不学习会一事无成。知识储备不仅仅看数量，还要看质量。数量指的是知识的全面性，质量指的是知识的可信度。零散而不成体系的知识碎片，会加剧大脑的混乱。成体系的知识结构，被称为知识体系。

在这个实验中，准备了如下数据和资料：

A. 宇宙年龄：137 亿～138 亿年之间。

B. 地球年龄：大约 45 亿年。

C. 地球文明的年龄：至今 7 万年（实际可能更短）。

D. 费米悖论：费米悖论阐述的是对地外文明存在可能性的过高估计和缺少相关证据之间的矛盾。宇宙惊人的年龄和庞大的星体数量意味着，除非地球是一个特殊的例子，否则地外生命应该广泛存在。在 1950 年的一次非正式讨论中，物理学家恩里科·费米问道，如果银河系存在大量先进的地外文明，那么为什么连飞船或者探测器之类的证据都看不到。

E. 宇宙文明的等级分类（卡尔达舍夫等级）：

类型 I：该文明是行星能源的主人，这意味着他们可以主宰这颗行星以及周围卫星能源的总和。

类型 II：该文明能够收集整个恒星系统的能源。

类型 III：该文明可以利用银河系系统的能源。

F. 德雷克方程式：

$N=R^{*}\times f_p\times n_e\times f_l\times f_i\times f_c\times L$

N 代表银河系内可能与我们通讯的文明数量

R^{*} 代表银河系内恒星形成的数量

f_p 代表恒星有行星的可能性

n_e 代表可能发展出生命的行星的平均数

f_l 代表以上行星发展出生命的可能性

f_i 代表演化出高智生物的可能性

f_c 代表该高智生命能够进行通讯的可能性

L 代表该高智文明的预期寿命

科学家们对此方程式中的各项变数的估计值各有不同，不同的估计值可得出不同的 N 来，实际估值差异甚大，从数个到数千万不等。

G. 平庸原理（Mediocrity principle，又称平庸的原则）：是一种科学哲学观念，指出人类或者地球在宇宙中不存在任何特殊地位或重要性。这是一种哥白尼式的理论。不管是根据启发得出的地球所在的位置，还是根据哲学原理阐述人类的地位，都能得出这种结论，此外还有下列论据：

化石记录以及基因研究结论认为所有人类是约 10 万年前的一个共同祖先的后代，而人类祖先和黑猩猩在约 600 万年前在演化中分道扬镳。因此人类只是生物圈的一部分，并非一种独特的生物。

人类的基因和黑猩猩的基因有超过 98% 相同，黑猩猩在和人类分开演化的过程中甚至出现了比人类更多的基因变异。

20 世纪对薛定谔提出的“生命是什么”进行研究的结果，发现了 DNA 的双螺旋结构，将生命简化到有机化学领域，否定生机论学说。

1990 年 2 月 14 日，旅行者 1 号从 64 亿千米以外拍摄到地球的照片，地球只是一个暗淡蓝点。

爱德文·哈勃发现宇宙远比人们以前想象的要大，詹姆斯·赫顿发现地球的年龄比人们以前认为的要更古老，哈勃深空图像包含无数个星系，更加支持平庸原理的观点。

其他相关研究资料：略。

（4）假设：需要验证的前提，以陈述句的形式出现。

假设指按照预先设定，对某种现象进行的解释，即根据已知的科学事实和科学原理，对所研究的自然现象及其规律提出的推测和说明，数据经过详细的分类、归纳与分析，得到一个暂时性但是可以接受的解释。任何一种科学理论在未得到实验确证之前都表现为假设学说或假说。

先做假设：

宇宙有界无边，一个银河系就有 1000 亿～4000 亿颗恒星。这么长时间里，不可能仅仅只有地球产生了文明。很可能目前没有发现地外文明的原因是：每个文明的生存窗口期很短，不会超过 100 万年。

银河系至少有数十亿颗类似太阳的恒星，有数千万个行星围绕恒星，因此可能有数百个文明，它们的技术可能远远超过我们。从“技术大爆炸”的角度思考，文明能够以接近光速进行星际旅行，最多只需要几百年就能到达地球。但是为什么没有发现我们，很可能是不存在这些文明。

也许在地球之外有拥有极端先进科技的文明，但地球在它们的智慧传播范围以外。

多元宇宙认为存在数量巨大的宇宙，地球所在的渺小宇宙只是其中一个。

（5）变量：实验中所需要的变量。包括自变量、因变量。还记得数学中的公式吗？

在函数中，一个变量先变化，另一个随着它变化。比如正方形的边长 L 增加一倍，面积 S 增加到原来的 4 倍，后者随着前者变化。

如果我们把这个关系上升为抽象的逻辑关系，那么就是半径变化是因，面积变化是果。我们用这样一个箭头代表确定的因果关系 $L \rightarrow S$，用下面这样一个函数来表示：

$$S=L^2$$

通常，我们称 L 是自变量，S 是因变量或是自变量 L 的函数，因变量和函数通常说的是一回事。

自变量指研究者可以操纵的实验条件。

因变量指实验结果中要测量或比较的项目，也可以说是自变量的量度单位。可以通过因变量，得出结论。

在德雷克方程式中，自变量是 R^*、f_p、n_e、f_l、f_i、f_c、L。因变量是 N。

（6）实验步骤：在做实验之前，要想好具体的步骤。步骤可以理解为算法。

A. 明确实验的目的，提出一个假设。

B. 收集各种假说，以及相关的数据和资料。

C. 寻找假说的逻辑漏洞或事实漏洞。

D. 在最有可能的假说上，寻找更多的证据。

E. 和最初提出的假设进行对比。

（7）逻辑推理：实验步骤必须要符合逻辑，能够严谨地推理出结论。

猜疑链：由于光速不可超越，直接导致宇宙中各文明之间无法进行即时有效的沟通和交流，这使得“猜疑链”无法截断，所以任何一个文明都不可能信任别的文明。（无法证实）

技术爆炸：指文明中的技术随时都可能爆炸式地突破和发展，这使得对任何远方文明的技术水准都无法准确估计。（无法证实）

维度问题：地球世界属于三维空间 + 一维时间，看不见高维文明。（无法证实）

文明周期：文明存在有周期性。（存在概率）

（8）结论：最后的思想实验结果，判断假设是对的还是错的，或者提出新的观点。

无论是黑暗森林和猜疑链，最有可能的还是文明周期过短。

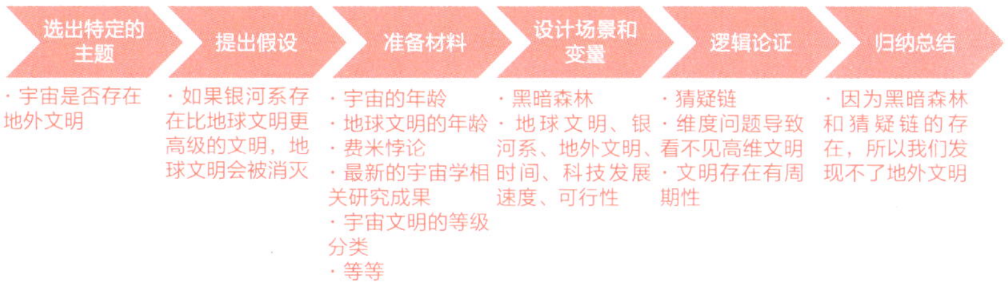

图 3-3　心智实验

（9）心智工具箱：里面包含了思维模型、思维工具等。

“手里拿着锤子，看见什么都是钉子”，指的是人们习惯用一种思维来看待事物，也可以称为“惯性思维”“思维定式”。工具越少，能解决的问题类型越少。

人们家里都有工具箱，里面有尖嘴钳、斜口钳、十字螺丝刀、一字螺丝刀、电工刀、试电笔、活络扳手、套管扳手、锤子、记号笔等。这些都是常用工具，再细分还有手机维修工具、电脑维修工具等。

工具需要组合运用，才能完成安装、拆除、维修等任务。心智工具箱也存放着不同的思维工具和思维模型。人们需要学习不同的思维工具，通过持续实践，训练成为一种本能。

能用一张纸和笔，写下你的心智工具箱存放着哪些工具吗？

除了通用工具，还有一些专业工具，属于不同的专业领域。咨询公司的顾问有成套的体系化工具，专门用于分析企业的不同领域。

有的分析财务，有的分析经营策略，有的分析商业模式，有的分析组织能力、竞争优势等。

人力资源有绩效考核、九宫格人才盘点、360 度测评等工具。计算机软件工程师有算法模型、数据结构、设计模式、系统架构等工具。电商运营人员有商品定价、广告投放模型、用户增长漏斗模型、RFM[1] 分析客户价值模型等工具。

如何提升记忆提取的效率

记忆检索，也称为“记忆提取”。记忆检索分为五个层次，分别是表象、特征、类比、模式、本质。

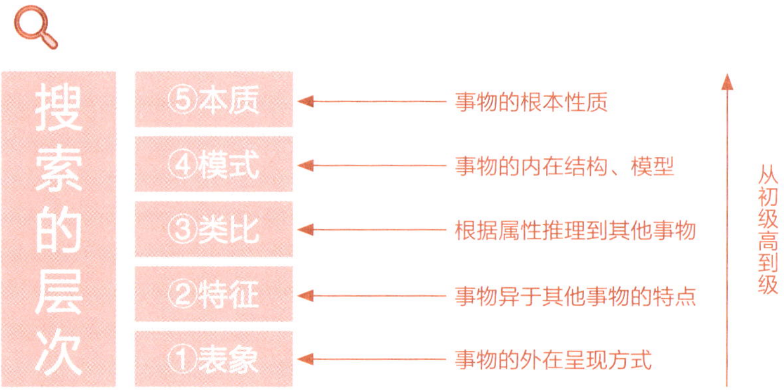

图 3-4 搜索的层次

1 RFM:Recency Frequency,Monetary，该模型通过一个客户的近期购买行为、购买的总体频率以及花了多少钱 3 项指标来描述该客户的价值状况。

当我们谈到杯子的时候，你会想到什么呢？

杯子的外观——看起来是圆形，有把手（或者没有把手），表面光滑，玻璃制作。从外观上，你认定这是一个杯子，这是根据表象在大脑里找出的概念（范畴）。

杯子的特征——能装液体，表面光滑，口径小于高度（不然的话，你会判定这是一个碗），这是根据特征在大脑里搜索出来的结果。

和杯子的大部分特征相同的事物还有碗、瓶子、罐子，它们都可以用来装东西，这是大脑在进行类比推理后得出的结果。

类比是人类认知的核心，人们通过类比来理解新事物。

杯子一定是圆的吗？一定是玻璃或金属、陶瓷、塑料等材料制作的吗？所有杯子都可以称为容器，这是模式。

什么是杯子？当你想到这个问题的时候，是在从本质（概念）层面检索记忆。

这是从表象到本质的思考（检索）过程，是人们对事物从初级到高级的认知过程。

如果我们习惯于停留在表象与特征层面搜索，那么思维容易受局限。

如果你要设计一个杯子，你会怎么做？

杯子为什么一定要圆形？为什么不能是多边形？能不能是长条形？可以做成伸缩的方便携带吗？杯子除了当作容器，还能做艺术品或者装饰品吗？能不能在温度发生变化的时候显示水温呢？杯子能不能自动从空气中收集水分呢?

从表象思考，这个杯子会被局限在人类固有的对杯子的印象中。如果从本质思考，你就有更多的想象空间。

如何提升知识提取的命中率

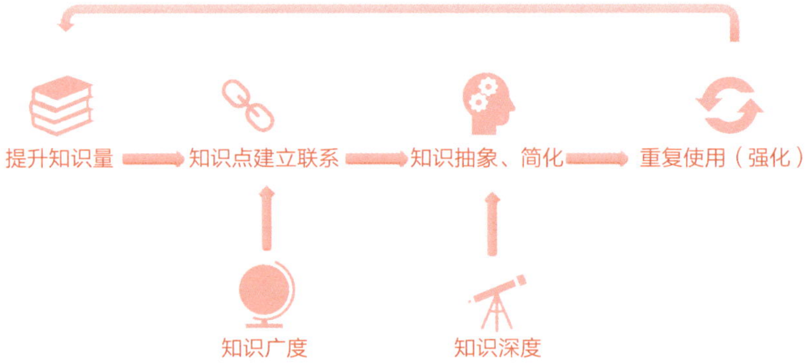

图 3-5　提升搜索效率

互联网浏览器的搜索引擎能够检索到多少内容，取决于服务器抓取了多少互联网的内容。2010 年的时候，谷歌的服务器已经在百万台数量级。

大脑的搜索引擎想要变得高效（除了速度快，还要有满意的结果），也需要有足够的知识储备。一个空房间，一眼看过去什么也没有，速度是很快，但没有什么作用。

我们可以从如下几个方面入手提升知识储备。

1. 增加知识量。有各种方法，例如查找文献、阅读书籍、学校教育、工作实践等，你若有心，处处皆有学问。

尽可能阅读源头书籍，每个领域都有其经典书籍，数量不会多，花点时间，每年读完一部至两部“大部头”，平时再快速阅读一些新书籍作为补充。

拆书和听书表面上节省时间，但是忽略了最精彩最有价值的那部分内容。你无法知道那些结论是怎么得出来的，没法学到原著的分析推理过程。

拆书和听书就像是一份简介，让你知道知识点分布在哪里。但是“知道”不等于“理解”。

碎片化阅读可以分为两种。

一种是把时间分成 N 段，阅读 N 篇文章，这些文章可能是在公众号中，可能是电子书，或者其他。这种方式看上去丰富多彩，但是不成系统，知识的关联性不足。

另一种是把时间也分成 N 段，在一段时期内，只读一本电子书。可理解为，一有空就专心读一本书，我推荐这种方式。

现在的书籍很多，想清楚读什么书更重要。

当自己不知道读什么书比较好的时候，不妨听听建议。

我列举一些推荐较多的书，供读者参考。

《谈美书简》，朱光潜著。

《中国历代政治得失》，钱穆著。

《旧制度与大革命》，托克维尔著。

《红楼梦》，曹雪芹著。

《数学归纳法》，华罗庚著。

《中国哲学史》，冯友兰著。

《全唐诗》，王全整理，中华书局。

《史记》，司马迁著，中华书局。

《新教伦理与资本主义精神》，马克斯·韦伯著。

《动物农场》，乔治·奥威尔著。

《鲁迅选集》，中国青年出版社。

《金庸作品集》，金庸著。

《论美国的民主》，托克维尔著。

《国富论》，亚当·斯密著。

《通往奴役之路》，F. A. 哈耶克著。

《福尔摩斯探案集》，柯南·道尔著。

《1984》，乔治·奥威尔著。

《莎士比亚全集》，朱生豪译，人民文学出版社。

《文明的冲突与世界秩序的重建》，塞缪尔·亨廷顿著。

《光荣与梦想》，威廉·曼切斯特著。

《纯粹理性批判》，伊曼努尔·康德著。

《经济学原理》，马歇尔著。

《正义论》，约翰·罗尔斯著。

相比买课程，为什么不从源头读起呢？有许多经典，并非想象中那般难懂。第一次读不懂，多读几次。

关于健身有句话：“怎么吃进去的，怎么减下来。”胖子不是一天吃成的，十年不锻炼，想着去健身房办张卡就能变瘦，是美好的想象。

学习没有捷径，简略、浓缩的知识，能开阔眼界，但是很难理解消化。

2. 新知识要和原有的知识建立联系。把这些联系想象成一根根无形的线，把每个知识点都连接上。

知识点的关联有助于大脑提升检索效率。

科学家们为了更好、更深入地研究世界，分了很多学科，建立了许多分类。分类的好处显而易见，但同时也给人们造成暗示，产生某一种错觉——学好某个领域的知识就好。

有些旧知识分类可能是错误的，例如认为大脑分为左脑和右脑，左脑负责理性，右脑负责感性。科学家们早已证实左右脑是协同工作，同时负责视觉、听觉、运动、情感等。

分类是一种人为的割裂，只要是分类，就意味着丢失其他的观察维度。

在使用知识时，要打破分类的限制。这便是“跨学科”“交叉学科”思维方式。

你学习到进化论，和社会学建立联系，会发现，有个社会达尔文主义学派（虽然有些争议），这就是生物学理论放到社会学中运用的案例。如果你读过《物种起源》，会知道马尔萨斯的《人口论》启发了达尔文，这是社会学、经济学对生物学的影响。

冯·诺伊曼关于计算机有一个经典模型——程序 = 算法 + 数据结构。它不仅仅可以用来写程序，还可以用在个人的工作和生活上——解决问题的能力（程序）= 思维工具（算法）+ 知识体系（数据结构）。

在脑海中建立联系是一种方法，如果我们采用如下方法动动手，有助于我们加深知识连接和印象。

绘制时间线图，有助于我们分析事物发展的过程，有许多软件可以帮助我们绘制时间线图。

3. 抽象和简化知识。为什么要对知识进行抽象和简化？

人的大脑容量有限，不可能把世界上所有的信息都存储进去。抽象和简化是高级认知能力。

大脑本身也遵循着抽象和简化的工作方式，例如视觉，成语“熟视无睹”，意思是人们对于经常见到的熟悉事物，容易忽视。是大脑的真实写照。

如果大脑记录每时每刻人的传感器传来的知觉数据（视觉、听觉、味觉、触觉等），给现在的人类大脑增加 100 倍容量也不够用。所以大脑必需简化，只记住特征、规律和变化。

一个没有抽象的世界会是怎样？你在地铁上是看不到那些方正的地铁线路图放在一个小小的矩形里。

没有抽象，人们无法产生概念，大脑需要记忆无穷无尽的细节——这非常不现实。

比如，你恐怕要记住比熊、博美、吉娃娃、迷你雪纳瑞、柯基、日本尖嘴、约克夏、巴哥、京巴、松狮、边牧、哈士奇、喜乐蒂、雪纳瑞、英国可卡、美国可卡、牛头梗、柴犬、英国斗牛、比格、沙皮、金毛、阿拉斯加、拉布拉多、苏牧、德牧、古牧、大白熊、罗威纳、藏獒、斑点狗、杜宾、秋田、伯恩山、高加索牧羊等名字。因为它们无法用“狗”“犬”这样的范畴来概括。

4. 重复使用知识。知识的重复使用，意味着神经元突触被多次刺激，大脑会认为这是重要的知识，当你有需要的时候，大脑能够快速搜索到。

写作是一种对知识重复使用的好方法，也可以和他人交流你学习到的新知识。

有句话说“理解就是改变”，当你真正理解某个概念和理论后，你就会做出改变。和王阳明的“知行合一”异曲同工。

提示：

知识需要及时更新，过去成功的经验和方法不一定适合现在。

图像比文字更容易理解。

故事比道理更容易记住。

越平淡的事越记不住。

思考题：

你能否举出一些跨学科知识联系的例子？

怎样才能发现从大脑中搜索出来的记忆内容可能是错误的？

移动互联网时代，知识查找越来越方便，关于学习，我们应该做出什么改变？

如何做到独立思考

在没有互联网的时代，有人感觉自己身体不舒服，但是又恐惧去医院，于是在书店翻了一本又一本的医疗手册，越翻越绝望。离开书店的时候，已经感觉自己活不过三天。无奈之下去医院检查。医生说，回去好好睡一觉，以后别自己瞎看书。

到了互联网时代，身体不舒服的时候，第一反应是不是去网上搜索一下呢？多数人已经习惯在网络查找答案，问题在于，互联网上的信息有多少是真正可靠的。

煮米饭之前要经过淘米、洗米，挑出米中的小石粒或是其他杂质。食材不新鲜，烹饪出来的菜也不会好吃。面对要吃进肚里的东西，我们都会很谨慎，毕竟这是有关身体的事。但对于精神食粮，恐怕我们没有那么讲究。

在互联网没有普及的单机年代，所有的资料和信息都是用光盘或其他移动存储媒介存储的。要查找资料，通过 USB 端口读取。

PC 互联网时代，搜索引擎出现后，只需要敲出关键字，就能返回许多的信息。移动互联网时代，搜索引擎的界面依然简洁如初，可是我们用得越来越少，因为“推荐、推送”是移动互联网时代信息获取的主流方式，互联网让人们变懒了，让人们变得不爱思考。

互联网除了让人焦虑、懒惰，还让人逐渐失去思考能力，搜索引擎不断地优化返回的结果，看上去越来越智能。

当手机变成人类身体的外延时，互联网巨大的信息库让人们有一种幻觉，知识的获取只需要输入关键字，就可以找到任何答案。脑机接口不断取得新进展，也许在不远的将来，人们可以随时随地获取自己想要的信息。

信息获取如此便捷的同时，信息的质量随着数量的增加开始变得低下，所有的信息都在挖空心思试图抓住人们的眼球。

人们的注意力正在变成像钻石一样稀缺，想想小时候，一个蚂蚁窝可以让孩子盯上半天。如今一篇文章或者一个短视频如果5秒钟之内让人感觉不知所云或索然无味，恐怕就会被关闭或划掉。书籍曾经是人类获取知识的主要来源，现在多了很多竞争者。网络创造几乎没有门槛，互联网每天产生大量碎片化信息。

信息中也包括了“知识”，自媒体产业流水线发达到令人发指的程度。

如果按照“帕累托原则”简单判断，互联网上至少有很多是人们不需要的信息，里面包含着谣言、假信息、伪知识、未经证实的臆想等。

面对海量的信息，该怎样分辨?

要启动信息和知识的过滤器。

图 3-6　知识过滤

知识过滤，首先要具备分辨事实和观点的基本能力。

1. 是事实还是观点?

事实是对客观世界中可以被证实或证伪的事物描述。是能被证明是真还是假的一段陈述。

例如：在地球上看，太阳从东边升起，在西边落下。

观点是个人表达一种信念、感觉、看法的陈述，无须证明，而且每个人的观点可以不同。

例如：我喜欢晒太阳。

真实世界里，我们所看见的信息里事实和观点经常会交叉在一起。

在多数情况下，文章或书里所写内容，都是事实（客观）和解读（观点）混在一起，如果不仔细阅读和思考，可能就被带偏了。

假设你看到这样一段话。

民国时期，天蓬县有大量外地的贫穷难民，边上的卷帘县有大量贫穷的本地农民。两个县的人口数相同，家庭消费的比例相同，但在天蓬县，犯罪率是卷帘县的2倍。如果是贫穷导致的犯罪，那么两个县的犯罪率应该接近才对。

你能分清楚上面这段话哪些是事实，哪些是解读（观点）吗？

最后一句是解读，潜台词是难民导致犯罪。为什么不是贫穷导致的犯罪呢？一个地区犯罪率越高，经商的商人积极性越低，商品流通程度越低，人们手里的东西不能换成财富，县府税收也降低，维持治安的警力会不足，导致犯罪率提高。

还有篇小说中所言：

那老者问道："神龙教的名头，你从哪里听来的？"韦小宝信口开河："我是从平西王吴三桂的儿子吴应熊那里听来的。他奉了父亲之命，到北京朝贡，他手下有个好汉，名叫杨溢之，又有许多辽东金顶门的高手。他们商量着要去剿灭神龙教，说道神龙教有位洪教主，神通广大，手下能人极多。他教下有人在镶蓝旗旗主那里办事，得了一部《四十二章经》，那可厉害得很了。"他精通说谎的诀窍，知道不用句句都假，九句真话中夹一句假话，骗人就容易得多。

——金庸《鹿鼎记》第十六回

所以，看到某个观点，就要注意作者提出的观点支撑依据是什么，是否来源于某些事实，再加上合乎逻辑的推理过程。如果观点的依据来源于主观想法和经验，那么对于作为结论的观点，你则需要开始警惕和怀疑。

讨论变成争吵，多数时候是因为人们没有分清楚自己到底是想击败他人，还是想讨论出观点背后的真相。

2. 来源可靠吗?

如果有朋友转发一段文字或文章给你，你是立刻转发给其他朋友还是先去求证信息来源是否可靠？

最简单的方法是将其中的关键字放到网络上搜索，能发现文章是不是旧瓶装新酒，或者是已经有人证伪。图片可通过图片搜索，找到相似的图片判断真假。

3. 出处在哪儿?

听说过“学习金字塔”吗？如下图。

图 3-7　依循“学习金字塔”设计学习模式

在塔尖，是第一种学习方式——“听讲”，老师在上面说，学生在下面听，这种是我们最熟悉最常用的方式，两周以后学习的内容只能留下 5%。第二种，通过“阅读”方式学到的内容，可以保留 10%。第三种，用“声音、图片”的方式学习，可以达到 20%。第四种，是“示范”、演示，采用这种学习方式，可以记住 30%。第五种，“小组讨论”，可以记住 50% 的内容。第六种，“做中学”或“实际演练”，可以达到 75%。最后一种，在金字塔基座位置的学习方式，是“教别人”或者“马上应用”，可以记住 90% 的学习内容。爱德加·戴尔提出，学习效果在 30% 以下的几种传统方式，都是个人学习或被动学习；而学习效果在 50% 以上的，都是团队学习、主动学习和参与式学习。

当你读到这里的时候，请先暂停。你对于上面描述“学习金字塔”的这段话有什么感想？有没有发现什么问题？这个理论的出处是什么？这些数字是怎么来的？学习效果是怎么定义的？有没有科学根据呢？如果这张图的理论是真的，为什么现在的教育还是以讲课为主？

假如你有上述疑问，恭喜你，说明你在阅读的时候不忘思考。事实上，目前网上流传的“学习金字塔”并没有真正被核实出自美国缅因州的国家训练实验室的某项研究，因为没有人能证明看到过这份研究报告，网上也无法搜到相关研究论文，因此“学习金字塔”的研究可以确认是伪造的。

此外，金字塔上的数字也并非原本就有，很有可能是后人主观臆想加上去的。这个假说之所以如此令人信服并广为流传，是因为它在某种程度上符合人们的常识。许多人及教育机构不断推广和尝试，却始终没有推出完整而严谨的实证研究。这些虚假的百分比受到广泛质疑，但每隔几年它们就摇身一变，以这样或那样的方式重新出现。许多人现在把这些虚假的百分比和戴尔的“经验金字塔”联系在一起，“经验金字塔”由埃德加·戴尔（Edgar Dale）于1946年提出。它提供了各种视听媒体具象化的直观模型。戴尔的模型里没有任何数字，也没有量化研究。

4. 你所看到的，是否过时了？

任何东西都有个有效期，知识也不例外。

有人一谈到心理学入门，先想到弗洛伊德，可能会买一本《梦的解析》回来学习。弗洛伊德是精神科医生，他创建了精神分析学派，但心理学学科并不是弗洛伊德开创的。

在大学心理学专业课堂上，老师会告诉学生，弗洛伊德的理论虽然不科学，但是在心理学发展史上具有一席之地。

5. 有科学依据吗？

《乌合之众》这本书，为大众熟知。书里的中心思想是，人类的理性会被群体所影响，从而拉低思考能力，使人变得更为愚蠢，群体也成为乌合之众。

这看上去是不是很符合人们对现实的看法？例如不明真相的围观群众。

6. 有不同的观点吗？

有人说过，想要学习某个领域内的最新知识，找两个该领域的顶尖学者的著作来拜读——最好是两位学者的观点互为对立。

世界具备多样性和复杂性，观点的对立在发展中逐渐也会变得统一。即使是“理性”这个概念，也可以分为“消极理性”和“积极理性”。

7. 符合逻辑吗？

以前人们常说，不要喝反复烧开的水，因为里面会含有亚硝酸盐。那么为什么煲出来的汤大家认为是养生滋补的呢？难道煲汤里的水不是反复烧开的吗？

逻辑推理有两种形式，归纳推理和演绎推理。

归纳推理是从特殊到一般的认识过程，例如人们见到的天鹅都是白色的，所以归纳推理的结论是，天鹅都是白色的。但如果发现一只黑天鹅，这个结论就不能成立。

演绎推理是从一般到特殊的认识过程。例如亚里士多德的“三段论”是经典的演绎推理。演绎法的关键在于大前提需要正确，如果大前提不正确，即使推理过程没问题，结论也不能成立。

归纳推理通常会和演绎推理结合起来，两者相互联系。演绎法本身并不能产生新知识，归纳法是获得新知识的基本方法。

大众熟知的名侦探福尔摩斯，使用的是演绎法来进行推理。

8. 是否用煽情的语言代替了证据？

网络上有很多“10 万加”的刷屏文章，如果文章中多数出现的都是偏感性煽情的字词，同时缺乏有可靠来源的数据和证据，就要小心。当人们情绪被煽动的时候，大脑负责理性的部分会变得迟钝。

从另一个角度而言，有读者就会有市场。只要人们不具备分辨和思考能力，这样的信息就会生生不息产生。

9. 统计方法科学吗？统计的样本足够多吗？

数字能骗人，不要轻易被文章中出现的“经过调查”“抽样统计”等字眼所迷惑。

在社会学研究中，一项比较规范的研究，样本规模至少要在500个以上。抽样调查的重要作用是要在一定的置信度要求下推论总体。抽样调查有个简单随机抽样样本规模计算公式，里面包含置信度系数、总体相对标准差、抽样误差。

如果样本数不够多，置信度不高，误差大，那么总体推论的结论也自然有待商榷。

要小心没有说明采用什么样的统计方法和样本数之类的统计报告。

10. 该观点对谁有利？

留意一个流行的观点是谁提出来的、这个观点对谁有利，有助于做可信度判断。

人们一直生活在广告世界里，狭义的广告是我们在电视、电影、广播、电梯、报纸和杂志上看到的那些内容，人们通常都会警惕这些广告。

但是人们往往会忽略广义的“广告”，而所有的媒体都带有广告功能。

广义的广告中不会出现具体的某个产品的销售广告，而是被包装成一些“理念”“生活方式”“态度”等。

开始学习任何知识时，应该尽自己所能，澄清心中所有的先入为主观念、偏见假设和各种理论根据。

要想在这个时代保持清醒并不难，只要做到如下几点即可。

1. 不迷信权威。

在人们有疑惑的时候，往往会求助“权威”。

迷信权威是一种典型的认知偏差，指人们相信某个领域的专家对于超出领域之外的言论。例如，人们会相信“企业财务管理”专家发表对“经济学”领域的观点。

同一学科下，也有不同门派。例如心理学领域有精神分析学派、行为主义学派、格式塔学派、皮亚杰学派、人本主义学派、认知心理学派等。普通人可能不了解这些门派，更不用说进行区分。这些学派都在心理学发展史上曾经占领重要地位，但是非专业人士并不清楚。

对于“权威”的言论，也要批判性看待是在什么样的载体上。假如某知名“科普作家”的言论来自学术论文或者专业期刊，那么可信度明显要远高于其发表在互联网上的同样言论，虽然学术也有造假的情况，但毕竟是少数，至少学术论文有审核的门槛，也有“同行评议”把关。

学术修养、学识水平、人际关系、利益冲突都可能影响“同行评议”的公正性。

2. 不人云亦云。

人云亦云来自认知偏差中的“从众心理”。当你也不能确定的时候，保持沉默和中立。

“从众心理”在远古时期，有助于人类祖先提高生存率。当部落中的多数人说某处有野兽出没时，那些不听从的人，偏要去某处，可想而知，生存的概率比听从的人要低很多，因此，基因能够流传下来的，是那些有“从众心理”的人类，演化的过程可能高达上万年。但是，如今的人类已经不需要面对野兽的威胁。

有个“一天要喝八杯水”的说法，人天生对数字敏感，数字增加了可信度。但是，这个杯子要多少毫升才合适呢?

小酒杯是杯子，扎啤杯也是杯子，两者大小相差可大了。

3. 保持怀疑的态度。

对于未经证实的信息，应该保持怀疑态度，而不是盲目相信。

保持怀疑，不等同于“怀疑一切”，要明白什么是科学方法，才能对接收到的信息进行分辨。

有一种“不要喝反复煮沸的水”的说法深入人心，还有一种说法是“老火汤有营养”，老火汤是煮沸后，持续用中火小火熬制的汤，也是“反复烧开的水”，人们同时相信两种互相矛盾的“观点”，也是一种有趣的心理现象。但有一点没错，“不要喝刚煮沸的千滚水”，因为会烫伤口腔。

“不科学”指的是没有经过科学验证，或者不符合“科学”常识，也有人用来表示“不合理”。但如果把“不科学”作为理由否认一切科学之外的成分，本身就是一种“不科学”的行为，是“唯科学主义者”。如果“科学”已经一直在发展，就能说明，“科学”也存在问题需要修正。“地心说”思想在千余年中一直存在，对于当时的人们而言，是“科学”，如今还会有人认为这是“科学”的吗？

为什么我们难以想象未来

假如你接到一项任务，搭乘时光机回到2万年前的北京周口店，认识几位山顶洞人，假设因为某种原因你可以说他们的语言，能够将我们现在的生活解释给他们听，了解他们对此的看法。他们会怎样呢？

现代这前所未有的经济繁荣、知识丰沛的美好前景是能激励他们发明农业经济、国家、社会呢，还是他们宁可停留于钻木取火和岩洞壁画的生活？

假设你接受了这一任务，并且回到了过去，在一个傍晚找到几个山顶洞人，然后给他们一人一支激光笔引起他们的注意力。

等他们玩累了，你就开始和他们解释你来自未来的文明世界，可以提供给他们丰富的食品和服务，可以不用住山洞、不害怕野兽。有无数的工作机会，有数不尽的消费领域和娱乐消遣。这一切都可以通过劳动来赚取金钱购买。

其中一个山顶洞人似乎听得有些明白，但是也提了一些问题。虽然这些问题让现代人觉得不可理喻，但是你还是觉得有必要回答。

山顶洞人：来自未来的人，有了这种叫作金钱的东西，我可以购买 20 个愿意为我生孩子的年轻漂亮姑娘吗？

你：不行，奴隶制被废除以后，就不能通过交易来实现繁衍了。

山顶洞人：好吧，那我可以购买 100 年的寿命吧？

你：不行，不过在现代医疗水平下，你的寿命可以从 30 岁提高到 80 岁。

山顶洞人：这些答案让我觉得很没意思。那我再问个问题，我能购买高级武器，将我的敌人杀死吗？

你：行，AK-47 冲锋枪，杀伤力强，横扫部落都没有问题。不过，我猜想你的对手也会去买。

山顶洞人的妻子凑过来也想了解。

山顶洞人的妻子：我能不能购买一个帅气、高贵、迷人，永远不会打我或者抛弃我的爱人呢？

你：不行，但是我们可以提供浪漫的爱情小说。

山顶洞人的妻子：那我可以为我那几个孩子购买尊重和服从，还有品位吗？

你：不行。

山顶洞人的妻子：见鬼，这叫金钱的东西听上去就是个废物。那我至少能买到一头不会坏的牲口尸体吧？

这时你终于有个突破口，开始介绍冰箱的作用，但你忽然想起，这里还没有发电站，没有电什么电器也用不了。这个话题又说不下去了，冷场。

山顶洞人看你的眼神已经变得无比轻蔑。你赶紧告诉这群山顶洞人，未来社会可以提供各种在野外生活的便利，例如太阳镜、小刀、背包、速干衣裤、羽绒服，还有户外登山鞋。

听众稍微打起了精神，这时，一个山顶洞人问道：那好，说重点，我们要如何才能得到这些刀子和鞋子？

你解释说：你们只需要花16年的时间天天坐在学校里学习各种反直觉的技能，然后在余下的40年里每周花50个小时在没有道德观念的公司里上班，从事一成不变的工作，同时远离家人和朋友，没有多少社交的时间，放弃大自然。说起来，这一切不算太糟。

那么山顶洞人直视着你的眼睛，语气中透出无限的怜悯，问道：你该不会是疯了吧？

以上思想实验来自一场关于“消费主义”在史前人类和现代人类之间不同观点的交锋，我做了精简，更多详细内容可参阅图书《不可消失的门店》。

虽然思想实验的对象是史前的山顶洞人和现代的你，但假如我们是山顶洞人，面对来自未来的人，是否也会和山顶洞人一样，不能理解未来？

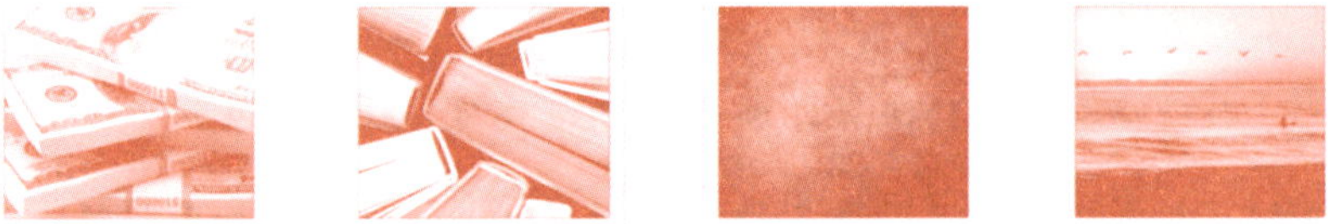

不是想象一个实验（例如想象一个化学实验）

不是通过虚拟故事进行的表达或者论证

不是突发奇想（必须要有假设、逻辑和结论）

不是天马行空，脱离现实主观的臆想

图 3-8　思想实验不是什么

1. 什么是思想实验?

思想实验是指使用想象力去进行的实验，是在现实中无法实现（或现实未做到）的实验。思想实验需要的是想象力，而不是感官。

思想实验的成功案例多数和物理学家们、哲学家们有关。

爱因斯坦曾说：“理论的真理在你的心智中，不在你的眼睛里。”

伽利略的实验大多数就是思想实验，历史已经证明他并没有从比萨斜塔上同时扔 2 个铁球来证明亚里士多德的错误。

大众耳熟能详的思想实验还有物理学中的量子力学中的“薛定谔的猫”和社会伦理学中的“电车难题”。

思想实验在诸多领域中有应用，尤其是在伦理学、数学和自然科学中。部分思想实验的目的是填充某个理论的特定部分，另一些是为了解决在现实世界中没有办法进行实验的问题。

有些思想实验能够帮助人们阐明或澄清某些抽象的事情，起到帮助人们理解抽象事物的作用。另一些则可能是概念分析。而最受人关注的还是那些为某个现有理论提供反例的思想实验。

思想实验通常用来：提出质疑回答问题，揭示思维中的不连贯之处和不清晰之处，或者是支持某个论断、观点、假说或理论，反驳某个论断、观点、假说或理论，检测某个定义的完备性，检测某项原则的适用性。

2. 思想实验能不能产生新的知识？

思想实验本身不能产生新的知识，但是可以引发人们的思考，对原有的猜想或理论进行修补。从某种意义上说，也可以认为是产生了新知识。

现实中的实验可以产生新知识，思想实验是虚拟实验，在“心智实验室”中进行。现实中的实验可能失败，思想实验同样会失败，这取决于思想实验者自身的知识（包括科学、哲学等）素养。

好的思想实验能够启发人们触达事物本质，产生新的洞见。

哲学思想实验的理论贡献

- 挑战甚至反驳一个盛行的现有理论
- 肯定一个盛行的现有理论
- 建立一个新理论
- 通过互斥过程，反驳一个盛行的现有理论并同时建立一个新理论

图 3-9　哲学思想实验的理论贡献

下面这些问题，哪些是思想实验，哪些是空想？

（1）假设你还有10年的生命，你希望如何度过？希望和你现在的生活方式有什么不同？你是否会有什么改变？

（2）假如你获得一项隐形能力，但同时也失去某一项能力，你会如何选择？

（3）当你说喜欢做某件事的时候，可以问问自己，如果这件事情你永远只能自己悄无声息地做，不能晒朋友圈，也不能告诉任何人，你还愿意做吗？

（4）假如你早已厌倦了当下无聊的工作，一直想出去创业。这时，突然出现了一只机器猫，它给了你一个很神奇的装置，只要你按下按钮，就可以获得财务自由、享有无上的荣誉，并受人尊敬，每年被互联网大会邀请去当座上宾……可代价是，你永远都不能真正地创业了，你是否会按下这个按钮？

（5）假设你现在想做的事不止一件，而是有A、B、C三件，当你做其中任意一件事的时候，就永远不能做其他两件事了，你会选择做哪一件？

（6）假设人类能用100万年的时间飞往银河系各个星球，那么，外星人只要比人类早进化100万年，现在就应该来到地球了。那么为什么现在我们没有发现任何外星人？宇宙有138亿年历史，银河系至少有1000亿颗恒星，地球文明才几万年，中间可以出现N个文明。是否因为文明都有存在周期，或者是由于黑暗森林法则等原因，导致我们没有发现任何外星人。

（7）假设你有10亿现金在手，怎样才能在五年内使其增长到100亿？

如何判断以上问题是思想实验还是空想？关键在于是否能够通过构建的假想场景来得出有关事物规律的一些洞见。

3. 思想实验的好处。

思想实验是一种思维工具，就像菜刀一样，大厨有能力把食材加工成花瓣，普通人只能简单地削成片。工具谁都可以用，但是效果的好坏取决于使用者。

科学家利用思想实验来验证科学理论（或者找出理论中的漏洞）；哲学家利用思想实验来思辨伦理道德、思考人类大问题；商人利用思想实验构建商业模式；小说家利用思想实验来写小说。

普通人可以利用思想实验来解决自己的迷茫，帮助自己认识自己，发现自己真正想要的是什么。

剥去事物现象的复杂外表，直捣问题的本质核心。

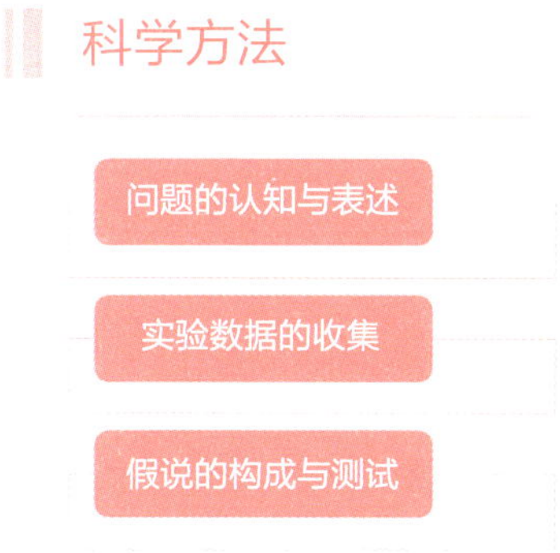

图 3-10　科学方法

4. 怎样做思想实验?

顾名思义，思想实验虽然是构建在“心智实验室”之中，但仍然要遵循科学实验的原则。出于研究的目的选择一个主题（假设），基于现有理论（原料），通过严谨的逻辑思辨（加工原料进行验证），分析产生的结果（产生洞见）。

如果原料来源不可靠（没有可信的原始出处），逻辑思辨不严谨（胡思乱想），那么最后的结果必然没有意义。

具体操作步骤如下（以文章开头的思想实验为例）：

（1）选定一个具体的主题。

古或今人类能否理解未来人类?

（2）提出假设。

假设人类发明时光机，可以回到 2 万年前，并且能够和当时的原始人正常交流。

（3）收集数据及参考资料。

2 万年前人类的生活方式、获取资源的方式、文明程度。数据和资料可以通过相关书籍或历史文献、当代学者的研究成果取得。

（4）设计场景和变量。

和 2 万年前的山顶洞人进行沟通，询问他们对于未来生活方式的态度和想法。

（5）逻辑论证。

通过现代人和原始人之间的（符合逻辑的）对话，以不同的话题进行论证。

（6）归纳总结。

原始人的认知受限于文明发展的程度，无法理解现代人的思想理念。由此可见，现代人也无法理解未来人类的思想理念。我们所有对未来的想象和预测，都是建立在当前的科技和文化基础上的，必然有其局限性。

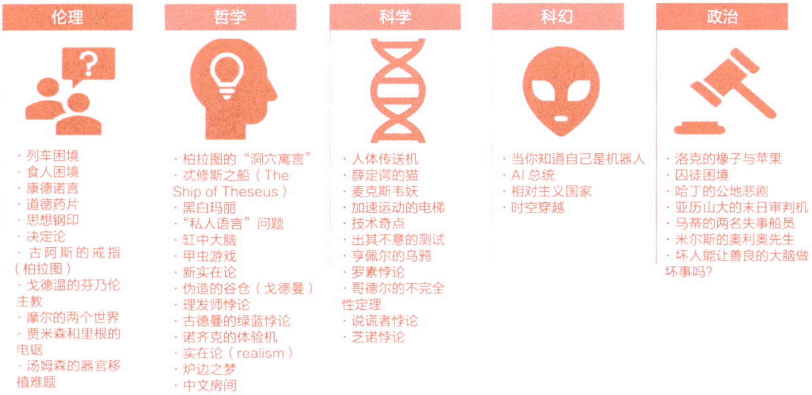

图 3-11　著名的思想实验

附：十个著名思想实验

1. 电车难题

电车难题提出的是一个伦理学困境。

1967 年，在菲利帕·福特发表的《堕胎问题和教条双重影响》中，首次提到了“电车难题”。这个思想实验，说的是假设一个植物学家，有天到一个国家中游玩。当地统治者逮捕了 20 名无辜的人，以涉嫌叛乱，全部判处死刑。

但是这个独裁者提出一个建议，植物学家身为客人，如果亲手枪决其中一个人，其他19个人就可以因此被释放。那么，这个植物学家是应该亲自枪决一个人，以拯救其余19人，还是拒绝动手，坐视这20个人都被枪决？

你站在天桥上，看到有一台刹车损坏的电车。在轨道前方，有五个正在工作的人，他们没有发觉电车正向他们冲来，你也来不及警告他们。一个体重很重的路人，正站在你身边，你发现他的巨大体形与重量正好可以挡住电车，让电车出轨，不至于撞上那五个工人。

你是应该动手，把这个很胖的路人从天桥上推下去，以拯救那五个工人，还是应该任由电车撞上那五个工人？

电车难题最早是由哲学家菲利帕·福特（Philippa Foot）提出来的，用来批判伦理哲学中的主要理论——特别是功利主义。

功利主义提出的观点是，大部分道德决策都是根据“为最多的人提供最大的利益”的原则做出的。从一个功利主义者的观点来看，明显的选择应该是推很胖的路人，拯救五个人，杀死一个人。

但是功利主义的批判者认为，一旦推了很胖的路人，你就成为一个不道德行为的同谋——你要为单独的一个人的死负部分责任。然而，其他人认为，你身处这种状况下就要求你要有所作为，你的不作为将会是同等的不道德。总之，不存在完全的道德行为，这就是重点所在。

许多哲学家都用电车难题作为例子来表示现实生活中的状况，

经常强迫一个人违背他自己的道德准则，并且还存在着没有完全道德做法的情况。

2. 空地上的奶牛

它描述的是，一个农民担心自己获奖的奶牛走丢了。这时送奶工到了农场，他告诉农民不要担心，因为他看到那头奶牛在附近的一块空地上。虽然农民很相信送奶工，但他还是亲自去看了看，他看到了熟悉的黑白相间的“奶牛”形状并感到很满意。过了一会儿，送奶工到那块空地上再次确认。

那头奶牛确实在那儿，但它躲在树林里，而且空地上还有一大张黑白相间的纸缠在树上，很明显，农民把这张纸错当成自己的奶牛了。于是问题出现了，虽然奶牛一直都在空地上，但农民说自己知道奶牛在空地上时是否正确？

空地上的奶牛最初是被爱德蒙德·葛梯尔（Edmund Gettier）用来批判主流上作为知识的定义的JTB（justified true belief）理论，即当人们相信一件事时，它就成了知识；这件事在事实上是真的，并且人们有可以验证的理由相信它。

在这个实验中，农民相信奶牛在空地上，且被送奶工的证词和他自己对于空地上的黑白相间物的观察所证实。而且经过送奶工后来的证实，这件事也是真实的。

尽管如此，农民并没有真正地知道奶牛在哪里，因为他认为奶牛在那儿的推导是建立在错误的前提下的。葛梯尔利用这个实验和其他一些例子，解释了将知识定义为 JTB 的理论需要修正。

空地奶牛是对知识论中 JTB 定义的反驳。

JTB 理论是知识论中对知识的一种定义，认为知识是“确证的真信念”。具体来说，是指当且仅当下面三个条件得到满足时，“S 知道 P”这一命题才得以成立：1.P 为真；2.S 相信 P 为真；3.S 确证或有理由相信 P 为真。

3. 定时炸弹

这也是一个伦理学困境。

想象一个炸弹或其他大规模杀伤性武器藏在你的城市中，并且爆炸的倒计时马上就到零了。在羁押者中有一个知情者，他知道炸弹的埋藏点。但你是否会使用酷刑来获取情报?

与电车难题类似，定时炸弹情景也是强迫一个人从两个不道德行径中选择的伦理问题。它一般被用作对那些说在任何情况下都不能使用酷刑的观点的反驳。它也被用作在极端形势下的法律。

归功于像《24 小时》这样的电视节目和各种政治辩论，定时炸弹情景已成为常引用的思想实验之一。

4. 爱因斯坦的光线

爱因斯坦著名的狭义相对论是受启于他 16 岁做的思想实验。在他的自传中，爱因斯坦回忆道，他当时幻想在宇宙中追寻一道光线。他推理说，如果他能够以光速在光线旁边运动，那么他应该能够看到光线成为“在空间上不断振荡但停滞不前的电磁场”。

对于爱因斯坦，这个思想实验证明了对于这个虚拟的观察者，所有的物理定律应该和一个相对于地球静止的观察者观察到的一样。

爱因斯坦通过这个思想实验，指出了经典物理学的矛盾。

5. 忒休斯之船

用于区分两种同一性的概念。

这是最为古老的思想实验之一。最早出自普鲁塔克的记载。它描述的是一艘可以在海上航行几百年的船，归功于不间断地维修和替换部件。只要一块木板腐烂了，它就会被替换掉，以此类推，直到所有的功能部件都不是最开始的那些了。问题是，最后产生的这艘船是否还是原来的那艘忒休斯之船，还是一艘与以前完全不同的船？

如果不是原来的船，那么在什么时候它不再是原来的船了？哲学家托马斯·霍布斯（Thomas Hobbes）后来对此进行了延伸，认为如果用忒休斯之船上取下来的老部件重新建造一艘新的船，那么两艘船中哪艘才是真正的忒休斯之船？

这个问题可以应用于各个领域。对于企业，在不断并购和更换东家后仍然保持原来的名字。对于人体，各器官不间断地进行着新陈代谢和自我修复。这个实验的核心思想在于强迫人们去反思身份仅仅局限在实际物体和现象中这一常识。

假如一家公司人员不断替换（流动），所有人员包括公司的实物资产都更换了一遍，但是公司名称、品牌、对外业务都没有变化，这家公司还是原来那家公司吗？

6. 伽利略的落体实验

为了反驳亚里士多德的“自由落体速度取决于物体的质量”的理论，伽利略构造了一个简单的思想实验。根据亚里士多德的说法，如果一个轻的物体和一个重的物体绑在一起然后从塔上丢下来，那么重的物体下落的速度快，两个物体之间的绳子会被拉直。

这时轻的物体对重的物体会产生一个阻力，使得下落速度变慢。但是，从另一方面来看，两个物体绑在一起以后的质量应该比任意一个单独的物体都大，那么整个系统下落的速度应该最快。这个现象证明了亚里士多德的理论是错误的。

7. 猴子和打字机

如果无数多的猴子在无数多的打字机上随机打字，并持续无限久的时间，那么在某个时候，它们必然会打出莎士比亚的全部著作。

人类生存的蓝色星球，是否也是宇宙在138亿年间随机产生的？那么外星文明是否也存在？

艺术能被随机创造出来吗？一个摄影爱好者不断地拍摄照片，拍摄几十万张照片，是不是也能拍到几张佳片？一个人不断地思考问题，是否也能有些许启发和心得？

8. 中文房间

“中文房间”最早由美国哲学家约翰·希尔勒（John Searle）于20世纪80年代初提出。这个实验要求你想象一位只说英语的人身处一个房间之中，这间房间除了门上有一个小窗口以外，全部都是封闭的。他随身带着一本写有中文翻译程序的书。房间里有足够的稿纸、铅笔和图书。

写着中文的纸片通过小窗口被送入房间中。根据希尔勒的理论，房间中的人可以使用书柜中的书来翻译这些文字并用中文回复。虽然他完全不会中文，希尔勒认为通过这个过程，房间里的人可以让任何房间外的人以为他是个会说流利中文的人。

希尔勒创造了“中文房间”思想实验来反驳电脑和其他人工智能能够真正思考的观点。房间里的人不会说中文；他不能够用中文思考。但因为他拥有某些特定的工具，他甚至可以让以中文为母语的人以为他能流利地说中文。

电脑就是这样工作的。它们无法真正地理解接收到的信息，但它们可以运行一个程序，处理信息，然后给出一个智能的印象。

中文房间思想实验是对图灵测试的反驳。

9. 薛定谔的猫

薛定谔之猫最早由物理学家薛定谔提出，是量子力学领域中的一个悖论。其内容是：一只猫、一些放射性元素和一瓶毒气一起被封闭在一个盒子里一个小时。在一个小时内，放射性元素衰变的概率为 50%。

如果衰变，那么一个连接在盖革计数器上的锤子就会被触发，并打碎瓶子，释放毒气，杀死猫。因为这件事会否发生的概率相等，薛定谔认为在盒子被打开前，盒子中的猫是既死又活的。

简而言之，这个实验的核心思想是，因为事件发生时不存在观察者，盒子里的猫同时存在于其所有可能的状态中（既死又活）。薛定谔最早提出这个实验是在回复一篇讨论量子态叠加的文章时。薛定谔的猫同时也说明了量子力学的理论是多么令人无法理解。

这个思想实验有了各种各样的解释。其中最奇异的就属“多重世界”假说，这个假说表示有一只死猫和一只活猫，两只猫存在于不同的宇宙之中，并且永远不会有交集。

有部电影《彗星来的那一夜》，表面是一部悬疑片，实际上是一部硬核科幻片，有兴趣的人可以观赏一下这部电影。

10. 缸中大脑

没有比所谓的“缸中大脑”假说更有影响力的思想实验了。这个思想实验涵盖了从认知学到哲学到流行文化等各个领域。实验内容是：想象有一个疯狂科学家把一个人的大脑，放在某种生命维持液体中。大脑上插着电极，电极连到一台能产生图像和感官信号的电脑上。

因为人获取的所有关于这个世界的信息都是通过人的大脑来处理的，连接电脑，这台电脑就有能力模拟人的日常体验。如果这确实可能的话，是否能证明人周围的世界是真实的，而不是由一台电脑产生的某种模拟环境？

电影《黑客帝国》的剧本创意来源于这个思想实验。

这个实验的核心思想是让人们质疑自身经历的本质，并思考作为一个人的真正意义是什么。实验的最初原型可以一直追溯至笛卡尔。在他的《第一哲学沉思集》一书中，笛卡尔提出了能否证明他所有的感官体验都是他自己的，而不是由某个“邪恶的魔鬼”产生的这样的疑问。

笛卡尔用他的经典名言“我思故我在”来回答这个问题。

不幸的是，“缸中大脑”实验更为复杂，因为连接着电极的大脑仍然可以思考。这个实验被广泛地讨论着，有许多人对于此实验提出了反驳，但仍没有人能有力地回应其核心问题：你究竟如何才能知道什么是真实?

通过以上对思想实验的介绍和举例，你是否得到了启发?

检验对知识是否理解最好的方式是进行实践——提出一个你自己设想的思想实验话题，并进行思想实验。

例如：假设成功实现“脑机接口”，这会对人类文明带来什么冲击？有哪些改变?

如何估算一座城市有多少加油站

1. 问题的背景

比如，假如你是一个创业者，在寻找新的创业机会；假如你是一个产品经理，希望做一些市场规模的预测。诸如此类，不一而足。

我因为工作需要，见过不少风险投资机构以及投资人，他们都在阐述商业计划书，但无一例外，大家都会问到一些核心问题，例如：

你们解决了消费者的什么痛点？为什么是你们能做成而不是

别人？

该市场规模有多大？你们能够占领多少市场份额？

你们需要多少钱？有多大收益？

先假设一个问题“如何估算一座城市有多少加油站”，以某市为例。

2. 解决问题的思路

（1）寻找解决问题的维度并拆解问题。

一个城市的加油站数量计算通常有三个推算维度：按加油站服务面积推算、按城市车辆保有量推算、按车辆油耗推算。

找到解决问题的维度，就要开始拆分问题。

将问题分解为通过查找资料或者计算就能得到答案的小问题。

（2）收集相关数据。

通常来说，数据来源建议从官方机构获取，例如城市交通运输局、城市规划局等。

例如：

某市有多大面积？有多少车辆？建成区比例是多少？

将不同的数据保存在表格中，分门别类，以备计算。

（3）根据不同维度明确公式进行推算。

A. 按面积维度（加油站服务半径）推算。

某市面积有多大？

总面积约 2000 平方公里。

某市建成区比例是多少？

建成区的定义是城市化水平较高，土地开发成熟，人口密集，路网密度大的区域。非建成区的定义是城市化水平较低，农田、山体和水体较多，人口相对较少，路网相对稀疏，主要呈放射状的区域。某市有9个区和一个新区，但是中心区只有三个，人口及车流密度最高，其次是还有三个区，密度相对低一些。

某市属于一线城市，建成区比例大约为90%。因此非建成区的数据可以大致忽略（如果要精确计算，可以按照主干道5km间隔一个加油站来估算）。建成区由于密度大，可以从“面”的角度来考虑；而非建成区，则以“线”的角度来考虑，这个“线”指的是公路距离。

按照《城市道路交通规划设计规范》的要求，城市加油站的服务半径 $R=0.9\sim1.2$ 公里，服务面积 $A=\pi R^2=2.54\sim4.52$ 平方公里，折算分布密度 $\rho=0.22\sim0.39$ 座/平方公里，则城市公共加油站的数量规模应控制在公式的计算范围之内，在应用此种方法时，区域统计面积的合理确定较为重要。

加油站数量 $N=\rho\times$ 城市面积 $=2000\times0.22=440$（个）

B. 按城市车辆保有数量（类比推算）来推算。

某市有多少车辆？截至目前，机动车保有量高达340万辆（不含摩托车）。

某市外来车辆每日流量有多少？

据交通局的统计数据表明，车辆出行率为50%，那么某市一天大概有 $340/2+340/2\times0.3=170+51=221$ 万辆车出行。

根据调查，某市每座加油站大约可以为 3000 辆车服务，因此，加油站 N=2210000 / 3000=736（座）。

C. 按车辆油耗维度推算。

不同类型车辆数量占所有车辆的比例是多少？每种类型车平均每天消耗油量多少？

按照不同的运输用途，有小轿车、出租车、小货车、大货车、SUV 等，每种车辆有不同的油耗系数。

一个加油站平均每天有多少加油量（升）？

推算公式为：加油站数量 =（各类型车辆保有数量 * 各类型车辆油耗 / 车辆类型数量）/ 加油站日均加油量。

（5）评估问题答案的准确度

A. 计算出来的加油站数量。

按面积维度大约有 440 座，按城市车辆保有量计算出来大约有 736 座。（上面推算的时候，为了易于理解，省略了一些更细的数据分类。）

B. 官方数据统计出来的加油站数量。

某市上规模的石化企业旗下约有 255 个加油站，实际上还有一些不知名的小加油站，加起来总体与预估数量接近。

小结：

本篇文章解决推算类问题的流程如下：

寻找解决问题的维度→拆解问题→找出相关的数据变量→从官方获取数据→根据不同的维度明确推算公式→对推算出来的结果偏

差进行评估。

延伸的思考问题：

沈海高速有多少个加油站？深圳每年有多少新增加油站？深圳一天的燃油消耗有多少？深圳一共有多少个便利店？

随着电动车新能源的普及，新增的加油站会越来越少，充电站则会越来越多，新的问题是，目前深圳一共有多少个新能源汽车充电站？

04

思维模型：关于模型

模型思维是一种通过对复杂事物建立“思维模型”降低对事物的理解难度从而进行研究的高级思维方式。掌握设计思维模型的方法和原理，能够搭建一个合格的思维模型，对此意味着拥有了“体系化”“科学性”“系统化”的概念和思维。

网络上有许多关于思维模型的文章，诸如“100个思维模型”“16个顶级思维模型”“必备的50个顶级思维模型”“人类最伟大的9个思维模型”等。加上诸如“顶级”“伟大”“必备”这些煽动人心的词语，非常吸引人阅读。

这难免会让人产生疑惑，到底什么是思维模型？它能用来做什么？建立模型难不难？

第一性原理是思维模型吗？

逆向思维是思维模型吗？

复利思维是思维模型吗？

品牌思维是思维模型吗？

商业模式画布是思维模型吗？

……

要讨论思维模型，先从模型说起，同时介绍一个如今和人们的日常生活场景息息相关的思维模型——ETA预计抵达时长模型（该模型涉及一些人工智能领域的知识，读者阅读时具体细节可以略过，主要用于让读者对思维模型有初步的认知）。

ETA 预计抵达时长模型

模型是指对于某个实际问题或客观事物、规律进行抽象后的一种形式化表达方式。

在认知心理学中，模型是用来描述过程的一种组织化的结构。模型是建立在源于观察的推论之上的。它的目的是提供关于观察对象的一个容易理解的表征，同时帮助进行预测。

注意几个关键词“描述、过程、组织、结构、观察、推论、表征、预测”。其中“描述、表征”是一类，是从外部角度观察，“过程、组织、结构”是一类，从内部结构观察，“推论、预测”是一类，从功能角度观察。

如果一件事物能随着另一件事物的改变而改变，那么此事物就是另一件事物的模型。

乐高玩具是对现实事物进行简化后的实物模型，由一些不同形状的基础颗粒组成，高级的乐高玩具也包括动力模块、控制模块、通信模块，孩子们可以通过模块学习“智能机器开发”。航空模型是按照航空器外形制作的一种飞机模型，内部包含完整的动力模块、控制模块、通信模块，也是实物模型。

2003 年 IBM 公司研发的一套战略规划体系，被称为 BLM “业务领先模型”，是虚拟模型。企业管理层可以根据 BLM 模型对战略进行规划、澄清、落地。应用最为广泛的是数学模型，科学家和工程师用来研究自然科学、工程科学、社会科学。

在研究某一类事物或问题的现象、本质和规律的时候，根据研究对象和研究重点的不同，对研究对象进行概括性形象化的处理，舍弃次要的非本质因素后，只包含主要的本质因素的载体称为模型。

好的模型天生具备整体性，起点高，能把很多不成体系的碎片知识甩开。模型还可以“拿来即用”，如果你不打算研究原理，直接使用也能解决问题。

应用模型作为思维工具去分析问题，对复杂问题进行合理的简化，更方便得出结论。这种方法称为模型方法。

模型是现实的抽象，承担着复杂事物简单化的使命，因此不可避免会丢失一些次要或是不重要的细节，从某种意义上说，存在信息损耗。

任何模型都至少由三个部分组成——目标、变量和关系。

1. 目标。

编制和使用模型，首先要有明确的目标——这个模型有何用途，用于解决哪一类问题，是数学模型还是物理模型。

你可能听说过三体模型。它是天体力学中的基本力学模型，研究三个可视为质点的天体在相互之间万有引力作用下的运动规律问题。这三个天体的质量、初始位置和初始速度都是任意的。在一般三体问题中，每一个天体在其他两个天体的万有引力作用下的运动方程都可以表示成 3 个二阶的常微分方程，或 6 个一阶的常微分方程。因此，一般三体问题的运动方程为十八阶方程，必须得到 18 个积分才能得到完全解。然而，目前只得到了三体问题的 16 个积分，因此还不能解决三体问题。

科幻作家刘慈欣的“地球往事”三部曲之一《三体》即是以此问题为基础而创作的。

人们使用网约车的时候，可以看到一个预估到达时长：叫一辆车，预计什么时候能到达。业界称为 ETA（Estimated Time of Arrival）模型，该模型的目标是，提高预估到达时长的准确率。

ETA 是智能交通和位置信息服务（Location Based Service，LBS）中至关重要又极具复杂性和挑战性的问题。当人们打开地图导航软件，输入起点和终点后，App 会给出一条路线和预计到达时间，这背后就是 ETA 模块计算的结果。

当人们打开外卖 App 时，可以看到配送人员在多长时间内将外卖送到用户手中。而送达时间预测的结果，将会以“预计送达时间”的形式，展现在下单界面上，直接影响了用户的下单意愿。

在某一个时刻，估计从 A 点到 B 点需要的时间——对于网约车，关注的是司机开车把乘客从起点送到终点需要的时间——是一个与时间、空间信息相关的回归问题。

模型需要不断优化，把各种场景都考虑进去，使得模型更接近现实世界。

2. 变量。

变量是事物在幅度、强度和程度上变化的特征。在科学研究中要测定三种类型的变量，即自变量、因变量和中介变量。

在 ETA 中的变量有：交通系统的空间特性，比如途经红绿灯的个数、道路的限速、是否可以绕远走快速路；交通系统的时间特性，比如早晚高峰的规律性拥堵和交通事故导致的偶发性拥堵等。

同时，因为交通系统的运行需要人和车作为主体来参与，也少不了外部因素的影响，因此时间预估问题还需要引入对个性化特征和外部特征的建模，比如司机驾驶习惯、雨天雾天对行车速度的干扰等。

除了当前的道路环境变量（如实时的交通拥堵情况）、天气环境变量（是正常天气还是极端天气）、日期变量（是节假日还是工作日）等，还要综合过去的历史数据变量（历年中的今天某个时段该行驶路段数据）。

空间特征：路线序列、道路等级、兴趣点等。

时间特征：月份、星期、时间段等。

路况特征：道路的通行速度、拥堵程度。

个性化信息：司机特征、乘客特征、车辆特征。

附近特征：天气、交通管制。

3. 关系。

确定了目标，确定了影响目标的各种变量之后，还需要进一步研究各变量之间的关系。在确定变量之间的关系时，对何者为因、何者为果的判断，应持谨慎态度。

交通拥堵时，车辆行驶速度变慢，到达时间延长。下雨天，车辆视线变差，刹车距离变长，速度也会减慢，交通事故的概率也会增加。途经道路红绿灯越多，等待时间越长。习惯不准时的乘客，也会使得等待时长增加。

传统的ETA计算，采用完全根据物理结构建立起来的模型，而其中最关键的部分在于每一路段的通行时间和每一个红绿灯时间的获取。考虑到路段的通行状态每时每刻都在动态变化，一个比较实际的做法是利用最新的历史数据（比如刚刚过去的5分钟）来估算路段的实时通行时间，而把历史平均通行时间作为默认值来填充信息缺失的路段（若一个路段在最近没有网约车经过，此时它的通行状态是未知的）。红绿灯亦可采用类似的做法，从数据中去挖掘每个红绿灯的历史平均等待时间。

规则模型虽然在线服务计算量小，但易于实现，而其使用大量基于经验和直觉的人为规则，不仅缺乏科学的探索方法，局限多、扩展差，也容易遗漏很多重要信息，比如个性化特征等；此外，简单的统计量也不足以分析出复杂的交通模式，核心指标往往容易面临瓶颈，无法再靠添加新规则进行优化。

随着大数据计算越来越成熟，网约车的数据积累得越来越多，网约车公司引入人工智能算法。下图是某网约车公司的WDR（Wide Dynamic Range，宽动态范围）模型。网约车后台排队系统为了高效计算ETA（包括离线和在线），都结合了数据挖掘和人工智能的深度学习技术。

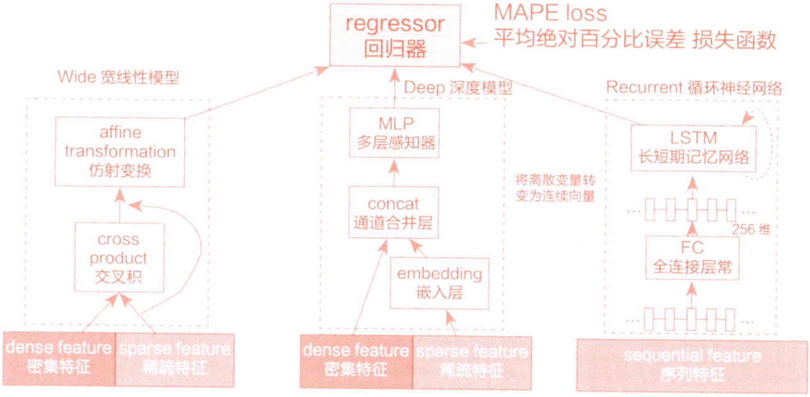

图 4-1　WDR 模型

上图中 Wide 是指逻辑回归（logistic regression）等使用人工特征的宽线性模型（用于从历史数据中发现特征之间的相关性），Deep 是指基于嵌入的模型（embedding-based models），包括 FM 和深度神经网络（可以学会特征背后的规律，对于新的交叉特征也能给出合适的输出值，可以提高推荐结果的多样性），Recurrent 是循环神经网络（用于局部细节的学习，这里采用 LSTM 算法），MAPE（mean absolute percentage error，平均绝对百分比误差）是目标函数。

Wide 和 Deep 模块对行程的整体信息进行建模，而 Recurrent 模块对行程的轨迹进行细致的建模，可以捕捉到每一段行程对应的路段、每个路口的信息。在最终汇总时，Wide 模块通过仿射变换把输出变到合适维度，Deep 模块直接把顶层 hidden state（隐含状态）作为输出，而 Recurrent 模块将 LSTM（RNN 回归型网络的变种算法——长短期记忆网络，用于序列数据）的最后一个 hidden state 作为输出。三个模块的输出向量被拼接起来，进入最终的 Regressor 进行预测，得到 ETA 值。全部参数都基于 MAPE loss 做梯度下降来训练。

ETA 是一个很典型的回归问题：给定输入特征，模型输出一个实数值，代表了预测的行程时间。网约车公司探索和构建了一套系统的地图领域的特征和表达集合，包括空间信息、时间信息、交通信息、个性化信息、扩展信息等几个方面，能充分考虑连通起点和

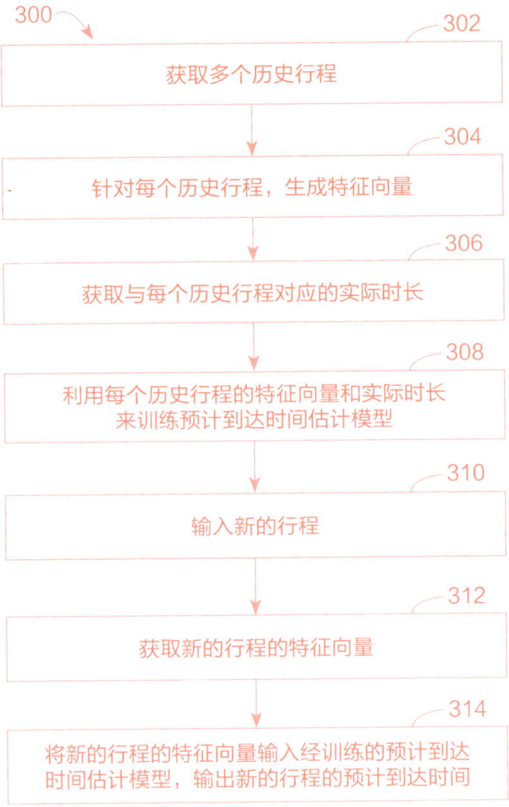

图 4-2　网约车模型

终点的全部路径、涉及的路段、路口和红绿灯，以及所经过区域的兴趣点、行程对应的时间属性、实时路况、司机的驾车行为以及天气、交通管制情况等。

系统记录每一次的乘客出行数据，司机每天的行驶数据，每一天的道路交通、天气、节假日情况。车内的摄像头和录音设备记录乘客和司机的通话和行为。这些数据记录在网约车大数据系统的数据仓库中。数据挖掘算法不停运算，得到每一个乘客的喜好、出行地点、作息时间。乘客和司机说的话，也会被记录下来进行语音识别和语义分析，用作乘车安全风控。

网约车系统使用海量历史订单数据、交通系统的实时数据，通过深度学习算法模型进行预测，用地图服务进行路线规划，为乘客和司机提供更好的服务。

思维模型

图 4-3　思维模型

模型的定义：属于虚拟模型，以抽象概念为表现形式。

虚拟模型以抽象概念的形式存在，可在大脑里，可用文字描述，可用语言表述，可用图形描述，但无法以物理实体形式存在（没法像乐高积木一样搭个乐高模型）。

虚拟模型和实体模型概念相对应，最终的目的不是用于物理实体。实体的模型包括几何模型、物理模型、行为模型、规则模型。几何模型描述尺寸、形状、装配关系等几何参数；物理模型分析应力、疲劳、变形等物理属性；行为模型响应外界驱动及扰动作用；规则模型对物理实体运行的规律、规则建模，使模型具备评估、优化、预测、评测等功能。

1. 思维模型不包含几何、物理等属性，是可视化的虚拟模型。

人们建立复杂系统的模型是因为人们很难理解整个系统，人类理解复杂性的能力有限。

如果你希望在后院中建造小屋，可以立即开始建造；如果你希望建造新房子，可能需要一张蓝图。

设计思维模型，可以参照现实世界中的一些模型设计方法，例如软件工程师的模型建立方法，建筑设计师的建筑设计模型，机械加工的模型视图。

可视化的模型通常以2维或3维的形式组合展示，也可以是多维进行组合。

2. 包含分析解决问题的“心理结构”。

心理结构指人的心理现象之间的关系和联系，人的心理现象很复杂，但并不是杂乱无章，各种心理现象之间存在着一定的联系和关系，成为一个有结构的整体。

人的大脑就像一座大图书馆，每天都要收进许多书，借出许多书。图书馆中每本书都有自己的编号，都按编目系统放在某个地方，因此管理员很容易找到它。

人的知识在人脑中保存的情况类似于图书馆，由于存在一定的结构，因此在需要时，就能很容易地提取出来，用来解决面临的问题。——当然实际情况比所说复杂太多，用图书馆的比喻不太准确，这是为了方便读者理解。

思维模型有助于改进、完善解决问题的“心理结构”。

3. 包含模块化的知识。

在系统的结构中，模块是可组合、分解和更换的单元。

模块化是一种把复杂系统分解成可管理模块的方式。它通过在不同组件设定不同的功能，把一个问题分解成多个小的、独立的、互相作用的组件，来处理复杂、大型的问题。

每个思维模型都可以是一个解决某种类型的问题的模块化知识。

现实中有很多问题，不是仅仅使用一个思维模型就可以应对的，需要多种思维模型组合——这正是查理·芒格所说的“栅格化思维”。

4. 包含解决问题的思维公式。

公式是一种解决特定问题的由符号体系构成的具备输入输出关系的符号集合。有数学公式、物理公式、化学公式，还有各种经验公式。

思维（更偏向于解决模糊问题）同样有公式，有简单公式，也有复杂的公式。

人们每天接受外部的信息，会不知不觉应用思维公式，例如“非黑即白”“逻辑三段论”等。常识是人们在日常生活中共用的思维公式。

公式是模型的展现形式之一，是对具体事物的抽象表示，从公式的定义可以看出，公式符合模型的定义：有目标（输出）、变量（输入）、关系（函数）。

ETA 问题，可以有很多种算法模型，算法模型中一定包含公式。

学习思维模型的公式：

思维模型学习 = 定义目标 + 找出公式（变量及关系）+ 寻找案例 + 习题巩固

仅仅收集多个思维工具、知道是用来解决什么问题的还不够。

学习有两种方式，一种是看见某一种思维模型，阅读和理解概念，记住他人的案例，做笔记；另一种是看完之后，寻找一个案例，或者设计问题，通过思维模型解决。

第二种方法虽费事，但是更可靠，在实践过程中，能够发现有哪些地方没有理解透彻，或者是对模型存在理解问题。实践出真知——检验是否真正理解。

教材或课程上的案例为了便于读者理解，多半使用简单的案例，但现实中的问题往往比书本上的例子要复杂太多。

（1）定义目标：明确需要解决的某一类型的问题

该思维模型可以用在哪里？解决什么问题？应该是在什么场景下使用？有什么缺陷吗？

有的思维模型不够科学（逻辑性、可量化、可验证）；有的思维模型不够完整（系统性）；有的思维模型有特定的使用场景。

所有的模型都是在努力提供模拟“对象”的准确度，意味着还有改善的余地。

（2）找出公式（变量及关系）：解决问题的范式

有的思维模型用文字表达，不够简洁，需要转换成公式，找出其中的变量和关系，再自己用图形画出来，用可视化加深印象，降低理解难度。

（3）寻找案例：对于抽象的理论而言，需要有可供参考的例子，有助于理解

有的思维模型只有一个公式，或者一段理论描述。抽象的事物不利于理解，需要自己寻找案例，结合具体的案例，以便达到利于理解目的。

这里的问题在于，案例要么大多是重复的，要么是过于简单，和现实离得太远。

（4）习题巩固：最关键的一步，是自己动手做题

如前所说，所有的案例都不会复杂难懂，除非用一本书或者一系列课程讲述一个案例。不过即使是一个案例，也是讲述者或作者自己的思路。读者学习的时候，大脑的活动以“看”为主，以“思”为主，同时还需要自己寻找出问题，动手实践。

小结：

思维模型的关键特征：

（1）可视化。

（2）具备目标、变量、关系三元素。

（3）能够形象地展示事物的规律和本质。

（4）用于解决复杂问题。

（5）符合“有逻辑、可量化、可实证”。

查理·芒格推崇的“latticework of about 100 mental models”，中文为“心智模型的 100 个栅格”。意思是光有几个心智模型不足以应对这个险恶的世界和瞬间万变的现实。所以最好有上百个心智模型放在栅格里随时取用，融会贯通，这就是多元思维。

凑成 100 个模型，然后不断有人完善，就成了现在网络上流传甚广的“100 个思维模型”。

西方人对于 model 这个词用得比较随意，即使一个公式也能称为 model。

大多数网络、出版物中提到的“思维模型”，可能不一定符合“思维模型”的定义。例如，“市场思维”“产品思维”“增长思维”“品牌思维”“用户思维”“财务思维”“营销思维”“流量思维”“投资思维”等，这些思维不如归类到“企业经营思维”中，它涵盖整个企业产品的生命周期价值链。

你也许会说，管它叫什么呢，对我有用就行了，“白猫黑猫，能抓老鼠的就是好猫。”

言之有理，但这种想法和态度不利于养成深入研究和思考的习惯，不要做“差不多先生”。

有些“思维模型”，仔细琢磨不如称为“思考方式”“思考点”“人生经验”“心得”“感悟”。

经验、心得、体验具备碎片化、难以验证的特征，不容易建立起属于个人的系统性知识体系。

学习 100 个“思维模型”，不如沉下心系统性学习知识体系（元知识为主）、认知框架（元认知为主）、方法论。

学习思维模型的目的不是为了收集思维模型、工具、法则，而是为了锻炼自己的模型思维能力。

模型思维

模型思维，指的是一种通过对复杂事物建立“思维模型”降低对事物的理解难度从而进行研究的思维方式。

很早以前，人类就观察到所有的日月星辰都在周而复始地围绕地球旋转。所以，人类一直认为地球就是宇宙的中心。基于这种观念，公元 140 年，古罗马大天文学家托勒密提出了一个著名的宇宙学模型，那就是“地心说”。

月球和太阳都在围绕着地球做圆周运动，地球静止在宇宙的中心。对于一个没有接受过教育的人来说，这太符合日常的生活经验了。不要觉得奇怪，在21世纪仍然会有极少数人相信地心说。

托勒密建立模型经历了这几步：明确目的、观察现象、找出变量、假设变量之间的关系、建立模型、验证结果、修正模型。

托勒密观察天体运动的现象——日出日落，太阳落下，月亮升起。这些天体包括太阳、月球、水星、金星、火星、木星和土星。托勒密假设存在一个叫作“恒星天”的巨大球壳，其他的星星全都镶嵌在这个恒星天的内壁上。

“地心说”能够很准确地描述太阳系中所有主要天体的运动轨迹。但是有个问题，要想更精确，就要引入更多的解释。于是整个宇宙模型变得越来越复杂，后来出现的“日心说”，就要简单很多。

在打车软件面世之前，普通的出租车司机随缘接乘客，有追求的出租车司机则会思考一个问题——怎样在同样的时间里能够找到更多的乘客从而提高收入？

于是在休息时间，出租车司机会用表格记录下不同时间段不同区域需要打车的乘客人数，发现了在科技园区域下班时间（从18点到23点的每个整点）有很多乘客需要打车，21点在美食街的乘客多，凌晨1点在娱乐场所的乘客多。

于是有追求的出租车司机会根据这些打车区域和时间段，在地图上规划出每天的行驶路线。他的收入明显比普通出租车司机要高很多。

接下来，他可能思考另一个问题，怎样提高每个小时的平均收入？

道路拥堵是提高收入的主要问题，爱思考的司机把拥堵情况记录下来，包括高峰期拥堵路段、修路的路段等，并对原来的行驶路线进行修正。

为了更精确地安排路线，还需要考虑周一到周五、节假日、临时活动等因素。

就这样，爱思考的出租车司机有了一个“出租车收入增长模型”。这个模型的目的是提升单位时间的平均收入，里面的变量包括区域、时间段、节假日、道路拥堵情况，这些变量互相影响，模型的输出是每天的最优行驶路线。

人们听说过很多模型，例如宇宙学模型、气象模型、数学物理模型、人口模型等。这些模型通常出自学术研究机构，普通人不易理解。因此人们会认为，模型是科学家和学者们的事情。但是以出租车司机的真实案例来看，普通人也可以构建模型——虽然没有科学家们的模型复杂，但是足以训练构建模型的能力。

模型思维之所以高级，是因为需要对日常现象进行抽象——简化非关键因素。

怎样动手设计一个思维模型

几万年前的智人，在山洞里开始壁画创作。画面上有日出日落，月亮星辰；有野兽，有浆果，有各种形态的人。原始人观察世界，记录世界，是出于原始的好奇心，还能进行知识传承。结绳记事、甲骨文、壁画，都是符号，是抽象思维在现实世界的表征。

数字、文字、图画仅仅是构建模型的基础，是用来表征现实世界的抽象工具。工具有高低之分，因果思维、类比思维是人类祖先在自然选择中演化获得的思维工具。古往今来的学者和科学家们都致力于搭建一个个模型，这些模型有物理的，也有抽象的，称之为“思维模型”。

中国古代的《易经》是用来预测未来的思维模型，江湖术士把《易经》作为算命的工具。六十四卦是一种象征性的工具图形，它们展现六十四种不同种类但各有代表性的情境。将人们的生辰八字作为变量输入，通过“紫微斗数”“梅花易数”等算法，计算出卦象，结合《易经》上那些模糊的、抽象的诠释，由算命者来解读，完成对未来的预测。

在古希腊，柏拉图设想出完美的形式，如几何形状和理想状态，世间万物只能大致近似；亚里士多德也相信理想形式，但他认为只有观察才能揭示世间万物近似的理想形式；宗教也常常会想象出一个更为完美或更为统一的状态，它从现实中脱离出来，又以某种形式与现实相关联：如伊甸园里造人的故事，让人设想了一个理想的极乐世界。

柏拉图提出“理念论”，亚里士多德提出“形式论”，都是在探索如何找出现实世界表象之下的世界本质，试图找到现实和抽象的对应。他们都建立起自己对于世界的思维模型。

思维模型的作用

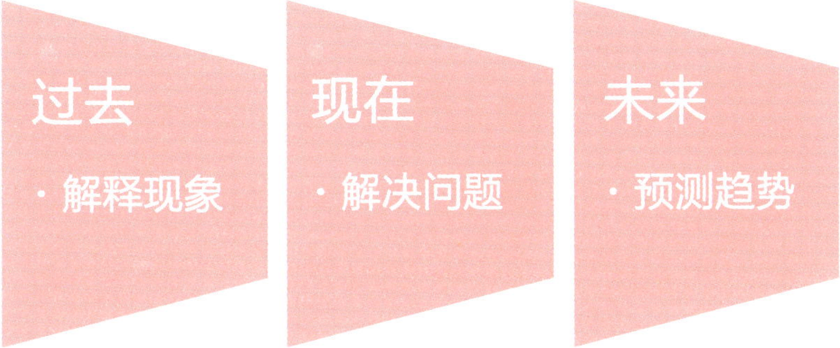

图 4-4　思维模型的作用

从时间连续性上看，思维模型可以解释过去的现象，解决现在的问题，预测未来的趋势。如果达不到这些目的，就不能称为“思维模型”，只能称为“思维工具”“思维方式”。

“逆向思维”指的是从结果倒推最初现象，从而能弥补正向思维的不足。如果想要项目成功实施，从“导致项目失败会有哪些原因”这个问题反推，找出所有可能导致项目失败的因素，并且做好准备，可以有效提高项目成功率。

逆向思维只能解决现在的问题，并不能解释过去的现象、预测未来的趋势。因此逆向思维只能称为“思维工具”。

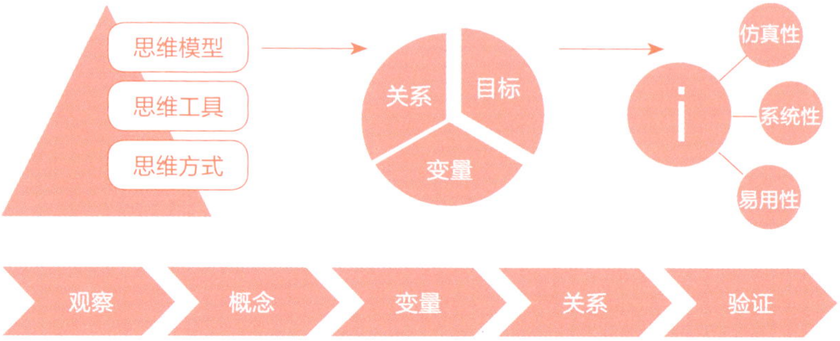

图 4-5　思维模型、思维工具与思维方式

模型有三要素：目标、变量、关系。

孩子们喜欢玩的乐高玩具，有消防局、跑车、坦克，以及星际战舰、小镇、城堡等。这些都是“模型”。

每个乐高玩具的目标都是一致的——把一堆零散的积木根据图纸拼装完成。每一种乐高积木零件都是“变量”，图纸上标明了每个零件之间的关系（空间关系、装配的先后顺序）。

一个好的模型，需要具备至少三个特性：仿真性、系统性、易用性。

模型越接近真实的事物，仿真度越高。仿真度越高意味着复杂度也更高，一辆乐高跑车，即使外形上和真车再相似，如果缺少增加驱动模块、传动模块、控制模块，那么仿真度也不够。

系统性意味着模型要完整，有明确的目的和功能，一辆能够遥控的乐高跑车，缺少无线模块会导致无法遥控。

易用性意味着要尽可能使用简单，如果拼一辆乐高跑车需要 10 本厚厚的说明书，会让人们敬而远之。

思维模型和乐高模型相比，更抽象，更难理解。但是思维模型不仅可以解释过去的现象，解决现在的问题，还能预测趋势（有可能准，也可能不够准，还需要持续优化）。

“地心说”是一个伟大的宇宙天体模型，但是不够准确，所以要引入很多额外的天体和算法修正，以便更准确地预测天体运动。千年之后，更伟大的“日心说”出现，这个模型比“地心说”更准确，而且更简单。

正如前文所说，一个思维模型的构建，需要经历如下过程：观察、概念、变量、关系、可视化、验证。

构建一个出租车司机收入增长思维模型

构建思维模型的核心是“模型化”，是从概念到理论的转化过程，因此模型化包含两个阶段：将概念分解成若干变量和系统地搭建变量间的关系。

假设我是一个出租车司机，在没有打车软件的情况下，应该如何实现一个目标：在单位时间内增加平均收入？

现在每天收入 500 元，应该搭建怎样一个思维模型来使我每天的收入增加到 1000 元？

为了构建这个模型，我特意选择出租车而不是网约车，经过自己观察以及和出租车司机们交流，加上自己的思考，我得出了如下的最简化思维模型。

麻雀虽小，五脏俱全。你需要把注意力放在整个模型的构建过程，而不是其中的具体观点。

1. 观察现象。

A. 高峰期打车的人多，其他时间打车人少，但是高峰期容易造成拥堵。

B. 周一和周五打车的人会更多。

C. 工作日的时候，打车人数要比周末多。

D. 科技园、商业区、娱乐场所、餐饮美食街打车人数要比其他区域多。

E. 机场虽然打车人多，但是要排队。高峰期虽然打车人多，但同样交通容易拥堵，拥堵会造成接单数量下降，每小时收入减少。

F. 极端天气（连续暴雨、台风）比阵雨、平常的天气，打车人数更少，因为好多人不出门。

G. 熟悉路况的司机比不熟悉路况的司机每天的接单数多。

H. 停车位紧张的区域，人们更倾向于打车前往。

I. 出租车司机如果有固定乘客，能够增加收入。

J. 长假（五天及以上）期间打车人数更少，因为长假更多人会选择离开所住城市去外地旅游。

2. 把现象抽象成概念。

A. 出租车司机和乘客之间缺乏信息沟通渠道，需要出租车司机主动寻找乘客。

B. 出租车和乘客之间本是单向联系，如果是双向联系，将大幅提升接单数。

C. 出租车和乘客的有效信息量增加，就能有效提升交易次数，创造价值。

D. 空间（写字楼、商业区、娱乐场所、交通枢纽、路况）和时间（工作日、节假日、大型活动）、天气（雨天、冬天）影响出租车每天的接单数和客单价。

E. 收入和单位时间接单数、客单价有关，要想提升收入，需要提升单位时间接单数和客单价。

F. 出租车司机应该优化非高峰期、非节假日、好天气的行车路线，这样能够有效提升收入（乘客打不到车的时候，说明出租车忙不过来）。

G. 需要记录每天的接单数、每笔收入、工作区域、天气情况、节假日情况。

3. 提取变量。

输入变量：

A. 空间变量：区域（地点）、区域类型、路况（交通情况）。

B. 时间变量：工作日、非工作日、节假日、非节假日、大型活动日、非大型活动日。

C. 天气变量：极端天气、坏天气、正常天气。

D. 参考变量：过去一年，每一天的交易数据。

输出变量：

A. 优化线路：每天的行程路线。

B. 收入预测：每天预计的收入。

4. 假设关系，把规律变成模型。

变量之间的关系：

A. 节假日打车人少，收入降低；工作日打车人多，收入增加。大型活动日，收入增加。

B. 天气变差，收入减少。冬夏季节比春秋季节打车人多，收入增加。

C. 高峰期比非高峰期打车人多，收入增加。

D. 公共交通停止服务的时间段，收入增加。

通过前面的分析可以知道，出租车司机想要增加收入，需要优化每天的行程路线，行程路线由区域名称、时间段组成。

行程路线优化方法：

（1）记录每个区域打车人数最多的时段的相关信息，包括区域类型（写字楼、生活区、娱乐场所、商业区、美食街等）、打车时间段（按小时分段）、天气情况（极端天气、中等坏天气、正常天气）、当天属性（星期几、节假日、大型活动日、季节等）。

区域名称	区域类型	时间段	天气情况	当天属性	打车人数
科技园	写字楼	21:00-23:00	晴	工作日	200
香蜜湖湖美食街	美食街	20:00-24:00	晴	工作日	100
海岸城	商业区	20:00-23:00	阴	工作日	100

表 4-1　记录信息

（2）将距离相近的地点分组，再根据时间段进行排序，得出最优路线，根据这个路线行车，可以使空跑次数降到最低（单位时间内接单次数最大化）。

如果出租车司机学习过算法，在安排路线的时候，可使用图算法，将如上区域属性作为权重参与计算。

【行驶路线列表】= 最优路径算法{乘客数最多的区域，区域之间的距离，时间段排序}

【每日收入预测】= 机器学习算法{历史收入数据，最优行驶路径数据，天气因素、交通情况}

以上是一个最简化的模型。

5. 可视化。

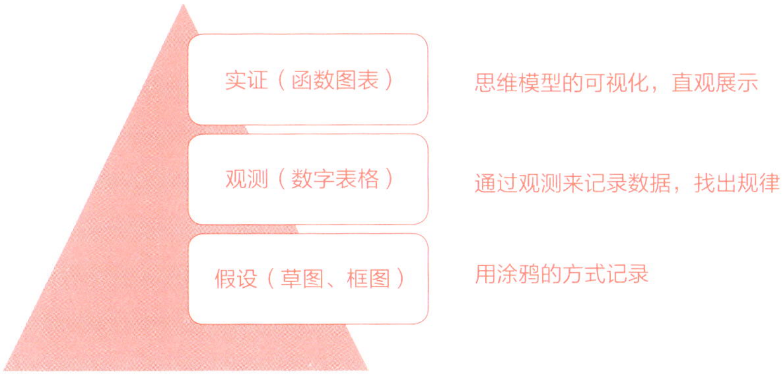

图 4-6　思维模型可视化顺序

即使如牛顿、爱因斯坦这类天才，能够在脑海里进行思想实验，要得出力学模型、相对论模型，依然需要有数学公式来表达。

人们常见的坐标轴、曲线、分析图表，都是对数据进行可视化表达，目的是帮助人们发现规律。有了观察记录的数据，需要找出变量之间的关系，如下，可以将数字绘制成散点图，以发现规律。

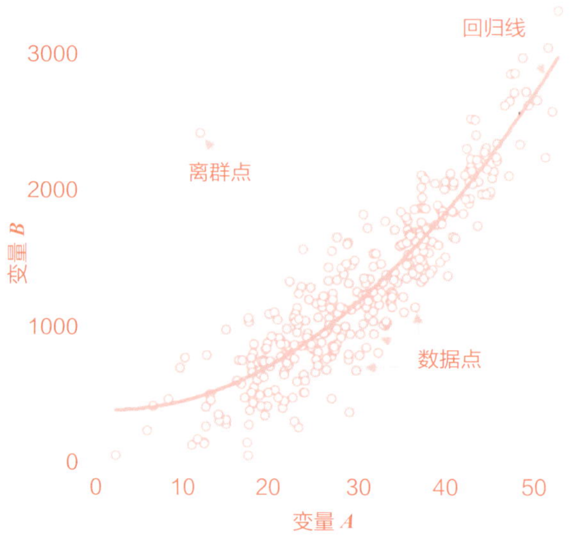

图 4-7　散点图

散点图（scatter graph, point graph, X-Yplot, scatter chart 或 scattergram）是比较常见的图表类型之一，通常用于显示和比较数值。散点图使用一系列的散点在直角坐标系中展示变量的数值分布。在二维散点图中，可以通过观察两个变量的数据分析，发现两者的关系与相关性，如上图所示。

散点图可以提供 3 类关键信息：

（1）变量之间是否存在数量关联趋势；

（2）如果存在关联趋势，那么是线性还是非线性的；

（3）观察是否存在离群值，从而分析这些离群值对建立模型分析的影响。

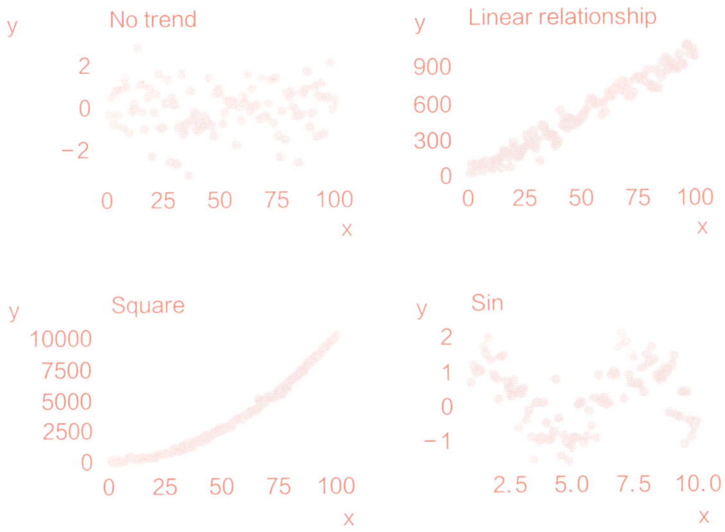

图 4-8　散点图的四种模型

在左上角的图形中，散点图并没有显示出任何的趋势；右上角的散点图显示出了数据之间存在的线性关系；左下角的散点图显示出了数据间的非线性关系；右下角的散点图显示出了数据存在正弦函数的关系。因此，使用散点图可以非常清晰地观察到数据之间的关系。

通过观察散点图上数据点的分布情况，可以推断出变量间的相关性。如果变量之间不存在相互关系，那么在散点图上就会表现为随机分布的离散的点；如果存在某种相关性，那么大部分的数据点就会相对密集并以某种趋势呈现。

数据的相关关系主要分为：正相关（两个变量值同时升降）、负相关（一个变量值上升、另一个变量值下降）、不相关、线性相关、指数相关等，表现在散点图上的大致分布如下图所示。那些离集群较远的点，称为离群点或异常点（outliers）。

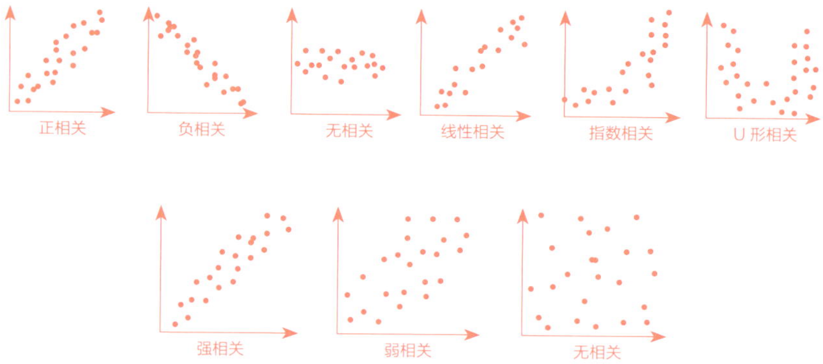

图 4-9　数据相关关系的散点图大致分布

6. 验证模型

科学的模型，必须要符合如下三个特征：逻辑化、定量化、实证化。

逻辑化，指的是整个模型推导过程有逻辑，前后有关联，推导的基础必须符合客观事实。就像几何学的所有公式都是从最基本的五个公理推导出来的。

定量化，指的是模型的变量和属性可以数字化、公式化，能定量而不是定性。所有的有效模型，都离不开数学。一个经济学模型如果不能用数学公式表示，就不是模型，而是猜想。

实证性，指的是可以预言未知，选择未来的某个时刻，经过模型计算出来的数据准确度很高，能够被证实有效。

例如马斯洛的“需求层次理论”，不能定量化，不能证实，只能算是一种心理学猜想（假设），不是科学模型。

“地心说”是科学模型，虽然后来被推翻了，但其符合逻辑化、定量化、实证化的特征，能够指导人们预测行星轨迹，但是因为模型预测的结果有偏差，所以只能是一个过渡的宇宙天体模型。

“日心说”在预测天体运动轨迹上没有问题，而且比“地心说”模型更简单，最终在人类进入太空的时候，得到证实。

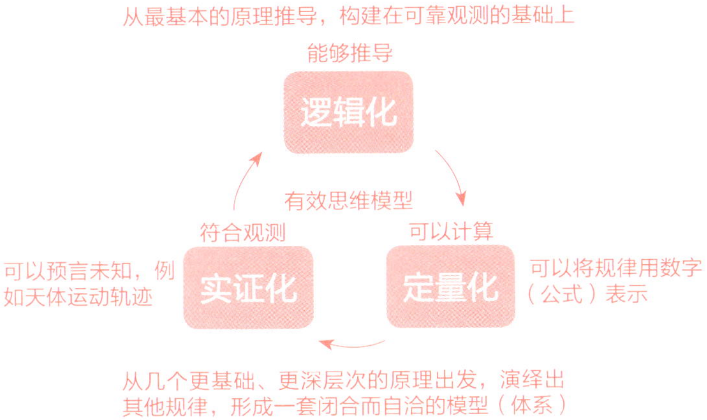

图 4-10　模型的验证

小结：

科学思维模型离不开如下步骤：

（1）总是源于好奇，提出一个好问题。

（2）接着是观察和实验，收集数据、累积资料。

（3）再下来对这些资料进行归纳、总结，产生局部的经验规律。

（4）有了这些经验规律，下一步就建立理论模型。

（5）在模型下进行逻辑推导、量化计算，去解释已知，以及预言未知。

（6）在一次次观测和实验的检验下，模型不断被修改甚至被推翻，直到越来越接近真理。

并不是只有科学家和研究人员才需要用到思维模型，普通人也应该在日常生活中锻炼自己的模型思维。

模型不精确没关系，可以逐步修正。

判断许多冠以“模型”后缀的理论是不是真正的“思维模型”，需要看是否符合逻辑化、定量化、实证化的特征。

人类世界正是靠着思维模型的演化而不断进步的。

后记

抽象的事物不好理解，理解抽象的能力和受教育程度成正比。回忆在学校里学习过的那些数学、物理、化学公式，都是抽象的符号。有人说，数学是万物的本质。现代物理学家们阐述宇宙的理论，也这么说。

古希腊的哲学家们也这么认为，以至于对研究数学的奥秘走火入魔。有人因为发现了无理数，被毕达哥拉斯学派的人扔进了大海。

哲学因为太抽象，被人嘲讽没用。殊不知，引领世界进步的正是这些“没用”的学问。

哲学涉及的领域后来都被科学接管，但仍然有一些谜题仍然在等着科学解开。例如“神经元如何产生意识”。

人类心理活动的奥秘是人类最后的挑战，许多学科为了解决这个问题汇聚到一起，包括脑科学、人工智能、认知心理学、语言学、人类学、神经心理学、哲学等。

人类就像“盲人摸象”里的盲人，不同的学科尝试用不同的角度来理解“看不见的大象”，这头大象叫作“人类如何产生意识”。

幸好，“抽象”是人类特有的能力，在科学家没有弄清楚意识产生的奥秘之前，同样可以用“心智模型”这样的概念来了解大脑。

就像维修手机的工程师，并不需要掌握手机芯片的设计，也能通过模块化的替换来完成维修。手机用户也不需要了解手机内部的结构，同样可以正常使用手机。

“抽象”让人们与底层具体实现隔离开来，可以在不了解底层原理的情况下完成任务。“抽象”让人们从世间万物千变万化的表象中解放出来，只需要掌握概念和特征，可以轻易分辨万物。

学习设计“思维模型”的过程，也是提升抽象能力的过程。这个过程可能会遇到一些阻碍，需要动手在电脑上或者纸上写下思考过程。在学习这件事上，只有实践才能得出真知。

学习像爬山，过程中气喘吁吁，总有一种停下来休息不想走的想法，但是你的目标是要登到山顶，就需要忍住这些痛苦。一旦登到山顶，看云海，看日出，看远方的城市，看山谷，那种愉悦不言而喻，登山的艰辛也会变得值得。

我在写作本书的时候，也有爬山的这种感觉。常有写不下去的时候，这不像是写散文、写文学作品，有想象力就能洋洋洒洒千言。

《超级学习》系列既然是写思维模型，就离不开严谨。要抽象，又要容易理解。对我来说有难度，有挑战。

写作是从三年前开始的，先有构思，再设定框架。这些框架分成几个部分，包括思维模型、认知自我、知识体系、能力提升。每部分以一个个的问题组成，我的任务则是回答这些问题。最后，再整理成书稿。

写书稿时，偶尔会产生一种念头——“写完这本再也不写了”，把电脑放在一边。没过多久有了灵感，又回来继续写。一本书从有想法到最终成稿，中间的艰辛，只有自己知道。

成为一名作者，不仅要有固定时间用来写作，还需要有固定时间阅读。“固定”不是指某个时间段，而是每天至少要花“定量”的时间，我定的时间是每天 200 分钟。

时间从哪儿来？这是个好问题，毕竟我不是全职作者。路上通勤的时间、等待的时间、睡前的时间，都可以利用起来。这样一来，几乎没有社交时间、娱乐时间。

写作带给我的好处不言而喻，让我可以将我过去工作中实践过的方法和思维工具，体系化地整理出来。提出问题，思考问题，解决问题。问题从哪里来？从工作中来，从生活中来。

工作中不断实践思维模型，不断搭建自己的知识体系，也不断重新认识自己，最后展现出来的是显著的能力提升。

我的专业是计算机，还有经济学。在企业中分管技术部门，也分管过战略管理部门、企业运营部门。按理说，这之间跨度很大。确实如此，除了技术，其他领域的知识都是自学并且亲身实践过的，除了创业之外，有很多领域是在大脑中用“思想实验”的方式来实践的。

没有一家公司会因为你想学习而给你安排工作，尤其是高层管理岗位，只会根据你的能力是否匹配来决定。

我感受到自己解决问题和看清事物本质的能力越来越强，工作也越来越得心应手，能够轻松解决以前归属到“难题”一类的问题。

这种正面反馈，让我尝到甜头，更坚定自己的方法有效。

抽象的概念虽然学习起来有难度，但是回报也高。

“挑战不可能、坚持学习”是我的价值观，写作本书，就是实践。

希望本书也能给读者带来一些启发。

吴建平

超级学习 ②

SUPER LEARNING

自我认知

吴建平　著

台海出版社

图书在版编目（CIP）数据

超级学习．自我认知 / 吴建平著．— 北京：台海出版社，2022.8

ISBN 978-7-5168-3317-9

Ⅰ．①超… Ⅱ．①吴… Ⅲ．①思维方法 Ⅳ．①B804

中国版本图书馆 CIP 数据核字 (2022) 第 093599 号

超级学习：自我认知

著　　者：吴建平

出 版 人：蔡　旭　　　　封面设计：今亮后声
责任编辑：魏　敏

出版发行：台海出版社
地　　址：北京市东城区景山东街 20 号　邮政编码：100009
电　　话：010-64041652（发行、邮购）
传　　真：010-84045799（总编室）
网　　址：www.taimeng.org.cn/thcbs/default.htm
E - mail：thcbs@126.com

经　　销：全国各地新华书店
印　　刷：三河市兴博印务有限公司
本书如有破损、缺页、装订错误，请与本社联系调换

开　　本：889 毫米 ×1194 毫米　　1/16
字　　数：180 千字　　　　印　张：11.25
版　　次：2022 年 8 月第 1 版　　印　次：2022 年 8 月第 1 次印刷
书　　号：ISBN 978-7-5168-3317-9

定　　价：168.00 元（全四册）

目录

02 如何找到人生目标

03 打造个人差异化优势

04 三大自我驱动力

05 将焦虑转变为行动

06 时间能不能管理

本书如何使用

如果在阅读过程中，遇到问题，可以在微信公众号“晓布研习社”后台留言，作者会给予解答。

公众号会持续更新文章，欢迎读者积极参与互动。

序言

个人“内卷化”的破解之道

某文化达到某最终形态后，

无法自我稳定，

也无法转变为新的形态，

只能使自己在内部更加复杂化

——克利福德·格尔茨

“内卷化”是个经济学术语，后来逐步演化出不同的含义。

王二是我的朋友，我经常向他请教一些问题。例如，我问他为什么喜欢吃鸡肉卷？王二说，卷是食物高级化的一种展现方式，例如春卷、肉卷。卷是圆形在空间上的延展，而圆形是东方国家的文化图腾，如八卦图、阴阳太极图。圆形的特点是封闭，周而复始，非常符合古人的宇宙观，日出东方，落于西方，昼夜更迭。听到这些，我上下眼皮开始不断亲密接触，等我醒来的时候，他已经说到明清时期的经济和文化。看他一个人说得眉飞色舞，心想这催眠效果真好。

那你知道什么是内卷化吗？我问王二。王二说，内卷适合大脸，外卷适合小脸，但是你的发量什么卷都不合适。我告诉他，现在工作也流行“内卷”，我俩就此问题展开讨论，以下内容是谈话的概况。

什么是内卷化

·内卷化是马尔萨斯陷阱和刘易斯理论的中间阶段。

·指经济是在单位工作日边际报酬递减为代价条件下实现的增长，实际上是“有增长无发展”，也称“过密化”“贫农化”。

·经济学术语延伸到其他领域，如个人“内卷”、文化“内卷”，内卷化的概念已经脱离本意。

德国哲学家伊曼努尔·康德区分了“内卷化”（英语：Involution）与“演化”（德语：Entwicklung）的不同意涵。德国数学家、哲学家戈特弗里德·莱布尼茨在1714年使用“演化”（英语：Evolution）一词来形容如蛆之于苍蝇、毛虫之于蝴蝶等的个体生物的发育过程，指出这些过程只是上帝将生命以无数单子的形式放入世界后的展开。康德在《判断力批判》一书中对莱布尼茨所提出的进化论（英语：Theory of evolution）进行批判时，指出按照莱布尼茨的理论，所有的进化已经存在于生命的起源之中，因而进化论就是“退化论”（英语：Theory of involution）。在康德的使用中，“Involution”的主要含义则是内卷、内缠、退化、复原等。

美国人类学家亚历山大·古登威泽尔发展了内卷化的概念，在1936年一篇研究原始文化的论文中，他使用“内卷化”来形容某文化模式达到某最终形态后，无法自我稳定，也无法转变为新的形态，只能使自己在内部更加复杂化。戈登威泽认为，文化模式达到了极致之后，模式的规定导致了文化的外在统一性，从而渐进发展起统一性内部的不同要素的多样性，如毛利人的装饰艺术要素很少，却有着复杂而精细的设计，戈登威泽将这种现象称为“内卷化”。

30 年后，美国人类学家克利福德·格尔茨在《农业的内卷化：印度尼西亚生态变迁的过程》一文中借用戈登威泽的内卷化概念，以研究爪哇的水稻农业。格尔茨认为，印度尼西亚许多世纪以来稻作的强化产生了更多的社会复杂性，而不是技术或者政治的变革，这一过程也被格尔茨称为“内卷化”（英语：Involution）。格尔茨使这一概念在人类学界与社会学界广为知晓，成为一种描述社会文化发展迟缓现象的专用概念。

我国历史社会学家黄宗智认为内卷化是“有增长无发展”，指经济以单位工作日报酬递减为代价实现的增长，也称为“过密化”“贫农化”。

内卷化英语为 involution，和演化的英语 evolution 不同在首字母。将 evolution 的首字母“e”替换成“in”，“in”代表“在里面”，所以内卷化的意思是“向内演化，往里面卷”。也有人说真正的内卷化是“不断重复低水平的复杂”。

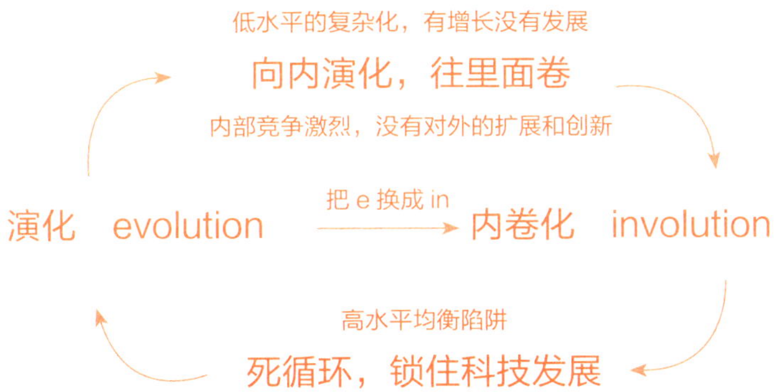

图 0-1　从演化到内卷化

如数学上的分形图案，分形图形一般都有自相似性，这就是说如果将分形图形的局部不断放大并进行观察，将发现精细的结构，如果再放大，就会再度出现更精细的结构，可谓层出不穷，永无止境。

从整体上看，分形几何图形是处处不规则的。例如，海岸线和山川形状，从远距离观察，其形状是极不规则的。

在局部尺度上，图形的规律性又是相同的。上述的海岸线和山川形状，从近距离观察，其局部形状又和整体形态相似，它们从整体到局部，都是自相似的。

看起来很复杂，但实际上都是在不同尺度上的简单重复。

内卷化是什么？众说纷纭，无非是以下两种：

A：没有发展的发展。

B：低水平的复杂化。

A 的典型代表是诺基亚，功能手机发展到巅峰，市场占有率做到第一。但智能手机出现后，不可避免地衰落。

所以 A 虽然看起来量在增长，但是并没有发生质的变化。一旦有创新出现，A 所代表的事物就被消灭。

B 的代表如“高考题海战术”“卖油翁”“对经典的研究”“一个公司十个人，八个管理层，一个老板”“一个班级一半的人都是干部”等。

但在我看来，对“内卷化”不同的定义和理解，是一个复杂事物不同角度的描述。

“低水平复杂化”不能一概而论，否则红学、《论语》《易经》、莎士比亚文学研究也可以说是“低水平复杂化”，是内耗，是大量的人力、物力和时间的浪费。实际上，这些研究表面是对经典的研究、再解读，其本质是研究者的再创作，引申的作用大于经典本身，能够给予他人更多启迪。

个人内卷化

“内卷”是 2020 年互联网忽然火起来的旧名词，从学术界起源，在互联网发扬光大，把学术名词应用在工作和生活中。

个人内卷化有如下特征：

A：收入与工作时长成正比，长时间用同样的方法做同质化的事情（高水平均衡陷阱，有增量没发展）。

B：工作出现瓶颈，但又不具备转型的能力，多数时候感到迷茫，不知道自己该做什么、能做什么（高水平均衡陷阱）。

C：对知识掌握停留在浅层表面（what、how），缺乏深层次思考（why）（低水平复杂化）。

D：在“技巧和应用”层面炉火纯青，理论层面没有突破和创新（低水平复杂化）。

E：知道要“终身学习”，但总是提不起学习兴趣，难以坚持（高水平均衡陷阱）。

F：认为上班是一件痛苦的事，因为竞争压力带来负面情绪，害怕失业（高水平均衡陷阱）。

由此造成一些问题，例如：

1. 35 岁中年危机

前几年流行“35 岁中年危机”，从互联网大厂开始，虽没有明文规定，但 HR 招人的时候默认过滤年龄超过 35 岁的候选人。这些企业认为，该年龄阶段的求职者薪水要求高，还要照顾家庭，不能全心投入工作（加班），思维跟不上年轻人，不具备性价比。

企业招聘要求恨不能这样写：

（1）35 岁以下，工作经验 20 年（含加班经验 8 年）。

（2）单身主义者优先。

我们通常大学毕业时 23 岁，到 35 岁时，工作经验在 12 ~ 13 年。理论上，毕业 3 年工作经验可达到初级水平，5 年可达到中级，8 年可以达到高级，12 年可以达到专家级别。但多数人 365 天每天用重复的方法解决问题，一年下来能积累多少经验？

工作 12 年，可能获得有效经验的时间才 6 年，却要求 12 年工作经验的薪资水平。企业上当次数多了，用“一刀切”这种办法不足为奇。与其花大力气去鉴别候选人是否有真材实料，不如用“学历 + 年龄”过滤，减少甄别成本。

对于中年人以及接近 35 岁的年轻人，原以为可以工作到退休。但是企业的这种做法，无疑让人对未来开始担忧，由此引发危机。

2. 心智资源匮乏

人拼命用时间换金钱的时候，无法安静思考，充电学习的时间也不够用，长此以往，心智资源会被耗尽。很多人总在拼加班，半夜才能到家，哪能有心情和精力去阅读和学习？

物价上涨，收入少开销大，本可以用来学习、提升自己的时间都花在如何省钱上，自身竞争力越来越弱，收入越来越低。

人穷的时候，最廉价的就是时间，成死循环。

3. 健康问题

危机导致压力，压力导致焦虑，焦虑引发心脑血管疾病。天天加班顾不上健身和锻炼，身体机能下降，跑步 2 千米上气不接下气，头发也越来越少，精力和体力不够，又影响工作和生活。信息时代的“快生活”，导致人们迫切需要缓解精神层面的疲惫，所以“短视频”、游戏才能占据绝大多数时间，长时间低头看手机也造成颈椎问题。放下手机，出去走走，见见朋友，最终会发现，还是手机好玩。

有没有办法突破？

突破内卷化

许多人的“高水平均衡陷阱”，因为有工资拿，上班可以“摸鱼”。收入虽然低一些，但不至于饿死，所以缺乏动力改变现状。到年纪稍微大一些，经济变差，遇上风吹草动，企业裁员首先考虑的是年龄大、工资高但不够卖命的员工。这时候，会切身感受到“35 岁中年危机”。

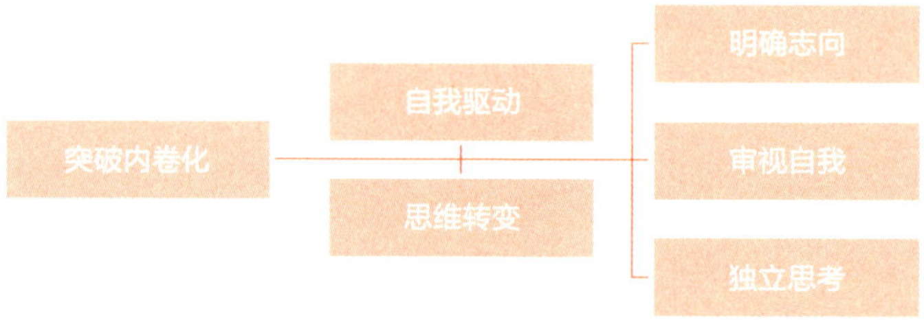

图 0-2　如何突破“内卷化”

有一些人，每天都在解决表面问题，思考问题只看表面，不愿意深究深层次本质问题。

一个中级程序员使用 IDE 编程工具像卖油翁这般娴熟，掌握一堆语法技巧，但是不愿意深入学习数据结构算法、设计模式这些抽象概念（也可能试过，但因太难而“从入门到放弃”）。工作 10 年和工作 5 年同样没有突破“抽象设计”领域，宁可花上 10 倍的时间和工作量来解决问题，这是“低水平复杂化”。

互联网大厂有“大神”程序员，一个人的作用抵得上中小公司的百人团队。有人说，这种人天资聪颖、天赋异禀，普通人做不到。确实存在天赋异禀的人，但残酷的现实是，那些有天赋的人比普通人还努力。

厉害的人，靠着超出常人的毅力去专注、研究和学习，才能成为夜空中璀璨耀眼的那颗星，靠“自我驱动力”完成一件件困难的事情。

天资不如人，又不努力，就不要抱怨社会现实残酷。

个人内卷化根源在于互联网加速“过密化”。过密化指的是，当某领域有利可图，获得消息的人会一拥而上，充分竞争，导致边际收益递减，看上去和“高水平均衡陷阱”现象类似。

人们都知道 IT 行业软件工程师收入高，于是一窝蜂都去做软件开发。“产品经理”职位出现后，“人人都是产品经理”这句话不知道鼓舞了多少人前赴后继。2020 年，腾讯公司在内部发文，说明 P4 级别以上才能称为“产品经理”。

在过去，“信息差”是主要的赚钱方式，现在越来越难。互联网让很多“不怎么值钱”的消息顺着无线网络来到每个人的面前。等自己进场时，“赚钱洼地”已经人满为患。

在公开的媒体上看到某个消息时，往往已经没有多少价值，成为“众所周知”的信息。在过去人人都知道要买黄金的时候，说明黄金不能买了；现在是在网络上看到某个“致富新路子”，已经来不及，多半是利用人们的贪欲获取利益，人人都知道买比特币的时候，会被“割韭菜”。

都在感叹“太难了”，更可怕的事情是，以后会更难。

怎样才能突破内卷化，我总结了两条路径：

A：思维转变

B：自我驱动

人与人之间的差别是“认知”，“认知”的核心是思维方式。“认知升级”的关键在于“思维转变”。

如果面对问题总是束手无策，或者是感觉到解决问题是一件让人心力交瘁的事情，很可能过去惯用的思维方式有问题，试试转变思维方式。

遇到问题时，不要立刻寻找解决方案，而是首先思考“我是如何思考这个问题”。有点绕，具体说来则是，需要审视自己面对问题时的思维方式。

来试试判断如下命题，凭直觉回答“是”或“不是”：

（1）真理永恒不变，否则不能称之为真理

（2）“以不变应万变”的意思是遇事不要慌，沉着冷静面对变化

（3）相比抽象的概念，我更喜欢具体的事物

（4）企业的使命、愿景、价值观主要用于展示，没有多少实际作用

（5）衡量消防局的工作好坏主要看出警速度、灭火次数、灭火专业度

（6）阅读书籍时，我通常会快速跳过论证过程，直接看结论

（7）群体头脑风暴比个体独自思考更有效率和启发性

（8）遇到问题，我习惯沿用过去的成功方法和经验来解决

（9）我相信自己亲眼所见，没有什么比这更真实

（10）我对世界怎么来的、什么是知识、人生有没有意义这些问题不是很有兴趣

回答“是”则计 1 分，“否”则计 0 分，最后把每道题的得分加起来，分数越高，越有必要阅读本书。

如果遇到困境，首先审视自我，而不是从外部环境找原因。翻看过去 50 年的经济发展，包括互联网史，每隔几年就会出现一次“互联网寒冬”，每隔 10 年周期，就会有一批新锐出现，机会永远都存在。只有够优秀，感知趋势，才能抓住机会。

明确志向，指的是想清楚自己内心真正追求什么，“我应该怎样度过自己的人生才更有意义”“以后想过什么样的生活”这两个问题很重要，但不紧急，可以慢慢想，不能不想。

个体突破内卷化，需要变得更优秀，就需要坚持学习和思考，但学习不容易坚持，这是一件需要长时间才能看到效果的事。要做到坚持，就要思考一个问题，回到源头上。“我应该怎样度过自己的人生才更有意义”的答案是你的人生志向，“以后想过什么样的生活”是你的理想和愿景。

人生志向、理想和愿景，是指南针，是目的地，是自我驱动力。有动力才能坚持学习。

审视自我，指的是对自己进行全面评估，打造个人的差异化优势。为了完成人生志向和理想，想清楚“应该具备什么样的知识体系和核心能力”这个问题，开始学习之路才更有效率。

未来的“脑机接口”可以让人们获取信息更为便捷。那时候最重要的是学习知识吗？最重要的仍是独立思考。

在原始社会和古代，人云亦云，跟随他人的脚步和想法，从众可以降低风险，一起出去狩猎比单独狩猎的生命风险更低。但是如今已经不需要你去狩猎，以及面对可能吃掉你的野兽。

为什么还要去照搬他人的看法和意见呢？别人说的就一定正确吗？即使是专家和权威，在非自己专业的领域也会犯普通人的错误，你还会听吗？

为什么重点提到独立思考，因为这是一项多数人非常缺失的能力。要做到独立思考非常难，但依然有方法可以训练。

“内卷化”概念来源于经济学、历史、社会学等学科，是一种宏观现象，但是可以借鉴，来思考个体是否存在该现象。

关于“内卷化”的解说多种多样，大致可以分为“有增量没前途”“低水平复杂化”“过密化”“贫穷化”等概念。

打破内卷化的关键在于思维转变和自我驱动。要能做到审视自我、独立思考、明确志向。

这也是本书的主题。

附注：经济学上的相关概念

1. 马尔萨斯陷阱

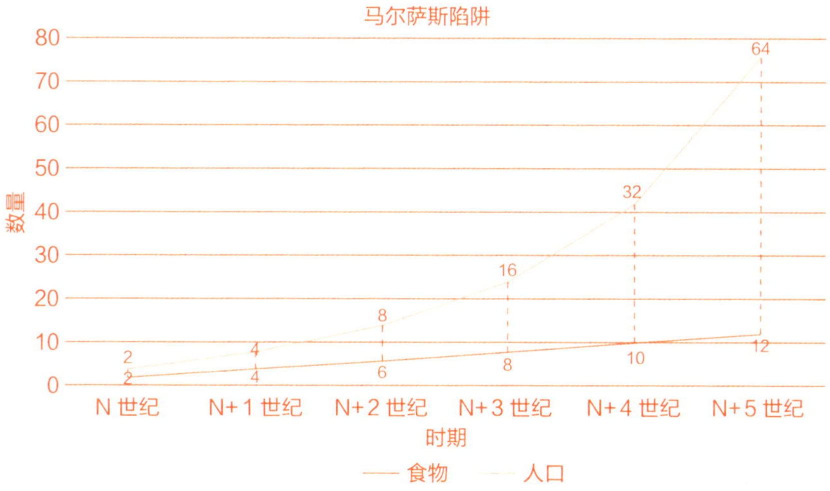

图 0-3　马尔萨斯陷阱

人类历史可以简单分为植物时代（农业）和矿物时代（工业），也可以分为采集、农耕、工业三个阶段。

早期人类的食物主要通过采集食物和狩猎等途径获取，采集树上的果实，地上食物的根茎、浆果、坚果、水果、贝类、昆虫、小型动物等。女人负责采集，男人狩猎。

随着人口不断增加，农业技术也开始出现，动物被驯化、植物被驯化，人类进入农耕时代。

工业革命后，进入工业时代。

在前现代化的农业社会，食物增加的速度呈算术级数（2，4，6，8，10……），人口增加的速度呈几何级数（2，4，8，16，32……）。在工业时代之前的农业社会，人口增速远超粮食增速，导致工业革命之前的 2000 多年里，有限的资源使战争和饥荒周而复始地出现。战争的目的除了掠夺财富和资源（包括人口），也有消耗人口的作用，人少了粮食才够吃，所以古代战争很残酷也很常见。人口增速远超粮食增速导致的贫困和战乱，被称为马尔萨斯陷阱。

2. 东西方大分流（大分叉）

“为什么中国没能出现工业革命”引发了中西方学者的思考和研究。曾任美国加利福尼亚大学历史与东亚语言文学教授彭慕兰提出的“东西方大分流”理论，是当时的两大流派之一。彭慕兰对比西欧（主要是英格兰地区）和中国江南，认为 18 世纪以前，东西方处在基本相同的发展水平上，西方并没有任何明显的和独有的内生优势。

到 18 世纪末 19 世纪初，东西方之间才开始逐渐产生差异。造成东西方历史分岔的主要原因，一是美洲新大陆的开发，使西欧通过海外殖民掠夺摆脱本土的生态困境；二是英国煤矿的地理位置优越，易于开采和运输，西欧由此率先实现向近代工业社会的转型。

东西方历史这一分道扬镳的过程，彭慕兰称之为“大分流”。

3. 李约瑟难题

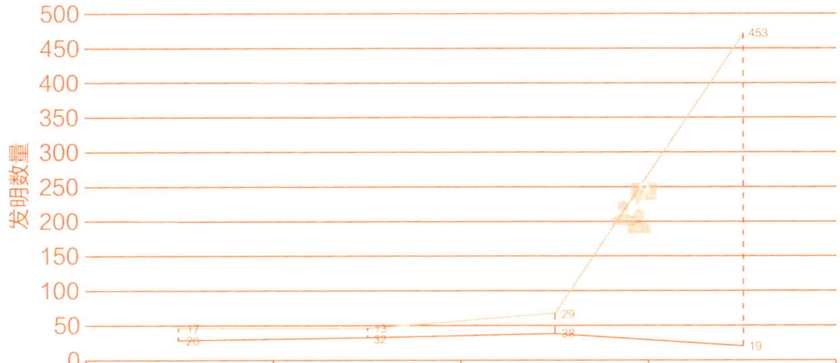

	公元 1-400 年	公元 401-1000 年	公元 1001-1500 年	公元 1501-1840 年
西方	17	13	29	453
中国	28	32	38	19

图 0-4　李约瑟难题

李约瑟难题是“东西方大分流”的中国定制版。

英国学者李约瑟在其编著的 15 卷《中国科学技术史》中正式提出此问题：“尽管中国古代对人类科技发展做出了很多重要贡献，但为什么科学和工业革命没有在近代的中国发生？”

1976 年，美国经济学家肯尼思·博尔丁称之为“李约瑟难题”。

吴建平

01

少走80%的人生弯路

想象一个场景，人们在荒无人烟的戈壁中，没有地图、指南针和 GPS，怎样才能走到绿洲？人生也是如此，缺失方向会导致迷茫。

两点之间的直线距离最短，如果不知道目的地在哪儿，怎么能不走弯路？

《存在与时间》的作者、德国哲学家海德格尔说，人只要还没有亡故，就是向死的方向活着，即“向死而生”。正是因为“人都有一死”，所以人们会开始思考“人生意义”“人生价值”这样的问题，进而才会有“人生目标”。

人生的目的地，是人生目标。从出生开始，如果能以“生命倒计时”的人生观思考，就会努力让自己活得精彩。人生目标是人生观的重要组成部分。

人有住大房子、开豪车的享乐人生观，有靠天吃饭的随缘人生观，有求神问卜的人生观，也有消极“躺平”的人生观，放眼望去，多数人皆是如此。年轻的时候，忙着赚钱养自己，忙着谈恋爱，忙着追求新鲜事物，少有人会有心思思考人生意义这种“虚无缥缈”的问题。

快到 40 岁的时候，该体验的也体验了，对新鲜事物很难提起兴趣。年轻时没有思考过人生目标的人，多半在 35 ~ 40 岁的年龄要面对中年危机，完美诠释什么是“人无远虑，必有近忧”。

假如你捡到一个阿拉丁神灯，神灯告诉你可以提出一个愿望，但是有前提。首先不能提再来几个神灯之类的要求；其次有限度，不能提花不完的钱、用不完的时间、永生、成神这类要求。如果神灯帮你完成这个愿望，其他任何愿望再也不能实现。

你会提什么样的愿望呢？

需要1个亿？100亿？1000亿？10000亿？追求财富是人之常情。有钱之后先辞职，再去买奢侈品、跑车、私人飞机、游艇，满足物欲后再走遍全世界，去那些只能在杂志和网上看的地方住上一段时间。

这样的日子几年内会让人过上梦寐以求的穷奢极欲的生活，但最终，会感觉到无聊、无尽虚空，随着物质带来的刺激和快感不断升级，你对幸福的感知能力会越来越弱，然后因为缺乏刺激而认为人生没意思。这也是为什么会出现明星吸毒这样的负面新闻的本质原因。

有钱能买好房子，能解决孩子的学位问题，能在他人眼里成为世俗的成功人士。这没有错，但如果把财富作为人生首要目标（理想和愿望），也会有很多坏处。

应不应该以追求财富为目标

以财富为人生目标，意味着金钱成为对行为和事物的衡量标准。选择工作时看薪水，薪水多少影响工作态度和心情。拿多少钱做多少事，加班要算加班费，这样的想法不知不觉影响人们的价值观。

以赚钱为目标找工作，会更在意短期利益，从而选择那些没有多少想象力（发展空间）但是钱给得足够的公司。不会考虑行业延续性，谁给的钱多就给谁工作。不会选择创业公司，因为创业公司不稳定，薪水福利也不尽如人意。

我认识一个软件产品经理，换工作没有考虑延续性，今天从事零售业，明天从事教育界，后天从事医疗界。几年下来，收入没有什么大的变化。另外一个产品经理，只在零售行业深耕，无论是传统零售还是新零售，几年以后，成为新零售行业内的产品专家，收入翻了几倍。

我问他是怎么做到的，他说，想给零售行业带来一些改变。驱动他努力工作加班的不是薪水和升职，而是理想。如果公司有发展潜力，愿意给他机会去实践他自己的想法，薪水少没关系。

薪水、职位，都是外在的刺激和激励，有效期、保质期不会超过 21 天。在实现理想的路上，使命感和成就感才能长久驱动自己。

优秀的人不会以财富为首要目标，而是在某个领域让自己更优秀。当你优秀到能够帮助非常多的人，为人们带来价值，就会有人愿意付钱给你。换言之，财富是一个人变得更优秀之后的副产品。

财富收入 = 贡献价值 × 能帮助的人数

“要什么”与“做什么”

多年前我入职顺丰速运集团的时候，集团副总裁和我谈了半小时，最后赠送一句话给我：你要想清楚自己要的是什么。

这么多年过去了，这句看似平淡无奇，但蕴含哲理的话我一直记在心里。

这句话换种表达方式，可以是“如果一生中只能做一件事情，你会怎么选？”

此前我没有花太多时间思考“自己的人生目标是什么”，只知道两件事，第一，我从事 IT 行业，第二，我可以胜任很多岗位。要说有什么人生目标，可能是赚很多钱吧。

我认为自己可以胜任很多岗位，实质上是没有想清楚自己的定位，再向前溯源，是因为自己缺乏“人生目标”，人生目标可以分解成阶段目标，阶段目标再分解成计划。“赚很多钱”可以是阶段目标，但不应该是人生目标。

假如以赚钱为人生目标，任何可以赚钱的工作都会成为选择。选择一多，人会迷茫，不知选哪条路，随便选一条，大概率会后悔。

但如果有坚定的人生目标，知道要什么，就好像拥有指南针、人生地图，在茫茫大海上有了方向，不会迷茫。

企业有使命，人要有志向

开早餐店是创业，开奶茶店也是创业，有人做成生意，有人做成事业。

生意和事业的区别是什么？开一家餐馆不赚钱，“关门大吉”再开个奶茶店，什么赚钱做什么，这是做生意。开一家餐馆不赚钱，失败了不死心，重新来过，思考和别的餐馆的差异，思考怎样解决某个餐饮行业的问题，这是做事业。做生意可以不需要使命，但是做事业，就需要明确使命。

使命说明企业为社会带来什么影响和价值。如果企业没有找到真正的使命，会始终缺少方向，缺乏追随者。使命是企业的“信仰”，缺乏信仰，公司每个人都是为了一份薪水工作。凭什么在公司资金困难的时候要员工继续跟随？凭什么让员工牺牲自己的生活加班？

有些公司的使命模糊不清，多半是创始人及管理层没有想清楚，或者是没有意识到使命的重要性。使命不明确或过于泛泛，一脉相承的企业文化难以形成，员工也没有使命感。今天发得起工资，员工留下，一遇到困难，员工跑了。

使命除了充当引领的角色、企业的精神力量，还充当着企业的路标和企业决策的参考原则。

有了使命、愿景和价值观，战略、战术、决策和行为，都应围绕使命展开，否则成了企业宣传画册的口号、挂在墙上的装饰物。

企业的使命，对应着人的志向；企业的愿景，对应着人的理想。

多数人并没有想清楚志向是什么，也不清楚自己要什么样的生活。没有志向不影响生活。有人常说“我没有什么追求”，此处的“追求”是“志向”的口语化说法，不追求精神境界，也不追求物质需求。“没有追求”等同于“甘于平庸”，既然如此，就不要去和他人比较，去羡慕他人，这样认知才能协调，而不是失调，缺乏幸福感。

古希腊哲学中的伊壁鸠鲁学派呼吁人们要掌控自己的欲望，过朴素的生活，用心培养友情，并劝告人们退出社交和政治生活。犬儒主义选择苦行，伊壁鸠鲁学派的死对头斯多葛学派从犬儒学派继承了禁欲主义和厌世主义态度，试图通过“克欲求善”和“返回内心”的途径，实现“宁静的生活目的”。如果你真心想过“没有追求”且具备“幸福感”的生活，不妨从三个古希腊哲学学派中选择一个理念或取其精华。

令家长最烦恼的莫过于孩子做作业拖拖拉拉，不爱学习。于是禁止孩子玩游戏和看电视，苦口婆心讲道理，不行就用“棍棒教育”。很遗憾，这些方法没有什么效果，反而容易促成逆反心理。

现在的孩子都聪明，学习不好的问题本质上都是学习态度（学习动机）的问题，根源在于孩子不理解为什么要学习。少有家长想过如何引导孩子树立志向。别说孩子，连成年人自己多数都没找到志向。

我常在企业管理中小范围实验一些新想法，例如使用“非物质”激励员工，我曾组织过一次会议，问部门里的同事，你的人生理想是什么？多数人笑起来，估计是对“谈谈人生理想”有什么误会。我说，不就是想赚钱、买房、买车、娶个好媳妇吗，别不好意思说。大伙儿又笑了，这群IT男笑点有点低。

我接着问，你们是否有想过，有钱、有车、有房、有媳妇、有孩子之后呢？生活无忧之后，要做什么事才能让你有成就感？哦，生活无忧后不想工作了。也行，你的人生观是享乐，既然以此为目标，怎样才能早日实现呢？

我又问，你们喜欢自己当前的工作吗？

有人说，谈不上喜欢，只不过因为这个职业好找工作，薪水高一点。我说，如果你想让自己增加“幸福感”，要么换一份喜欢的职业，要么从当前的职业寻找到乐趣。如果不喜欢自己的工作，要么换一份自己感兴趣的工作，要么想办法让自己喜欢当前的工作，让自己变得更优秀。一个人只有足够优秀的时候，才能有更多选择的机会。

那次“谈谈人生理想”的会议结束后，多数人的工作态度有了明显的改变。

一个没有志向的人多半是被工作选择，没有想清楚自己为什么而工作，没有思考“如何让自己的人生有意义”。

有志向，不一定能实现，但有志向是前提。从现在开始，想清楚你的人生价值是什么。获得财富可以是阶段目标，但最好不要成为人生目标。想拥有财富，先让自己足够优秀，优秀程度要看能解决多少人的问题，带来多少社会价值。

02

如何找到人生目标

寻找人生目标不是一件容易的事，通过“志向分析模型”，可以找到“想要什么样的生活”和“怎样度过自己的人生才有意义”两个大问题的答案。

你对自己了解多少呢？你知道自己判断什么是好什么是坏的标准吗？你对自己的能力能不能用清晰明确的语言描述清楚呢？在前文中已经讲述过为什么人要有志向，是什么阻碍了人们明确志向和应该如何立志。

有人说，我没有什么追求，只想有一份自己喜欢的工作，不求大富大贵，收入能满足基本的生活，有房子居住，妻贤子孝，一年出去自驾旅行两次。

我说，恭喜你，因为你知道自己要什么。不是人人都能大富大贵，功成名就。知道自己真正要什么，并付诸行动，幸福感就能超过大多数人。

有的人要么不知道自己要什么，要么目标不够清晰。甚至连自己的优势和劣势都不太了解。

卢梭在《爱弥儿》中说，人生幸福起于愿望和能力的平衡。一个人应该从小学会在自己的能力范围内起愿望，想做自己能做的事，能做自己所想做的事。

想做自己能做的事，能做自己所想做的事。前半句话是愿望，后半句话是能力。卢梭在他的时代提出这样的观点很了不起，但是到了现代，我认为这段话还需要补充。

人的幸福源自愿望（兴趣）、能力、价值三个因素。

我曾经向部队里的一位首长请教过“年轻人应该如何立志”这个问题，当时我在倾听他讲述与“信仰”有关的话题。于是我在恰当的时机提出这个问题，他没有直接回答，而是对我讲述了他在年轻时读军校的故事。

当时他以优异的成绩考入军校，对于年轻人来说，军校有点像“监狱”。有一位同学受不了，于是退学重新参加高考。而他也有点动摇，年轻的时候谁没有迷茫过呢？但不同之处在于，多数人只是等待迷茫自动消失，而他在主动思考，思考什么呢？他在想，自己考上大学，大学毕业后进入部队，然后积累军功晋升，再成家立业，娶妻生子。再往后，孩子考上大学，同样经历类似的人生轨迹，孩子的孩子也是如此，周而复始。那么，这样的人生有什么意义呢？他想到一个主意，那些名将并非一开始都是名将，年轻时一定也有困惑。所以他去图书馆寻找答案，尤其是二战时期的名将传记。想知道这些人曾经遇到什么困惑，又是如何解决的，能给自己什么启发。后来，他在这些传记中受到很多启发，逐渐形成自己的人生目标。

我听到这里的时候，有一种“茅塞顿开”的感觉，如果在不知道自己的人生目标是什么，该如何寻找志向的时候，可以从前人的经验中寻找启迪，尤其是和自己所在的职业领域相关的那些名人。虽说他人过去的成功经验不能完全照搬，因为“时过境迁”，照搬没有意义。但是可以观察名人有困惑的时候，如何思考。

名人传记中记载的多数是人生经验，是个人对世界的认识。除了这种方法，还有其他方法来辅助人们找到人生目标。

志向分析模型

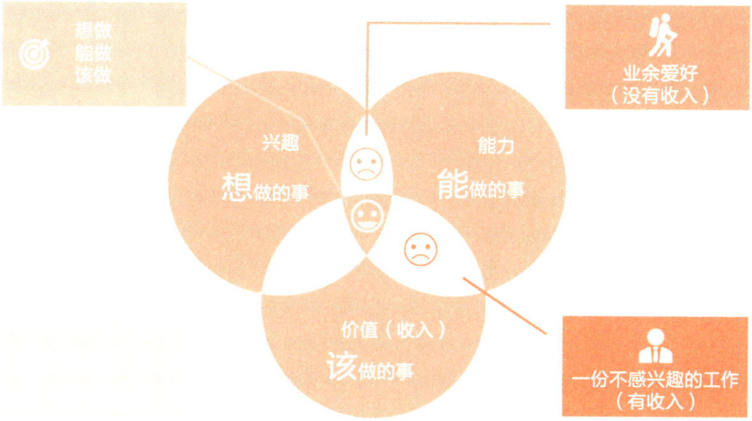

图 2-1　志向分析模型

志向分析模型，利用“维恩图”来帮助人们找到自己的志向所在。“维恩图”是用于帮助推导数学集合运算的可视化工具。模型包括“兴趣”“能力”“价值”三部分。

兴趣，是想做的事，指注意并探究某种事物或从事某种活动的积极态度与倾向，表现为个体对某种事物或某项活动的选择性态度和积极的情绪反应。兴趣是人的认识需要的情绪表现，是个人活动动机的重要方面。它推动人们对自然界和社会生活产生深刻的认识，能使人们积极地寻求满足认识需要的途径与方法。例如人对摄影有兴趣，是因为摄影可以留住时光、记录瞬间、培养审美。

能力，泛指能做的事，包括狭义上的能力、知识、素质，还包括做某事需要的解决问题的能力，所需要具备的知识，以及身体素质、心理素质等。以摄影为例，自学摄影需要具备能解决摄影器材的问题、拍摄的问题、后期处理问题的能力。如果喜欢人文摄影，还要具备心理素质等，当你在两米之内拿着镜头对着陌生人按快门时，能够坦然面对他人对你的质疑。如果是风光摄影，还需要有背摄影器材负重跋山涉水的身体素质。

价值，广义上指对社会有价值、能产生影响的事，狭义上可以理解为以此为主要谋生手段的职业、工作，有人付费从而获得收益。好的人文摄影作品，能给人以启迪和深思，反思社会现象，促使人们关注社会问题，从而对社会产生影响。

愿望和能力相重叠，是自己想做的，也是自己能做的，但不是该做的（不能创造价值）这部分，称之为“业余爱好”。例如你想做一个摄影师，也具备摄影能力，但这不是你的职业（以此为生），仅仅靠摄影的收入无法维持生活。

能力和价值相重叠，做的事能产生价值（有收入），但不是想做的事情（不是兴趣所在），这只是一份谋生的职业，称之为“一份让人不开心的工作”。例如你想做一个流行歌手，你热爱音乐，但是你的职业是大客户销售，想必工作很难让你开心。

愿望和价值相重叠，想做的事情也有价值，但没有做想做的事情的能力，称之为“空想”。例如你想做一个摄影师，然后找一份摄影师的工作，但是没有摄影天赋也不愿意克服困难学习摄影，这只能是空想。

愿望、能力、价值相重叠的部分，是想做的事情、能做的事情、该做的事情三者的共同部分，称之为“长久的志向”或者是“自我驱动的工作”。例如你想做一个作家，有写作天赋也具备写作能力，同时写作也是你的职业（能维持生计），写的作品能引人深思、有一定的社会影响。

只有当三者重叠的时候，一个人才能获得足够多的幸福感。

重叠的部分，是你的志向。

如何才能明确志向

确定志向的阻碍		
能力 认知不足	价值 判断原则	兴趣 太泛

图 2-2　确定志向的阻碍因素

但立志不容易，有许多阻碍因素。

首先是对自己的能力认知不足，不清楚自己的优势和劣势，对自身知识掌握程度、能力水平、素质基础没有明确清晰的概念。

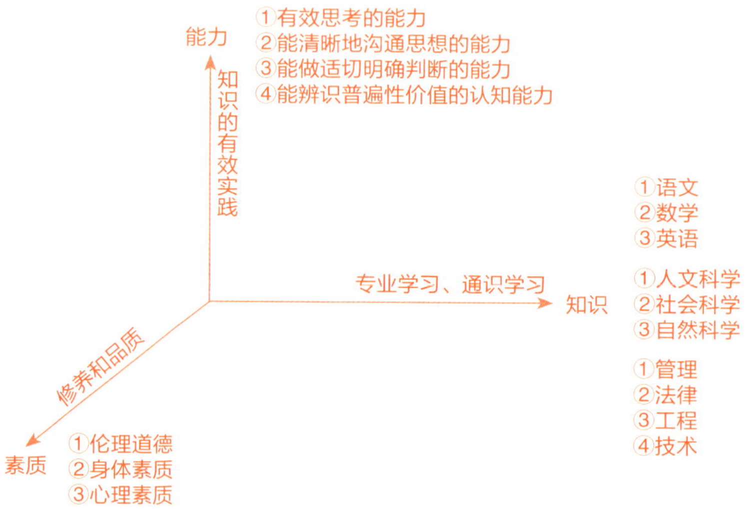

图 2-3　能力模型

知识分为通识和专业知识，包括基础技能、核心知识、专业知识。核心知识包括人文科学知识、社会科学知识、自然科学知识。

能力是在知识的基础上进行实践得来的，包括有效思考能力、清晰沟通思想的能力、能做明确判断的能力、能辨识普遍价值的认知能力等。

素质包括身体素质、伦理道德和心理素质。

其次是缺乏价值判断原则。你可以试着问自己如下几个问题，看看自己是否有明确的答案（可以把自己的答案写下来）。

1. 什么是“好”与“坏”？

2. 什么是“善”与“恶”？

3. 什么是“公平”与“不公平”？

4. 什么是“正义”与“非正义”？

5. 利己更重要还是利他更重要?

图 2-4　价值判断原则

有人说，价值判断的标准随各自文化的不同而不同。如果文化认为这种行为是错的，那么就是错的（描述性的相对主义）。

有人说，价值判断和道德判断的标准都取决于个人的信念。如果个体自己认为这种行为是错的，那么就是错的（个体相对主义）。

以上两种判断标准被称为“主观主义”，在这些主义中，对或错完全取决于一个人（一个主体）或一个文化（一群主体）的信念。

有人说，人在一切有意识的行为中都把自己的利益看得高于一切（描述性的利己主义）。

有人说，人在一切有意识的行为中应当把自己的利益看得高于一切（规范性的利己主义）。

这两种判断都属于利己主义。

有人说，人所渴求的归根结底是快乐（心理学的快乐主义）。

有人说，人应当追求快乐而非别的东西（伦理学的快乐主义）。

这两种都归属于快乐主义。

伦理学的快乐主义有两种，一种是利己主义伦理学的快乐主义，主张人应当把追求自身的快乐放在第一位。另一种是普遍主义伦理学的快乐主义，也称为“功利主义”，主张人应当首先追求大多数人的快乐的最大化。

一个人应当过什么样的生活？

西方道德哲学家们的思想，综合起来都包含在以下五种框架里。

1. 神意伦理学：我该做什么？这需要听从上帝（或神、佛）。奥古斯丁是典型代表。

2. 效果论：我该做什么？取决于何种行为的效果最令人满意。伊壁鸠鲁主义、斯多葛主义以及功利主义都是此类。

3. 义务伦理学：我该做什么？这由我承担的道德义务决定（与行为的后果无关）。康德是典型代表。

4. 德行伦理学：我该做什么？应该像一个有德者那样去行动，我该成为怎样的人决定了我的行为。代表人物有柏拉图和亚里士多德。

5. 相对主义：我该做什么？这取决于我所处的文化或社会。

你赞同以上哪种道德判断标准？

什么是“好”与“坏”对于个人而言似乎是个非常简单的问题，但是对于哲学家们而言，是一个非常复杂、值得探讨的问题，是一个关于“生存权”的问题。

人类一直以来都是吃肉的，从最初的狩猎到后来的饲养家禽和牲畜。如果说人必须要吃肉才能存活，这个理由不能成立。狮子、老虎、豹子等动物也吃肉，它们不吃肉会死。但是人类不吃肉不会死，人可以选择吃或不吃，这个“可以选择”是人和狮子等肉食动物之间的区别。

人类比动物聪明，可以改造自然，有精密的书面和口头语言体系，具有理性和知性。所以古代和近代的哲学家都说，因为人类有理性而动物没有，人类有价值而动物没有，所以我们可以吃动物。

照这么说，假设有外星人来到地球，按照科技发展理论，外星人先找到我们，说明外星人的科技文明比我们更发达，智力比我们更高。外星人就可以吃地球人了吗？包括你我在内的地球人恐怕不会认同这个理论。

一个人吃狗肉可能是因为狗肉带来的美味的感觉，相比之下，狗的感受不那么重要。但如果这个人所在的区域文化社会道德舆论倾向于保护狗类，当地的狗肉馆就没法开下去，吃的人也会越来越少（受制于社会道德）。

究竟要不要改变吃肉的习惯，取决于你对自我的理解（自己的道德标准）。

兴趣不够持久也是原因。儿童时期想当消防员、科学家、医生、警察、教师等，是因为孩子们喜欢看动画片，这些职业是动画片里常有的正面角色，也是宣传教育的结果。如果大多数动画片里的主角换成程序员，想来也会成为孩子们的理想之一。

年轻人心性未定，容易受到外界舆论和媒体宣传影响，什么专业容易就业就学什么专业，什么职业收入高就去做什么职业。

有人对文科有兴趣，但选择了理科，当个程序员不愁工作，薪水也不少。真正进入这个行业，才发现自己对算法和数据结构怎么这么难。这时候怎么办？换一份工作代价太高，也不是想换就能换。

要么想办法寻找当前工作的乐趣，要么想办法培养自己想做的事的能力，等到自己具备想做的事的能力以后再换。

影响兴趣稳定性的因素有知识储备、实践难度、好奇心等。

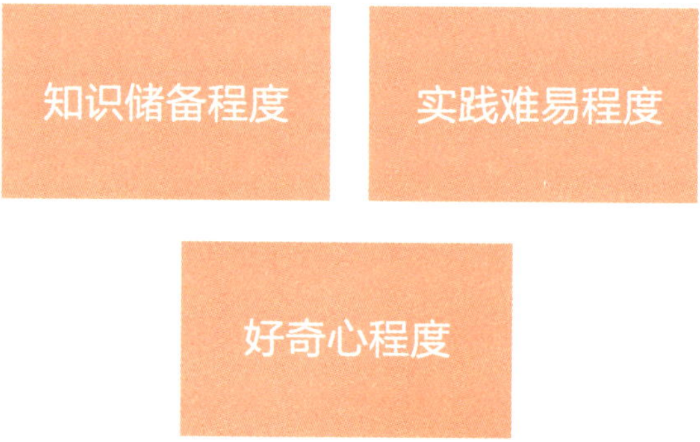

图 2-5　影响兴趣稳定性的因素

有些领域由于知识储备不足，对事物的了解不够深入，做起来才发现想象和实际有很大出入。每个专业领域都有庞大的知识体系，也是业余爱好者和专业人士之间的差距。

有些领域，实践后发现有一定的难度，需要大量长期训练，从而导致放弃。看民谣歌手拨弄吉他，指尖轻弹，流出动听的音乐不禁心驰神往，等自己拿起吉他弹起来，平时灵活的手指怎么都不听使唤。

而好奇心不足也会导致在入门阶段就停止探索，从而放弃。我在少年时期对宇宙充满好奇，所以这么多年一直喜欢阅读物理学科普书籍，从经典物理学到量子物理学，虽然遇到许多阅读障碍，但因为一直有兴趣，读不懂专业名词就查资料，看不懂公式就补习数学。虽然毫无建树，但是学过的物理学知识和理论，对我在理解事物本质的抽象层面有了很大帮助。

年轻的时候，对于世界的复杂度认知不足，容易把事情想象得过于简单和理想化。我的建议是，尽可能在短时间内多尝试一些不同的领域，找到自己真正的兴趣所在。

所以要明确自己的志向，需要有合适的知识储备，对事物的了解要足够清楚，并且对自己的认知要足够清楚。既要明白自己有几斤几两（能力和意愿），也要了解要做的事情（难度和价值）。

如果你想成为一个具有社会影响力的人文摄影师，你需要先了解人文摄影艺术的发展史（不同时期社会关注的现象和问题发展的过程），还要对社会现象具备从道德伦理角度进行批判的能力，这需要你对社会学、哲学伦理、人性都有一定的了解（需要花时间学习）。同时你也需要具备优秀的身体素质（能扛得起器材，有足够的体力走遍大街小巷），还需要具备过硬的心理素质（克服心中的恐惧，面对他人的指责要有足够的适应性和接受度，能忍受孤独和他人的不理解）。最后，你要知道，做人文摄影纯粹从经济利益上衡量，很可能入不敷出，但是具备社会影响力，思考这是否符合你的价值观（你认为什么才是有价值的判断原则）。

等你对这些问题都有肯定的答案，立刻去做吧。

我有位挚友，在互联网大厂里拿到股票期权实现财务自由，他曾经对我说，你的兴趣爱好应该能够帮助你实现价值（变现）。我回忆此前虚度的岁月，告诉他，我似乎对金钱的欲望没有那么强烈。他哈哈大笑说，那是因为你没有体会过有钱人的快乐。我后来思考什么是“有钱人的快乐”，得出结论是，也许是拥有更多的选择权。但这只是想象，不是实际获得，算不上真知。

达成志向的三种动力

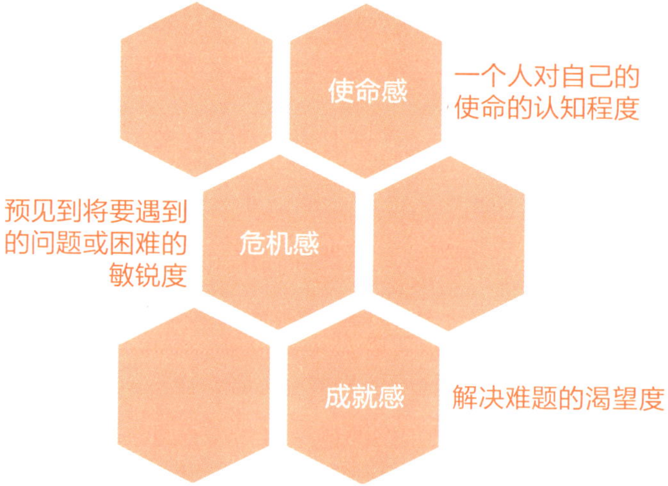

图 2-6　自我驱动力三大来源

能成为志向的事情，都不容易做到。需要自我驱动，而不仅仅靠外部驱动（力量有限、有效期短）。自我驱动的来源有使命感、危机感、成就感。

使命感，指一个人对自己的使命（志向）的认识程度。作为一个人文摄影师，你对改变社会某些不公平、不道德的现象意愿有多强烈，就能投入多少时间和精力用于学习和实践。缺少使命感的人，缺少内在激情与动力。

1997 年，有一个叫张小龙的程序员希望“人们使用电子邮件变得更容易”，在这个使命的驱动下，一个人编写了几万行代码，凭一己之力开发了邮件服务端和客户端，免费把软件提供给所有人使用。为了更好地改进软件，他辞职全身心地投入到软件优化工作中，成为一个自由职业者，一做就是 4 年。这个免费软件名字是“Foxmail”。

据说当时金山软件公司曾向张小龙询价，张小龙报价 15 万元。但金山的谈判人员认为自己人也能开发同样的软件，因而放弃购买。这就和腾讯公司当年因为用户量太大没钱买服务器，想以 100 万元卖掉 QQ 时，那些互联网大厂认为自己也能做，因此没有买下的情景何其相似。采访过张小龙的记者曾把他称为“饿着肚子写程序的极客”。当时张小龙钟意杂志上的某款越野车，结果被朋友认为不现实。

2000 年，互联网公司博大出资 1200 万连软件带人一起买下，张小龙开着越野车去了西藏。2005 年，博大冲击纳斯达克失败，把张小龙和 Foxmail 打包卖给腾讯。张小龙把腾讯的体验很差的 QQ 邮箱推倒重做，2008 年，QQ 邮箱被评为腾讯七星级产品，2010 年末，张小龙带着十多人的团队研发微信，微信则是由新 QQ 邮箱演变而来，从此开始“产品经理之神”的封神之路。

我有段时间是以编程为生的自由职业者，体会过程序员的孤独感和遇到问题时的困难无助。驱动我在每个深夜调试代码，解决一个个顽固问题的动力，来自我希望做的软件能“让人们的工作变得更简单”这样的使命感。

危机感，指一个人预见到将要发生的问题或困难的敏锐度，想问题能想多远和多深。范仲淹说“生于忧患，死于安乐”，意思是说，忧愁和患难的处境让人奋斗，从而增加生存的机会；而贪图享受、只图眼前利益容易使人懈怠，从而被社会淘汰。

危机感来源于社会竞争，来源于个体的自我认知。即使是普通员工，也要有危机意识。“35 岁中年危机”让很多人感受到焦虑，但如果仅让自己焦虑，于事无补，不妨把焦虑转变成行动，让自己从“被选择”变成“主动选择”。

古人云：“居安思危，思者有备，有备无患。”如果生活过于安逸，可能需要警惕。工作中没有出现任何问题，也要小心，看不见问题不代表问题不存在，可能是因为能力不足所以没有看出来。

成就感，指一个人对解决问题（挑战）的渴望度以及在问题解决后的心理感受。做“正确的事情”往往需要克服很多的困难，挑战很大，甚至可能需要你付出一生的时间去实践。在这个过程中，任何阶段性的成就对你都是一种鼓舞和驱动。成就感的多少和你面对的挑战难度成正比。

成就感是一种更高级、更持久的快乐。如果缺乏成就感，人会对自己产生负面评价，对自己所做的事情失去兴趣和动力，产生厌倦。如果你的工作让你没有成就感，你需要反思是工作本身的原因还是自身的原因。

如果工作不具备挑战性，试试挑战更有难度的工作。

怎样知道自己要什么

价值观是基于人的一定的思维感官之上而做出的认知、理解、判断或抉择，也就是人认定事物、辩定是非的一种思维或取向，从而体现出人、事、物一定的价值或作用，价值观量表是用来测量人的价值观的量表。

1943 年，美国心理学家马斯洛提出人类需求层次理论。马斯洛认为人的需要由生理的需要、安全的需要、归属与爱的需要、尊重的需要、自我实现的需要五个等级构成。该理论成为研究人类价值观的基础。

马斯洛的需求层次理论众所皆知，但谢洛姆·施瓦茨的价值观量表则鲜有人知。

1992 年，美国社会心理学家施瓦茨提出价值观量表是目前最被广泛认可的现代价值观分类法。

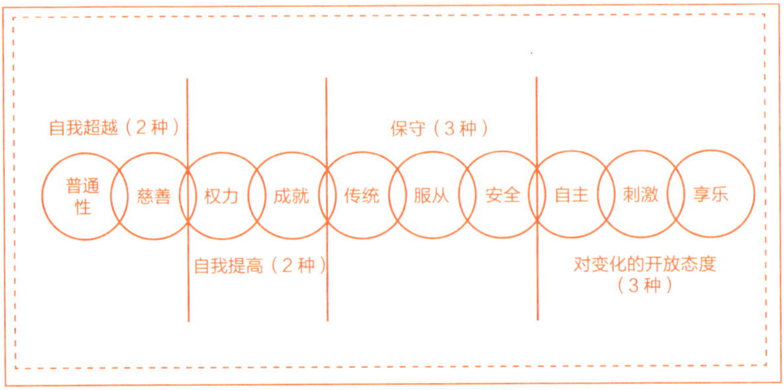

图 2-7　谢洛姆·施瓦茨价值观量表

施瓦茨的价值观量表试图帮你找到“对你而言什么最重要”这类问题的答案。

维度	动机类型	对个体而言
自我超越（1）	普通性	保护环境、关心自然、节约资源很重要，例如：社会公正、心胸开阔、世界和平、智慧、美好的世界、与自然和谐一体、保护环境、公平。也称为“大同主义”。
自我超越（2）	慈　善	帮助周围的人，维护和提高那些自己熟识的人们的福利。例如：帮助、原谅、忠诚、诚实、真诚的友谊。
自我提高（1）	权　力	获得社会地位与声望、对他人以及资源的控制和统治。富有，拥有很多金钱和权力很重要。例如：社会权力、财富、权威等。
自我提高（2）	成　就	根据社会的标准，通过实际的竞争所获得的个人成功很重要。例如：成功的、有能力的、有抱负的、有影响力的等。
保守（1）	传　统	尊重、赞成和接受文化或宗教的习俗和理念，举止得体，避免别人指点很重要。例如：接受命运的安排、奉献、尊重传统、谦卑、节制等。
保守（2）	服　从	对行为、喜好和伤害他人或违背社会期望的倾向加以限制很重要。例如：服从、自律、礼貌、给父母和他人带来荣耀。
保守（3）	安　全	安全、和谐、社会的稳定、关系的稳定和自我稳定很重要。例如：家庭安全、国家安全，社会秩序、清洁、互惠互利等。
对变化的开放性态度（1）	自　主	思想和行为的独立，按自己的方式做事很重要，选择、创造、探索。例如：创造性、好奇、自由、独立、选择自己的目标。
对变化的开放性态度（2）	刺　激	生活中的激动人心、新奇的和具有挑战性的事很重要。例如：拥有冒险、变化的和刺激的生活。
对变化的开放性态度（3）	享　乐	个人的快乐或感官上的满足很重要。例如：愉快、享受生活等。

图 2-8　李克特量表

测评工具通常会运用李克特量表，量表一般由一系列问题组成，每个问题的答案都包含“非常同意”“同意”“不确定”“不同意”“非常不同意”五个选项，并依次被相应地记为 5、4、3、2、1 分。每个测量者的总分就是他对各问题的回答的总分。这就使得对概念的研究变成了量化研究。这种每个问题项下有 5 个选项的量表被称为“5 级量表”，李克特量表也有 6 级和 7 级设计。如果你有做过测评或者问卷调查，实际上已经接触过李克特量表。

测量方法：分数为该动机类型的量表平均分，互联网上有很多施瓦茨价值观量表的在线测量工具，本书限于篇幅省略该量表，有兴趣的读者可以自行搜索或者自己设计测量表。先对整体的价值观全部浏览一遍，再对每个动机类型进行 1~5 分打分，最高分的一项则是自己的价值观倾向。

如下表格以“自我超越（1）”为维度，举例说明如何通过李克特量表来测量每个维度的平均分，最高的平均分所在的动机类型，则是测量者的价值观取向。

维度	动机类型	问题	非常不同意（1分）	不同意（2分）	不确定（3分）	同意（4分）	非常同意（5分）	得分	平均分
自我超越（1）	普遍性	社会公正很重要，消灭一切不平等				√		4	4.25
		世界和平很重要，反对一切战争					√	5	
		爱护环境，不浪费资源很重要				√		4	
		关心自然，保护动物很重要				√		4	

图 2-9 “自我超越（1）”的李克特量表

（以下测量结果不代表作者的价值观，仅用于示例）

每种动机类型的测量得分如下：

自我超越（1）：更公正的世界，4.25 分。

自我超越（2）：帮助他人，5 分。

自我提高（1）：获得社会地位，4 分。

自我提高（2）：成为有影响力的人，3 分。

保守（1）：我认为尊重传统会更重要，2 分。

保守（2）：希望给父母和他人带来荣耀，3 分。

保守（3）：稳定胜过一切，3 分。

对变化的开放态度（1）：具备创造性，4 分。

对变化的开放态度（2）：生活需要充满挑战性，3 分。

对变化的开放态度（3）：享乐很重要，2 分。

最高分 4.25 分是“自我超越（1）”维度的“普通性”动机类型价值观，代表测量者的价值观取向。

你是否对自己想要什么更清晰和明确了？

人不应盲从他人而做出选择，倾听内心的声音，知道什么才是对自己最重要的事。尽早确立志向，可以让我们少走 80% 的弯路。

立志的障碍，在于人们对自己知识与能力的认知、对事物的认知，以及价值观的判断原则。

注：网络上有根据施瓦茨价值观量表做的在线测试工具，可以用这个工具发现自己的价值观取向。

你适合做一个创业者吗

曾几何时，创业一度成为人们津津乐道的话题，公众号上总少不了那些创业成功的励志故事。

“何以解忧，唯有暴富”，这句话对当代年轻人而言，比“三人行必有我师”还要深入人心。面对高不可攀的房价以及隐形的消费主义，让自己变得更有钱成为多数人的目标。怎样让自己暴富呢？摆脱上班族的身份，加入创业大军中去。

先不谈论创业成功率有多小，我经常思考这样的问题：什么样的人适合做创业者呢？

曾任清华大学经济管理学院院长的钱颖一说，好的企业管理者未必是好的创业者，也不一定具备企业家精神。

企业家精神的根本特征是企业家的创造力，包括：

A：创造性精神（想什么）

B：创造性思维（怎么想）

C：创造性能力（怎么做）

创造性精神是一种心态，是一种自我驱动力，表现在“想什么”上。有创造性精神的人永不满足现状，有与众不同的渴望，总想着改变这个世界。而一般人创业就是开个公司赚钱。

有创造性精神的人首先想的不是开公司，而是思考与众不同的使命是什么，需要解决的新问题是什么。

他们有的人想的是显而易见但从来没有人愿意去想的问题，例如为什么只能打出租车而不是别的车，为什么买菜一定要去菜场或超市买这样的问题。还有人想的是那些看起来太遥远、短期内几乎不可能实现的问题，例如把人类送上火星。

创造性思维不是普通的思考，而是一种超越现有框架的思考。表现在“怎么想”上。普通人面对问题时会怎么想，创造性思维则不同于普通人的常规思维，类似于打破常规、逆向思维、反直觉思维。

创造性能力是指能把创新的事干成的能力，包括把创造性思维转换为行动时必须掌握的方法，例如面对失败的能力、不断学习的能力、调整自己的能力。

只有想法不足以成事，还需要把事情做成的能力。创业是一种高风险、低成功概率的事情。所以你要具备面对失败的心态，能够从失败中学习。

钱颖一所说的创造性精神，本质上也是一种创业者心智模型：

创业者心智模型 =f［自我驱动力（创造性精神、乐观心态）、知识（从创业失败中学习的知识）、能力（学习、反思和调整、创造性思维、将想法转变为行动）］

创业者要找到自己的使命。如果仅仅为了赚钱，叫“做生意”；首先想解决某个能带来变革的问题，叫“做事业”。一家创业成功的公司的使命，首先是从创始人个人的使命转变而来的。这也是我一直强调的，一个人要知道自己的人生意义所在。

解决变革性问题的能力，也称为“领导力”。

领导力与综合能力

“领导力”的概念，虽然属于企业管理领域，但依然可以借鉴“有效理论”的标准来进行剖析。

“领导力”是舶来词，中文翻译的“领导”让人将“管理”“上级”联系起来。究竟什么是“领导”呢？包子铺的老板是领导吗？商会的会长是领导吗？企业的主管和经理是领导吗？创业公司的CEO是领导吗？美国的州长是领导吗？亚马逊的贝索斯是领导吗？啦啦队的队长是领导吗？你是自己的领导吗？

图书市场有很多关于“领导力”的书籍，商学院和大学也都有相关课程。所有的领导力理论都不可避免会提到“目标制定”“影响力”“有效激励”“决策”“沟通”“使命”等。这些理论对于“管理”和“领导”的区分都进行了研究。

哪一种理论更有效，也没有定论，社会科学在理论的有效性上，远不如自然科学。

或者换个角度来看，把“领导力”分成经典领导力、狭义领导力、广义领导力。类似物理学的理论，都在不同尺度下有效。

类似于物理学家们相信“一个终极理论应该简洁、优雅，没有多余的参数和假设，能够适同尺度”，我认为终极“领导力”理论，应该能够同时应用到个体和群体上，无论规模大小，在表现形式上都应该足够简洁和优雅。

如果管理学的学者们经过上百年还给不出这样的理论，有可能说明“领导力”是一种个人“带领自己或者他人解决没有现成答案的问题”的综合能力的另一种表征。

什么样的人最需要这种能力呢？

不仅仅是创业者，每个人都需要学习和训练这种能力。

03

打造个人差异化优势

人们现在所处的时代，获取知识的渠道越来越多，信息差越来越少，竞争越来越白热化。为什么大家总说“难”，原因就在于严重的同质化。你需要和他人有所不同，打造个人的差异化优势。

苏格拉底认为，“知识”和“德行”同等重要（这个“知识”指的是“高阶的知识”）。人类对于世界的认知都是通过“自身”“自己”来认识，要真正理解世界的本质，首先需要认识你自己。

回忆一下自己去求职，面试官让你介绍自己的时候，是不是有点不知从何谈起的感觉呢？这说明我们大部分时间和兴趣都花在了对外部的探索上，了解他人，了解世界，唯独不了解自己。

认知自我的思维框架

你是否有如下症状之一：

1. 感觉无法面对时代变化，对不确定性心存恐惧。

2. 不清楚自己将来从事什么行业和职业会比较好。

3. 很长时间生活状态没有改变，没有什么提升。

4. 经常感觉到无聊，不知道做什么才好。

5. 工作上遇到天花板，不知道怎样突破。

6. 没有方向感，经常迷茫。

7. 不想做上班族。

如果你有上述症状之一，建议往下阅读，深入剖析自己。

要想解决这些问题，需要认清自己。

下图是用于“认清自我”的思维框架。

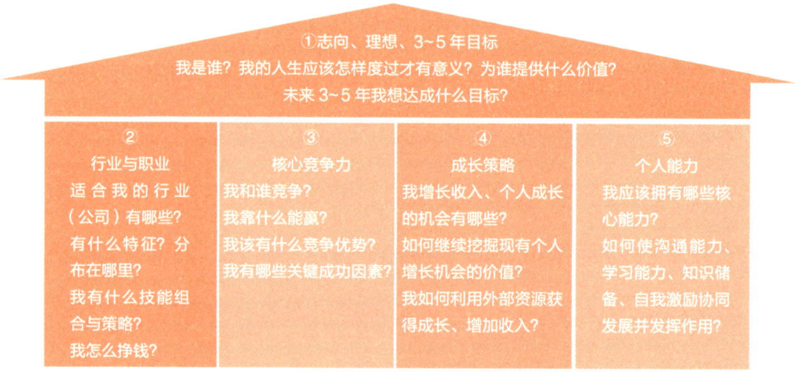

图 3-1 “认清自我”的思维框架

明确志向、理想、3 ~ 5 年目标

1. 我的人生要怎样度过才有意义？

单纯地谈“人生有什么意义”是一件没有意义的事情。但是“如何让我的人生过程变得有意义”是一个有意义的问题。

多数人没有想过这样的问题，可能因为“意义”一词过于抽象，也可能是认为“活着就好”。

小时候我们都有远大理想，消防员、警察、医生、军人、教师这些职业是幼儿园小朋友的理想。这些职业都能救人、帮助他人，让小朋友为之神往。

很多人在年轻的时候甚至有过“改变世界”这样的疯狂想法，但在遭到社会的打击之下，残酷的现实让人们早已忘记雄心壮志。有一份稳定的工作，有一个幸福的家庭，每年能出门旅行两次，成为多数人的追求。

我问过年轻同事一个问题：“你的人生要怎样度过才有意义？”大部分回答是：“赚很多钱，然后过上好生活。”好生活可能包括“环游世界”“不用上班”“住大房子、开豪车”。

我接着追问：

“要多少钱才算有钱？”

“假设你有 10 亿美元以后你会做什么？”

“等你走遍世界、好吃好喝好玩的都享受过之后呢？”

这些问题很多人都没有想过。只想着要有很多钱，要财务自由，这些问题是有钱后再思考的问题。

如果志向只是为了赚很多钱，意味着“赚钱”是自己的目标，是自己的人生意义，是决定自己快乐与否的标准，在没有达到目标之前，自己的人生会过得很艰难。

虽然“赚钱”是自己的人生目标，但是赚钱的途径有很多，多到成千上万种。人生像是一个巨大的迷宫，时刻要做选择，当你在一个有多种选择的路口的时候，就会知道什么是选择的痛苦。

你很有可能在穿越迷宫的过程中走进死胡同，不得不原路返回出发的路口，再次进行选择。如果运气好，可能多数时候能选择正确的路，早早实现人生目标。但是把自己的命运寄托在虚无缥缈的运气上，是不是对自己太不负责任了？

不是谁都能时时撞大运。

但是如果不以“赚很多钱”这种有无数选择的目标为人生目标，而是选择像“让穷人能够买得起房子”这样清晰的目标，就能让你所有的行动都围绕着这个目标而奋斗，最终克服一切困难，解决社会大问题，赢得尊重，自然也会拥有财富。

财富永远都应该被视为副产品。

如果你没有什么伟大的抱负，只想“老婆孩子热炕头，过平淡的生活”也没有错。如果这是你内心最真实的想法，不会去和别人做比较，过好自己的生活，这样也能获得幸福。

你需要有一个志向。

志向是利他主义，是个人存在的意义，是你存在的价值。

为了帮助你理解这个问题，我帮你做个假设。

假设你认为现在的家长和孩子因为辅导作业这件事从“母慈子孝”闹得“鸡飞狗跳”实在是让你心痛，决心从事教育行业。你的志向就是“让天下没有难写的作业”。

2. 为谁提供什么价值？

商业的基础是市场经济，市场经济的基本行为是交易，交易的本质是价值交换。

满大街都是奶茶店，但是店主为了让奶茶口感更好都会添加糖分，影响健康，正好你喜欢茶，对茶有研究，于是开了一家纯茶饮店，提供一种更健康的传统饮料。关注健康的消费者付钱给你，因为可以获得更健康的饮料，不会因为糖分摄入过多而导致不健康。这是你用泡茶的专业能力和时间与消费者的钱进行了交换。

但是喜欢纯茶饮的消费者中，年轻人只占少数，你很快要面临茶饮店竞争不过隔壁奶茶店的困局。对于年轻人来说，中式茶饮店感觉过于传统，因为茶行业为了更好地卖茶，总是喜欢营销千年传统茶文化，实际上又没有谁能说清楚什么是茶文化。喜欢古色古香的环境，有耐心冲泡一壶茶的年轻人实在是凤毛麟角。

深思熟虑之下，你请了设计师，重新装修店面，花重金打造成咖啡店的风格和布局，唯一不同的是，店里卖的不是咖啡，而是纯茶。收银台后面的墙上写着六大茶类的经典茶，咖啡机则换成了茶壶和炭火。消费者下单之后，店员会现泡一壶茶送到消费者桌上，整个过程方便快捷。

年轻人很快被这种新式纯茶饮模式吸引住，店里的环境和咖啡店一样，许多喜欢“一台电脑一杯咖啡”的消费者开始喜欢上这里，网红们也来打卡，人气越来越旺。你用“舒适的环境 + 方便饮用 + 更健康的茶”和消费者进行了价值交换。

于是你开始开设分店，选址在商业区的咖啡店附近，有三家以上的分店盈利之后，你将其升级为连锁店，制定了品牌战略，设计了招商加盟政策，制定了整套运营流程，包括从原料采购到供应链的品质把控。你创造了一种新的营销模式，茶叶原料厂商、加盟商、更多的员工、消费者都从中受益，你为以上人群提供了价值，因而获得更多回报。

再往后，你开始思考，“整个茶叶行业的痛点是什么”“新式茶饮的未来会有什么样的变化”等一系列问题。中国的茶叶市场“水太深”，让许多对喝茶有兴趣的人望而却步，要么喝不起，要么不知道去哪儿买才能买到放心的茶。

于是你开始尝试在店里放置每一种纯茶饮的茶叶小包装，喜欢某一款茶的顾客可以将干茶带回去自己冲泡。在产品的定价策略上，你采取了成本定价法，将利润控制在10%~20%之间——只有利润空间足够低，才能将许多虎视眈眈的竞争者挡在门外。但是利润又不能太低，否则没法支撑产品研发费用。

这样的做法，无形中让越来越多的年轻消费者开始接触到中国传承千年的健康饮料，这些年轻人入门之后，就会开始自己的品茶之路，于是有更多的群体受益。

你的价值，体现在你为多少人提供了什么样的服务。想清楚你能为谁提供什么价值，自然有人会和你进行价值交换，愿意付钱给你。

3. 我希望未来拥有什么样的生活？我未来会是什么样子？

从进化的角度看，痛苦远比幸福更容易让人获得生存机会。悲伤、恐惧、愤怒、厌恶、羞怯和愧疚都是为了适应和防御；类似于咳嗽、老茧和疼痛，都起着良好的作用。它们也可能是非常有害的，因为它们的作用服从密歇根大学精神病学家内斯所谓的“烟火探测器原理”：错误警报总比没有警报好。

所以，你会发现人生路上以痛苦居多，更需要找到自己认可的幸福。

人需要想清楚自己要什么。如果追求享受，就努力赚钱，成为有钱人，就能获得自己认可的幸福。

想象自己未来过什么样的生活、未来是什么样子，有助于认识自己真心想要的“那部分”，这也是你用来抵抗痛苦的心灵武器。

你可以想象：“在未来，我会是一个受人尊重的企业家，影响着许多人的就业，在某个行业里有不小的影响力。”

你还可以想象：“我的家在市郊的山间别墅，远处有大海，但是因为我的工作很忙，所以每年只有很少的时间住在那里。”

对你想象的未来工作和生活，可以写在纸上或任何地方，尽可能写具体、详细，就仿佛你已经在过着这样的生活。

要知道，这会是你接下来的人生中支持你面对各种挑战的信念。

理想是利己主义，是个人的愿望。

4. 未来 3~5 年内想达成什么目标?

有了志向和理想后，思考一下距离现在不远的未来 3 ~ 5 年内，要达成什么目标。

目标需要深思熟虑，既不能太容易达成，也不能过于不现实。建议选择一些有挑战的目标。

例如：

“3 年内找到 300 个有价值的问题作为研究清单，能够熟练应用批判性思维。”

“3年内自学经济学，达到硕士研究生水平，5年后完成社会学、政治学学习，达到本科生水平。”

“5年内年完成连锁机构布局，在全国范围开通2000家分店。”

目标可以定量，也可以定性，但是一定要有能够衡量是否达成的标准。这些目标一定要围绕着你的志向。

在达成目标的路上，会有很多需要做出选择的时候，这时候，需要明确自己的价值观所在。

什么是善和恶？什么是好与坏？

5. 对于你而言，什么是善与恶？你的价值观是什么？

你崇尚什么（精神和行为）？反对什么（精神和行为）？

善是什么？是做好事吗？

对于一个垂死的罪大恶极的犯人，你是放任不管还是叫医生来抢救？不同的人有不同的判断。

苏格拉底说“善”有两种：一种是哲学的善，一种是群众的善。哲学的善全靠知识，群众的善全靠习惯。只有前一种是可教的，后一种既然不是知识，自然不可教了。他所说的“道德即是知识，知识即是道德”，是针对这种“哲学的善”而言。

如果一个人的知识水平不够高，对于“善”的理解也不同。老一辈的父母认为，给孙子孙女吃好的喝好的，尽可能满足儿孙一切需要就是“善”。有些人会赞同，有些人会反对，认为溺爱不是“善”。

你看，生活中处处都充满了道德判断。如果你对道德哲学没有了解，可能会认为，善和恶的判断是一件简单的事情。

实际上，现实中有很多问题都是两难，如哲学上的“电车难题”，并不容易下结论。

一些小事情的善和恶还好说，但是在大是大非上，就不容易做决定了。

如果你是一家创业公司的CEO，面对左右为难的处境是常有的事：

（1）你的公司急需一大笔钱给上百名员工发工资，有一家公司正在联系你做一笔交易，这笔钱足够你给员工发三个月工资。

（2）做交易的公司想买你的用户数据，而这是你最痛恨的事情。

（3）是选择公司关门，还是选择卖数据？

这样的事情，每天都在上演。

一个人只需真正知道什么是善、什么是恶，他自然永不会被外物所动摇，自然不肯去做内心不许他做的事。

该怎样选择行业与职业

有句话说，选择大于努力，意思是选择比单纯的努力更重要。

每个人都要选择行业与职业，无论是上班族还是创业者，都有自己的职业。想清楚适合自己的行业和职业，可以避免走弯路。

很少有人会一生只做一种职业，并且坚持在一个行业中。即使再坚定的人，也会遇到社会变化太快的情况。许多行业和职业发生了变化，有的消失了，有的没落了。

对于刚毕业的大学生而言，进入一个行业更多是靠道听途说，更何况大部分人的大学专业都不是自己选的。我见过各种专业的学生毕业后有自学计算机的，有学生物学的，有学铁路工程的，有学自动控制的，有学城市规划的。

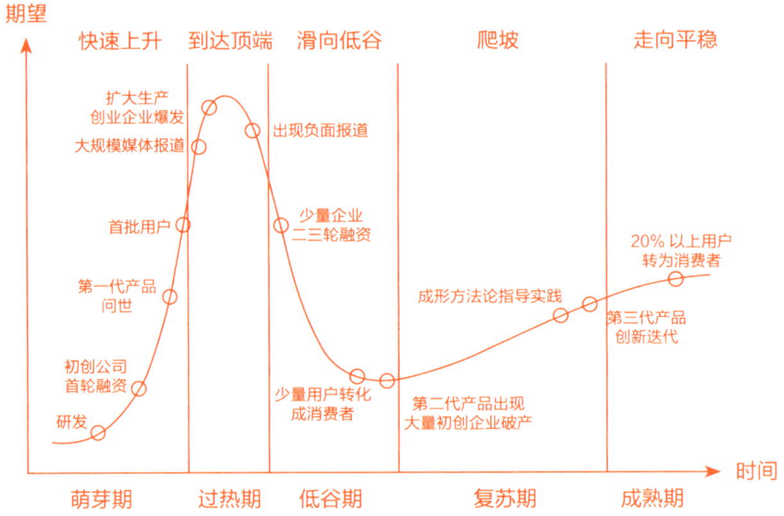

图 3-2　行业发展趋势图

考虑该选择什么行业，一般而言，有几个原则：

1. 选择朝阳行业，也是处于新生期和增长期的行业。行业会经历新生期（萌芽期）、过热期、低谷期、增长期（复苏期）、成熟期、衰退期。

2. 朝阳行业中，选择你感兴趣的行业。

3. 选择和你价值观匹配的行业。

4. 谨慎选择热门行业。

5. 选择一些正在得到大量投资的行业。通常而言，它们代表了未来的发展方向。

6. 看国家把钱花在哪个行业上了，通常可以从 5 年规划中看到。

7. 选择刚需行业。

8. 选择和钱相关的行业。

可以去大的互联网招聘网站上看统计数据，一般都有行业的排行。但是我更建议你去看看风险投资机构偏爱的行业排行榜。

至于如何选择职业，有个简单的办法：你平时花钱最多的地方。如果你喜欢旅行，就去旅游行业；如果你喜欢手办，就去潮玩行业。

大多数人，选择一家公司去上班会比创业更好。如果嫌生活过得过于平淡，体验悲欢离合和人性，不妨试试创业。

如果想创业，下面这张图有助于你理清思路。

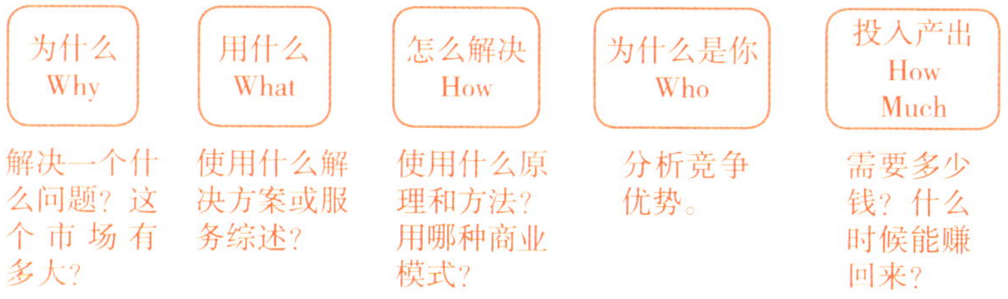

图 3-3 “3W+2H”图

无论你是想创业还是想上班，我建议你都保持“创业”心态来面对。

1. 适合我的行业（公司）有哪些?

前面说过选择行业的原则，选择完行业之后，现在说说选择公司的原则：

（1）大学毕业生，如果遇到选大公司还是小公司的问题，优先选择大公司或独角兽公司。

（2）如果是换工作，选好一个行业，尽量在行业内选择公司。

（3）选行业内前三的公司。

（4）选择符合自己的价值观的公司。

（5）选择能够给自己带来增值（履历镀金、自我成长）的公司。

（6）无论何时，收入都不该是排在首位考虑的要素。

选择一份职业就是选择一种生活方式。如果你不喜欢加班，就不要去互联网公司，不要去创业公司；不喜欢出差和商务交际，就不要选择与销售相关的工作。

选择公司的时候，不妨思考如下问题：

（1）你了解目标企业的组织架构吗?

（2）你了解期望职业的平均晋升周期吗?

（3）这个职业能为你积累哪些职业资源?

（4）目前这份职业的市场稀缺性是怎样的?

（5）职业人脉在哪些环节上可以有效地帮到你?

（6）你应聘的职位算是核心部门吗?

另外，公开渠道上关于某公司的负面舆论，其实不太可信，最可靠的是通过内部员工了解到的情况。

2. 行业有什么特征？分布在哪里？

如果你想从事的行业是跨境电商，做得比较好、比较集中的区域是在华南。如果想做国内电商，杭州聚集的公司可能会更多，因为那边从事电商的人才多。

每个行业都会有聚集效应，可以从网络上获取相关资料。

3. 我怎么赚钱？

赚钱方式可以分为两种，一种是成为上班族；另一种是自己创业，从做生意开始。创业有风险，所以多数人会选择上班。

上班的本质是用自己的时间来换钱，通常说来，收益呈线性增长。如果你所在的公司或行业能够一直存在，你几乎可以算得出来，工作多少年后每个月大概的月薪。

上班是一种确定性较高的选择。创业则是一种风险高、不确定性高的选择。具体选择那条路，要看你自身的能力和性格。

赚钱的方式有很多种，可分为“主动收入”和“被动收入”。

主动收入指的是需要你主动付出才能有的收入，例如在公司上班、做生意，或者是兼职。

被动收入指的是你不需要付出相应的劳动但是依然有的收入，例如股票价值收益、不动产投资收益、版权收入、创业公司上市带来的财富变现等。

关于财务自由的话题向来经久不衰，谁都想财务自由。我对财务自由的定义是，财务自由和具体的数值无关，而是你的被动收入能够比生活开支多一点。

你可以选择成为办公室白领领取月薪，也可以选择成为一名电商卖家赚取利润，但是无论选哪种赚钱方式，都要和自己的志向、理想相结合。

寻找自己的核心竞争力

1. 我和谁竞争?

人是社会性动物，有句话叫作“人在江湖，身不由己”。能够做到与世无争的人要么是精神层面修养太高，要么是已经位列巅峰，不需要去争什么。但是多数人还需要面对各种竞争。

读书时代就和其他同学竞争；年轻人要和其他同性竞争异性的青睐；工作后要和同事竞争；自己创业成为老板后，面临的竞争就更多了。

竞争有不同的层级。

最初级的竞争是和同伴进行竞争，高级一些的是和外部对手竞争，再高级一些的是和未知的对手竞争，最高级的是和时间竞争。

建议你和自己竞争、和时间竞争，而不是和某个具体的人、某类人竞争。只有这样，你才不会有功利心，不会受负面情绪影响。

每天试着思考一个问题：今天比昨天是不是有进步?

2. 我靠什么能赢？我该有什么竞争优势？

要竞争，就要了解自己的竞争优势在哪儿。我把竞争优势分成“多、快、好、省”四个维度。

多：你掌握的技能和能力比别人多。

快：你学习技能和能力的速度比别人快。

好：你的技能和能力水平比别人高。

省：你的技能和能力价格比别人便宜。

普通人掌握其中一个优势，就已经能够脱颖而出；如果能够掌握其中 2 个优势，就能够一骑绝尘；如果能够掌握 3 个优势，那已经是金字塔尖的人物了。

建议你先停下手中的事情，找出纸和笔，认真想想自己现在有哪些优势，怎样提升这些优势。

如果要赢别人，有什么竞争优势？采用“多、快、好、省”组合还是“新、优、廉、快”组合？

这些问题值得深入思考。

明确未来的竞争策略：一体化战略？多元化战略？增强型战略？防御型战略？差异化战略？成本领先战略？聚焦战略？

以一个程序员举例。

（1）一体化战略：有一种程序员叫作“全栈工程师”，特别受公司欢迎，这种程序员掌握了前端开发、后端开发、数据库优化、服务器运维，一个人就可以开发一整套互联网应用软件。

（2）多元化战略：有个程序员，不仅会开发手机 App，还会运营App，做App推广、用户增长，既可以做运营岗位，又可以做开发岗位。

（3）增强型战略：有个程序员，每天完成自己的工作之后有多余的时间，主动接更多有难度的任务，长此以往，在团队里变得越来越重要。

（4）防御性战略：有个程序员，掌握了多种开发语言，但是总感觉深度不够，于是深入研究某个语言Java（放弃了其他语言的学习），研读Java的源代码，通过阅读源代码，学习了设计模式和算法，让自己成为资深的Java语言专家。

（5）差异化战略：有个程序员，发现有些新兴行业很难找到对某种业务精通的程序员，例如电商领域中的私域流量客户关系管理系统（SCRM系统），于是花了很多时间去研究社交工具没有公开的接口，掌握了市面上只有极少数人懂的技术，被一些私域流量的企业重金求贤。

（6）成本领先战略：有个程序员，决定自己出来创业，为小公司提供软件开发服务，但是发现有很多同行竞争，于是决定用最具性价比的价格来为广大客户提供服务。

（7）聚焦战略：有个程序员，也决定出来创业，但是发现有很多同行都提供低价软件开发服务，于是决定只为一小部分客户（细分领域）提供最具性价比的服务。

3. 我有哪些关键的成功因素?

管理学者吉姆·柯林斯引用了一个寓言，衍生了一个自创的名词——刺猬定律。

以狐狸与刺猬的对比来比喻：狐狸非常狡猾，每天想东想西，想尽各种方法不断地尝试要吃掉刺猬。但刺猬一点都不担心害怕，因为不论狐狸有多少方法，它只要遇到狐狸时把全身的刺伸出去，狐狸就无计可施了。

刺猬之所以成功，是因为它只专注一件事，而且这件事是别的动物所无法学到的。

对于个人而言，结合自己的情况，找出自己的独有优势，然后做到极致，就能立于不败之地。

（1）你在哪些方面能达到顶尖的水准？（专长）

（2）你靠做什么来获得收入？（收益）

（3）你对哪种事业充满热情？（志向）

成功因素有很多，可以列举一些，但是你要找出其中关键的那条，并坚定不移地实现。

例如：

每天花200分钟阅读通识书籍并写下1000字左右的学习心得。

每天睡前30分钟思考当天的工作有哪些做得好，哪些做得不好，并记录下来。

刺猬定律　　飞轮效应

图 3-4　刺猬定律与飞轮效应

关键成功因素要符合 SMART 原则：

· 明确（Specific）

不要使用一些抽象的空洞表达。例如，“每天坚持学习”就是一种空洞的表达。这并没有明确说明怎样才能实现这个目标，而“每天花 200 分钟阅读通识书籍并写下 1000 字左右的学习心得”则是清晰、明确的表达。

· 可衡量（Measurable）

成功因素的表述可以被衡量。如果关于某个成功因素你不能立刻想出一两个衡量的指标，这个成功因素十有八九不符合这个标准。这个成功因素应该是可以衡量的。

· 可实现（Attainable）

成功因素应该使活动具备可实现性，即这个评价指标是可实现的。

· 相关（Relevant）

成功因素应该与提升自我相关。其中的“通识”与“心得”有着通用性，意味着能在许多领域内应用。

· 有时限（Time-bound）

关注此时此地的情况，即这个表述对于个人而言具有时限性，是必须完成的工作。

制定个人成长策略

1. 我的收入增长、个人成长机会有哪些?

这一步是思考自己的能力变现途径以及如何实现个人成长。

如果你是一个程序员，想实现收入增长的途径有如下几种：

（1）通过加薪和晋升实现（主动收入）。

（2）通过跳槽来实现（主动收入）。

（3）通过业余时间兼职来实现（主动收入）。

（4）通过知识付费课程来实现（被动收入）。

（5）通过其他理财投资方式来实现（被动收入）。

（6）通过出版编程书籍来实现（被动收入）。

（7）通过出租个人资产来实现，例如出租房屋（被动收入）。

以上方式各有利弊，但总体而言，变现可分为“主动收入”和“被动收入”两种。

“主动收入”指的是你必须付出时间才能换取报酬的一种收入方式，例如工作、兼职等。这种方式的特点是，只要你停止工作，就没有收益。

“被动收入”指的是你不需要付出时间和劳动也能有持续收益的收入方式。例如股票长期投资、创业公司股票上市收益、利用版权获得收益（例如出版书籍、课程等）、利用发明获得收益、利用理财获得收益等。

当你的被动收入能超过你的生活开支，就意味着你财务自由了。你该思考如何让你的被动收入超过主动收入。

个人成长机会，指的是应该用什么样的方式来实现自我成长。例如：

（1）通过付费购买网络课程学习。

（2）通过提升学历来提升自己（例如报考研究生）。

（3）通过工作中主动要求挑战有难度的事情，在实践中获得成长。

（4）通过主动思考，自学某领域知识提升能力。

（5）通过努力进入行业顶尖公司得到提升。

你会发现有许多种提升自己的方式，但是没有最好的方式，只有最适合自己的方式。

2. 我如何利用外部资源获得成长、增加收入？

人们多数时候会聚焦于让自身获得成长，所以不能忽略外部的成长机会。你需要列出自己有哪些外部资源，才能发现机会。

例如：

（1）你的同学和朋友。

（2）你过去的同事和上级。

（3）你的亲戚和家人。

（4）你在社交网络上认识的更厉害的人。

人是社会性动物，现代社会早已不是单打独斗的个人英雄时代。我们不仅仅要看自己，也要看外部。

通常人们理解的“人脉”是认识那些比你能力更强、更有资源的人，这其实是一个误区。那些仅仅是“认识”的贵人，不一定愿意帮你。

反之，尽可能去帮助他人，有朝一日，他人发展得更好，总有人会愿意来帮你。

提升个人核心能力

1. 我需要拥有哪些核心能力？

为了实现你的人生志向和理想，需要拥有哪些核心能力？一个人的能力可做如下分类：

A：知识获取能力（学习、阅读、理解）。

B1：抽象能力（建立模型、洞察本质的能力）。

B2：批判性思维（独立思考、批注、点评与判断能力）。

B3：系统性思维（解决复杂问题）。

B4：推理能力（演绎、归纳等逻辑思维）。

B5：想象力（创新能力）。

B6：定量分析能力（数据分析）。

C：表达能力（沟通、写作、演讲）。

D：情绪管理能力（压力、焦虑、欲望控制）。

A 代表输入，B 代表处理，C 代表输出，D 代表自我控制。你可以对照上面的清单，对自己的能力进行评估。

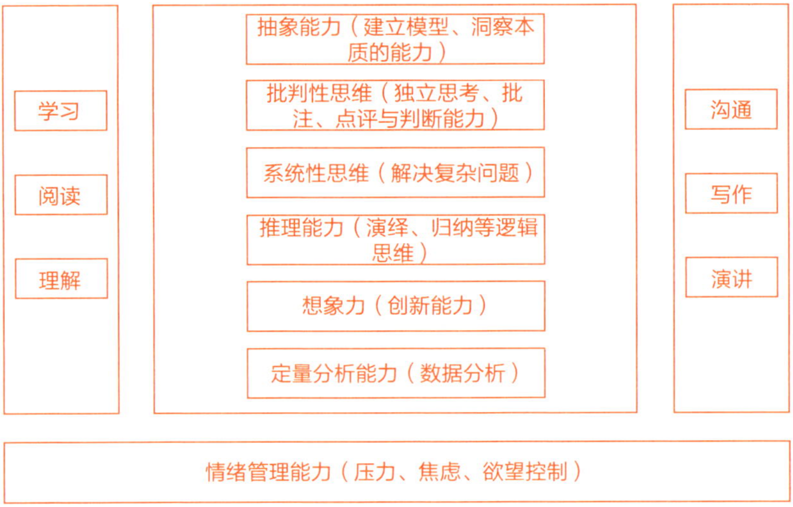

图 3-5　个人核心能力

2. 如何使沟通能力、学习能力、知识储备、自我激励协同发展并发挥作用?

首先，你要准确地知道自己所在的位置。无论你从事什么职业，都会有一个职业的“专业等级”。

假设把等级粗略分为初级、中级、高级、专家四级。每个等级有什么典型特征呢？

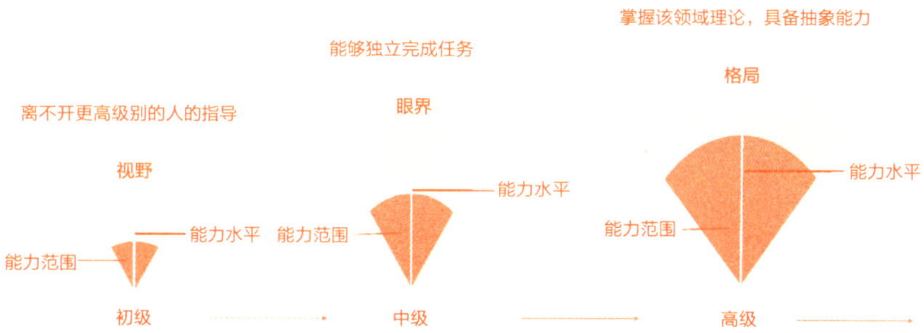

图 3-6　职业的“专业等级”

A：初级，该级别的特点是离不开更高级别的人的指导。

B：中级，该级别的特点是在操作层面上十分娴熟，能够独立完成任务。

C：高级，该级别的特点是掌握该领域理论，具备抽象能力。

D：专家，该级别的特点是具备该领域理论体系化的能力，同时在行业内具备一定影响力，能够创建能被行业认可的新理论。

从低等级到更高的等级，需要掌握哪些知识和能力呢？

其次，你要给自己设定一些原则，明确个人的行为价值观。

行为价值观是你在不知道如何做选择的时候用来帮助你做决定的准则。

例如：

愿意迎接世界性的问题和挑战，不甘平庸。

不浮躁、不急切，愿意脚踏实地。

不断学习、具备洞察力。

或者制作自己的座右铭，时刻提醒自己：挑战不可能、与时间赛跑、不断学习、坚持长期主义。

再次，要学会给自己制定奖励机制。

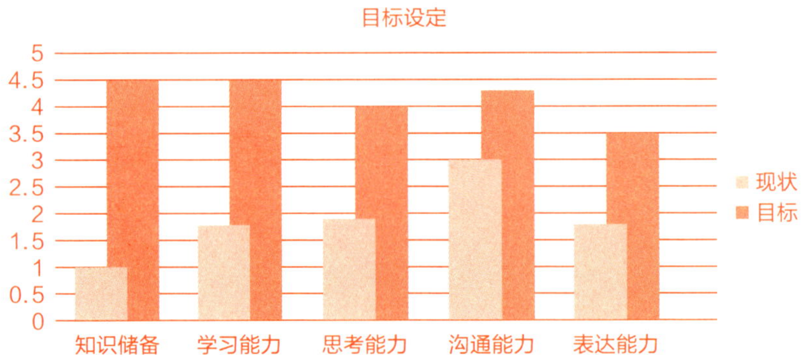

图 3-7　目标设定

奖励机制可以是这样：

（1）制定自己的目标，分别设定门槛值、基准值、挑战值，以及达到目标的奖励。

（2）根据现状和目标制订计划，包括学习计划、收入计划。

（3）每个季度进行回顾，根据差距来调整提升策略。

（4）年终进行目标回顾，给予自己奖励。

最后，坚定不移地执行。

建立个人差异化优势

人类本能地喜欢模仿，这种技能与生俱来，从婴儿时代到成年之前，人类都在模仿身边人的语言、行为、价值判断。“模仿”是初级的学习；高级的学习，立足于“批判”。

既然都是“模仿”，每个人都容易趋同，越来越像。你若想脱颖而出，必须和他人不同，这个“不同”，则是“差异化优势”。

我们现在所处的时代，知识触手可及，获取知识的渠道越来越多，信息越来越透明，信息差越来越少，意味着竞争越来越白热化。为什么大家总说“难”，原因就在于严重的同质化。

你需要和他人有所不同，建立个人的差异化优势。

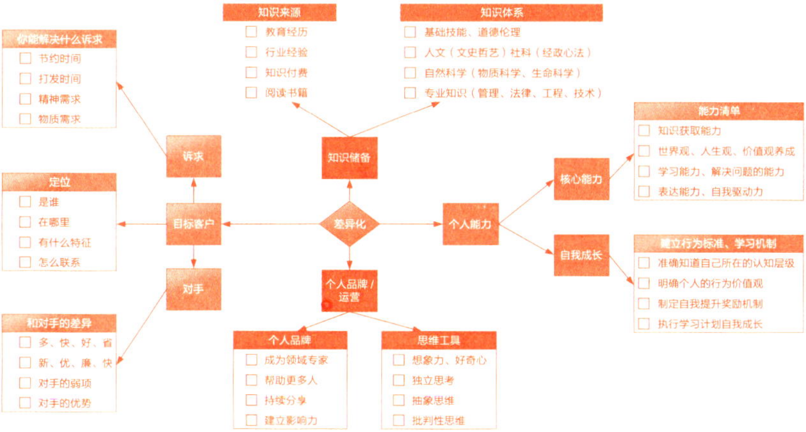

图 3-8　个人差异总览图

上图是个人差异化总览图。

读者可对照这张图，按照目标客户、知识储备、个人能力、个人品牌几个维度，思考在哪一维度具备差异化，再以此为突破口设定目标。建议读者在这个图的基础上，设计适合自己的差异化地图，关注图的逻辑，而不是关注具体内容。

目标客户包括客户定位、诉求和对手。

客户是愿意付钱给你的对象，包括公司或者个体。

对手是你的竞争者。

客户定位：

（1）谁是你的客户？

（2）客户在哪里？

（3）有什么特征？

（4）怎么联系客户？

你能解决什么诉求：

（1）节约时间。

（2）打发时间。

（3）精神需求。

（4）物质需求。

你和对手的差异：

（1）你的对手是谁？

（2）对手有什么优势和弱项？

（3）“多、快、好、省”你有几样？

（4）“新、优、廉、快”你有几样？

知识储备分为知识来源和知识体系。

知识来源包括教育经历、行业经验、知识付费、阅读书籍。

教育经历是起跑线，有的人读了顶尖大学，有的人读了普通大学，有的人没有读过大学。学历有用吗？当然有用，找工作的时候，大企业的HR用学历当作一个过滤器。

HR也认同“不能以学历作为唯一衡量标准”，但是奉行“能读到好大学的人已经经过了层层考验”的想法可以帮助企业减少用人风险、时间成本。

学历普通的人别灰心，至少还可以从剩下三个维度来提升自己。

行业经验是一个人人知道但容易忽略的部分。职业可以有变化，但是行业尽量不要有变化。有句话说“隔行如隔山”，每次换行业，意味着之前的行业经验、人脉资源付之东流。

现实中，很多人的职业没有什么变化，但是不断更换行业。背后的原因可能是，职业的变动成本很高，人们害怕改变。而行业变化相对更容易。哪家公司薪水高，就去哪家。

只有1%的人才会坚持在一个行业深耕。

一个软件开发工程师工作了10年，但是做过四个不同的行业；另一个工作10年的软件开发工程师，换了四家公司，但都是同一个行业。仅仅从工作经历衡量，哪个更值钱？

知识付费适合对知识体系没有概念，不知如何自学的学习者。但是知识付费的问题在于效果好坏难以衡量，课程良莠不齐，花钱不一定有效果，需要自己想清楚：

（1）是不是真的想学习这些课程？

（2）是不是愿意花时间学习？

阅读书籍适合自律且清楚自己要学习什么的人。关于如何选书、阅读技巧的书有很多，这里不再讲，只说几点：

（1）不知道读什么书的时候，选平时没有读过的类型，说不定能发现“新大陆”。

（2）多读点“不实用”的书，文学能通人性，历史使人通达，哲学使人明智。

知识体系包括基础技能、道德伦理、人文社科、自然科学、专业知识。

基础技能在不同的时代有不同的要求。在工业时代，要掌握语文、数学、英语；在互联网时代，在此基础上还要掌握互联网操作；在数字时代，还要掌握数据分析知识。

道德伦理，这里所说的道德伦理并非是人们日常生活中遵循的道德伦理常识和直觉，而是“道德伦理的规范、原理”，属于哲学中伦理学的范畴。伦理学中存在大量的思想实验，通过思想实验（毕竟不能在现实中做伦理实验，这有悖道德伦理）来启发你的思考，让你能够更清晰地判断现实难题。

通过学习伦理学知识，可以知道存在哪些“主义”，例如利己主义、情感主义、功利主义、契约论、相对主义、自由意志，帮助你看清人生意义和生与死的问题。还可以让你从原理层面来剖析各种社会现象。

人文社科包括人文学科和社会科学。为什么不是“人文科学”？是因为这个人文领域不属于“科学”范畴，例如文学、历史、哲学、艺术。

社会科学包括社会学、经济学、心理学、政治学、法理学。

社会学的本质是“关于人与人组成的网络的科学”。能够让人从多元角度来看待社会结构。

经济学研究如何通过市场配置资源，核心在于“市场”。经济学有很多分支，单单列出学科名称就可以写几百字。可以简单分为“传统经济学”和“行为经济学”。行为经济学的特点是实用。行为经济学是当今繁荣发展的一个经济学分支，理查德·塞勒因其在行为经济学中的贡献而获得2017年诺贝尔经济学奖，更将这个领域推向了经济学前沿。行为经济学吸收了心理学和社会学等其他学科的理论和方法，其作为一门交叉学科，对于经济和社会相关的许多领域都有所帮助。

心理学研究人的心理活动过程和原理。心理学有几种不同的观点，分别是生物学的观点、精神分析的观点、行为的观点、认知的观点、现象学派的观点。

如果你不是专业学习心理学，不必从大学教材开始学起。例如弗洛伊德的“精神分析学派”虽然名声大，但是在专业领域，通常只作为心理学史的组成部分供学生了解。

学习心理学，只需要区分该理论是否具有科学性，科学性指的是该理论具备可观察、可测量、可验证的特征。不要被“伪科学”

的心理学书籍误导，里面有大量主观臆测、没有得到科学验证的观点。

目前心理学的主流是“认知心理学”，这是一门交叉学科，集合了认知神经科学、计算机科学、哲学等学科。

政治学研究如何通过权力来配置资源，关注重点通常在于“国家”，关心的不是“权力斗争”，而是“权力的系统”（大到国家，小到公司）。如果你想设计一套公司的权力系统，就需要学习政治学。政治学的重点不在于“意识形态”，而在于重视“因果关系”，解释各种政治现象背后的原因。

法理学研究法律现象中以及法中存在的道理和原理，通过观察“法律现象和法”来看到法的普通根本问题。如果想提升思维演绎能力，推荐学习法理学，这是一门有意思的学科。

自然科学分为物质科学和生命科学。从“科学性”角度来看，属于硬核科学。对哪一个科学领域有兴趣，就从哪个领域开始学习吧。

最后是专业知识，包括管理学、工程、技术、法学、农学、教育学、医学等，和职业有关。

个人能力包括核心能力和自我成长。

核心能力包括：

（1）知识获取能力。

（2）世界观、人生观、价值观养成。

（3）学习能力、解决问题的能力。

（4）表达能力、自我驱动力。

自我成长包括：

（1）明确知道自己所在的认知层级。

（2）明确个人的行为价值观。

（3）制定自我提升奖励机制。

（4）执行学习计划，自我成长。

个人品牌包括品牌建设和思维工具。

什么是个人品牌？是他人对你的认知，对你的信任度。个人品牌对职业生涯、薪资报酬、晋升机会等都会有影响。

父母给孩子取名，只是一个符号。类似于企业的商品注册了商标，称之为“白牌”，和“品牌”还差十万八千里。

有些书讲述如何建立个人品牌，包括如何待人接物、为人处世，涵盖从说话到演讲、从身形到体态的内容，有些流于表面和技巧。“品牌”是个很抽象的概念。有些企业把“品牌建设”理解为“营销、广告”，有些企业理解为“服务”，不一而足。看事物要抓住重点，“品牌”是他人对你的认知，是对你的信任程度。

企业建立品牌，关键是要和客户建立信任关系。个人建立品牌，同样需要让他人信任你。信任你的人越多，信任度越高，个人品牌越有价值，才能真正称为“品牌”。

品牌建设：

（1）成为领域专家。

（2）帮助更多人。

（3）持续分享。

（4）建立影响力。

思维工具：

（1）想象力、好奇心。

（2）独立思考。

（3）抽象思维。

（4）批判性思维。

之所以把思维工具中的这几项单独列出来，是因为这几项能力实在太重要、太稀缺。

个体如果没有“差异化”，就意味着和其他人没有什么不同。

假如你和另一个候选人竞争一个大企业的热门岗位，你们已经列入候选人名单，接下来用人部门会从多方面进行比较，例如学历、行业经验、个人能力、薪资要求等维度。如果都是相同的学历，但是你一直在这个行业里，对方只是具有部分行业经验，用人部门大概率会选择你。帮助你胜出的行业经验就是你的“差异化优势”。

差异化的维度越多，优势越明显。

这份自我提升地图，能系统、全面地帮助你建立自我提升的模型。

04

三大自我驱动力

从物质层面出发的外部驱动力特点是“有效期短”，想要拥有“长期有效”的驱动力，仍然需要从精神层面入手，发掘自我驱动力，包括使命感、危机感、成就感。如果把外部驱动力比喻为化学能量，那么内在驱动力就是核能，这些力量能够帮助人们面对困难和挑战。

什么是使命感

正如纳尔逊·曼德拉所言："生命中有意义的不仅仅是我们活过，我们对他人生活的改变将决定我们生活的意义。"

有一种现象叫作"精神贫困"，和"物质贫困"相对应。

"精神贫困"表现为两类现象：

A：志向缺乏和信念消极（无志）。

B：认知和决策偏差（无为）。

你是"精神贫困者"吗？

使命感是来自宗教学的概念，概念的内涵已经扩充到心理学、管理学、行为学等领域。游戏公司甚至用来制作射击游戏——《使命召唤》；快递公司把"使命必达"放在口号里。

到如今，每一个企业都有自己的使命，写在公司简介中，在员工手册里，在办公区域墙壁上，使命无处不在。

使命感的定义：

A：价值虚拟，或称为"自我感受"，是人赖以活下去，不被巨大的无聊感、空虚感打垮的极其重要的反作用力。

B:“有使命感”最初的意思是“受到某个声音的召唤”。

C:使命将我们的目光从世界万物的中心转向为别人带来美好的方向。

从定义中可以看到,使命感是人所追求的虚拟价值,是人对于“如何有意义地度过自己的人生”问题的答案。

成功的企业创始人,在创办企业之初,第一件事不是去注册公司,想一个公司名字和商标,而是思考,自己怎样为社会群体解决什么样的问题?作为投资人考察创业项目,关心的第一个问题就是“你们做的事情,解决了什么问题”,第二个问题是“你们解决了多少人的问题”,第三个问题是“你们解决的问题有多大”。

一家公司如果没有找到使命(不是贴在墙上的口号),无论规模多大,只能算是“做生意”。找到自己的使命的公司,才能算“做事业”。生意不长久,事业可以长久。

一个人如果没有自己的使命,会经常感觉到无聊和空虚,有许多时间需要打发。多数人不会在这个问题上花时间思考,如果你想与众不同,跳出当前的困境,就需要思考这个问题。

精神分析学派大师荣格问:“到底是什么促使人们走自己的道路,并像走出迷雾一样超越群众的无意识身份呢?不是需求,因为需求太多,而且最后都躲进了常规的避难所。也不是道德抉择,因为十有八九我们也会同样地选择常规。是什么不可动摇地促成了这种与众不同呢?”

是我们说的使命感,它是一种非理性的因素,让人注定要摆脱普通大众和常规老路。真正有人格的人无一例外具有使命感，并像信仰上帝那般对它深信不疑，尽管普通人可能会说它只是一种个人的感觉。

不过，除了少数人在少年时期就有远大的抱负，并且坚定不移，这一类人万里挑一，而多数人浑浑噩噩，直到某天突然醒悟。也许要等书读得多了，真正明白了一些道理，才能找到使命。

没有使命感，也没有关系。只要甘于做个普通人，不去和他人比较，也同样能够拥有幸福。不甘做普通人，又不愿意付出努力，必然会陷入焦虑和各种负面情绪之中。

工作的三个层次

积极心理学家马丁·塞利格曼认为工作有三个阶梯，即工作、职业和事业。

工作是为了获得薪水，是养家糊口的手段。

职业表示对工作有更多的投入，“你不仅通过金钱来显示你的成就，也通过升迁来彰显成功”。

事业表明你对工作充满热情，有使命感，工作本身就能带来满足感，与薪水或升迁无关。

多数人把上班当成工作，每个月最期盼发薪水的日子，有了薪水就能交房租、还房贷、还信用卡，再和朋友吃顿饭、喝杯酒。

正因为工作只是为了养家糊口，所以在工作选择上有很大余地，由此导致经常换工作，工作没有连续性，今天做电商行业，明天可以做教育行业，后天可以做健康行业。这也是大部分人只能靠工作年限来熬资历的原因，因为没有行业的连续积累。通常这类人都处于公司底层。

少部分人把工作当成职业，在工作中获得加薪升职，加薪升职反过来又促进了工作积极性。这类人会尽量不换行业（除非行业已经是明日黄花），在公司居中位，属于中高层管理者。

只有极少数人才会把工作当成事业，正如前面所说，工作的薪水和升迁已经不会影响到他们的工作热情，反而因此能够获得更快的升迁，获得更多的薪水。优秀的人会认为，薪水和升迁都是副产品。这类人在公司居高位。

为什么会缺乏使命感

缺乏使命感的原因：

A：教育的因素。

B：社会的因素。

学校教育有多少和培养使命感有关的内容？

中小学教学是分学科进行的。学科教学的重心是在学科还是在人？是关注学科还是关注人？这反映了两种不同的教育价值观。过分关注学科，过分强调学科的独立性和重要性，是学科本位论的反映。

在工业时代的大学教育中，标准化可以高效培养“工具人”。“工具人”在21世纪被上班族自嘲为“打工人”。

爱因斯坦曾说："用专业知识教育人是不够的，通过专业教育，他可以成为一台有用的机器，但不能成为一个和谐发展的人。他必须对美、对真、对善有鲜明的辨别力。否则，他连同他的专业知识就更像一只受过训练的狗，而不像一个和谐发展的人。"

为此他强调指出："无论是教堂还是学校，在它们行使其真正的功能的限度内都是为了使人变得崇高。"

社会贫富差距过大，贫困者会更容易感觉自己努力带来的收益微乎其微，期望和现实的差距进一步拉大，也进一步降低了自己的进取心。

当一个年轻人忙碌一天之后，拖着疲惫的身躯在深夜赶最后一班地铁回到出租屋的时候，还能手捧《经济学原理》或者是《人类不平等的起源》进行学习和自我提升吗？

这时候刷一下手机，放松绷紧的神经，才是最优选择。长久的贫困状态可能导致贫困者产生习得性无助，变得习惯于麻木而缺少脱贫动力。成为一个"精神贫困者"，还不如成为一个"物质贫困者"。

高企的房价打消了年轻人的奋斗欲望，定居成为一个可望而不可即的梦。人们内心的声音被遵循常规惯例的群体的声音所取代，使命感也随之被集体的需要所取代。

自媒体人都明白这一点。绝望的年轻人最喜欢的是那些能够刺激痛处的热点文章、八卦和娱乐新闻。

多数时候不是年轻人不知道学习的重要性，而是现实让人产生的绝望，导致他们放弃了内心的声音。

不过，总有一些年轻人能够看得更远，不被眼前的苟且所影响，将目光放在5年、10年这样更长远的发展上。

怎样看待使命感

如果你不知道自己需要有什么样的使命，可以试试下面的简单方法。

青少年时期，使命是“自我发展”。

一个人只有在自我认知到一定程度，眼界更高，从精神层面升级之后，才能有意识、有能力去“帮助他人发展”。在这个阶段，“自我发展”尤为重要，年轻的时候，要么努力赚钱，要么努力学习。

西方教育界一致认为，工业时代的学校教育的高效率带来的弊端，是人的个性被扼杀。教育让人变成“生产工具”，而不是一个“全面发展的人”。“还原论”的学科教学法，让人割裂地看世界，所以需要在毕业之后，学习其他学科。跨学科和融合学科可以弥补学校教育的不足。

如果人的高度不够，自然看不见高处的风景。站得高才能望得远。怎样才能站得高呢？

阅读经典的思想发展史，探寻人类历史上那些璀璨夺目的瞬间背后藏着的故事。在历史的浮沉中，看见人类社会的兴起和衰败。学习者在时间尺度上的格局，也会越来越高。

对未知的探索——宇宙物理学、量子力学，宏观和微观世界的大统一梦想，浩瀚宇宙激发了人们对空间的感知，感觉到自身的渺小。无论是宏观的恒星系还是微观的十一维宇宙，都让想象力飞驰。

思维的最高层次，都藏在哲学和认知科学里，如果对思维或者智慧感兴趣，怎么可以错过哲学呢？如果你认为哲学体系过于庞大，哲学史和哲学导论可以帮助你踏上入门之路。

如果你不去涉猎这些“精神远方”，就会被无情的现实——柴米油盐房租占据心智空间，成为一个“精神贫困者”。

中年时期，使命是“帮助他人发展”。

当一个人在某些领域达到优秀的时候，内心会听到呼唤，这种感觉能够实现自我的人生意义。人在任何一个阶段，都不该以金钱为目标，否则，上班会变成打工，创业会变成做生意。

使命不一定要很伟大，如改变世界或者拯救地球。只要能帮助到别人，即使是很小的事情，也能逐步做成大事业。

企业称之为“使命”，个人称之为“志向”。我的志向是“有生之年尽可能帮助更多人”，通过写作、传播知识来帮助他人。写作是我目前力所能及且有兴趣做到的事情。开班授课能获取利益，但影响面太窄。

常有朋友问我，为什么要写作出书？写作是一件投入产出比特别低的事情。明明可以利用这些时间去投身商业，获得百倍千倍的利益不是更好吗？

以商业利益衡量，写作出书几乎可以忽略。但是人不能活得太功利。

我说，写书的目的是“在这个世界留下一点点痕迹”。

帮助你思考并建立使命感的问题

· 人们经常向你求助的是什么？

这个问题可以找出你擅长什么、优势是什么。你也许可以列出一长串清单，这说明你擅长很多领域。这种求助最好是非商业性质的，这样可以排除金钱的干扰。

· 什么让你兴奋？

找出能够让你产生兴趣和动力的事情，如果你的答案是赚钱，我建议你再具体一点，毕竟能赚钱的事情太多了。如果可以的话，尽量减少和钱相关的因素。

· 你喜欢学习什么？

虽然学习是一种反人性的行为，但人类在婴儿时代就开始了学习，从模仿身边大人的行为开始。所以说，并非所有学习行为都是反人性，只有那些违背自己意愿的学习才反人性。

回忆一下过往，你有哪些主动学习的经历？对哪些事物产生过兴趣，而且能够长时间坚持？

这里的学习是一种具体的技能。

· 你能长时间谈论什么？

能长时间讨论，不仅说明你对这个内容感兴趣，而且说明你比较擅长。

· 什么活动是你总是主动去做的？

从行动的角度来找出你的兴趣，毕竟多数时候，有行动比有想法要难太多。假如你喜欢参加公益活动、喜欢参加分享活动、喜欢组织朋友们聚会，从中找一项真正实践过且长期坚持的。

· 你能做些什么来积极地改变别人的生活？

我在公众号“晓布研习社”分享关于如何提升人们认知的原创文章，希望这些文章能够帮助那些渴望提升自己的朋友。这是一种我目前所能做到的积极改变他人生活的方式，我认为你也能找到一些适合你的方式。

· 你想做什么样的事情，让它在世上的留存时间超过你的生命长度？

这十分有难度。

如果不考虑意义，去深山老林找块大石头，把《金刚经》刻在上面，刻上名字。说不定在若干年后，还能上考古新闻。

我出版第一本书《认知》的时候，在这个世界上留下了一点点痕迹。但同时我也思考一个问题：5 年、10 年、20 年甚至更长的时间之后，还会有人看这本书吗？会落伍吗？

这就促使我写书稿的时候，要思考书中的内容是不是跳出时间和时代的局限，能否在尽可能长的周期里给人以启发。这样它的生命周期会更长一些。

上面这些问题，如果能够都回答出来，再看看这些答案是否统一指向一个目标。如果各不相同，可能你还需要再思考思考，或者从今天开始，有意识地去思考。

什么是危机感

“破庙里的神呵！七弦琴的断线不再弹唱赞美你的诗歌。晚钟也不再宣告礼拜你的时间。你周围的空气是寂静的。”——泰戈尔《吉檀迦利》

泰戈尔的这首诗里散发着浓郁的危机感。

图 4-1　智人与尼安德特人

如果要追溯危机感，至少可以追溯到 7 万年前的智人。智人在东非草原上，面临着狮子、老虎、豹子等野兽的威胁，以及强壮、脑部发达、不怕寒冷的尼安德特人。

智人为什么能在和尼安德特人的战争中胜出？

考古学家和人类学家有很多种说法，有一种说法我认为比较合理。考古人员发现，虽然尼安德特人更为强壮、脑部更发达，但是智人的认知能力要胜过尼安德特人。

智人对尼安德特人的取代是无意识的、没有规划的，是在漫长的进化过程中逐渐实现的。

由于双方认知水平的不同，智人和尼安德特人在文化行为上产生了巨大的差异。复合工具和精密语言的出现，使得智人通过复杂的文化行为为自己赢得了巨大的优势，智人后代数量及存活率的上升就是这种优势的体现之一。

尤其是在环境恶化、物资匮乏加剧之际，智人和尼安德特人在人口上的差异越来越大。由于智人和尼安德特人在饮食、居住环境、身体结构等方面非常相似，所以这两种人类实际上是在争夺同一个生态位。智人在全球范围内会不断地抢占各地的尼安德特人的资源和生存空间。

由于智人文化的复杂性可以更好地适应匮乏，所以每一次恶劣自然环境的侵袭，都会让智人和尼安德特人在人口上的差距扩大一些。

积累了成千上万年之后，智人便彻底实现了对尼安德特人的人口置换。

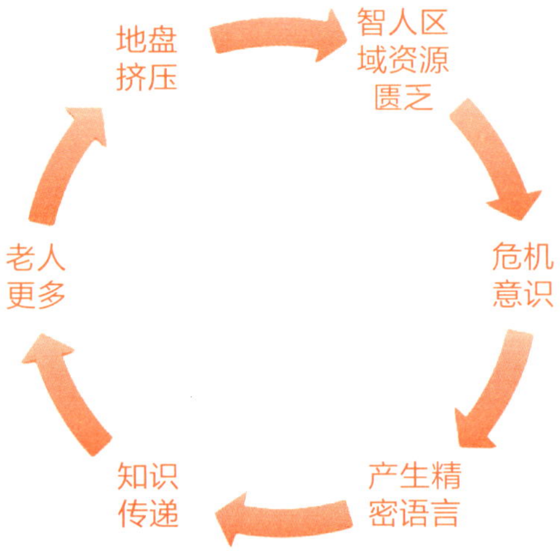

图 4-2　智人精密语言的演化

具体表现在智人可能先发明了精密语言，语言则让知识传承有了可能。智人和尼安德特人相比，所在的地区资源更为匮乏，正是匮乏促使智人不得不演化出复杂的工具和精密的语言系统。

1. 为什么匮乏会促进演化?

所有物种都参与了针对匮乏的资源而进行的竞争，达尔文称之为“物竞天择”，人类也不例外。

回顾数万年的早期人类历史和数千年以来的农耕文明史，有两种匮乏令人瞩目，即食物的匮乏和医疗的匮乏。解决食物的匮乏，需要协调人和作物、牲畜之间的关系；解决医疗的匮乏，则需要协调人和细菌、病毒之间的关系。

智人离现在太遥远，我们说一下近一点的邻国日本。

从地理位置上看，日本是一个四周被大海包围，位于亚洲远东末端的岛国。孤独的地理位置和众多分散的岛屿带来了与外界沟通交流和运输等诸多方面的不便。

再加上四周均是大国强国，北邻俄罗斯，西南与中国隔海相望，东面隔洋是美国和加拿大，更增添了日本人的孤独之感。这种孤独之感常常使日本人不安，他们始终担心不知何时自己会被世界淘汰。

由于日本是一个狭长的岛国，本身资源匮乏，而且多地震、台风、火山、海啸等自然灾害，这样的自然地理位置，造就了日本人很强的危机意识。

相比使命感、成就感，人的驱动力的三大来源中，只有危机感与生俱来。

所有能够引发危机感的内容和话题都能引起人们的注意。

房价上涨，经济下滑，国际地缘政治局势，都是人们津津乐道的话题，但是这些问题离普通人有点远。买不起房可以租房，经济下滑和局势紧张不仅仅影响自己。

离人们最近的是工作。

为什么明知道“996”是一种用健康换金钱的工作方式，还会坚持下去？因为有担心失业的危机感。准时下班，在互联网公司会被视为“异类”“坏榜样”。

部门里来的新同事，做的事情和你类似，效率比你高，人比你年轻，下班时间比你更晚，你会不会有危机感？

为了避免被淘汰，面前有两条路，一条路是拼谁下班更晚，另一条路是提升工作能力和效率。前者越来越“卷”，后者才是好的解决办法。

人类的历史是一部为了跨越危机而不断进化与改革的历史。甚至可以说，来自生存竞争的危机感，才是在竞争中脱颖而出的原动力。

“自然界中能够幸存的，不是最强悍的物种，而是能够保持变化的物种”是公认的自然界法则，而保持变化的最大原动力，是生存竞争的危机意识。

2. 危机感的衡量

危机感强的人有两种特征：

A：对环境变化敏感。

B：有正确的自我认知。

除了部分人有与生俱来的危机感，多数人仍然像是“温水里的青蛙”，待在舒适圈里不自知。

对环境变化敏感，这里的“环境”包括微观环境和宏观环境。

微观环境指的是个体周围的环境，包括工作环境、生活环境。

工作环境，包括公司的盈利状况、制度和规定、同事的流动情况、上级和同事的态度、工作的氛围等。敏感度高的人，很容易从一些小的变化中察觉到威胁。

生活环境，包括空气质量的好坏、学校教育水平高低、医疗资源是否足够等。相比工作环境，多数人对生活环境更为敏感。物业公司的管理好不好、学校学区的好坏，都足以让人有“赶紧赚钱换个好地方”的想法。对多数人而言，工作容易换，换个地方生活则要困难许多。

宏观环境指的是和群体相关的环境，包括最新的政策、国际局势、经济形势变化、科学技术发展等。

相比微观环境而言，个体对于宏观环境的感知力要弱很多，因为宏观环境基于社会，而社会系统最具有不确定性。

如果个体没有足够的知识储备和洞察能力，只能随波逐流。早些年，如果你对金融货币的本质有清晰的认知，遇见加密货币有先见之明，到现在也许已经积累了一部分财富。

如果在商品房改革政策出来后，能意识到房产不仅可以用来居住，还具备资源价值属性（学区、医疗等）以及投资属性（抵御通胀），到如今房产价值也远超创业的收益。

机会永远都存在，但是只留给有准备的人。

有正确的自我认知意味着知道自己存在哪些不足，知识储备到了什么程度，有多少种认知偏见，掌握了多少种思维工具，自己的人生意义是什么。

人们大多数情况下不愿意面对自己，不愿意探究自己内心，倾向于高估自己的能力，害怕面对失败。对自我情绪的认知包括评估自己有没有焦虑，焦虑的根源是什么，采取什么行动来应对焦虑。

从现在开始，提升自己的对危机的敏感度，尽早提升自己的认知，才能早日摆脱“心智贫穷”。

什么是成就感

“成就感”是一个常用词语，但是人们真的了解它吗？人们越熟悉的词语，往往越难描述清楚。

还记得上一次拥有“成就感”是在什么样的场景吗？

“成就感”是获得成就的感觉，是一种心理感受。这种感受能够带来愉悦或激励。

小时候我在游戏厅，用一个游戏币通关了街机游戏《空牙》和《雷电》，中途没有通过增加游戏币的方式续命，完成越来越难的关卡。这代表我已经跨入混迹于游戏厅中的“游戏高手”行列。

青年时期，我积攒省吃俭用、勤工俭学的钱，买了一台计算机。为了证明我不是为了玩游戏而买电脑的，自学游戏编程，做出一款电脑游戏，然后兴高采烈地把游戏拷贝给所有朋友。

这样说起来，成就感是一种必须跨过难关才能发现的心理感觉，它绝不会出现在困难克服之前。

成就感来源于人们内心的自我标准，不需要他人定义，不用和他人对比。

游戏除了能够让人逃避现实，还能够给人带来成就感。

微软的 Xbox 最早引入成就系统，此后其他的游戏纷纷效仿。有些系统称其为奖杯、挑战、徽章等。互联网产品经理利用成就感引导互联网用户。从游戏到各种 App，都有成就系统。砍死一个怪物，加点经验值；打倒一个游戏 Boss，发一枚成就勋章以及一堆其他的奖励。

“每日签到”的功能已经是各个游戏和App的“标配”了。每天登录可以获得一定的奖励，如果连续一个周期（往往是7天）内，玩家可以不间断地每天登录，在这个周期的最后一天会给较大的奖励。

这种设计的原理就是让玩家感受到“每天积累一点点”的成就感，利用这样的奖励机制，可以显著地提高游戏或软件的用户留存率。各大App的“年度总结”已经成为一种约定，到了年底的时候，不仅可以收到“年度花钱成就”，还能收到“年度刷屏成就”等。

以上这些都是利用人们渴望获得成就的心理。

但是这些成就属于外部激励，和用户内心自发的成就不同，尤其是当所有的游戏和App都这么做的时候，用户会习以为常。

找到工作上的成就感

我没有做过统计学意义上的“工作成就感”调查，但从现象观察来看，有成就感的人还是很少。

在工作上没有成就感的原因至少有一万种，但主要原因还是“对工作没兴趣”，再往下深究，根本原因可能是“选这份工作是为了赚钱，而不是出于爱好”。

到一家公司入职，目的是为了赚钱，工资和奖金会成为你的唯一判断标准。一个工程师解决了一个有难度的技术问题，公司用加薪的方式奖励，这个工程师会更有动力去解决更多难题。但如果哪天没有加薪，或者是没有奖励，这位工程师还要不要继续攻关技术难题呢？也许会没有动力。

但是，如果这位工程师选择这家公司是因为“这家公司的技术问题很有挑战性可以帮助自己成长”，他的成就感就不会因为加薪与否受到影响。

我在过去某个公司技术部门里有个“大数据团队”，这个团队之前走了错误的技术路线，导致浪费了公司一年多时间，因此业务部门和老板对技术部门有很大的意见，整个技术团队士气低落。

我来了之后，重新规划新的技术路线。按理说，运用成熟的技术路线，原有团队不需要自己摸索，只要跟着学习，两周左右可以很快上手。但是大部分团队成员在任务很多的情况下，依然每天按时下班，因此我找来整个团队沟通，想了解是什么原因。

我就问了两个问题：

A：你选择这份工作的原因是什么？

B：你为什么而工作？

第一个问题的回答五花八门，第二个问题的回答出奇地统一。大家都是为了“赚钱”的目的而工作，努力工作也是为了“加薪升职”，从而“赚更多的钱”。

我说我能理解，我再问一个问题：“如果有足够的钱，你们会干啥？买房子买车子，去旅游。然后呢？”

然后大家都沉默了，说明没有想过这个问题。

我又问了一个问题："你想成为什么样的人？"

有人回答："我想成为一个受人尊敬的大数据专家。"

我就问他："你打算怎样做到呢？"

又沉默了。

我说："你想成为一个受人尊敬的大数据专家，需要得到大家的认可，意味着你要通过解决技术难题得到认可，平时要付出比他人更多的时间和精力在工作上。"

既然定了一个"成为某领域专家"的目标，就要付诸行动。否则，那只是一个空想，或者并不是内心真正认可的目标。

没有目标和标准，就没办法获得一个个阶段性的"小成就"，没有成就感，就无法给予正向反馈，从而激励自己获得动力。

如果只是出于谋生而选择一份工作，那就找一个对当前工作感兴趣的理由，例如"我要解决某个工作上的难题""通过解决难题来提升自己的工作能力"。如果实在找不到一个理由，还是换一份工作吧。

在这次谈话之后，大家的工作积极性都有了明显的提升。

成就感、使命感、危机感是自我驱动力的"三驾马车"。

让自己获得成就感，意味着增加了做某件事的驱动力。

成就感是人们在一种主观积极的情绪里对自己的肯定、认同和满足，可以不断激励人们向下一个目标持续迈进。

成就感虽然是个人的感觉，但也同样会受到外部因素影响。

人是社会性动物，无论做什么事情，都希望最终能够得到他人的认可和正面评价。

即使是自认为足够理性的我，在花时间和精力认真写完一篇长文之后，如果没有多少人响应，也会感觉到一点失望。

但是这种感觉只是一闪而过，因为我清楚，这里面可能有多种原因，例如“读者的网络可能不太好”“本文没有提醒读者正确的阅读姿势”“读者当时心情不太好”“文章太长，读者又很忙”。

我倾向于选择“内容不够通俗易懂”这个解释，这样会促使我下一次写作的时候，思考怎样把深奥抽象的理论写得通俗易懂。

认知领域涉及的面太广，涵盖认知心理学、认知脑神经科学、信息论、方法论、哲学，以及数不清的交叉学科。交叉学科需要研读大量专业知识，包括政治学、社会学、哲学等，业余时间几乎都花在上面。

这些领域本身就十分抽象，要把抽象的事物用恰到好处的类比描述出来，意味着需要我将这些理论彻底弄清楚。

这也是一个有难度的挑战。

“怎样把深奥抽象的理论写得通俗易懂”，就成了我的一个阶段性目标。

当我完成这个有难度的目标之后，又可以拥有一个小小的成就感。

这也是坚持“写作即思考”的动力。

1. 成就感的对立面

任何一种情绪和感觉，在人类演化过程中必然发挥过有效作用，能够帮助人类提升生存概率。例如“恐惧”可以让人规避可能的风险，“愤怒”能够让人类在瞬间提升血液流速，加快供氧，击败对手，而“挫折”可以让人们及时止损。

但随着人类百万年的演化，时代、环境、对手都发生了变化，曾经演化的优势变成劣势。这些曾经可以帮助人们提高生存概率的情绪成为阻碍人们发展的“负面情绪”。

挫败感从字面意思理解包含“挫折”“失败”的混合感觉，是人在经过努力后，结果和现实的落差导致的心理感受。与此相反的感觉是“成就感”。

“信心满满准备做某事，结果遇到意料之外的障碍，导致受到挫折和失败”，是挫败感的成因。当我们明白挫败感的成因，就有对策来减少挫败感。当我们有信心认为可以完成某事，但是结果不理想，信心越高，挫败感越强。

挫败感因人而异，和个体的“自信水平”正相关，自信心越强的人，遭遇的挫败感越强。

（1）对自己的能力有清晰的认知

目标太容易，完成目标没有成就感。目标太难而不自知（过于自信），没完成会产生挫败感。而过度自信，原因在于高估自己的能力，低估事情的难度。前者需要对自己有清晰的认知，知道自己的能力范围。后者需要对事物复杂度有了解，需要对世界有清晰的认知。所以，目标需要有难度，但不是遥不可及这种难度，而是经过努力就能触碰到。

如果目标太难，远超自己的能力，就需要将目标分阶段实现。

（2）做好失败的心理准备

在做某件事之前，要想明白自己是否能够承受失败的后果。假设我们和他人打比赛，输了的后果是什么？是名声会受到损害，还是损失一笔奖金？如果不是性命攸关的事，有什么不能承受？如果失败的结果无法承受，不如开始就放弃。

（3）及时复盘失败的原因

一件事没做成，无非是没有“天时地利人和”，除了外部因素，是否能够对“对自己的认识更深刻”有帮助呢？挫折感是一种情绪，想摆脱或者减轻情绪，最佳的方式是理性看待。事情失败了，总要有点收获吧？及时复盘能够加深对自己能力的了解，知道自己的差距在哪里。失败也不全是坏事，人们总是从失败中获取经验和教训。在分析失败的原因过程中，说不定发现自身的因素占比很低，也能降低挫败感。

（4）找到“人生大目标”

既然遇到挫折或者失败，难免会有负面情绪，例如沮丧、低迷、失落、萎靡不振等。人会陷入情绪中难以自拔，单纯只是一句“调整负面情绪”无法解决问题。需要跳出自身，以他人的角度来看留在原地的“自己”。要想真正减少挫败感，还是要从源头思考解决问题。如果人没有“人生大目标”，就会有无数小目标，目标一多，碰壁的概率越大，在人生道路上四处碰壁，遇到一次挫折换一条路径，每一次碰壁都会减少人的自信，到最后完全没有信心。如果有“人生大目标”，小目标和大目标相比，遇到挫折的感觉会淡很多。

（5）做好重新开始的准备

正确认识“挫折”的正面作用，可以帮助人们找到差距，认清自我。从心理层面接受挫折，挫折是常有的事，意识到这一点，就能很快走出负面情绪。

转移情绪也是一种方法，让自己有“再来一次”的想法，为下一次挑战做准备的过程，也能分散负面情绪。

05

将焦虑转变为行动

焦虑是身体善意的提醒信号，本质是对可能发生的事情不清楚、对结果不可预知，要减轻焦虑，需要列出所有可能的令人焦虑的事项进行分析。做好接受最坏结果的准备，通过行动来解决问题。

留给年轻人的时间已经不多

从 23 岁大学毕业，到 35 岁的“中年危机”，中间只有 12 年时间。如果把这 12 年一分为二，就能发现处于 29 岁、30 岁这个中间节点的人，焦虑值达到巅峰。

这是个有点尴尬的年龄，不上不下，下不来又上不去。

生活上面临结婚有没有合适对象的问题，有合适对象的面临买不起房的问题。工作上面临即使加班到头秃，仍然找不到晋升的门在哪儿的问题。

牧羊人把胡萝卜挂在羊前方，羊就能跟着胡萝卜走，走多远都吃不到，胡萝卜就是羊的希望。

移动互联网时代有“时间加速”的神奇功能。过去大家认为 45 岁才算中年，如今突然提前 10 年，能不焦虑吗？

焦虑是对的，早点适应焦虑对身体好，毕竟以后会越来越焦虑。现在日子苦，将来的日子更苦；现在适应了，将来就好过一点。

能扛得住的，就是未来的中流砥柱；扛不住的，也能成为 21 世纪中国“焦虑的一代”。如果你熟悉 20 世纪美国“垮掉的一代”，就知道至少那一代里产生了后现代主义作家。

假如有机会能坐时空机器穿越到10年后，你会认为年轻的这一段时间是最美好、最幸福的阶段。

毕竟这个阶段已经能赚钱，不用看父母的脸色，在外面租房不用听父母的唠叨，不需要因辅导孩子作业气出高血压，也不需要面对房贷和车贷的压力。

年轻人不要担心失业，无数的企业急需有精力、能加班、钱还要得少的年轻打工人。

如果认为公司不行，尽快跳槽，多跳几次，就知道什么是“天下乌鸦一般黑”。跳多了能发现，原来不是公司不行，而是自己不行。

趁着失业还能出去旅行，体验一下“间隔年”。去客栈和民宿做义工包吃包住，每天晒太阳和不同的人聊天，聊着聊着说不定就不想上班了。

所以为什么要焦虑呢?

焦虑是中年人的事，现在抢着把以后要做的事都给做了，以后焦虑的时候会没有新鲜感。

缓解焦虑最好的方式，古人早就说过——“一睡解千愁”“今朝有酒今朝醉”。把网络断了，把手机关了之前，叫上一箱酒，喝完好睡觉。

做不到没关系，可以看“鸡汤”，甭管有没有“毒”，起码都是“鸡汤”。说“鸡汤”没勺子就有点矫情，不能凉了再喝吗?

总之，路是自己选的。

中年人薪水比年轻人拿得多，看起来又不如年轻人能加班。企业认为，“增收降本”最难的是增收，最容易的是降本，降本中最容易的方法就是裁员。

这就是“中年危机”的由来。

怎样避免“中年危机”“35 岁危机”

最有效的方法是“永远保持在 30 岁”，把危机扼杀在萌芽中。

只要自己足够优秀，就能避免“中年危机”？如果这样想，就天真了。只要是上班族，永远都有“危”。

这样看来，只有一条路可走，就是创业。创业者都是勇士，勇士要么被龙屠，要么屠龙。

虽然“屠龙者终将变成龙”，但多数勇士只有被龙屠的份儿。

好难啊，毕竟人们只想做一个安安静静的打工人。

真的无解吗?

解铃还须系铃人。没有人喜欢你“穷”，如果认为自己“穷”，也是自己导致的。

达尔文在《人类和动物的表情》中写道，如果我们预期会受罪，就会焦虑。如果我们没有希望减轻焦虑，就会绝望。

小学五年级的时候，老师安排我参加学校庆典活动表演，我认为自己除了身高特长之外，没有其他特长。

老师说，既然这样，你好歹也五年级了，那就朗诵高尔基的《海燕》吧。

那是我人生第一次焦虑，因为打小就有社交恐惧症，加上师命难违，从接受这个“伟大、光荣、正确”的任务开始到上台表演，整整两周时间，我每天生命的全部意义就是拿着书背诵。

直到有一天夜里突然惊醒，喊了一句“暴风雨！暴风雨就要来啦！”，声音之大，吵醒了在隔壁房间睡觉的母亲。她连忙慌慌张张地跑出去，准备收外面晒的衣服和被子。

我在脑海中导演了至少100种可能的场景。

台下全校师生都会在我上台之后盯着我，每个人带着高倍望远镜，会看清楚我衣服的每个纽扣是否在合适的位置，会审视我的红领巾是不是正确地系好了，会发现我仅有的一双过年才能穿的皮鞋有没有擦鞋油。

最致命的是，一旦我忘词，同学们可能会激动地站起来，用最大的力气鼓掌，用最大的声音高喊我的名字，让我下台。

我头一次开始怀疑自己能否记住每个词和每句话的情感。

那次演讲是不是很成功我不知道，但是同学们给予了热烈的掌声，而且并没有轰我下台。从那时起，我明白了一个道理，人们总是会高估别人对自己的关注度。

进入21世纪之后，焦虑成为现代人的普遍心理现象。

关于焦虑的学术论文在1927年时只有3篇，1950年时也没有超过37篇，2020年时有成千上万篇关于焦虑的论文发表。

《神经科学前沿》杂志在2012年发表了一篇文章，提到了焦虑和智商的相关程度。

罗洛·梅在《焦虑的意义》1977年修正版的前言中这样写道："我们不再是老虎或者乳齿象的猎物，会让我们受到伤害的是自尊心的受挫、同类的排斥或在竞争中出局的威胁。焦虑的形式发生了改变，但焦虑的体验相对而言仍保持着以前的样子。"

焦虑是面对未来可能发生的危机或威胁，感到一片模糊、十分不确定而产生的一种心理现象。

本文仅讨论一般的焦虑（从认知角度能够缓解或解决的），而不讨论医学范畴的焦虑（需要通过心理或者药物治疗的）。

焦虑是身体善意的提醒信号

渴了要喝水，饿了要吃饭，打瞌睡要睡觉，这些都是信号。不小心摸到盛着开水的杯子，手能立刻感觉到烫的信号从而缩回来。痛觉能够让我们反应迅速，因为身体提醒我们可能有生命危险。但我们很容易忽略焦虑这种信号。

因为焦虑并不会立刻致命，痛觉是警告，焦虑是提醒。

焦虑并非完全不好，有其积极的一面，会提醒我们有危机，需要提前准备，让我们聚焦于可能出现的危机上。

但如果没有意识到它的信号作用，而任由焦虑的心理在头脑中蔓延滋长下去，身体很快就能体会到长期焦虑的副作用，例如高血压、失眠、神经衰弱、呼吸急促、心脏病等。

焦虑信号提醒我们，是时候展开行动了，以应对未来可能发生的危机。

人类自身面临的危机

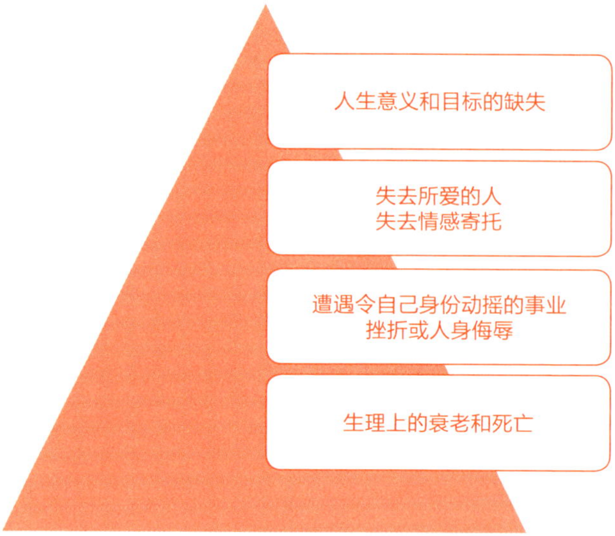

图 5-1　人类所面临的各种危机

哲学家斯宾诺莎曾说："恐惧源于心理弱点，因此与理智运用无关。”

人类面临的危机数不胜数，包括生理上和心理上的危机。

人类是基因的宿主，基因的意义是繁殖，所以当人类过了黄金生育期之后，体内的新生细胞的数量会逐步少于死亡的细胞的数量，从而避免因为不死的人类耗尽地球的资源而导致所有基因灭亡，因此人会衰老，总有一天会死去。

人的基本生存需求满足之后，到了一定年龄的人们会开始担心身体，尽量避免生病。女性从很早的时候就开始担心容貌，这些都是生理带来的危机。

当人们遭遇令身份动摇的事业上的挫折或人生侮辱的时候，人的认知同一性会受到影响。给老板做了一个汇报，老板看完不置可否，可能让人预感到失业危机。

人是群居动物，需要集体或者他人的认同、尊重。人们担心被人耻笑，也许是因为收入不高，也许是因为看上去有点笨，也许是做了什么傻事。如果牙齿长得不够整齐，都不好意思开怀大笑。这都是人们自认为的危机，事实上，可能并没有人会在意你（人们关心自己的程度远大于关心其他普通人）。

我们也是情感动物，有爱的需要，但这个社会并不是你爱他人，他人就会爱你，也不可能每个人都爱你。即使是爱，也有保质期，这些是情感危机。

和上述危机相比，最大的危机和人们追求的人生意义和目的有关。人因何而活，人生意义是什么？一旦有人发现找不到人生意义，会陷入迷茫、自责，失去动力，充满负面情绪。

除了自身能够预知的危机，以及社会带来的危机。电影、电视、短视频、书籍、广告不断地告诉人们，你应该追求什么样的物质生活。汽车厂家说，我们需要拥抱大自然；家居厂家说，首先你要有一座大宅子。

人们以为想过什么样的生活可以完全由自己决定，但实际情况正好相反，人们无时无刻不在被社会影响。一本书、一部电影、一部连续剧，这些都是隐形的广告。为什么大财阀最终都要控制媒体，就是为了能够控制民众从而获取更多利益。

真正的广告，融在文化中。

人为什么会焦虑

焦虑是远古时期人类的应激策略。

达尔文指出，对威胁的无意识生理反应具有进化适应性。以生理上准备好战斗或者逃跑甚至昏厥的方式来对危险做出反应的有机体，与不如此做出反应的有机体相比，拥有更大的生存和繁殖概率。

不怕死的原始人，多数都被野兽吃了，这类基因也消失在了历史长河中，怕死的原始人存活率更高，有机会留下后代。

原始人最初出于躲避野兽的需要，将居住之处建在树上。在树上生活也不方便，位置小，还要经常爬上爬下，于是一部分原始人开始寻找山洞居住。好的山洞不容易找到，而且山洞多潮湿，容易有蛇，一部分原始人又开始在地面上用木材搭建房屋。

远古时期的人们遇到野兽，下丘脑的脑下垂体分泌皮质激素，通过血液通知肾脏肾上腺分泌肾上腺激素和皮质醇。

周围的血管收缩，将血液从四肢导向骨骼肌（血液离开皮肤会让一个受惊吓的人看起来脸色显得苍白），从而为战斗或逃跑做好准备。

呼吸变得更快更深，以为血液提供氧气；肝脏分泌的葡萄糖含量上升，为身体各处的肌肉和器官提供能量。

瞳孔放大，听觉变得更加敏锐，这样能够更好地评估周围的形势。

血液从消化道流走，消化过程停止，唾液分泌量下降（焦虑时会感觉到口干舌燥）。

曾经进化的优势变成了现代人的劣势。交通事故的死亡率远高于被蛇咬死的概率，但是人们看到车并不会害怕，看见蛇会立刻蹦起很高。

现代文明的威胁再也不是猛虎、狮子和其他野兽，而是源于人们内心。

一个每年要出两次远门旅行的人，因为在一线城市贷款买房，每个月都在想着怎么还贷款，面对失业的恐惧程度变得比谁都要高。经济下滑，工作越来越难找，生意越来越难做，这些都是外部环境的威胁。

识别焦虑的工具——焦虑矩阵

焦虑从时间维度可分为短期焦虑和长期焦虑，从自我意识维度可以分为无意识焦虑和有意识焦虑。

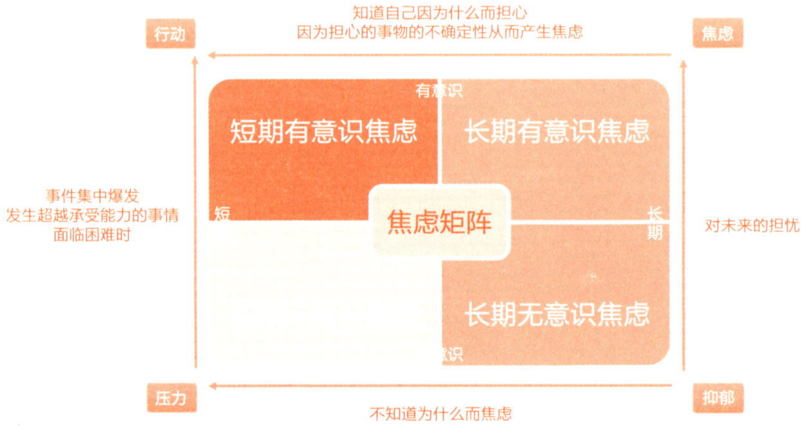

图 5-2 焦虑矩阵

短期焦虑多数人都体验过。事件集中爆发，如多年没联系的朋友找你借钱，公司领导在会议上点名批评了你，老家的亲戚找你希望能给刚毕业的侄子找份工作，家里的猫自己开窗户跑了。

老板要你设计一个广告，把洗发水卖给和尚，剧情还要合乎情理。你认为努力一下还能做到，结果老板又说下一个广告是让和尚卖洗发水。这是超出能力范围的要求，如果做不到就卷铺盖走人，而你还指望着拿薪水交房租。

以上这些情况都属于短期有意识焦虑，只需要想办法解决就好。

在书房里走来走去，看书的时候静不下心，这都是焦虑的表现，但没有意识到自己焦虑，称为短期无意识焦虑。

短期焦虑有助于解决问题，提升表现，长期焦虑则会影响人的身心健康。

长期焦虑来自对未来的担忧，分为长期有意识焦虑和长期无意识焦虑。

从前什么都慢，书信和车马，一切慢悠悠，有要紧事才发电报，没有消息就是好消息。但是古典互联网时代已经远去，移动互联网时代也将被万物互联替代。

现在还有谁能置身网络之外呢？即使是最偏僻的乡村也连上了互联网。隐居在终南山的诗人还能通过网络和外界保持联系。

互联网上的幻象，无疑催生了人们对社会阶层的认知焦虑。针对“35 岁中年危机”、深圳中小学生家长们的“学位危机”，知识付费应时而生。卖知识课程的机构良莠不齐，有些课程介绍的每个字都刺激着人们的神经。不买课会担心落伍而焦虑，买了课听不懂更焦虑。

长期焦虑让人持续处于充满压力的环境中，患上与压力相关的疾病，如高血压、心脏病、溃疡等，免疫系统抵抗力下降、海马体收缩（导致记忆力下降）。

早期科学研究发现，高焦虑症出现在高智商人群和低智商人群中，而在智商中等的人群中很少出现。低智商者或许会遭受更多的焦虑症状，因为这些人的人生中失败的次数非常多。

2012 年,《神经科学前沿》杂志发布了一篇关于焦虑和智商相关性的研究论文。

研究人员将研究对象分为一般焦虑症患者和正常志愿者。研究结果表明，在一般焦虑症患者中，高智商人群往往和高焦虑症状相关，智商越高，焦虑程度越高。在正常志愿者中，高智商人群往往存在低焦虑症，智商越高，焦虑越低。

一般焦虑症患者	正常志愿者
高智商人群往往和高焦虑症状相关	高智商人群往往存在低焦虑症
IQ 和焦虑表现为正相关	IQ 和焦虑表现为负相关

高焦虑症出现在高智商人群和低智商人群中，而在智商中等的人群中很少出现高焦虑。而且低智商者或许会遭受更多的焦虑症状，因为他们人生中成功的次数非常少。

图 5-3　焦虑和智商的关系

消除焦虑的具体步骤

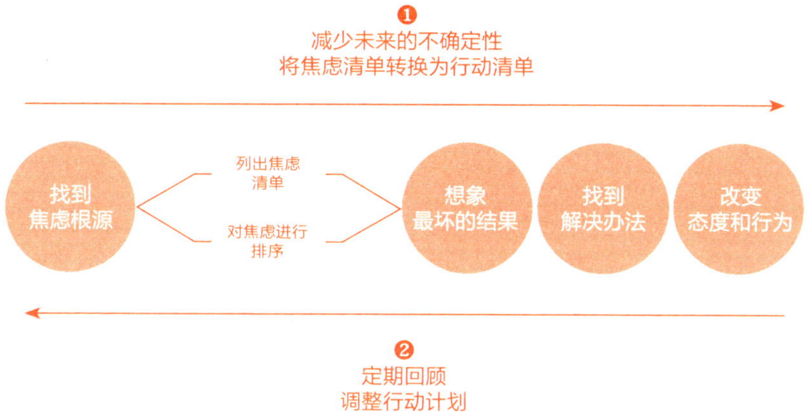

图 5-4　消除焦虑的步骤

焦虑源于对未来的不确定。所以减少不确定有助于减少焦虑。

找出焦虑根源，使其条理化、清晰化。知道敌人在哪儿，就可以有针对地布置防御，或者组织进攻。

引起焦虑的是生存压力、社会给予的压力，还是自己给的压力，需要想清楚。

此外，拖延症也是焦虑症的孪生兄弟。

找一张纸或者在电脑上新建一个空白文档。列出所有可能导致焦虑的事件，分清楚哪些是长期焦虑，哪些是短期焦虑，是关乎生存，还是源于社会、自我的压力。

焦虑需要排定优先级，短期焦虑事项、关乎生存的焦虑设为高优先级。例如：

（1）离 35 岁还有 5 年，中年危机怎么化解？（长期有意识焦虑、社会压力、高优先级）

（2）本月时间过了一半，销售额只完成了 30%。（短期有意识焦虑、社会压力、高优先级）

（3）公司月底要组织业务知识考试，但是每天这么忙怎样才能顺利通过考试？如果没有通过考试，会失去一个晋级的加分项。（短期有意识焦虑、低优先级）

（4）学校老师打电话说孩子的学习成绩全班倒数第一。（短期有意识焦虑、社会压力、自我压力、高优先级）

（5）老同学王小二打电话说三个月后举办同学聚会，大家一致商定聚会地点在南极，组团看企鹅，费用大概 10 万。（短期有意识焦虑、社会压力、低优先级）

（6）想去锻炼，但是没有时间，健康状况每况愈下。（长期有意识焦虑、生存压力、高优先级）

（7）想看书增长知识，翻几页就没有耐心，看不进去。（长期无意识焦虑、自我压力、低优先级）

（8）控制不住自己，总刷短视频，有负罪感。（长期无意识焦虑、自我压力、中优先级）

（9）没事的时候总想拿出手机看看有没有新消息，总不自觉地滑动手机屏幕。（短期无意识焦虑，自我压力、低优先级）

对焦虑清单上的每个事件进行评估，想象事件的最坏结果，以及如果最坏的结果发生，工作和生活会有什么样的改变。

想象最坏的结果，并列出解决方法：

（1）离 35 岁还有 5 年，中年危机怎么化解？

最坏结果：天无绝人之路，失业就失业，说不定可以开始新人生。

解决方法：审视自己，重新认识自己的优势和劣势，提升认知能力，设定新的目标，并且制订有效的知识与能力提升计划。

（2）这个月时间过了一半，销售额只完成了 30%。

最坏的结果：没有销售奖金，绩效不好。

解决方法：找到销售额不达标的根源（是组织问题还是方法问题）。

（3）公司月底要组织业务知识考试，但是每天这么忙怎样才能顺利通过考试？如果没有通过考试，会失去一个晋级的加分项。

最坏结果：没有通过考试也无所谓。

解决方法：从这次考试中吸取经验和教训，合理安排时间学习。

（4）学校老师打电话说孩子的学习成绩全班倒数第一。

最坏的结果：孩子的自信心受到打击。

解决方法：孩子的学习成绩不好，根源在于学习态度，不知道为什么需要学习，因此有必要和孩子进行沟通，言传身教，让孩子明白为什么要学习。

（5）老同学王小二打电话说三个月后举办同学聚会，大家一致商定聚会地点在南极，组团看企鹅，费用大概 10 万。

最坏的结果：被同学看不起，但这不重要。

解决方法：直接和同事说明手头比较紧。

（6）想去锻炼，但是没有时间，健康状况每况愈下。

最坏的结果：生病。

解决方法：每天留出半小时的运动时间进行锻炼。

（7）想看书增长知识，翻几页就没有耐心，看不进去。

最坏的结果：知识储备不足。

解决方法：没有耐心看书的本质也是因为学习获得的反馈慢、见效慢，人都希望用最少的时间学习到最多的知识。但需要明白一点，学得快忘得也快。学习过程越容易，能够转化的知识越少。

（8）控制不住自己，总是刷手机短视频，有负罪感。

最坏的结果：越来越没有耐心。

解决方法：为什么我们会刷短视频？本质原因是这些短视频和短文字，能够给予人即时反馈，让人感受到感官刺激。这属于意识问题，可以反思，刷短视频，我们的收获是什么？带来什么价值？当你意识到这些的时候，自然而然会做出改变。

（9）没事的时候总想拿出手机看看有没有新消息，总不自觉地滑动手机屏幕。

最坏结果：浪费时间。

解决方法：本质上是信息焦虑引起，我们不想错过任何消息，避免落伍于他人。要解决这个问题也容易，刷手机信息不如改为阅读电子书。

焦虑无济于事，理性分析才有可能解决。

最关键的一步是改变态度和行为。焦虑是一种信号，我们需要面对这种信号，审视自己的内在，并且给出解决方案和行动计划。例如：

（1）每天带着问题阅读相关书籍，提升知识与能力，时间 1 ~ 2 小时。

（2）和孩子做好沟通计划和学习提升计划，时间 1 小时。

（3）每天锻炼，时间 30 分钟 ~ 1 小时。

（4）每周重新回顾焦虑清单和行动计划，并复盘成果和调整。

态度改变意味着我们真正意识到焦虑的根源，意识到需要做出改变。如果态度没有改变，同时也没有真正开始行动，焦虑会一直存在，短期焦虑会演变成长期焦虑，长期焦虑则影响身心健康，从而造成恶性循环。

而态度和行为的改变，则是一种正向循环。

焦虑是一种进化出来的本能，对于人类而言，是一种信号。如果人接收到信号不做出改变，这种信号会从有益转变为有害。

焦虑的本质是对可能发生的事情不清楚，对结果不可预知，所以要减轻焦虑，需要列出所有可能的焦虑事项，进行分析，做好接受最坏结果的准备。

减轻焦虑的有效方法，不是告诉自己不要焦虑，而是转变态度，并且做出行为的改变。

06

时间能不能管理

所有的时间管理理论的本质在于帮助人们找到“什么是最重要的事”，再向前溯源不断追问，“能帮助你完成人生目标”的一切事情，才是“最重要的事”，因此，解决时间管理问题的源头在于，你是否想清楚自己的人生目标。

时间管理理论清单

提个问题：你的时间够用吗？

你心里也许会想，这真是个愚蠢的问题，时间当然不够用。

再提一个问题：你会管理时间吗？

你大概会说，时间不会听我的，怎么管理？

是的，我们无法管理时间，不能把一天变成 28 个小时，也不能让时间的流速变成别人的一半或一倍。

图 6-1　关于“时间管理”的话题

这是一个被讨论过无数次但仍然无定论的话题。截至 2020 年，知乎有 198 万人关注“时间管理”话题，该话题下有 7015 个问题。

常听到有人抱怨，每天都不想去上班。我追问原因，对方说，每天从早忙到晚，做不完的事情，工作没有成就感，能力没得到提升，收入也没变化。

当员工晋升为管理者的时候，如果每天工作 12 小时以上，这不是好事情，有可能说明在时间管理上出了问题。

有人说，用了一些时间管理工具，学习了很多时间管理法，感觉作用并不大，反而增加不少麻烦。一开始感觉有点用，减少了一些时间的浪费，做事有计划。但要坚持下去，太难了。

时间管理，实质上是管理自己的行为，这是一件非常有挑战的事情。

为什么人们很难管理自己的行为？

1. 记录时间的使用和记录钱花到哪里去了同样烦琐，很难坚持下去。

在网络支付没有出现的时代，我尝试过分类记录日常的开销，坚持不到一周就放弃了，一来是认为用处不大，二来是确实记不住，人也有惰性。

记录时间花销难度更大，每天会有很多琐事。有些朋友如果需要写工作日志，就更能体会。别说记录每件事用了多少时间，连每天记录自己做了什么工作，都不情愿，还会去记录具体的时间开销？

再到后来，智能手机操作系统都自带了时间管理功能，能够自动记录并统计分析，用户在应用上花费的时间，并用图表方式展现出来，一目了然。但是实际上有很多工作并非是在手机上完成，除了提醒人们放下手机，注意颈椎之外，在时间管理上并没有显著作用。

2. 提前做规划也有难度，计划不如变化快。

好的规划能够最大限度地适应不确定性，意味着你充分了解存在哪些不确定因素。

什么是不确定性？

一片面包突然从你手中滑落，在即将掉在地上的时间内，你能想到几种可能？

这种情况比较简单，无非就是正面着地或者反面着地，如果涂了黄油，很可能是涂黄油那面着地。

假如你是一名产品经理，老板心血来潮突然问一句，你认为下一个替代 ×× 的事物是什么？你能不能做个替代 ×× 的产品规划？

听到这个问题，你大概率会考虑离职。因为回答这类问题，需要的信息量实在太大，可能性太多。

事物发展的过程是多种可能性的集合，你对这个可能性空间掌握、了解多少，代表了事物有多高的不确定性。

不确定性本质上表现为你对事物的各种可能的信息的掌握程度。

层次越高的人，对事物的发展规律了解得越多，能获取的信息量也越大。

这也是为什么职位越高的人工作内容以规划为主，职位越低的人工作内容以执行为主。

制订计划的目的，是应对概率最高的可能性，不代表计划是永恒不变的。好的计划在执行过程中变化最少。

3. 让人分散注意力的事物很多。

当我们有了灵感，正在行云流水做某事之时，突然接到电话或者有人找，处理完回来，发现刚才的思路已经不知所踪，又要重新思考。

思考工作的时候，手机或者电脑有新消息提醒，是不是想点开呢？

人类与生俱来的规避损失心理，让人们担心错过重要的信息和消息。可是实际上，有多少信息和自己是息息相关的呢？

4. 思考是一种反人性的活动。

人们很少思考为什么要做这件事或那件事。因为思考是一件费力的事情，如果每件事情都思考，大脑会很疲惫。

思考是大脑的主要工作，而大脑的能量消耗比是人体器官中最高的。

人类演化过程有几万年，90% 以上的时间都是食不果腹。不浪费能量，是人体的首要原则。

头痛、想睡觉，是身体执行预定的生物程序发出的抗议和警告（它可不管体脂率有多高）。

当人们谈及“管理”的时候，意味着思考。一思考就头疼，索性不管。

5. 注意力不集中是长期演化的结果。

注意力过于集中的那些人类前辈，被残酷的自然环境、社会环境淘汰了。

从安全的角度来看，注意力不集中，恰恰是身体演化的结果。只有注意力不集中，才能让人对突然事件快速反应，提高存活率。

当你注意力不集中的时候，不要责怪自己，这是天性。

为什么很难管理自己的行为

- 记录时间的使用和记录开销一样，很少有人能够坚持
- 提前做规划难度也很高
- 这个世界诱惑太多，而我们又没有目标
- 思考是大脑最不爱做的事情，因为要消耗大量能量
- 早期人类应对恶劣的生存环境，注意力不集中才能提升存活率

图 6-2 时间管理的挑战

图 6-3 时间管理相关工具和理论

忘记这些理论的意思是不要专注于理论和工具，而是要看到理论、工具背后的思想和理论。正如武林高手的“手中无剑，心中有剑”。一开始学习时间管理的时候，每种工具和理论都用一下，用多了，就会发现，这些工具背后蕴藏的本质，这些本质比工具的“形式”更重要，理解时间管理的本质，就可以忘掉工具和理论的“形式”。

每种理论工具都有适用的场景，最佳的应用方式，是了解它们的优缺点，取长补短，综合运用。

1.GTD 理论

尽管去做（Getting Things Done，GTD），是一种行为管理的方法。

GTD 的主要原则在于一个人需要通过记录的方式把头脑中的各种任务移出来。通过这样的方式，头脑可以不用塞满各种需要完成的事情，而集中精力在正在完成的事情上。

但是 GTD 理论存在一个问题：GTD 把关注点放在“下一步行动”上，却没有告诉我们如何区分高价值和低价值的事项。GTD 考虑的是如何完成工作，而不会在意工作的价值高低。

此外，所有的清单式任务管理，都需要把清单列出来，并进行筛选，需要人们花很多精力来整理，对于个人而言，时间一久，会感觉烦琐而最终放弃。

而且，清单会让人养成“完美主义”倾向，事无巨细，将大事

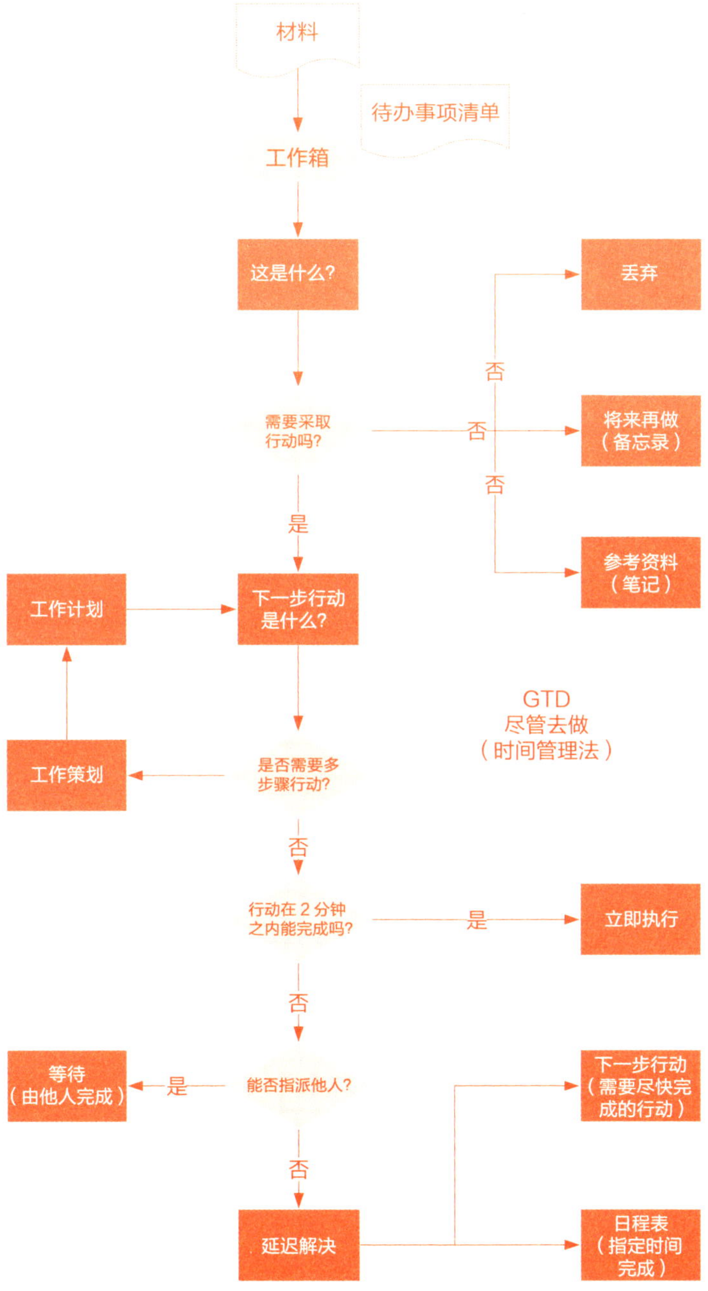
材料
待办事项清单
工作箱
这是什么?
丢弃
否
需要采取
行动吗?
否
将来再做
（备忘录）
否
是
参考资料
（笔记）
工作计划
下一步行动
是什么?
GTD
尽管去做
（时间管理法）
工作策划
是否需要多
步骤行动?
否
行动在2分钟
之内能完成吗?
是
立即执行
否
等待
（由他人完成）
是
能否指派他人?
下一步行动
（需要尽快完
成的行动）
否
延迟解决
日程表
（指定时间
完成）

图6-4　GTD理论

小事都列上去，最终可能因为时间本来就不够用但每件事都想做好，导致每件事都没做好。

2. 要事第一原则

（1）“要事第一”是以原则为中心的方法，不是教导读者如何提高速度，而是给读者一个指南针，为读者指明方向。

（2）强调根据“七个习惯”（高效能人士的七个习惯）的原则和自己的使命、价值观来规划人生，根据这些原则决定哪些事情是真正对实现自己的人生意义重大的事，然后处理要事。

（3）强调从大局着眼，强调效果和方向，更多的是遵循原则。

图 6-5 “不做什么”比“做什么”更重要

要事第一原则的缺点在于门槛比较高，使用者首先需要找到使命和价值观，先规划好人生，再根据原则来确定什么是最重要的事。如果读者从来没有思考过这些问题，这个方法就用不上了。

3. 艾森豪威尔表格（又称为“决策矩阵”）

德怀特·艾森豪威尔说：“我手中的待办事项可分为两个种类，‘紧急’和‘重要’，重要的事情永远不会紧急，紧急的事情不会重要。”

利用艾森豪威尔决策法则，各个待办事项可依照“重要（不重要）”和“紧急（不紧急）”来划分所在的决策矩阵象限。

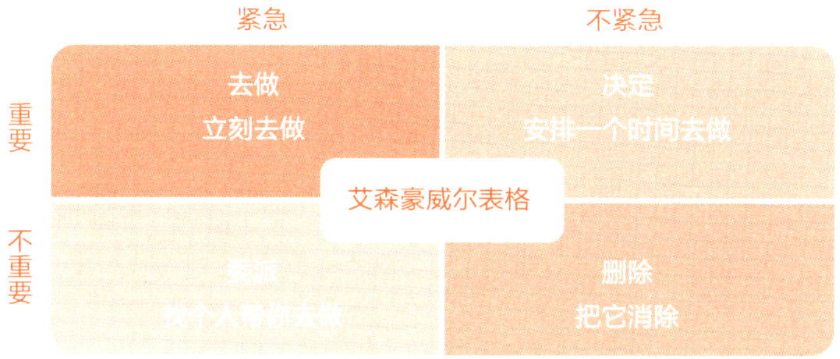

图 6-6　决策矩阵

待办事项详细的区分方式如下：

（1）位于“紧急且重要”的待办事项须立即亲自开始动手完成，例如：紧急、截止日期迫在眉睫的事。

（2）为“重要但不紧急的事情”设立完成日，并且亲自完成，例如：处理人际关系、订计划、休闲放松等。

（3）“不重要但紧急”的事情可委托他人代办。

（4）“不重要又不紧急”的事情就移除不做，例如：单纯浪费时间的事情。

决策矩阵的缺点在于，多数人很难判断事项的重要程度和紧急程度。随着外部环境发生变化，有些重要的事情也会变得不重要，有些紧急的事情也会变得不紧急，有些不重要的事情也会变得重要。

4. 番茄工作法

番茄工作法是一种时间管理法，在20世纪80年代由弗朗西斯科·西里洛提出。该方法使用一个定时器来分割出一般为25分钟的工作时间和5分钟的休息时间，而那些时间段被称为pomodoros，为意大利语单词pomodoro（番茄）之复数。

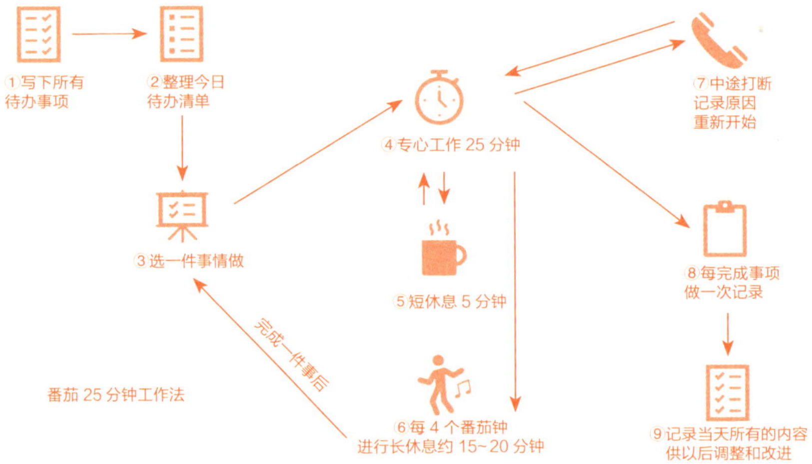

图6-7 番茄工作法

番茄工作法有五个基本步骤：

（1）决定待完成的任务。

（2）设定番茄工作法定时器至n分钟（通常为25分钟）。

（3）持续工作直至定时器提示，记下一个x。

（4）短暂休息3 ~ 5分钟。

（5）每四个x，休息15 ~ 20分钟。

番茄工作法的关键是规划、追踪、记录、处理以及可视化。在规划阶段，任务被根据优先级排入今日待办清单。这允许用户预计每个任务的工作量。当每个番茄时结束后，成果会被记录下来以提高参与者的成就感并为未来的自我观察和改进提供原始数据。

番茄工作法的缺点在于，不适合常被他人打扰的场景。

5. 心流

心流，也称“化境”，亦有人翻译为“神驰状态”，是由匈牙利裔美籍心理学家米哈里·契克森米哈赖首度提出，定义为一种将个人精神力完全投注在某种活动上的感觉。心流产生的同时会有高度的兴奋感及充实感等正向情绪。

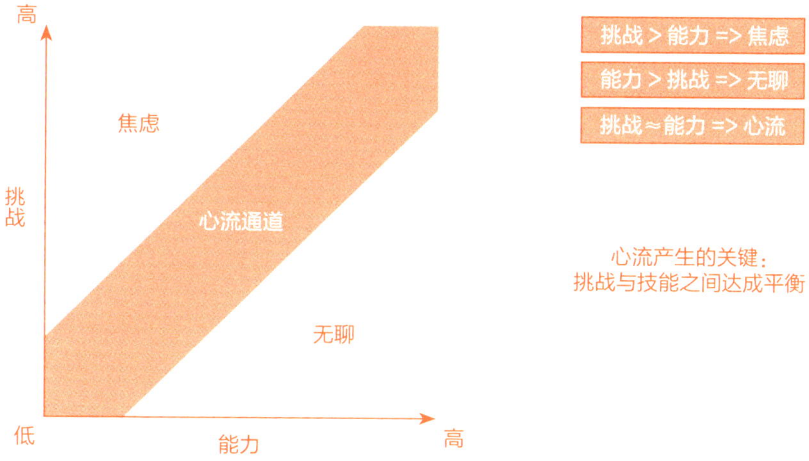

图 6-8　心流理论（简化版）

任意给定时刻，每个人能注意的信息是有限的。米哈里·契克森米哈赖在2004年的TED大会上分享的信息量大约是110比特/秒，人们用英语谈话时的交流信息量大约是60比特/秒。这也是人们在谈话时难以注意其他事物的原因。

人能够决定是否关注大部分知觉（除了本能的感觉如饥饿、痛觉等）。但在心流状态，人完全沉浸在手头的任务中，不会有意识地下决定，因而失去了对其他事物的感知，包括时间、人、分心的事甚至基本的身体需要。这是因为在心流状态下人的全部注意力都在手头任务上，没有可分配的注意力。

米哈里·契克森米哈赖认为，使心流发生的活动有以下特点：

· 是我们倾向于去从事的活动

· 是我们会专注一致的活动

· 注意力投入在当前活动上

· 动作与意识合并

· 反省自我意识丧失

· 是有清楚目标的活动

· 是有即时回馈的活动

· 我们对环境与动作有主控感——挑战与技能之间达成平衡

· 在从事活动时我们的忧虑感消失

· 主观的时间感改变，例如可以从事很长的时间而感觉不到时间的消逝

米哈里·契克森米哈赖称心流状态为“最佳体验”，因为人能从

中感到极高的满足。

当人们处于心流状态，可能会出现四个特征：

（1）自动运转：事情做起来顺手，不需多加思考，身体自动工作。

（2）不在意时间流逝：处于心流状态中，不会在意时间的流逝，直到回到正常状态后，才会注意到已经过了多长时间。

（3）不觉他物：专注投入事物之中，导致不易察觉像是饥饿、手机震动等感觉与刺激。

（4）感到愉悦：在事情完成后，感受到愉悦、满足、有成就感等正向情绪。

心流理论，更像是心理现象的描述，告诉你有这种状态，然后告诉你一些方法，帮你进入这种状态。

人们只有在做有兴趣的事情时，才可能会出现心流、忘我的境界。

6. 目标设定理论

目标设定理论是一个由美国马里兰大学管理学兼心理学教授埃德温·洛克提出的动机理论。研究发现，外来的刺激，例如奖励、工作反馈、监督压力等，都是通过目标来影响动机的。

目标设定理论认为，工作目标的设定会直接影响到工作表现。目标本身就具有激励作用，能把个人的需要转变为动机，使人的行为向特定方向努力，并将行为结果与既定的目标相对照，及时进行调整和修正，从而实现目标。一个明确、具有挑战性的目标，配合合适的反馈，可以令个人的工作表现获得更大的提升。

目标设定理论的相关研究指出，设定的目标具有以下特性时，会有较好的激励效果。

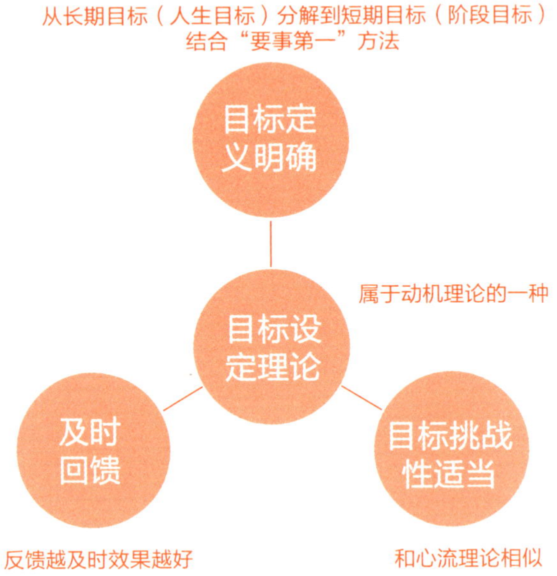

图6-9　目标设定理论

目标定义明确：目标的定义包括衡量目标是否达成的标准、完成的时间等。

目标挑战性适当：设定的目标具有一定挑战性，但其难度又不超过个人的承受范围，这样的目标可以产生激发潜力的效果；反之，太简单的任务容易让人感觉无聊，太难的工作则让人有挫折感。

回馈：人们不仅应有目标，更应定期了解到这些目标的达成状况。

目标设定理论的局限性在于，很难设定一个合理的目标，仍然是想法很好，做起来有难度。能够很好地设定目标的人，时间管理也不会存在问题，这就是矛盾。

7. 重新思考理论

这种理论类似于思考“当前我要解决的问题是真正的问题吗”这样的问题。多数人用这个理论的最大问题是，能力有限，因此找不到更好的选择。

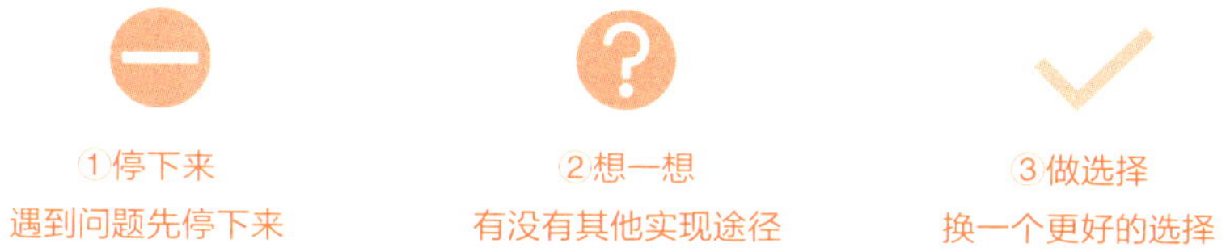

图 6-10　重新思考法

8. 机会成本理论

机会成本是指决策过程中面临多项选择，当中被放弃而价值最高的选择，又称为“替代性成本”，就是俗语说的“世界上没有白吃的午餐”“鱼与熊掌不可兼得”。

图 6-11　机会成本理论

机会成本理论的难点在于，我们如何确定替代性成本。

9.4D 原则

图 6-12　4D 原则

（1）紧急，立即去做（Do it now）。

（2）自己打算做的事情，稍后做（Do it later）。

（3）可以委托的事情，让别人去做（Delegate）。

（4）打发无聊时间的事情，尽量别做（Don't do it）。

该原则的问题在于，多数人喜欢做打发无聊时间的事。

时间真的能管理吗？

· 时间每分每秒都在流逝，不能存储，不能改变，怎么管理？

· 我们管理的不是时间，而是自己的行为

· 做任何事情之前，先思考“为什么”，而不是“怎么做”

· 投入某件事情时间长，并非产出更多

· 难点在于判断事情的重要性和优先级

· 不该做的任务清单比该做的任务清单更重要

· 忘记紧急重要程度确定优先级，你应该用“胜任”和“能做出成果”来组合四象限判定

时间并不能管理，我们需要思考的是，为什么要管理时间？

做事情之前，先思考“为什么”，而不是“怎么做”。目的是为了判断做这件事情的价值以及是否正确。

虽然任务和时间安排妥当了，但是如果事情本身就不正确或者没价值，即使高效完成了任务，也意味着失败。在错误的事情上，效率越高，犯错的速度越快。

投入某件事情的时间长，不一定会产出更多，也可能是效率更低。

人们认为，要做的事情很多，焦点都放在手头的任务清单上。实际上，为什么不换个角度思考？与其判断要做哪些事情，不如制定一个“不该做的任务清单”。

时间管理的重点在于判断事情的重要性和优先级。人们通常建议，有必要建立起一套适合你自己的价值判断模型。

不要被模型吓到，可能只是一些简单的计算公式。做一个 excel 表格，遇到相对复杂的事情，在里面选择某个选项，根据公式自动计算给你建议。

但是从经验来看（以软件产品经理的日常工作——需求价值评估为例），实际上即使有了评估模型，仍然依赖于模型使用者的能力和水平。

而重要性、紧急程度、优先级这些概念本身就很模糊，里面充满了各种可能性。增加了判断的复杂度，意味着决策可能不一定是最优的。

因此，试试使用“重要性”和“是否胜任”两个标准来做象限判断。

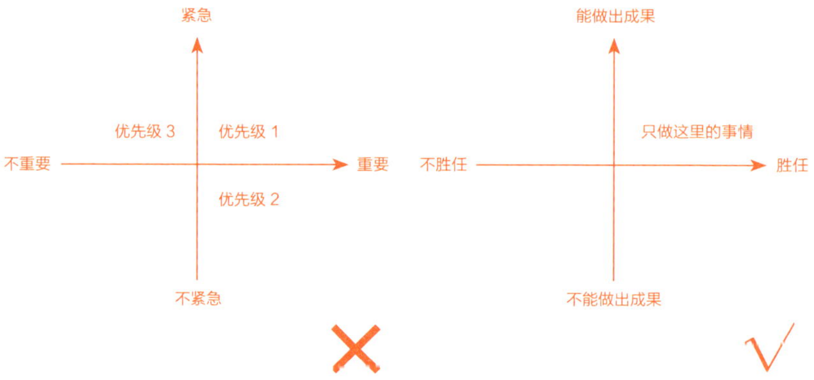

图 6-13　四象限法则

· 四象限法则，具体使用方法如下：

（1）自己认为的紧急重要程度没有和上级（利益相关者）进行确认

不同的层级所能掌握的信息程度不同，加上自身认知有限，因此自认为的紧急重要程度不一定和上级一致。

为了避免白白浪费时间，建议你在划分优先级之后，再和上级进行确认，达成一致。

（2）没有根据时间成本来划分合适的时间颗粒度

在做计划清单的时候，需要让每个任务的时间颗粒度保持一致。

颗粒度越细，完成的可能性越高。

如果将“读完 10 本书”和“背 10 个单词”放在一天里，明显两者所需要的时间不同。前者太多，后者太少。

颗粒度不一致，容易造成事情不能按时完成，同时也缺少给自己的激励（完成某个任务的激励）。

建议将“读完 10 本书”拆解成具体的书名，当天的任务可以是“阅读某书籍的一个章节，并写一篇读书笔记”

（3）普通人管理时间（讲究时间充分利用），卓越者经营时间（时间价值最大化）

前者和后者的区别在于，前者是在消费时间，后者是在进行时间的投资。

假如你做的事情价值不大，即使一天 24 小时都用来做事情，总体收益也不高。

在做事之前，选择那些可以通过时间来增值的事情，单位时间价值就能高很多。

以一个软件开发工程师举例：

管理时间的清单：

a. 排查软件漏洞

b. 回答客户咨询的问题

经营时间的清单：

a. 排查软件漏洞产生的终极原因，最后体现在流程制度和规范上，避免下次出现类似问题

b. 制定一份 FAQ（常见问题解答）

把判断每件事的价值培养成习惯，可以受益终身。

（4）你擅长的事情，不一定是最有价值的工作

假如你是一名技术管理者，虽然你很擅长编程，但你既然坐在管理岗位上，你最有价值的事情就不是去做编程或者投入到技术细节中，而是提升整个组织的工作效率。

如果一定要选择一个时间管理理论，推荐“要事第一”原则。

刷手机上瘾背后的机制

有一段时间，我特意留意在公共区域的陌生人拿着手机做什么，经过一段时间观察和统计发现，80% 以上的人在浏览手机短视频。其余的人，要么玩游戏，要么购物，要么看小说。

国内最大的短视频应用团队有几万人规模，其中有几千人负责审核视频内容，开发人员过万。这些人在 10 ~ 100 个月工资的年终奖刺激下，夜以继日地升级优化策略算法，这些被称为“策略”的算法是一头巨大又无形的怪兽，它变幻万千，能够看透人心深处，不“吃”人但是“吃”时间。

这些复杂的算法演化到最后，连“饲养员”（算法工程师）也弄不清为什么推荐的内容和预期不一致。

大多数国民级移动应用都在运用用户的大数据结合人工智能做推荐。购物应用能让你不停地逛，内容应用总是推你感兴趣的文章，音乐应用里都是你喜欢听的音乐。

如今的 AI 人工智能早已不是几十年前的专家系统（需要把规则一条条写进程序里），而是一种被称为“深度神经网络”的能够自我进化的超级策略引擎。

早期推荐系统很容易被用户训练从而形成“信息茧房”。例如你想训练某 App 变成“狗类知识大全”，只需要查询一些和狗相关的关键词，持续浏览一些和狗相关的回答和文章，再关注几个宠物号，就可以每天收到各种千奇百怪和狗类相关的内容。

后来的推荐系统加入一些奇怪的算法，越来越讨用户喜欢。只要打开短视频就停不下来上滑，总是忍不住想看下一个视频是什么，有免费开盲盒的感觉。

在上面可以看到很多奇奇怪怪的东西，例如“十分钟学会流利地说一口地道印度口音的英语”“如何优雅地低俗”等。

有朋友说每天都能从短视频里学到大量知识，例如“每天一个省钱小窍门”“如何徒手洗刷大闸蟹”“100 种正确‘摸鱼’技巧”。

空闲时间刷一下，时间嗖嗖地没了，这些应用像是个偷时间的贼。

记得老虎机吗？拉一下拉杆，机器哗啦啦地转动，停止之前永远不知道是什么组合。感觉像春天的花儿一样新鲜，像过山车那般刺激。

短视频 App 和游戏 App 的界面都没有时间显示，手指往上滑动的时候，不知道系统会推荐什么样的视频。

这在心理学上叫作“随机性奖励”，专用于刺激多巴胺分泌。为什么有人喜欢喝咖啡？因为咖啡因能够让人对多巴胺更敏感，而多巴胺是上瘾的关键。

短视频是另一种形式的“视频盲盒”，你不需要花钱，只需要动动手指滑动，就能源源不断地获得快乐，这种快乐的强度远超过“神仙快乐水”可乐。

赌博、毒品、盲盒会让人上瘾，如果每一次打开家门，门里边出现的都是地球上不同的地方，你会对开门这件事上瘾。

上瘾这件事分几个步骤。

首先是触发，吸引注意力。第一次通常是外部触发，此后多数是内部触发。“闲了困了累了，刷短视频”就是内心的触发信号。

其次是触发行动。看完一个好玩的视频，想接着看更有意思的，只要手指轻轻上划，零成本拥有开盲盒的感觉。行动是基于对某种回报心怀期待下的行为，人们采取行动的核心动机不外乎追求快乐、追求希望、追求认同三种。

再次是多变的奖励。出现一个更精彩的视频，大脑开始大量分泌多巴胺，奖励越大，多巴胺分泌得越多。多巴胺能让人变得专注，大脑中负责理性和判断的部分被压抑，负责需要和欲望的部分被激活。

最后是投入。用户投入时间和精力（或金钱），不停地刷刷刷，期待下一次刷到惊喜的奖励。

在推荐算法下，你看到的都是你想看到的。

你喜欢诗，就能刷出远方；喜欢萌宠，就能看到开门取外卖的狗，修理电视机勒索小鱼干的猫；喜欢自驾旅行，就能看到全世界的风光；喜欢无人机航拍，就能看到花式炸机，穿越机跳楼视频。

对学习上瘾，可以让你变得学富五车；夏天的时候喝可乐上瘾，可以在秋天落叶的时候“收获”一圈肚腩；刷短视频上瘾，失去的是时间。

如何有效对抗上瘾？要么删了 App，要么通过手机系统自带的“屏幕时间管理”功能限定某个 App 的使用时长和时间段。

要和上瘾做斗争，就要自律。自律从何而来？自律是一种来自内心的力量。如果不是发自内心，那就是他律，无法长久。

假设要在学习和娱乐两件事中选择，多数人会选择娱乐，因为学习是长期主义，立足未来，但是令人感到痛苦。娱乐聚焦眼前，令人放松。只有在内心真正理解学习的重要性，发自内心喜欢学习，才会选择学习，变现为自律。自律的人并非不娱乐，而是会适度娱乐。

当人在学习这件事上有收获，能够获得快乐，日积月累，获得成就越多，直到某天甚至超过某项娱乐带来的愉悦，这时候恐怕不会再对某项娱乐有兴趣。

为什么自控力的“保质期”都很短

不开心的时候来瓶可乐？来杯奶茶？上班太忙，要不要“摸”一下“鱼”？下班回家太累，玩游戏放松一下？

唉，这个世界诱惑真不少！

你一定听过“自控力”，一种当你面对诱惑或外界刺激的时候，控制自己不为所动的能力。

1. 什么是自控力

是指一个人为了实现某种目的或某个目标，对自身的冲动、感情、欲望进行自我控制的能力。它可以通过自我调节、增强自我意识来提高。

自控力可以分为两种，一种是“社会自控力”，一种是“自我控制力”。前者指人在社会活动中的自我控制力，后者指独处时的自我控制力。

在变态心理学中，“自控力差”属于“反社会规则”中的一项：

· 冲动莽撞

· 自控力差

· 寻求刺激

· 缺乏责任感

· 早期行为问题

· 成年反社会行为

这里说的“自控力差”，指的是容易暴躁。除了冲动，即由于一时受到刺激而做出某些行为，还有对感受到的侮辱和轻视产生过度反应。

多数人都能够有力地控制自己的行为；即使想做出攻击反应，通常也能够压住怒火，通常是在“对方占据优势”的情况下无奈地审时度势，才会有“你等着”这样的狠话。

“路怒症”指的是机动车驾驶员面对外部刺激导致的可能危害他人生命安全的行为，本质上也是一种社会自控力差的表现。

由于网络的匿名性质，攻击和吵架无处不在。当匿名的网民没有了道德约束，很容易降低社会自控力。

“不要和傻子吵架，这样会自降身价。”有人如是说。

2. 有效期很短的自控力相关理论

在 20 世纪 20 年代时，精神分析学家西格蒙德 · 弗洛伊德就已经设想出了这个概念（自控力取决于有限资源的支出）。

弗洛伊德认为，自我（受到控制的自我）需要一些精神或心理上的动力来抵制本我（本能的自我）和超我（将道德伦理、文化规则内化于心）的鼓动。

这是一种将意识简化的分类方法，但这样也容易让人产生这样的理解——人类可以控制自己的部分意识。“控制自己的部分意识”依然属于意识范畴，我们怎么知道不是意识在控制那个假想出来的“我”？

如果不是意识到“受控制的意识”是对“我”有利，这个“意识”能控制吗？

讨论“我”“大脑”“意识”之间的关系涉及哲学、认知科学，这里不展开叙述，有兴趣的读者可以思考这方面的问题。

关于自控力的书和理论方法有很多，包括但不限于：

（1）心理学研究证实，自控力来自基因，来自大脑前额叶皮质，由人大脑中的生物能量决定。当控制力资源不足的时候，人们就会开始放纵。为什么一到晚上就很难自控？这是因为一整天的努力工作使得我们感到疲惫，所以一到晚上，就更容易屈从于欲望（吃夜宵、刷视频、玩游戏等）。

这里的“控制力”应当是“认知资源”，指的是一个人处理外界信息的能量池，类似于手机的电池、汽车的油箱。

（2）在延迟满足能力的背后有着更为重要的原因，那就是动机，动机越强烈，自控力越强。当一个人通过健身的行为能够持续发现身材变好或者受到夸奖鼓励的时候，动机就会更强（这也是健身的人都喜欢在健身房自拍的一个原因）。

（3）人最大的敌人就是自己，一个人要想做到有效自控，关键要清楚地认知自己。知道自己的问题，这是第一层；能够对自己的不足有明晰的认识，这是第二层；能够进一步知道如何调整自己以规避问题，这是第三层。这个过程就是提升自控力的过程。

（4）建立“奥德赛契约”——预见到自己未来会向诱惑低头而提前约束自己的行为。例如：不在饿肚子的时候去超市；睡觉时将手机放到离床最远的地方，以免伸手就能关掉闹铃。

（5）转移注意力，假装没有看见那些诱惑自己的事物，学习的时候远离玩游戏、刷视频的同伴。

（6）自制力在很大程度上依赖于大脑额叶对各种冲动的抑制，而额叶是代谢十分旺盛的组织，对葡萄糖和其他营养需求极大。当人们从事需要意志力的工作时，血糖水平会急剧下降。喝一杯糖水，补充身体内的葡萄糖，有助于提升自控力。

（7）告诉自己，拥有自控力是一种时尚，富裕阶层的人往往都很自律。

上面这些理论和方法都有效，都有道理。

许多人为了加强自控力给自己设定各种规则，但最后总是坚持不了多久，因为无法控制自己“放纵一下”的念头而功亏一篑。

3. 道理都懂，忍不住想打破规则怎么办

虽然知道“好孩子”会得到奖励，却忍不住去做“坏孩子”。想

保持身材，却忍不住吃甜品，毕竟吃完甜品，身材不会立刻有肉眼可见的变化。

这说明那些方法的有效期都很短。规则容易失效，首先是因为这些规则都是自己设定、监督的。其次是因为破坏规则在短期内并不会给我们带来损失。

平时没有努力学习，到了考试的时候，考试结果能够让我们感受到损失；上班的时候“摸鱼”，到了年底绩效考核的时候就能体会到损失；平时吃高热量食品但是不锻炼，过几个月就能看到好身材的消失。

从演化的角度来看，那些有自控力的人，会有更多繁衍后代的机会。也许几百年之后，“自控力”这个话题就没有人会再提起，因为人人都有一定的自控力。

4. 没必要什么都控制

人们一直在和本能做斗争。

有本书里这么写：“尼采曾经说过这样一句话：‘自制即控制自我。也就是说，你要抵制盘踞在心中的欲望，不被欲望所左右，成为自己行为的主人。’”但如果你翻过《尼采全集》，会发现这句话不像尼采的风格。

自控力实质上是面对理性与情、欲、偏好的关系问题。这是人类道德永恒的主题，即如何节制、自制的问题。

自控力本质上是为了未来的欲望牺牲眼前的欲望，或者为了高级的欲望牺牲低级的欲望。

归根结底还是服务于人类欲望的。

人类的欲望无穷无尽，即使你看过许多教你如何提高自控力的书籍，也只能在一段时间里管用，过段时间又会恢复原状。

不用如临大敌，做个苦行僧。想喝就喝，但不要多喝；想玩就玩，但不要多玩，凡事都有度。

但是在重要的事情上，仍然需要行使自控力。“钱要花在刀刃上”，既然自控力资源如此宝贵，就不要随便使用。

什么是重要的事情？在强烈的动机驱动之下，你认为有价值的事情。

如果你真的认为学习这样的行动有价值，在学习的过程中，尽最大的努力去忽略那些诱惑，克制刷手机的冲动。给自己定一些时间目标，例如每天读书 100 分钟以上。

我每天至少要写 3000 字，抓住碎片时间写作。在写作期间，不看手机，心无旁骛。写累了，通过阅读书籍这种方式休息。

为什么能做到？首先，“写作即思考”，写作是一种实践思考的方式。而思考能对我的能力提升有显著作用，在思考这件事上获得好处，意味着思考也会令人上瘾。

当你发现做某件事让你自控力越来越强的时候，这也意味着“飞轮效应”（正向反馈）起了作用。

如果在学习这样的事情上，很难控制自己，可能是没有找到适合自己的学习方法，或者是没有想清楚为什么要学习，即缺乏动机。

忘记那些自控力理论吧，没必要什么都控制。

只有真正意识到控制自己的部分意识对自己有利，人类的某些意识才能被控制。是不是意味着我们其实都还是被意识控制着？

再深究，就是“人究竟有没有自由意志”的哲学问题。

后记

“认识你自己”，乔达摩·悉达多王子走到菩提树下，思考几天几夜就能顿悟成佛；李耳骑牛到函谷关，被拦下来写下几千字扬长而去，这些都是传说。但是传说归传说，作为普通人，仍然需要“读万卷书，行万里路”。

我曾经思考过很多问题，以为会有新发现。书读得多了，才发现是自己无知，先贤大哲们早已思考过，都写在书里呢。

要认识你自己，可从心理学获得关于人类心理的一切研究成果，可从哲学中获得对人的本质的思考，可从生物学角度获得演化的启迪，可从文学中获得人性的启迪。

“想明白自己要的是什么”，年轻时不得其意，过些年总算有理解。往小了说，要想清楚职业规划，往大了说，要想清楚人生目标——怎样让自己的人生过得有意义。

讨论“人生有没有意义”的问题没有意义。太阳耗尽能量之前，会逐步膨胀，在吞入地球轨道之前，地球生命也灭亡了，而宇宙也不可避免会走向热寂，一切都是时间问题。随着科学发展，人们对世界了解越多，会越发感受到冰冷。所以，从群体角度出发，没有意义。

但是作为有思想、有意识的人类个体，不是冰冷的机器。在人的一生中，要走很多路，经历很多事情，会遇到挫折和阻碍，如果不知道应该怎样度过才有意义，可能会在人生中经常出现不如意的感觉，缺乏幸福感，会经常感觉无聊。

所以，从个体角度出发，非常有意义。想清楚“自己的人生意义何在”，人生不会迷茫，不会优柔寡断，不会感叹无聊，不会浪费时间。

我的人生意义，在于实现自我价值，志向在于尽可能帮助他人；人生目标是希望自己变得更睿智，有强大的精神力量。帮助他人有无数种方式，例如做义工、参加各种志愿活动，或者是慈善捐赠、办企业解决就业问题等。前者能够贡献的力量有限，后者对贡献者的要求极高。

我在业余时间常为他人提供免费的企业咨询服务，包括商业模式的分析、企业效率提升等，也有人咨询如何提升认知，我也会付出时间解答。问题在于，个人的时间有限。所以我选择写作、出书这种方式，将知识通过书这种文字媒介传递给几万人甚至十几万人。有人会说，你出书难道不是为了获得版税吗？

如果要谈机会成本，因写作而放弃的机会成本远高于出书的收益。中国人这么多，比我更有智慧、知识更丰富、社会成就更高的人比比皆是，数不胜数，为什么这些人不写书呢？原因是对他们而言，得不偿失。有多少人会占用每天的业余时间 3 ~ 5 小时来伏案写作，写个三五年？有这时间和精力，用来陪家人，用来思考如何赚钱不是更好吗？

版税收入和工作收入相比，实在是不值一提，尤其是非虚构类的书籍。所以有些朋友不是很理解为什么我会把业余时间投入到写作上。对读者而言，花一份快餐的钱，能买到一本书，性价比非常高。如果一本十几万字的书能够让读者有一点启发，就值了。

当我有了这样的人生目标和实现人生意义的途径后，就有了强大的精神动力。每天只有 24 小时，除去工作、吃饭、睡觉、学习、社交、娱乐的时间，所剩无几。只能从睡觉、娱乐、社交这些事情上要时间。社交时间少了，不可避免，朋友也会少，熟悉我的朋友会体谅我，不熟悉的朋友关系疏远也无可奈何；睡觉时间少了有点风险；娱乐时间少了好处就多了，不看电影，不玩游戏，不刷视频，精神世界也很富足。

写书稿充满挑战，太费大脑，个中滋味不足为外人道。第一本书在 2018 年完成书稿之后，我彻底放松了三个月，没写任何文字。同时，我也感觉到知识储备需要提升，这三年时间，除了写作本书之外的业余时间，几乎都用在阅读不同的书籍，不知不觉翻过了近千本，完整阅读上百本。有这样的实践，让我对思维模型、认知自我、知识体系构建、能力提升的认知有极大的帮助，作为正向激励，信念更加坚定。

我的信念是“挑战不可能、坚持学习、长期主义”。挑战不可能，让自己突破极限，哪怕一点点，也是收获；坚持学习，才能减少无知。要做到以上两点，离不开长期主义。

长期主义是一种价值观，指做一件事不考虑短期利益，只看长远。如果一件事需要很长时间才能看到效果，能坚持下去的人，是长期主义者。

学习哲学的第一年会感觉太抽象，看不懂，三年后行不行呢？三年不行，五年行不行？罗马城都不是一天建成的。“没时间学习”“没时间锻炼”都是安慰自己的借口。打开手机的“屏幕使用时间”，就能知道时间都花在哪儿了。

不过，这也许因人而异，和年龄有关，年轻的时候，对什么都好奇，静不下心学习是正常现象。随着社会阅历增加，经历过风浪，见多识广就能逐渐收心。

人不爱学习，是因为在学习过程中没有找到乐趣。学习本身不是目的，而是手段，“让自己更睿智、更优秀”才是目的。

人的行为转变，来源于思维方式的转变。

我在学生时代或者是离开学校进入社会的青年时期，喜欢读离工作生活很近的书，可以解决当下的问题；不喜欢读那些感觉有距离的书，例如通识类（包括文史哲）的书。这些书读起来枯燥，又不能立刻提升工作业绩。

宁愿去看有关社会现象和政治现象的文章，因为都是正在发生的事，或者是曾经的现象。可是文章读得再多，依然没有能力解读各种现象，原因在于缺乏通识素养。如果读了希腊神话、西方文明史、宗教史，以及一些其他的社科经典，懂得中西方文明的来龙去脉，知道科学的发展历程，资本主义如何产生，权力制度如何产生和设计，立法背后的原理，就能从原理层面去解读现象。

“认识自己”的深层含义，是理解作为“人”的个体，在不同的阶段，会有什么样的心理特征，有什么样的行为，从而能更好地超越当前阶段的自己，看清未来的方向，最后“成为你自己”。

那些年轻的时候读起来感觉无聊，没有意义，离生活太远的书，恰恰最有长远意义。等年龄再大一些，有一定阅历，回头去看当时不喜欢的书，读来却很有意思，又会感叹为什么没早点读。

学习的过程，是认知自我的过程。学习是一件痛苦多于愉悦的事情，认知自我也是如此。人们习惯于审视他人，很少审视自我。审视自我从来不是件愉悦的事情。人们对于自己的缺点难以自知，不敢直面内心的欲望和缺陷。喜欢给内心的欲望、缺陷找一些理由，以求心安理得，这是人的本能。

如果你感觉无聊，可以考虑开始学习。一旦进入学习过程，会发现多了很多有趣的事情打断学习。读一会儿书，手机有动静，打开看看；过一会儿，看看周围，似乎有新鲜事发生；再过一会儿，朋友会来找你。总之，这时候任何其他事情都会比学习更有趣。

人们不能管理时间，任何人也无法改变时间的快慢和长短。如果没有认识这一点，会陷入各种时间管理理论和工具中，依然没有解决问题。

如果知道自己的人生目标，所有时间都会优先考虑如何实现人生目标，外部因素都无法造成干扰，效率自然会提升。

但是并不是人人都能明确人生目标。实在找不到，试试把“让自己变得更优秀”作为一个人生目标，衡量优秀的标准在于能够帮助多少人解决问题。无论什么时候，都不应把“让自己变得更有钱”当作人生目标，财富永远都是副产品。

能解决他人的问题，别人就愿意付钱给你。解决一群人的问题比解决某个人的问题更有价值。你在企业上班，帮助企业解决问题，企业付薪水给你，你创造的价值越高，薪水越高。创业者解决用户痛点，为用户创造价值，用户也会支持创业者成功。

选择什么样的目标，意味着有什么样的判断标准。我在公司里分管技术部门，通过建立“自我迭代机制”让部门可以自行运转之后，鉴于企业当前存在的诸多问题，向CEO提出成立新部门，解决公司的战略管理和经营分析问题。从那时起，每天工作到夜里十一点，做双份工作，但是领一份薪水。在他人看来，这是一件无法理解的事情。

这不是一件容易的事情，因为业务部门会质疑，一个技术管理者能管企业战略和运营吗？多数技术出身的人缺乏商业思维和经营意识。

好在我很早之前一直在做准备，坚持学习商业理论，在行业深耕多年，因为掌握了高效的学习方法，我在很短时间内熟悉了业务，并运用思维模型，来解决业务问题。

得益于研究“认知升级”，我的“心智工具箱”里，有许多思维模型可以使用。通过思考，不断完善“思维工具箱”。本系列提到的思维模型建立方法，都是我在实践中总结提炼而来，并证明过行之有效。

怎样才能把技术领域的知识迁移到业务领域？关键在于拥有透过事物看本质的能力、深度思考的抽象能力。技术也好，业务也罢，只是相同事物的不同表象。

一头大象有鼻子、腿、尾、身、耳、牙等。一家公司也有很多部门，有供应链、运营、技术、HR、财务、产品、客服等部门。如果不懂商业和企业经营的本质，如同盲人摸象。每个人只擅长熟悉的领域，管技术的人多数从技术角度看问题，管业务的人又不懂技术。

但如果能够看清商业本质，具备领导力（带领团队解决变革性难题的能力），对企业（大象）有全面的理解，就能完成知识迁移。

人要站得高才能看得远、走得远，才不会迷路，不会彷徨和迷茫。这些都是大道理，听过的人很多，做到的人很少。古人早就说“志当存高远”，这些都是智慧。

可惜的是，知识容易学习，能力可以培养，但是智慧并不容易获得。

有人问，要达成目标有没有捷径？

有捷径，每个人终其一生都在找那条正确的路。要找到这条捷径，首先你要认识自己，找到人生目标。

最后，关于时间的问题。

时间是真实存在还是一种心理感觉，取决于从什么角度理解，哲学、自然科学、心理学都有不同的说法。普通人不关心时间的真实性，只关心怎样高效利用时间。

有很多时间管理的理论，也有很多心理学理论，例如注意力、自控力、意志力理论等。究其本质，时间管理和个人管理一样。时间并不是人类所能控制的对象，在地球上无法改变一天只有 24 小时的事实。

关于“自我”更是一个复杂的问题。是否存在“自由意志”？哲学家们和认知科学家们也各抒己见。人真的能够控制自我吗？“我”是生物学意义的大脑还是大脑神经元产生的意识？如果复制一份记忆到硅基生物身上，还是同一个“人”吗？这样的问题还可以引出更多问题。

解决问题，必须找到源头，找到“第一性”（本质）。而这些是在常人看来非常“虚”、离日常生活非常“远”的东西。人的认知和现实世界越近，越实际，越停留在表面，就越需要不停学习新东西。因为事物总在千变万化，不能仅仅“用眼思考”，更需要“用脑思考”。

如果管理时间的核心是“做最重要的事”，就要思考什么是“最重要的事”？这件事的时间周期是几天、几个月、几年还是更久？一直探究，最终会找到最初的人生目标，因为最重要的事都离不开人生目标，其他的事情，都是旁枝末节。

陆地上的河流有千万分支，追溯到源头，只有一个。不知道源头在哪儿，会迷路，在千万分支中失去方向，浪费时间。

所以“认知自我”是“认识你自己”，是人类在探索外部世界的同时至关重要且不能忽略的。人们需要客观清醒地探索内心世界。

吴建平

知乎

有问题 就会有答案

超级学习 ③

SUPER LEARNING

知识体系

吴建平　著

台海出版社

图书在版编目（CIP）数据

超级学习．知识体系 / 吴建平著．— 北京：台海出版社，2022.8

ISBN 978-7-5168-3317-9

Ⅰ．①超… Ⅱ．①吴… Ⅲ．①思维方法 Ⅳ．①B804

中国版本图书馆 CIP 数据核字 (2022) 第 092115 号

超级学习：知识体系

著　　者：吴建平

出 版 人：蔡　旭　　封面设计：今亮后声

责任编辑：吕　莺

出版发行：台海出版社

地　　址：北京市东城区景山东街 20 号　邮政编码：100009

电　　话：010-64041652（发行、邮购）

传　　真：010-84045799（总编室）

网　　址：www.taimeng.org.cn/thcbs/default.htm

E - mail：thcbs@126.com

经　　销：全国各地新华书店

印　　刷：三河市兴博印务有限公司

本书如有破损、缺页、装订错误，请与本社联系调换

开　　本：889 毫米 ×1194 毫米　1/16

字　　数：164 千字　　印　张：10.25

版　　次：2022 年 8 月第 1 版　　印　次：2022 年 8 月第 1 次印刷

书　　号：ISBN 978-7-5168-3317-9

定　　价：168.00 元（全四册）

目录

01 你需要什么知识体系

04 构建知识体系

05 学习方法：为什么你要多读书

本书如何使用

如果在阅读过程中，遇到问题，可以在微信公众号“晓布研习社”后台留言，作者会给予解答。

公众号会持续更新文章，欢迎读者积极参与互动。

序言

脱离“工具人”困境

从“工业革命”到“工业 4.0”时代，近 300 年时间，世界发生了翻天覆地的变化。移动互联网取代传统互联网，新能源汽车取代燃油车，数据变得从所未有的重要，唯一没有发生变化的，是“标准化学习”。

移动互联网时代，手机成为人类身体的延伸。和过去 PC 互联网时代相比，现在人们只要醒着，就被“信息”包围着，一切都在走向数字化。人们享受着“智能推荐”的同时也贡献着数据，互联网让人们变得越来越焦虑。焦虑来源于“看见不同的生活”。

很多“热点”事件出来后被自媒体进行加工，再加上“无时差”传播，使移动互联网放大了焦虑。年轻人接收到的信息越杂，越迷茫。

中年人上有老下有小，经济负担重。不少企业认为，中年人工资等成本高，不如年轻人能加班，接受新事物不如年轻人，因此有了“35 岁危机”。

大学是工业时代的重要发明，代表着教育普及及标准化。用统一的教育方法，批量制造“能够从事生产”的人才，以满足工业时代的技术“工人”需求。

后工业时代的教育变革没有跟上时代发展，教育改革又是系统性的复杂工程，谈何容易。“德智体”和“知识技能”相比，能做到让学生习得谋生技能，已非易事。教育不仅是学校的事情，家庭和社会同样重要。如果仅靠学校教育，很难做到“德智体”全面发展。学校的教育受限太多，十余年太短。理想和现实总有差距，这个差距，只能通过终生学习来弥补。

回想过去在学校所受的教育，我们缺失什么环节？学校教育是基础知识、通用知识、专业知识，是培养各种能力，包括学习能力、思考能力、表达能力。学校教育唯一“短板”是学生的“自学能力”。要怎样才具备有效的“自学能力”呢？

自我学习和学校学习有什么不同？首先，自学意味着没有人监督。学生从学校毕业后，角色发生变化；不再有考试，没有寒假和暑假。自学需要自驱力，自驱力从哪里来？

学校有科学、完整的知识体系，有学习的环境，有老师给讲课。而自我学习时，这些都是缺失的重要部分。学习者不知道该学什么和怎么学。

专业技能书籍的效果立竿见影，只要肯花时间学就会有收获。学来的依然是解决外部问题的技能。但是多数人的生活过得不开心，学校并没有太多精力教会学生怎样面对社会，怎样面对不良情绪，如何与自己相处、与他人相处。我们也并没有自认为那般了解自己。

社交媒体上有着很多年轻人的迷茫，中年人的疲惫，普遍缺乏幸福感，究其源头，都可以回到“人生意义”上。世界如此复杂，需要有强大的内心。怎样才能让内心强大，先要知道“自己想要什么”，再搭建知识体系，构建能力模型，让自己变得更优秀，才能无往而不利，无所畏惧。

年轻人在解决生存问题的同时，需要去思考“我的一生应该如何度过才有意义”这样的问题，一时想不出来，可慢慢想。这是人生明灯，是指南针。

还需要知道世界上的知识有哪些分类，应该学习哪些知识——构建知识体系，是为了帮助自己实现人生意义。好在如今获取知识越来越容易。

移动智能设备让人们拥有一座随身携带的“图书馆”“在线学校”。得益于时代进步，知识获取变得从所未有的便捷。要避免让自己变成“知识的容器”，应培养理性、深度的思考能力和明智的判断能力，提升自己的人文素养。

本书试图帮助你学到一些“关于知识的知识”，以及学会搭建知识体系。

吴建平

01

你需要什么知识体系

学校教育并非我们知识获取来源的全部，我们需要了解自己缺乏哪类知识，清楚自己该学什么，以弥补学校教育之不足，成为一个终生学习者。

我们应该学习什么知识

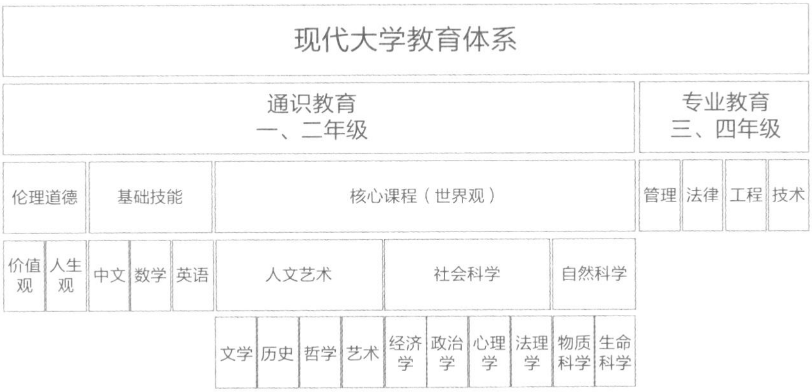

图 1-1　现代大学教育体系

现代大学教育的内容可分为通识教育和专业教育。

美国早年的大学模仿牛津、剑桥的模式，是以英格兰式“教学”为主的学校。直到 1809 年，德国创设柏林大学，极力倡导大学的“研究”功能，认为大学不仅在于传授已有的知识，更重要的是探索未知的、可能的知识。

柏林大学的理念认为，大学更要向人类未知的领域进行开拓。

1815年，大量美国大学生前往德国留学。德国大学的“自由学习”理念影响了美国大学。

美国独立战争45年之后，耶鲁大学在1828年进行“通识教育运动”，当时的通识教育主要为古典的文雅科目，即古典语文，和今天所包含的人文、社会、自然三大知识领域不同。

第二次世界大战后的世界并没有因战争结束而获得和平。大学应扮演什么角色，大学教育的功能是什么？这是美国高等教育界高层必须回答的问题。

1943年，哈佛大学康能校长有感于战后通识教育的问题，任命哈佛的教授及校外学界知名人士，组成“通识教育的目标”委员会。委员会于1945年战争结束时提出报告——《哈佛通识教育红皮书》（*General Education in A Free Society*），康能校长在报告中写了一篇导言，由于该书以哈佛的传统深红校色为封面，出刊后广受注意和讨论，日后影响也很大，被习称为《红皮书》（*Redbook*），甚至被称为“二战”后通识教育的“圣经”。

《哈佛通识教育红皮书》宣示通识教育之目的在于培养“完整的人”，这种人需具备四种能力：

1. 有效思考的能力。
2. 能清晰地沟通思想的能力。
3. 能做适切明确判断的能力。
4. 能辨识普遍性价值的认知能力。

（Harvard Committee, 1945, pp. 64—73）

《红皮书》认为通识课程应包括人文学科、社会科学、自然科学三大领域。哈佛此项通识教育改革中，六科的通识课程必须在人文、社会、自然三大领域中至少选一科，而其中人文领域中至少要读“文学经典名著”（Great Texts of Literature）一科，此外可以选读文学、哲学、美术、音乐方面的科目。

通识课程不像专业课程，学完可以立即在实际中应用。所以在学习通识课程时需要调整学习的态度、学习的方法。因为学习的时候如果只注重学习单个分类的内容，很容易造成割裂——这三者之间实质上互相关联，互相影响（应聚焦在方法和观点上）。

把通识和专识进行融合，而不是泾渭分明、区别对待。假如你学习了专业知识里技术类的计算机专业，掌握了编程思维，并用编程思维去看通识课程里的文学，会发现可以借鉴编程思维设计文学作品。

同样，通识中的艺术修养可以在专业应用中发挥作用。产品经理通过学习文学来了解人性，从而在产品设计的时候，让软件的使用更为人性化。乔布斯从大学辍学后，仍然去旁听美术字课程，这一段学习经历，影响了乔布斯在苹果产品上工业设计的风格。

当然，学习之前，要思考学习的目的是什么，如果仅仅是为了就业拿薪水，去学专业知识即可。我相信更多的人学习目的是希望自己的生活过得更好。我们要思考的问题是，在社会中要过上一种完美的和有质量的生活，个人需要具备什么特质（心智品质和道德品质）？什么样的知识要素可以培养这些特质？

自然科学会让人们对自然环境有所理解，社会科学会让人们对社会环境和人类制度有总体上的理解，人文艺术会让人们理解人类与其自身的关系，理解人类的内在期望与理想。

自然科学侧重于描述、分析和解释，陈述被判断为“正确的”和“错误的”，并不对它们所描述的事物进行价值判断。比如量子力学家在陈述夸克的结构时，不会对夸克进行表扬和评判。自然科学借助形式逻辑和数学研究的是那些能够被测量的东西。

人文科学中，结论被判断为“优”和“劣”，和自然科学相反。人文科学探索并展示价值观，研究的是那些无法被测量的事物。就像你不能去测量一个人的理想，也不能精确度量艺术品位。

社会科学综合自然科学和人文科学这两种方法，既运用解释也运用评价。例如经济学家关注事实和事件及数据之间的因果关系，但是同样也关心价值。

艺术史有什么用？从美学教育来说，了解艺术史有助于提高我们的审美判断力和鉴赏力——俗称的“品位”。从哲学角度来说，艺术的任务在于让大家司空见惯的现实与其另一个版本碰撞，促使人们修正对现实的看法。艺术可以启发人们反思现实。从心理学的角度来说，艺术能够帮助人们在内心与现实之间建立一个缓冲空间，有助于人们的精神世界超越由现实差距导致的负面情绪，丰富精神世界。

学习古代汉语常识有什么用？懂一些古代汉语常识，就能自己阅读历史书，避免以讹传讹。现代学校的语文课，已经大幅度增加古代汉语常识的篇幅和比重。

现代汉语是从古代汉语发展而来，继承了很多词语和典故，如果一个人古代汉语修养较高，对现代文章（尤其是繁体文章）的阅读能力也会相应提高。例如“马首是瞻”（出自《左传》），意思是说，你们看着我马头的方向，跟着我去战斗。

古代汉语离不开天文和历法，历法又离不开天文，学习古汉语还能顺带学习天文知识。“月离于毕”出自《诗经》，是月亮走到毕宿的意思，指即将下大雨。

龙应台曾说：“为什么需要文学？了解文学、接近文学，对我们形成价值判断有什么关系？如果说文学有一百种所谓‘功能’而我必须选择一种最重要的，我的答案是：德文有一个很精确的说法，macht sichtbar，意思是‘使看不见的东西被看见’。”

什么是看不见的东西呢？人性、情感、道德、感觉。

文学和历史能够让人明白“从古到今，不变的只有人性”。

学习历史有什么用？历史的作用是让人们从特例中发现一般。了解历史，不仅仅是了解事件（时间、地点、人物，事件起因、经过、结果），还需要对当时的地理气候、文化习俗、社会秩序、政治经济等综合分析。通过历史记载，从横向与纵向的维度拓宽视野，在海量的文献和资料中梳理历史事件的因果关系，如果仅仅阅读而不做分析，那么历史仅仅是过去的片段，是有选择性的记录。

以史为鉴、发现历史规律，这是多数人的想法。谈历史不能简单一概而论，需要从时间尺度上区分。不同尺度的历史，侧重点也有不同。

历史学家费尔南·布罗代尔的《地中海》一书分为三个部分：第一部分搭建地理和气候框架，第二部分写社会与经济，第三部分写政治事件。三个部分对应着三种时间尺度：地理和物质结构对应长时间，经济循环、局势对应中时间，政治、事件对应短时间。这是一种“历史时间尺度框架”。

历史是一个时间的序列，根据时间的序列就可以将历史划分成不同的类型。在时间范围上，从古到今全部包括在内的，可称为通史；记述一定时期的历史则是断代史或阶段史。司马迁的《史记》是中国历史上第一部通史。

人都有空间感和时间感，从生存角度而言，空间和时间的尺度越小，离当下越近（无论是时间或空间）。因此，人们对周边2公里范围内的新闻关心程度远高于200公里外，关心未来2小时的事远超过200小时后的事。

这会导致人们习惯聚焦于小尺度而忽略大尺度，例如趋势。按照时间尺度，历史可以分为宏观史、中观史、微观史。人们多数时候只知道过去几百年、几十年发生了什么，但对于过去某个特定年份中的某个小历史事件这样的历史切面却不够了解。习惯读宏观尺度叙事的历史书后，不妨换换视角，阅读些微观史的书籍。

微观史是20世纪70年代左右兴起的一种新的历史载体，是一种在本质上以缩小观察规模、进行微观分析和细致研究文献资料为基础的研究方法。

《乳酪和蛆虫》是微观史领域的代表作，如果读者想了解什么是微观史，不妨从这本书入手（本书不是生物学书籍）。通常历史书中的人物都是大人物或者是对历史进程产生影响的关键人物；在微观史中，出现的多数是小人物。本书的主角是一位农场主，因为自己的宇宙观与“神创世界观”有不同而被审判。本书作者通过寻找文献资料及当时的卷宗，像福尔摩斯一样推理和剖析。虽然本书从农场主切入，但大部分内容并没有局限在该案中。

美国哈佛委员会的通识教育观点认为现代人应该掌握如下方法和能力：

1. 掌握获取关于社会、自然和自我的各种知识的方法。（知识获取能力）

2. 了解别国和本国不同历史阶段的文化以使自己更好地理解现代世界生活。（世界观养成）

3. 具有一定的伦理道德判断能力。（人生观、价值观养成）

4. 熟悉各种获取知识的必要手段和工具。（学习能力）

5. 具有解决不同领域不同问题的能力。（解决问题的能力）

6. 掌握定量分析和语言、写作的基本技能。（表达能力）

以上方法和能力可以作为我们学习方向的灯塔，帮助我们全面发展，而不是成为“工具人”。

不要让自己变成“知识的容器”，而应重视培养自己的理性、深度思考能力和明智判断力。

怎样让自己变得更优秀

面对浩瀚如烟的知识，层出不穷的“新概念”，人们有点力不从心。

如果说大脑是“操作系统”，那也需要常常更新，才能不断地适应环境的变化。

“神经网络”是如今人工智能时代的主流，是计算机科学家们对人类神经网络的仿真和应用，通过研究人脑的运转机制来研制人工智能。

同样地，也可以把大脑的“操作系统”抽象成为“心智模型”，心智模型由“心”和“智”组成，“心”代表感性部分（人性、情绪、需要等），“智”代表理性部分（知识、能力等）。

一个完整的心智模型集合 ={ 自我驱动力（动机），知识体系（素养），能力 }

一个优秀的人，要具备自我驱动力、完善的知识体系、解决问题的能力。

自我驱动力包括：

A. 使命感

B. 危机感

C. 成就感

把自我驱动力单独拿出来的原因在于这是获得知识与能力的基础，也可以称为行动力。

自我驱动力和一个人的人生观、价值观息息相关。

完善的知识（必备知识、通用知识、专业知识）包括：

A. 基础技能（中文、数学、外语），属于必备知识

B. 道德伦理（组成人的人生观、价值观），属于必备知识

C. 人文科学（文学、哲学、历史、艺术），属于通用知识

D. 社会科学（经济学、政治学、心理学、法理学），属于通用知识

E. 自然科学（物质科学、生命科学），属于通用知识

F. 专业知识（管理、法律、工程、技术），选择一项即可

通用知识影响人的世界观。必备知识和通用知识都需要学习。专业知识和人在社会上谋生的职业有关。

能力包括：A 学习能力、B 解决问题的能力、C 表达能力、D 情绪管理能力。

A. 知识获取能力（学习、阅读、理解能力）

B1. 抽象能力（建立模型、洞察本质的能力）

B2. 批判性思维（独立思考、批注、点评与判断的能力）

B3. 系统性思维（解决复杂问题的能力）

B4. 推理能力（演绎、归纳等逻辑思维能力）

B5. 想象力（创新能力）

B6. 定量分析能力（数据分析能力）

C. 表达能力（沟通、写作、演讲能力）

D. 情绪管理能力（控制压力、焦虑、欲望的能力）

从 A 到 D 是一种提升顺序，你可以根据自己的实际情况来调整顺序。

知识获取能力排在首位，这点不会有异议吧？

知识获取能力包括：

A1. 掌握关于知识的知识

A2. 拥有一套适合自己的高效学习方法（掌握元知识）

A3. 掌握不同学科的学习方法

为什么没有把横向思维、逆向思维、立体思维等放进能力列表？因为这些“思维”层出不穷，属于“方法”层级，和批判性思维、系统性思维不在一个级别。

如果想进一步提升自己，可以了解什么是元知识、元认知、元能力。

以上内容可以理解为一份知识与能力的地图和清单，大家可以对照自己的知识与能力，找出认为需要提升的部分，有助于帮助自己制订系统性、体系化的学习提升计划。

“碎片化学习”是一个巨大的陷阱

“碎片化学习”概念起源于智能手机时代。智能设备让我们拥有随身携带的“图书馆”“在线大学”“资料库”“答案集”。

而这些“知识”对我们的帮助究竟有多大呢？

“碎片化学习”，是一个巨大的陷阱。在森林中，陷阱被枯枝落叶掩盖，落叶上放着一小块诱饵，诱饵上写着“把你的碎片时间利用起来吧”“给我 5 分钟，给你一个世界”诸如此类的话。

布下这些“陷阱”的，是那些躲在背后的“猎人”，猎人们摸透了猎物的心理。首先要引起猎物焦虑，焦虑会让猎物失去理智和判断能力。然后用诱饵吸引，引起猎物的注意力。同时还必须想尽办法让诱饵看起来色香味俱全。

猎物收获了“获得知识”的幻觉，猎人捕捉了猎物的注意力和时间。

“碎片化学习”像银行储蓄产品“零存整取”，把那些碎片时间利用起来存进去，将来就能获得完整时间的收益。这听起来像圣托里尼岛的黄金日落和阿尔卑斯山下的翡翠湖水一样诱人。

真相是，多数情况下我们学到的知识，是“碎片化知识”。

不懂无用之用，难成大器

惠子谓庄子曰：“吾有大树，人谓之樗。其大本拥肿而不中绳墨，其小枝卷曲而不中规矩，立之涂，匠人不顾。今子之言大而无用，众所同去也。”

庄子曰：“子独不见狸狌乎？卑身而伏，以候敖者；东西跳梁，不辟高下；中于机辟，死于罔罟。今夫斄牛，其大若垂天之云。此能为大矣，而不能执鼠。今子有大树，患其无用，何不树之于无何有之乡，广莫之野，彷徨乎无为其侧，逍遥乎寝卧其下。不夭斤斧，物无害者，无所可用，安所困苦哉！”（《逍遥游》）

惠子对庄子说：“我有棵大树，人们都叫它‘樗’。它的树干却疙里疙瘩，不符合绳墨取直的要求，它的树枝弯弯扭扭，也不适应圆规和角尺取材的需要。虽然生长在道路旁，木匠连看也不看。现今你的言谈，大而无用，大家都会鄙弃它的。”

做过宰相的政治家、哲学家惠子说了这么一大段精妙的话，目的是为了证明庄子的言谈大而无用。但庄子是个辩论能手，能从容应对。

庄子说：“你没看到野猫和黄鼠狼，为了捉小动物，身手敏捷，能上能下，没有去不了的地方，但一不小心就中了猎人的机关。你家那棵大树，怎么会没用呢？这棵树虽然不能为木匠所用，但是你可以在天热的时候在下面躺卧着乘凉，也可以绕着这棵树转圈锻炼身体。这棵树正因为看起来没用，刀斧不会去砍，才不会受苦啊。”

庄子反驳惠子“大而无用”的例子，并不是说一个人应当做废物，没有任何特长才安全。他是提醒人不可急功近利为他人役用，否则难有好下场。所以做任何事还是在于个人选择，见仁见智。

惠子说：“你说得好有道理，我竟无言以对。”

如果苏格拉底在边上，一定也会忍不住来问庄子，“大家讨论这么激烈，我就想问问，什么是‘有用’？你是如何定义‘有用’呢？”

估计庄子会和苏格拉底讲故事，一个故事不够接着讲另一个故事。

按照东方思维，太极阴阳，相互依存。没有阴哪儿来阳？没有黑暗，哪里来的光明？

完全光明的世界，也是完全黑暗的世界。

每个人都有自己判断“有用”“无用”的标准。有句话这么说：“彼之砒霜，吾之蜜糖”，对你来说是砒霜一样有毒的东西，对我来说可能就是甘露。不喜欢榴莲的人，闻着味儿要捂着鼻子，喜欢的人，则求之不得。

对某些人有用的东西，对某些人就是无用。垃圾是放错了地方的资源。

有些人以为美学只研究什么是美，其实美学的范畴还包括悲剧和丑。

帮助学生就业显然不是高等教育的主要目的，但是很多人在选择专业的时候，首要考虑的就是就业问题。

大学所学的知识可分为“做人”和“做事”，那些教人“做人”的课程，很容易被归为“无用”范围之内。文学、哲学、历史都是此类“无用”之知识，因为这些学科的学生毕业后并不容易找到工作。反而是计算机、工程学这些“做事”的知识更受人欢迎。学生一毕业就能干活，薪水也拿得高一些。

国学大师王国维属“无用之用方为大用”一派，他认为哲学和美术才是人类文化的最高成就，他说的“美术”是艺术，美学之术。

1854 年灯泡已经发明，但为什么现代依然存在“烛光晚餐”，按理说，有了灯泡，何必再点上蜡烛这种“无用”之物。

王国维说，人于生活之欲外，有知识焉，有感情焉。感情最高之满足，必求之于文学、美术。知识最高之满足，必求诸哲学。

一个人的价值观如果仅仅以“对自己有用”为出发点，那么很容易忽视那些当前看起来“无用”但长远看有“大用”的东西。

俗话说“庸人自扰”，便是如此。“庸人”多数只看眼前利益，只会短视地看世界，很容易被肤浅的事物吸引，不愿意也没有能力发现事物的内涵。

“庸人”只选“容易”的事来做，而不是选“正确”的事来做，因为正确的事情往往很难做。

遇到问题，“庸人”首先想到的是用容易的办法来解决。比如，在企业中，员工业绩不好就换人，领导者不去思考是不是企业自身的问题。同样对于个人来说，在一个企业做不好，就换公司跳槽，指望找到一家上司通情达理、管理制度完善的公司，而不思考个人自身存在问题的现象也很多。

“庸人”学习的时候，总是抱有“走捷径”的想法，希望别人把难啃的大部头嚼碎了给自己吃，这样好消化。毕竟啃大部头需要花费大量时间，短期又看不到效果。

读哲学书不同于听音乐、观赏绘画、雕塑、看电影，不像小说能打发时间，甚至不如诗能让人憧憬远方。

经验科学的重点在于“回答”，而哲学的重点在于“发问”。对于大部分人来说，提出一个好问题的难度远远超过回答一个问题。

但哲学也不是偏执于发问，不然会陷入怀疑主义。

哲学因为过于抽象，所以通用。因为通用，等于世俗意义上的“没用”。对于解决某个具体的问题，哲学爱莫能助。因为它提供的是关于世界、人生、价值的智慧。

哲学是研究“世界是怎么来的”“是怎样认识世界的”“人怎样过好人生”等这些问题，怎么会是“无用”之学？

知识和能力谁更重要

图 1-2　知识与能力

能力是指完成一定目标和任务所体现出来的综合素质，是一个人成功完成某项活动所必需的主观条件。

能力是以知识为基础的综合素质和基本修养的具体体现，但知识不等于能力。

知识与能力相辅相成，掌握知识是发展能力的基础，发展能力又是掌握知识的重要前提。

掌握知识需要具有高效的学习能力，而对于知识的筛选和“清洗”，则需要具备批判性思维能力。

知识与能力之间的转化需要具备一定的条件，能力的发展不是在学习知识的过程中自发进行的，需要主动思考。

例如一个人会做很多种菜，知道该如何加工食材，知道用什么样的火候，知道把食材放入锅中的顺序，知道烹饪需要多少时间，那么就可以认为这个人具备烹饪美食的能力。

但如果缺乏食材，即使厨艺高，也无法做出美味佳肴。“食材”是知识，理解了这个道理，才有“巧妇难为无米之炊”这样的格言。

同理，有丰富的食材，但不懂菜谱，缺乏实际动手能力，比如，想吃鱼片但刀工不行；或做出的饭菜不仅色泽差，也入口无味，不是太咸就是炒过头，或者就是半生不熟，也说明厨艺不行。

所以，先有烹饪知识，再逐步培养动手能力，这样才能做出美味佳肴。

光有知识和能力对人仍不够，还需要有兴趣和态度。如果对美食有兴趣，应能够坚持动手做，直到把不好吃的饭菜做成好吃的饭菜。

理性和感性是同步发展的，如此才能成为一个完整统一的人。当然世界上并不是所有的事物都能用逻辑和理性解释清楚。

知识碎片化和学习碎片化

一个可以装 24 个酒瓶的箱子，放进 24 个酒瓶后就没法再放多余的瓶子。但如果把瓶子敲碎，还能放一些进去，如果把瓶子压成粉末，还能填满缝隙。这是一个好方法，但问题在于，瓶子之所以有用，正是在于其完整性。

箱子代表我们所拥有的时间，而瓶子代表知识。如果“放完整的瓶子”这个行为是“学习系统性知识”，那么“砸碎瓶子”是“学习碎片化知识”，砸碎的瓶子是“碎片化知识”。

图 1–3　时间的两种形式

“时间连续”，指用于学习的时间具备周期性、连续性、计划性，学生、学员的时间都属这一类型。反之称为“时间碎片”。

系统化，意味着组成部分完整、边界明显、结构清晰，知识结构按照点、线、面、体组织，逻辑正确有序。

系统化的反面是碎片化。“知识系统化”指知识具备完整性、关联性、专业性，也可称之为“知识体系化”，反之称为“知识碎片化”。

图 1-4 碎片化学习

如果把“时间连续性”和“知识系统化”两个维度组合，可以得到四种场景：

A. 时间连续，学习系统化知识

B. 时间连续，学习碎片化知识

C. 时间碎片，学习系统化知识

D. 时间碎片，学习碎片化知识

A 场景，如学校教育、培训机构、企业内部培训等。

B 场景，1 小时以上连续时间，以学习为目的随意学习，如浏览手机学习页面等。

C 场景，多见于自学，学习的知识为书籍、大学网络公开课、知名教育机构课程等。

D 场景，最为常见，如出行等车、吃饭等菜、等人的时候，读一读公众号的文章，看一看学习短视频等。

现状是，多数人把 D 场景的“碎片化知识”当成了“碎片化学习”。

学习“碎片化知识”的问题在于，学习者如果自己对该知识领域没有系统性的认识，那么学到的知识零散、缺乏关联，学习效果十分有限，知其然不知其所以然。

图 1-5　碎片化知识就像拼图图块

像拼图一样，学习“碎片化知识”的过程像是把图块拼成完整的图，但是如果缺乏完整图纸供参考，还少了一些关键的图块，那么会无法拼成完整的图。

如果喜欢学习“碎片化知识”，要准备好一份“知识地图”“知识索引”这样的东西，要知道所学习的内容边界在哪里、有哪些组成部分、之间的关联是什么。

把“碎片化知识”变成“知识卡片”或者“笔记”是一种方法。知识需要定期整理才有作用。

02

度量自己的“无知”

如果我所拥有的知识是岛屿，那么无知的部分和大海一样广博；如果我所拥有的知识是一个星球，那么我所不知道的部分和整个星系乃至宇宙一样无限。

知识的幻觉

波士顿大学生物化学教授、俄裔犹太人阿西莫夫被认为是历史上名列前三的伟大的科幻小说家，代表作“基地系列”“银河帝国三部曲”“机器人系列”，被誉为“科幻圣经”。

阿西莫夫的科幻作品“基地系列”，气势宏大，格局视野不仅超越空间（以星系为单位），同样超越时间（时间跨度在千年以上）。书中创立的学说——心理史学，是一门经由历史事件预测未来趋势的科学。整部小说读下来令人惊叹，内容涉及了人类所有知识的方方面面，其逻辑缜密，用科幻小说的形式来展现了一个思想实验。

阿西莫夫还担任一个世界各地高智商人群组成的“无聊”组织门萨（Mensa）学会副会长。“无聊”是他自己说的；出版过 467 部著作，不仅仅是科幻小说和科普读物。写作的内容除了哲学类，几乎涵盖了杜威十进制图书分类法的每一个范畴。（杜威分类法是世界上大多数图书馆采用的分类法，共分 10 个大类：总论、哲学、宗教、社会科学、语言学、自然科学、技术科学、美术、文学、历史、地理。）

作家库尔特·冯内古特（这位在美国文学界的地位和马克·吐温差不多，代表作《五号屠宰场》）问他，“无所不知是什么感觉？”他说，“我只知道肩负全知之名是什么样的感觉——提心吊胆。”如阿西莫夫这样的天才，都不认为自己是无所不知的。

那么，怎样知道自己无知的程度？方法是多学习。知识越丰富，越了解自己的无知程度，越敬畏世界。

网络小说《庆余年》的主角范闲穿越到大庆朝，他拥有的现代知识，并不能让他制造出超越大庆朝时代的发明。任何一个现代工业产品，都是科技树上的枝梢末节，离不开树干、树根的基础工业支撑。

街道上随处可见的共享单车，外观看起来简单，但其中也蕴含着科技和挑战，GPS、蓝牙、无线通信模块虽然不是新东西，但整合在单车上，要考虑功耗、成本和防盗问题，先不说共享单车，拿最早的普通固齿自行车来说，也不可能完全靠自己的能力设计、制作、加工原材料、组装测试完成。

这其中涉及多少知识？自行车包括车架、转向把手、固定齿、链条、脚踏、车轮轴、刹车系统、车轮等，涉及动力学、材料学、机械传动学、物理学、数学、几何学等知识，制作者还需要了解制作出自行车的零配件所需的基础加工设备和工艺。

能画出自行车的结构图吗？我虽然常骑自行车，但车架的样子忽然变得陌生，竟然想不起来。

认为自己无所不知，是一个不好的信号，真相可能是对世界了解得太少。人们“无知”的程度在互联网时代得到了放大，网络给人们带来一种“无所不知”的幻觉，在搜索框中输入想了解的问题，就会有成百上千的答案。随着人工智能的“知识图谱”越来越成熟，看起来，互联网有了思考的能力，但会进一步削弱人们的思考能力。就像拼音输入法越来越智能，人们会发现，脱离电脑，很多汉字已经不知道如何书写。

如果随时随地都能找到答案，还会去学习和记忆知识吗？无形中催生了依赖心理——知识就在那儿，在收藏夹里、在笔记里、在视频网站里。

如果我所拥有的知识是岛屿，那么无知的部分和大海一样广博；如果我所拥有的知识是一个星球，那么我所不知道的部分和整个星系乃至宇宙一样无限。

“岛屿”知识疆界模型

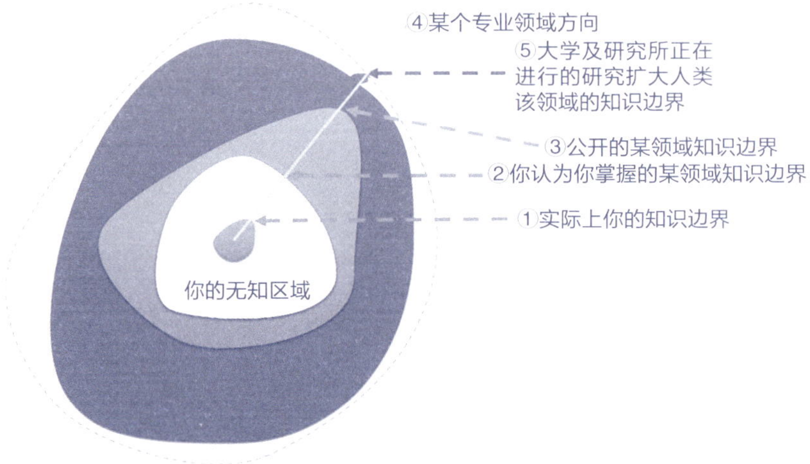

图 2-1 “岛屿”知识疆界模型

我的知识来源于学校教育，包括基础教育和专业教育，工作以后获得的经验及自学。在上图中，那块小小的绿色区域代表我真正掌握的知识（请原谅，为了读者看起来方便放大了 100 倍）。

那片白色区域是我“以为”掌握的知识区域，实质上是“无知”区域。

3 号区域是公开的知识区域，包括网络上和现实中的资料。有免费的，也有收费的。

5 号区域则是人类的知识区域。仔细看图片，能看到一个凸起，那是大学及研究机构的教授、博士研究生们努力的方向，如果在某个领域有突破，就能将人类的知识边界再往外扩展一点。

4号带有箭头的线，表示某个垂直的领域。1号和2号两个点落在4号线上的长度，则是在某个垂直领域的“无知”程度。

知识边界不是一个规则的形状，不是圆形或椭圆形，可能像海岸线一样非常不规则。

知识的自我认知矩阵

如果把横轴定义为对自己的认知，纵轴定义为对知识的实际掌握程度，那么可以得到四个象限，分别是：

A. 不知道自己无知的领域。

B. 知道自己掌握哪些知识的领域。

C. 知道自己有哪些无知的领域。

D. “不知道”自己有知的领域。

这四个象限可理解为个体对于知识掌握的不同阶段。

1. 不知道自己无知的领域

儿童和成年人都有这种阶段，不同的是，儿童因不了解世界而充满好奇心和求知欲，而成年人则因为好奇心流失导致失去探索欲。

无知真正有害的是谬误，或是无知却“自以为知”。如果每次和他人谈话的时候，经常说出“我知道”三个字，就要小心了。真理都有保质期，更何况是知识。让别人完整说完，再决定要不要说出“我知道”，也许对方想说的，并非是自己所想的那般。

青年时代在校园读书的时候，看见同学组了个乐队，主唱在台上唱着民谣，吉他手五指行云流水般拨弄出悦耳的音乐，于是觉得自己也该学习学习（不就是手指拨弄拨弄吗）。

等到吉他拿到手，才发现学起来不是那么回事，要明白乐理、音程、节拍、节奏。左右手要协调，右手演奏左手按弦，需要跨度练习、拨片练习和力度控制等，最后还要练习音阶和和弦指法。

人们所见，只是冰山在海面的一部分。正如我们看台上吉他手拨弄吉他的动作之下，隐藏着乐理知识和隐性的弹奏手法。

教育和科研不同之处在于，同样的知识领域，科研的过程中会产生无数不同的新理论，但是教育只会选一种相对保险，又容易被大众接受的理论。

工业时代发明了“流水线”，产生了“分工”的概念，而分工虽然能够做精做深，但同时也失去了全面，人们容易关注“点”，而忽略“线”“面”“体”。

2. 知道自己掌握哪些知识领域

要知道自己的能力范围。那么，怎样检验自己是“掌握”而不是“知道”呢？

学过的知识，是否进行过实践运用？例如学习了批判性思维，在阅读新闻或书籍的时候，是否有运用批判性思维到内容上呢？如果从未运用，那么批判性思维对你而言，只能算“知道”，而不算“掌握”。

学过的知识，是否改变了行为和态度？知道“学而不思则罔，思而不学则殆”，但是阅读的时候依然不思考，或者是仅思考而不阅读，说明没有理解为什么要这么做。知道和做到没有统一，不是真的“知道”。

学过的知识，是否尝试分享给其他人？学习“什么是领导力”后，有人问你什么是领导力，你支支吾吾半天说不清楚，听者也是一脸茫然，说明关于“什么是领导力”的知识你没有理解。

一个人在某个领域研究得越深入，越能深入浅出地向他人讲解，让听者觉得有趣，产生一种“原来有这么些门道，真有意思”的感叹。

学校教育会通过考试来验证学习的效果，自我学习可以通过写作、分享给他人来验证。

3.“知道”自己有哪些无知的领域

假设某人从未离开所在的城市，他对于世界的理解只能通过地图来学习，他看过中国地图知道中国还有很多省和城市，但没有去过的那些省和城市，对他而言，属于他知道自己没去过的地方。假如他没有看过世界地图，甚至不知道除了中国还有其他国家，那么这些“无知”就无法知道——属于他不知道自己不知道的领域。

4.“不知道”自己有知的领域

这句话本应是“不知道自己有知”，自己怎么可能“不知道”自己知道呢？听上去充满矛盾，不可理解。所以，要给“不知道”加上引号。当一个人在某个领域成为专家或大师，站在了该领域的巅峰，这时候可能会出现一种情况，即思维固化或因为知道太多而看不见。

知道太多而看不见，即“熟视无睹”，因为太熟悉，所以会形成思维定式。知道得太多有时会在思维中形成“围墙”，给自己设定无形的条条框框。所以智者会让自己变成一个“不知道”的人，重新去看原来很熟悉的事物，说不定能有新发现。

老子说，“为学日益，为道日损。”意思是，学习要增加知识，悟道则要减少知识。“道”指一切事物所由以生成者。“道”无法具体化，所以求“道”需要忽略具体的表象，也就是我们所说的抽象事物。

减少知识并非要我们从大脑中清除知识，而是要给这些知识加一个“不知道”的标记。

而这里说的“不知道”，是有意为之。

怎么应对无知

图 2-2　面对无知，我们应该做出什么改变

应对“无知”需要从态度和行为上做出改变，首先要意识到自己的无知。

1. 从态度上

避免成为“知识的容器”。知识无涯，人生有涯。不能漫无目的都学，这既不现实也无必要。像“如何养橘猫”这种知识，通过网络查询即可。

而像“如何使自己的人生有意义”这样的问题，往往没有现成的答案，别人无法告诉你，需要自己去学习、去实践、去思考。

不少人喜欢读王小波的书，更进一步，能发现王小波的思想受法国哲学家福柯和英国哲学家罗素的影响，于是去了解福柯和罗素，发现很多人推荐罗素的《西方哲学史》。罗素拿过诺贝尔奖，其在获奖之前没有一部小说作品。而很多人因为受王小波影响，受兴趣驱动，所以才能发现王小波书后更深层好玩的内容。

在自己的专业领域，要谨记“忘记”所学的知识，让自己保持谦逊的心态，理解不同的观点，敢于怀疑自己。

再进一步的“忘记”，是忽略事物的具体特征和行为，将焦点放在深层次、更抽象的规律和模式上。

以做生意为例，想开生鲜店，或开茶饮店，或开烘焙店，要清楚每种生意都有不同的行业特性，例如供应链、店内陈列、工作流程、定价策略、营销策略、商品处理等存在诸多不同。

如果我们把这些现象层面的差异都“忘记”，关注相同点，就能发现，做生意的要素可以分为商家和顾客。

首先要知道顾客是谁（俗称“用户画像”），包括顾客年龄段、收入范围、男女比例等。

其次要弄清楚顾客在哪里，包括分布在哪些地方，是否在社区方圆 3 公里之内，是在写字楼里还是在工厂里。

再次，要了解如何和顾客建立连接，可以是线上也可以是线下。线上可分为网店、社群、论坛、朋友圈、公众号、网站、搜索引擎等，线下可分为实体店、沙龙、培训、聚会、广告等。

最后，要知道如何和顾客建立信任感。信任感可以从免费体验、服务差异化、产品品质、品牌宣传等途径逐步建立。

把过程提炼成“生意模式设计”五步法：

（1）你的客户是谁？

（2）你解决了客户的什么痛点？

（3）你的客户在哪里？

（4）如何和客户建立连接？

（5）如何让客户信任你？

这就是“忘记”的过程，也是逐步抽象的过程。即老子说的“为道日损”。

2. 从行为上

知道这个世界上的知识分类，就像要去一个目的地，首先要看地图，才能知道到达路径。

图 2-3　现代人的知识体系

如图所示，一个现代人理想的知识结构应该包括：伦理道德、基础技能、人文艺术、社会科学、自然科学，以及用于谋生的专业（可以是管理、法律、工程、技术中的任何一种）。

应该明确自己想成为什么样的人（自己的人生意义）、想过什么样的生活，知道要成为什么样的人需要什么样的知识和能力。

让自己成为某个领域的专家。当你达到某个领域的巅峰时，意味着你已经接近事物的本质，拥有“抽象”的智慧，这时候再去了解其他相关的领域，也会容易很多。

什么是人文素养

人文素养是指人类文化素质修养。人文素养和自然科学结合起来就成为了人的认知能力的内在体现。自然科学讲究逻辑思维，具备收敛性、确定性、必然性。而人文素养讲究形象思维，具备发散性、不确定性、偶然性。人文素养是“文”，自然科学是“武”，社会科学具备“文武”融合的特点，文武双全，才是“完整”的人。

人文素养是指在人文科学、人文精神、人文氛围滋养熏陶下形成的思想观念、价值取向、人格模式、审美情趣、思维方式、学识才华等精神收获的总和，是人类精神家园的宿主，对人类的思维方式、心理机制、情感世界、意志能力、价值取向、审美体验、意识形态和理想模式都具有决定作用。

人的智力受制于遗传，多数人的智力水平相差不大。人文素养其实属于非智力因素，属于后天可以逐步培养的因素，是人的精神世界来源，人仅有知识和理性还不够，毕竟人的“高级动物”属性更偏向于感性。

知识技能和人文素养的学习也有区别，知识技能可以在短时间内通过学习技巧而快速掌握，但人文素养却不是一朝一夕能够速成的，因为它是关注内心精神世界，是难以想象、难以描述的，属于“只可意会不可言传”。比如学习编程，可以很快写出一个功能实用的程序，但学习写作的过程则要花费很长时间。

教育分为专业知识、通识教育、人文教育。

通识教育的目的是补充学生专业知识之外的知识；人文教育则是基于独立思考、判断、价值认可、尊严意识，对公民参与、公共事务讨论、说理和对话能力的全面培养和提升。

知识是外在于人的东西，是“材料和工具”。只有让知识进入人的认知本体，渗透到人的生活与行为中，才能称之为素养。

人文教育的重点在于“人”，文、史、哲都离不开对人的关怀；而知识技能的重点在于“事”，面向事情，解决问题。但所有的事都需要人来完成。由此可见人文素养的重要性。

从工作发展来说，理科的同学毕业后要比文科的同学更容易找工作，原因在于前面说的，专业知识技能可以快速应用，有助于找到工作机会。学计算机专业的人去做了程序员，起步薪水高；学文学的人、学历史专业的人去做了市场营销、销售等，但起步薪水相对较少。

过几年，程序员的薪资远不如做市场和销售、运营工作的人，而且走市场和销售路线的岗位晋升速度更快。很多文科生更明白“从古到今，不变的只有人性”，因此在运营和销售中能抓住客户的心理，和客户交谈也能迅速找到对方真正的需求点。

学自然科学、理工科的人较能解决问题，但仍需要想到问题、发现问题，因为，世界并不仅仅是由“实用”的问题组成的，还包含了很多其他未知问题的精神需求。

自然科学和人文素养应该有效融合，真正形成多元思维。如果说自然科学是利器，那么人文素养就是水——上善若水。

怎样提升人文素养

读几本书并不能让人文素养快速增加，警惕“打卡式阅读”，尤其是仅阅读一些“宏大”叙事的书。

根据别人的书单读书，虽说是一条省事的途径，但也要明白，每个人的喜好不同，基础不同（接受过的教育和经历不同），很难找到一个和自己各方面都很相像的人。别人推荐的书单，不一定适合自己。

提升人文素养没有捷径，没有速成法。如果一件事容易达成，那么这件事的价值也不高。学习是一项需要长时间投入而且反馈见效慢的活动。学习的效果难以度量，容易半途而废。要做好心理准备，不带功利心阅读。阅读是需要长期坚持、花费时间的行为，不要把它当成一场艰苦卓绝的战役，要把它当成在享受精神世界，而不是去应付考试。

为了避免心里打退堂鼓，减少挫折感，不要刚开始就读有极大难度的经典书籍，例如哲学大家海德格尔的《存在与时间》。读这本书，如果没有哲学基础，就会一头雾水，满篇的哲学术语会让人不知所云。可能读完整本书，还没明白海德格尔说的基本问题是什么。

对于非本专业的人，读完通史、文学史、哲学史能知道历史分了多少个朝代、经历了多少大事件，文学发展有哪些阶段、流派、代表人物、代表作，等等，相当于地图，知道文史哲里有哪些东西，分布在哪里。

看了中国历史，发现宋朝时期已经有火药武器应用在战争中了，但为什么最后还是欧洲把火药真正在战争中发挥出作用呢？带着这样的疑问，可以寻找宋代、元代、明代的火药在战争中的应用情况。这样“顺藤摸瓜”，会了解当时的经济、政治、文化。

阅读之外，输出很重要。输出的形式多种多样，可以分享给他人，可以在社群交流（最好是有特定主题的群），可以在网络上回答问题（做好被人挑错的心理准备），也可以自己写阅读笔记。

03

快速进入陌生领域

完成“知识迁移”，解决“隔行如隔山”的问题，首先要有一套通用学习模型，通过“大问题学习法”切入，运用“跨学科思维”进入陌生领域，是一种建立“知识地图”、按图索骥到达目标的方法。

知识应该做减法

人人都想让自己变得更优秀，更厉害。

厉害指的是，遇到复杂问题很快能发现问题的根源并找到解决办法，掌握快速进入某个陌生领域的学习方法。

如果多看看文章、多阅读书籍、买一些知识课程就能让自己变得更厉害，这个世界应该有很多聪明人。

读过一个故事。父子两人牵着一头驴去赶集。路上有好心人看到了建议说，既然有驴，为什么不坐上去，这不是蠢吗？

于是父亲让儿子坐上驴，没走多远，有人批评说，怎么能让老人家走路呢？有违孝道。于是，父亲坐上了驴，儿子下来走。又走了一段，被人指指点点，这当父亲的，一点也不疼孩子啊，不是亲生的吧。

没办法，父亲让儿子也坐上驴。又没走多远，有人说，你们父子俩太残忍了，你俩的体重是这头驴的生命中不可承受之重啊。

你应该听过这个故事的结局，父子俩没办法，只好抬着驴走。

故事里的父子俩不知道应该如何“和驴相处”，现在的人每天也会遇到故事中父子遇到的问题。而问题解决不好，在于缺乏独立思考能力。

众说纷纭，到底听谁的才对？什么信息都看，会让人焦虑，还浪费了时间，当然害怕“没学到知识会有损失”的心理也是“罪魁祸首”。

努力的方向错了，越努力越错得离谱。

庄子说，生命有限，知识学不完。老子说，让自己变得更厉害，就要提升自己的抽象思维能力，这是中国最早的模型思维。

模型思维属于抽象思维的一种。

万法皆通，老子在《道德经》中说过，“为学日益，为道日损”，说明学习是不断增加知识的过程，求道则是不断抽象的过程。前者是不断往大脑里增加东西（具象），后者则是从大脑中不断把东西扔出去（抽象）。

“为学”追求具体知识，是“为道”之初级阶段。

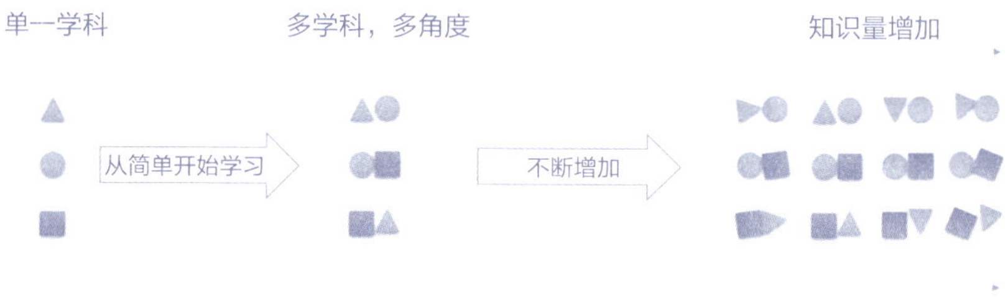

图 3-1　为学日益

学东西通常由简入繁，从基础的东西学起，从具体的内容去理解，从容易理解、易于实践的去入手。

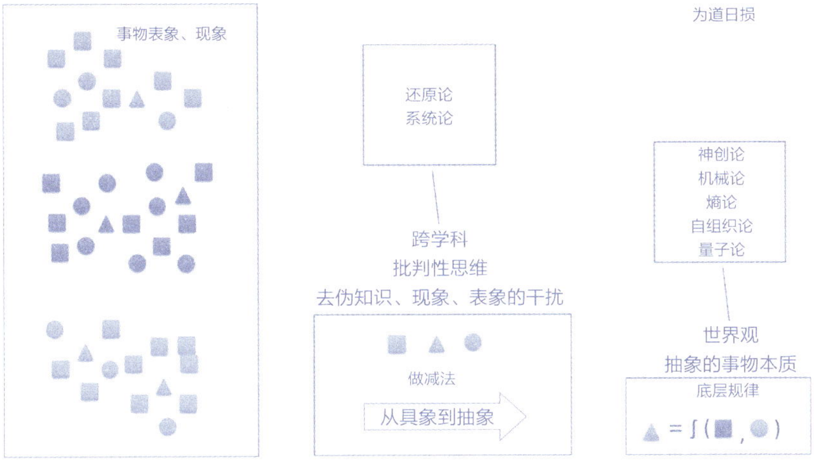

图 3-2　为道日损

求道则是从事物表面剥离繁杂的现象和表象，获得事物的规律和本质，是由繁化简，从不同的事物中找到表面之下深层次的规律和原理。

关于“为道日损”中“损”，有很多解释，如“去除欲望”“去除知识”等等，如果把“道”等同于“规律、真理”，我认为“损”应该是“伪知识”“现象”“表象”。

通用学习模型

现在说人的“认知”或“心智”，是把大脑类比成电脑的操作系统，把大脑分成输入、信息加工、输出三大模块。

认知升级，相当于给大脑操作系统升级，但是如果仅把大脑和电脑进行简单类比，用理解电脑的方式理解人脑，未免有失偏颇。电脑没有情感，讲究精确和缜密的逻辑。

不妨尝试用“心智”来理解大脑。“心”代表情感，“智”代表逻辑。前者变化无常，容易出错；后者缜密，稳定可靠。

人从一张白纸成长为一个能够在社会中立足的人，“心智”需要具备哪些要素？

用公式来表达：心智 ={ 情感，知识，能力 }

人是情感驱动的生物，情感是心智模型中不可或缺且非常重要的部分。

是否具有情感是当前人和机器的唯一区别。

知识和能力不能完全画等号，知识和能力都重要。通常来说，除了有些与生俱来的能力（通常都是低级能力，如本能），多数能力都需要通过学习知识获得并在实践中转化为能力（解决问题的能力）。

模型是对现实事物的简化系统，这是最简化的抽象模型。在这个模型上，有千万种衍化。

既然是系统，就包括各组成部分、各部分之间的关系、各部分的边界及各部分的运转方式。

心智模型有什么用处？

A. 易于我们理解事物

B. 有利于我们建立学习路径

C. 帮助我们改进和升级

举例来说，从“心智 ={ 情感，知识，能力 }”可衍生出“风光摄影学习模型”。你也可以自己创建其他事物模型，例如“咨询顾问模型”“写作学习模型”“创业发展模型”等等。

这个模型包含了各部分的层级、顺序、类别、边界等，是不是像地图？

图 3-3　风光摄影学习模型

地图是对真实物理世界的地理信息进行简化的视觉模型。有了地图，才能知道应该通过什么路径到达目的地，才能知道资源的分布情况；犹如结合实时交通信息，能知道道路拥堵情况。

摄影模型，可以让你了解到摄影领域包含哪些知识、哪些能力。

从模型中可以看到里面包括自我驱动、摄影知识、摄影能力。其中自我驱动包括兴趣和成就感。

人若没有兴趣作为动力，很难坚持学习。摄影知识包括技术、理论两部分。技术又包括基本概念、器材知识、软件知识；理论包括器材史、思想史；基本概念包括快门、光圈、感光度、焦距、景别、焦段等。

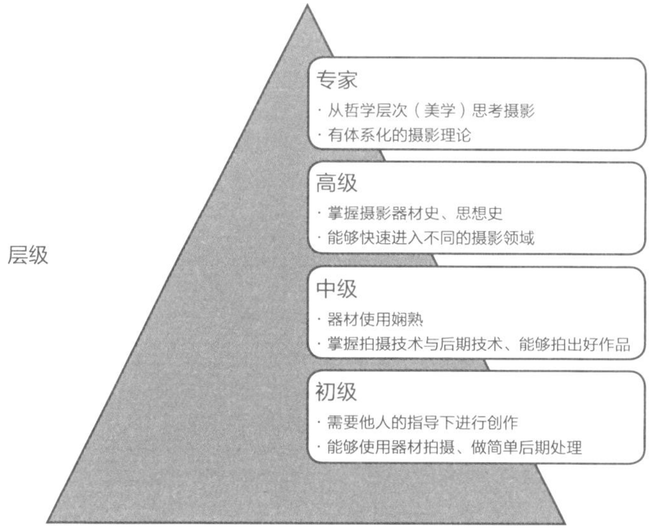

图 3-4　摄影专业的层级

一个完整的模型，应当由不同的视角和视图来展现。上图用金字塔图来说明摄影专业可以分哪些级别。

应该清楚自己所擅长的专业领域如何区分出“菜鸟”“老鸟”。交通部门把拿到驾照第一年开车的司机都认定为新手。三百六十行，行行有各自门道。那么，如何做层级的大致判断呢？通常会把层级分为初级、中级、高级、专家。

抛开每个专业领域的个性化特征，找出每个级别的共同点，这个过程就是“抽象”。

A. 初级，这个级别的特点是离不开更高级别的人的指导

B. 中级，这个级别的特点是在操作层面上十分娴熟，能够独立完成任务

C. 高级，这个级别的特点是掌握该领域理论，具备抽象能力

D. 专家，这个级别的特点是具备将理论体系化的能力，同时在行业内具备一定的影响力，能创建能被行业内认可的新理论

你去面试产品经理职位的时候，可能会遇到面试官问你：“你认为产品经理可以分几个级别，高级产品经理和中级产品经理有什么不同？”这样的问题，看了上面的A、B、C、D，就应该知道如何回答了。

“抽象”出的级别，可以用在各个具体的专业里。这是“抽象”的好处——通用。

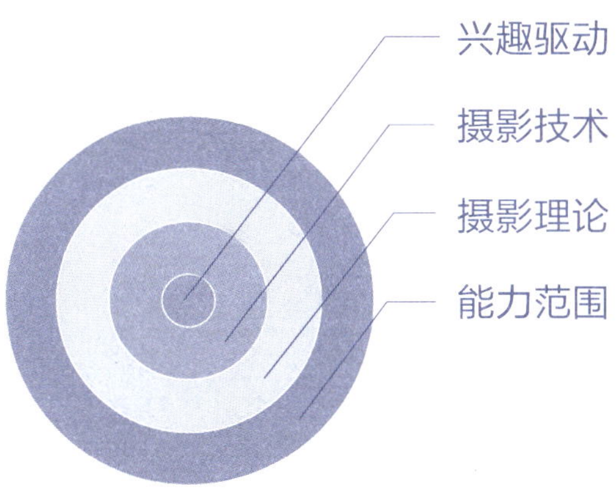

图 3-5　从边界、包含关系视角看摄影模型

从边界、包含关系的视角来看摄影模型。摄影模型中包含兴趣驱动、摄影技术、摄影理论、能力范围等部分。每部分又可以细分下去，例如摄影理论包括器材史，器材史可分为胶片时代、数码时代；按画幅分，可分为大画幅、中画幅、135 画幅、残画幅等。

兴趣驱动是核心，离开这个核心，就没有动力逐层发展。

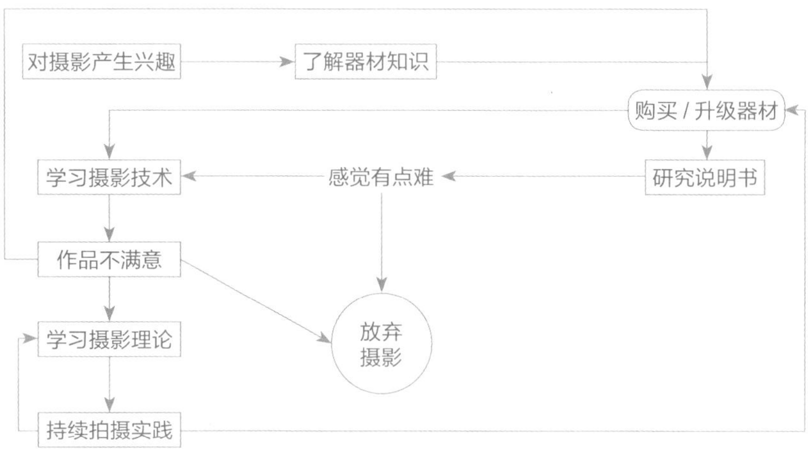

图 3–6　摄影为什么“烧钱”

上图是对新手进入摄影圈之后的行动和过程的说明。这张图说明学习摄影大致会经历什么过程。

为了加深理解，建议你试着建立一个自己的“专业学习模型”。

心智模型包含知识结构、知识体系、知识地图。有了“地图”，按图索骥，到达目的地的成功率和效率会高很多。

要进入一个陌生的领域，首先要知道这个领域包含什么知识和应该具备什么能力，再建立一个该领域的心智学习模型。模型并非一成不变，随着你的了解逐渐深入，模型可能会面临修改，甚至可能被推翻重来。

“大问题学习法”

“带着问题学习”是一种目标驱动学习法，目的是让学习有自驱力，有目标，不是漫无目的地学习。这种方法虽然很多人知道，但不那么容易运用，主要问题在于不是谁都具备“提出好问题”的能力。

问题可分为“维持性问题”和“变革性问题”两种。前者指的是有现成答案的问题，例如根据说明书安装设置电器，而后者是没有现成答案的问题，例如怎样成为一个艺术家。

“大问题学习法”是一种通过解决一些没有标准答案的问题，在过程中建立知识体系的学习方法。

和人们熟知的“带着问题去学习”有所不同的是，“大问题”指的是找不到现成答案的问题。可想而知，学习者要面对许多的挑战和阻碍，很少有人能坚持，但如果坚持下去，就会有意想不到的收获。

人倾向于做容易的事情，容易的事情人人都会做，就像电商卖家，看到一款商品成为“爆款”，于是蜂拥而至，把蓝海变成红海，到最后市场饱和无利可图，这是“用战术上的勤奋掩盖战略上的懒惰”的典型表现。

都做一样容易的事情，最后结果是“低水平内卷化”。

但是容易的事情并不等于正确的事情。正确的事情往往都很难。人们都知道应该坚持锻炼，从而有个好身体，但总会给自己找各种理由放弃；都知道应该多读书，但总会忍不住被手机娱乐等内容吸引。

“大问题学习法”难在“找不到现成答案”。没有现成答案的原因也多种多样。要么是人类现有的知识存在盲区，要么是知识复杂到涉及面太广，三言两语说不清，有许多隐含知识，无法用现有的符号表征系统来表达。

为解决这种没有现成答案的问题，需要阅读大量的书籍、报告、文献、论文。书读百遍，其意自现；书读百本，融会贯通。学习过程中需要克服心理压力，因为面对山一样的书籍和资料，这是一件长期的事情，要有心理准备。

人要保持乐观积极的心态，才能面对研究过程中遇到的挫折。我曾为了思考一个问题，翻阅了几十本该领域的书，但仍然没有解决疑惑，反而发现一些书籍的某些数据没有出处或虽有出处但是很可疑。有时连续一个星期没有任何进展。遇到艰涩难懂的书，只能硬着头皮读。现在回头看，即使当时那个问题没有得到答案，在思考的过程阅读了大量的相关资料，加深了对该领域的理解，才是最大的收获。

每天要坚持阅读。有多少空余时间，都可以拿来阅读。学习没有捷径，但是有方法。

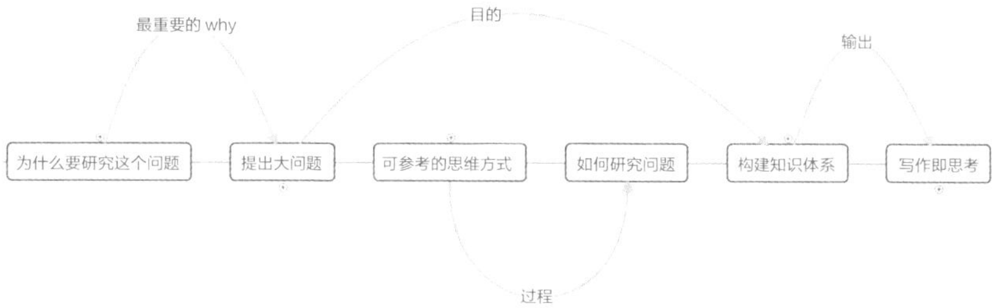

图 3-7　大问题学习法

“大问题学习法”首先要找到一个适合自己的“大问题”。当你找到某个感兴趣的“大问题”之后，就要问自己一个问题：为什么要研究这个问题？

为什么不是别的问题

“为什么是这个问题而不是别的问题？出发点是什么？”在开始之前，这些都是需要想清楚的问题。

就像如果你有攀登珠峰的念头，要想清楚为什么想攀登珠峰，说不定想清楚，念头也就打消了。总不能因为“山在那里，所以我要去攀登”这样的理由产生冲动想法。

如果思考“打败微信的会是谁呢？”这么一个“大问题”，不妨先想清楚下面两个问题：

1. 你的出发点是什么?

为什么你会思考这个问题，出发点是什么？是为了寻找下一个风口，还是为了打发时间？是为了锻炼自己的商业模式设计能力，还是有其他什么出发点——想去腾讯公司工作？

普通人思考“打败微信的会是谁呢？”这样的问题，难免会被他人认为不自量力，不切实际。但我不认为这是件不自量力之事，即使每天脚踏实地、低头走路，也别忘记仰望星空。

“大问题”通常都没有现成答案，容易乘兴而来，败兴而归。如果只是为了打发时间或随便想想，不如想点更有实际意义的问题，免得浪费时间。

2. 研究这个问题会有什么收获?

如果你坚定认为这个问题值得思考，那么接下来，就要想明白研究这个问题会有什么样的收获。

· 通过研究历史上大企业衰败的案例，找到企业兴衰的规律。

· 提升信息收集、整理、检索能力，构建该领域的知识体系。

· 提升对大的时空尺度、事物发展趋势的理解。

· 加深对技术与文化之间的关系的理解。

· 培养“解决难题”的决心和坚持能力。

· 发现新知识，并给社会带来价值。

· 通过研究该问题，深入学习该领域知识。

清单可以继续列下去，把所有“可能”都写下来。也许隔一段时间再回头看，还有新的想法。世界上从来没有完美的事物，也没有天生完美的事物，即使现在如日中天的“巨头”，也是从小发展到大的，有个不断迭代更新的过程。

我们要告别完美主义，接受不完美的过程。

寻找感兴趣的“大问题”

“大问题”的关键点是“没有现成答案”。

假如有本书名是“怎样把一家创业公司做到世界500强”，你也不会真的相信把书读完了就能把公司做到世界500强之一吧。

市面上有无数分析成功企业和企业家的书，但这些书只能给予你启迪，不能让你照搬成功。因为过去能够成功的方法，只适合当时的环境和时代，和当时的政策、科技、文化都息息相关，是“天时地利人和”的结果。

以下方法可以帮助你寻找适合自己的“大问题”。

1. 聚焦于群体，而非个体

不要把问题放在个体之上，而要关注抽象集合。问题不应围绕自己或个体展开，例如：“怎样提升自己的学习能力”“怎样做一个好看的PPT”“怎样能够提升结构化思维能力”。

问题应该和大多数人或某个群体相关，例如“00后的精神需求是什么”“未来10年的学校教育和现在有什么不同”“下一个技术风口在哪里”。

2. 宏观问题和微观问题

宏观是指大的、总的、整体的、概括的方面；微观是指小的、细微的、局部的、深入的方面。

宏观问题的特点在于其广度和高度。研究宏观问题的要求很高，要接触到真实和直接的信息，这些信息不是来自八卦、传闻、小道消息或网络上能看到的新闻、热点、各种指数，不是来自媒体和机构评论、专家分析。

很多人特别热衷这些宏观问题，希望从宏观形势发展中发现一些获取财富的门路（例如股票投资）。赚钱靠的是信息差，如果大部分人都知道，就意味着信息差不存在。此外，也很难判断信息的真和假。

一般而言，宏观形势包括经济、政治。少数人能拿到数据，普通人看到的是有限且时效滞后的统计数据，例如统计部门公开的数据和上市公司的报告。

对于普通人而言，先不要从宏观层面提“大问题”，而应立足于微观，再辅以宏观形势（例如重要讲话、文件和指示）做分析。

华为创始人任正非说，“员工不要和我谈战略，谁谈开除谁。”一个员工受到层级的局限，接触的信息有限，对事物的理解程度有限，靠着对一些问题表象的理解提出战略建议，有多少可信度。

企业的战略澄清会，通常来说，短则 1 个星期，长则 3 到 4 个星期。战略澄清是一个企业在遇到瓶颈或有重大变动的时候需要召开的一个重要会议。要做好战略澄清会，需要做大量的准备工作，不仅需要深入剖析企业内部数据和外部环境，而且还要利用企业的商业智能大数据系统，甚至需要从商业咨询机构或数据服务商处购买数据。

员工谈战略，先不说可信度，把自己的本职工作做好都要花费大量时间，怎么可能还有精力去思考企业战略问题。

微观问题的特点是其垂直和深度，同时以群体为对象。

比如：

如何满足00后的精神需求？

微观问题有实际价值，比较适合普通人切入“大问题”的范畴。

3. 问自己几个问题

（1）我正从事有关X主题的研究（有关微信占据社交头把交椅的事）。

（2）因为我想要找出Y（为什么微信能成为国民级应用之事）。

（3）我想帮助他人理解Z（下一个类似微信的“国民级应用要出现”需要哪些条件）。

4. 从兴趣出发

研究问题，要从兴趣出发，没有兴趣很容易放弃。要区分“三分钟热度”“图新鲜感”和真正的“兴趣”之间差别。

兴趣要符合三个条件：

· 能够找到快乐（反馈）。

· 愿意持续付出（投入）。

· 能够获得成长（收获）。

以写作为例，写完文章没人看，又不愿意持续写下去，没有带来思维或者文笔的提升，都会令人放弃。现在人人都可以做自媒体，开通公众号就能轻松写作，但是能够坚持下去的人很少，正是因为缺少上述条件。

所以对于自己有兴趣的事情，要从中找到快乐，文章没人看不要紧，能够满足写作欲就可以；愿意持续付出，每天写一些长短不限的内容，不给自己太大压力；定期审视自己的收获，文笔是否越来越优美，结构化思维是否越来越清晰等等，长期坚持总会有收获。

5. 从各个领域中寻找“大问题”

实在不知道怎么找“大问题”，也可以试试从各个学科领域中寻找。这些学科中的“大问题”，代表领域的核心问题，而核心问题意味着是学科的主线，沿着主线“顺藤摸瓜”，也是一种学习方法。

经济学

- 商品社会是如何兴起的？
- 市场的动力在哪里？我们的经济为什么会不断增长？
- 经济为什么会波动？
- 财富是如何被创造出来的，又是如何进行分配的？
- 什么导致了失业？
- 什么导致了通货膨胀？
- 怎样确定利率？
- 政府有什么样的经济职能？
- 由机器人和机器推动的经济是否会抬高与机器人竞争的工人

的失业率？

· 如何定义生产要素？

生物学

· 是什么控制了器官再生？

· 怎样延缓人类衰老？

认知科学

· 人类的神经元如何产生意识？

· 人是否真的存在“自由意志”？

· 什么是“难问题”（相对于易解的问题）？

· 机器能思考吗？

· 怎样提升人工智能的“鲁棒性”？

· 大脑里的神经活动是怎样引起视觉认知及视觉认知相关行为的？

历史学

· 大学里的历史学科划分存在什么问题？

· 历史研究存在的困难有哪些？应当如何解决？

社会学

· 社会学家是怎样研究社会的？——研究社会世界

·“成为人”是什么意思？——人的本性、社会和文化

· 社会是怎样成为可能的？——社会秩序的基础

· 生活在社会中的人们为什么是不平等的？——社会不平等的起源和持久化

· 人是否是自由的？——社会对人们思考和行动的影响

· 为什么不可能每个人都像我们一样？——价值评判、种族主义和人类差异

· 为什么人世间会有苦难？——作为人类问题一个重要来源的社会

· 个体真的会产生影响带来改变吗？——社会变迁简介

· 有组织的宗教对社会来说是否必要？——传统、现代化与世俗化

· 我们是否应该对人一概而论？——概化、分类、刻板印象与社会科学的重要性

· 为什么要学社会学？——理解、质疑和关心

如何研究“大问题”？

社会学研究方法值得我们借鉴，《社会学论文写作指南》一书建议读者这样提问思考：

· 在某个论题上，一些事件、行动或人物的行为作用（角色）是什么？

· 该作用（角色）带来了什么社会后果？

· 对于社会整体而言，为何它们是重要而不可忽略的？

· 这些作用（角色）的性质和类别是什么？

· 在其他社会中，类似的作用（角色）的对照分析是什么？

把问题分成事实性问题、解释性问题、预测性问题。

事实性问题是：发生了什么？人们的行为是什么样的？更深入的事实问题是：社会冲突有哪些形式？社会组织怎样运作？社会关系结构是怎样的？有哪些变化？等等。

解释性问题是：为什么会发生？原因是什么？更深入的解释问题可以是：某一社会事实或现象产生的动力、原因和条件是什么？它们的形成需要的因素有哪些？为何这些因素和该社会现象具有因果联系？对于该现象以往有哪些理论解释？为何这些解释不够有力，需要给出新的解释？

预测性问题是：该社会现象未来的趋势估计会怎样？可能有什么变化？是否会持续？导致的后果可能有哪些？

社会学有几种常见的因果分析路径，它们分别具有不同的侧重点：

宏观机制分析。注重一般性制度环境的“因”，认为这些制度条件一旦存在，某种社会后果必然发生。例如，分配制度没有差别时（制度原因），将不会对行为产生激励，因而造成普遍的懒惰乃至停滞（社会后果）。

具体机制分析。寻找某一事实具体的起因及其相互关系（作用），分析前者如何导致后者发生，其中的机理和联系环节是什么。

这一因果解释并不认为有一个不断重现的宏观（结构）条件，而是假定即时出现的现象各有其内在的原因，这些原因不是独立存在的，也不是一般性的环境。例如，某种社会冲突的出现（果），不是宏观制度的结果，因为在这一制度下，这类冲突未必一定出现，而是具体的处理和反应机制（因）导致。

过程机制分析。分析各种具体机制相互作用的联系点和结果，因为社会事实依赖这些联系过程产生。这一因果解释假定，如果缺少这些联系，确定的结果未必出现。这些联系可能是偶然性的、一次性的，也可能是长远性的、反复出现的，需要仔细考量。比如，对于同一事实，社会成员是具有紧密的联系网络（相互关联）还是独立存在（相互无关联），产生的后果可能不同。

社会学的研究方法，是帮助思考的工具，放在历史研究上同样适用。一想到历史，人们容易想到古代史、近代史，感觉很遥远。事实上，和当前的时间相比，上一秒就是历史。所有过去的事件都可归类到“历史”范畴。

研究计划的写作应当包含下列内容：

· 明确提出一个论题。

· 阐明研究想达到的目标和它的针对性。

· 如果需要，将这个论题转化为一个或几个相关的分支（具体）问题。

· 界定这些问题中包含的重要概念及其相互关系。

· 选择你关心的方面，建立等待研究证明的初步假设。

· 根据这些假设的性质，确定准备收集哪类证据（文献、案例、访谈还是问卷统计）。

· 根据资料类别确定访谈提纲、问卷量表或文献，以及获得它们的地点和方法。

· 规划研究进程和时间表。

· 如果需要，规划研究的预算表。

构建跨学科知识体系

1. 跨学科研究（涉及哪些学科和理论）

研究“大问题”的一个重要目的是在研究的过程中建立自己的知识体系。“大问题”就像一根主线，主线也会分支，在研究的过程中，不断把各相关学科的内容像珠子一样挂上去。

2. 学科之间如何产生关系？

在学校里学的专业学科，是某个领域的体系化知识。学科是工业文明的产物，是科学方法论“还原论”的应用。还原论把事物进行“分层”“拆解”，是“把整体分解成个体，再把个体还原成整体，以降低难度”的思维方式，这种思维方式贯穿于早期科学和人们的日常思维中，可以说所有自然科学都是在还原论思想指引下获得成长。

例如对人的研究，可以按层次分为躯体、器官、组织、细胞、亚细胞、DNA；要研究计算机，可以分为主机、主板、芯片、电路、电子、粒子；要做项目计划，可以分解为项目、任务、工作、日常活动。

但是这种思维方式，面对复杂科学的时候，会遇到瓶颈。蚁群现象是典型代表，蚁群可以搭建宏伟的洞穴工程，但是构成蚁群的个体，再简单不过。而人类大脑分解下去，研究到神经元级别，却依然没有发现神经元是如何产生意识的奥秘。

知识体系也是还原论的产物，知识可以分为通识和专识，通识可分为人文学科、社会科学、自然科学。人文学科可以分为文学、历史、哲学、艺术。文学还可以根据时间维度、空间维度向下分解。大学本是按照学科分类教育，但现代的大学中，已经有不少交叉学科。例如经济学与不同领域的结合，行为经济学、政治经济学等等；心理学与不同领域相结合，又出现了认知心理学、犯罪心理学、儿童心理学等等；人类学也是一门和其他学科存在诸多交集的学科。

大学生毕业后，工作中面对的棘手问题，往往都是复杂的系统性问题，需要运用跨学科思考和研究的方法。

艾伦·雷普克在《如何进行跨学科研究》中提出：跨学科研究是回答问题、解决问题、处理问题的进程，这些问题太宽泛、太复杂，靠单门学科不足以解决；它以学科为依托，以整合见解、构建更全面认识为目的。

跨学科不是多学科，而是真正地把相关的学科融合起来。

例如，人工智能实验室将研究人员分成若干研究小组，包括逻辑、机器人技术、知识系统、计算几何与分布式系统、生物信息学、概率推理、机器学习等。研究人员根据研究兴趣和方向形成一个个团队，在相关领域开展合作研究。

跨学科研究进程（Interdisciplinary Research Process，IRP）是围绕如何研究问题、选定哪些问题适用于跨学科研究，并形成对这些问题全面的认识而进行决策的实用方法和论证方法。

跨学科研究与所有学科研究一样，都有一个总体方案或方法，简化为最简单的说法，即所有研究都具有这三个共同步骤：

（1）确认需要研究的问题。

（2）使用某种研究策略处理问题。

（3）解决问题或至少想出暂时的解决方案。

在研究过程中，会综合运用自然科学方法、应用领域（如教育学、刑事司法学、传播学、法学和商业）方法、社会科学方法和人文科学方法。

IRP 模式就像地图，提供了从熟悉之地（问题）出行到陌生之地（认识）的清晰路径。

基础科学向基础科学的移植融合，包括基础学科内部如人文社会科学内部的移植融合，也包括自然科学与人文社会科学之间的转移。

从基础科学向应用科学的移植融合。应用科学一般包括医学科学、工程技术科学和农业科学三大学科领域，这些学科的发展在现代科学体系中的发展速度已经走到了前列。

从应用科学向应用科学的移植融合。应用科学之间的移植一般是技术的移植，医学科学、工程技术科学和农业科学三大应用领域的移植和融合也会产生相应的跨学科。

从简单成熟领域（或学科）向复杂陌生领域（或学科）的移植融合。在自然界的各种运动形式中，机械运动是最低级的、最简单的一种运动形式，是发展最早的一门学科。在19世纪之前，力学远走在其他学科的前列，这自然吸引科学家们将力学的概念、原理和方法向其他学科转移。这种转移首先在物理学的各个领域中获得了成功，形成了天体力学等一系列可以看成是力学与物理学融合的跨学科。

例如“力”的概念，被广泛应用于社科经管类中，产生了“影响力”“领导力”“胜任力”等等概念。自然科学解释世界，会影响人们的世界观，人们会不自觉或自觉运用自然科学的概念来解释人类社会。例如，热力学第二定律“熵”的概念，现被用于商业分析中。

如果你喜欢读历史类书籍，就会发现那些有趣的、不枯燥无味的历史书，都不是大事流水账，而是选取某个历史截面，然后综合当时的经济、军事、文化、政治、民俗、地理、气候等多学科角度分析得出的研究结论。历史研究，离不开跨学科研究方法，偏微观史。

如今随着大数据和可视化技术的应用，跨学科研究领域也引入了新的研究方法，例如“跨学科研究地图”。这种方法的思路是首先搜索出需要研究的主题相关的所有期刊文章，然后用人工智能的“分词”和“语义识别”技术提取相关的关键字，打上标签，将每篇文章通过算法设定相关度，最后用散点图进行可视化标注。

3. 每个学科研究什么，对我们的启发是什么？

以下内容部分来自《中华人民共和国学科分类与代码简表（国家标准 GBT 13745-2009）》，可从教育类网站上下载。目前三级学科分类已有约 6000 个种类。

如果不是为了填报志愿、选专业，普通人大概不会有兴趣去了解学科分类。如果是这样，可就错过了一份学科简介（地图）。

如果需要构建一个知识体系，那么这份学科简介就是最好的参考资料。

生物学：其他自然科学关注支配非生命物质世界的原理，而生物学研究生命物质世界的行为。当生物学家冒险进入人类世界时，他们寻找的是对行为（如基因和进化）的自然规律、决定论的解释，而不是社会科学关注的精神层面的解释（如个体或群体基于自由意志或行为模式的决定）。生物学是研究生物，包括植物、动物和微生物，它们的结构、功能发生和发展规律的科学，而学习这个学科的目的在于阐明和控制生命活动、改造自然，为农业、工业和医学等实践服务。课程包括微生物学、生物化学、细胞生物学、遗传学、发育生物学、神经生物学、动物生物学、植物生物学、分子生物学及生态学，等等。

化学：关注单个元素或化合物中元素的独特属性及其相互作用。化学通过构成要素及化合物来观察较大物体，包括有机物和无机物。主干课程有无机化学、分析化学、有机化学、物理化学及化学工程基础等。它的核心课程包括普通化学、定量分析、有机化学、无机化学、结构化学、仪器分析、高分子化学、化工基础、物理化学、普通化学实验、定量分析实验、有机化学实验、无机化学实验、仪器分析实验、物理化学实验及综合化学实验等。化学这门专业是以大量的实验课程为基础的一个学科。

地球科学：关注行星地球的大型自然进程，关注四大子系统的细节与功能及其相互作用：岩石圈（地球最外层的坚硬地壳）、大气圈（包围地球的气体混合物）、水圈（包含地球水域的子系统）和生物圈（所有生物领域，包括人类）。

天文学：是研究宇宙空间天体、宇宙的结构和发展的学科，内容包括天体的构造、性质和运行规律，主要是通过观测天体发射到地球的辐射，发现并测量它们的位置，探索它们的运动规律，研究它们的物理性质、化学组成、内部结构、能量来源及其演化规律。天文学这个专业学习的主要课程有大学数学、大学物理、理论力学、数学物理方法、电动力学、普通天文学、实体天体物理、恒星物理基础、计算天文学入门等。

地理：包含的主要课程有地球概论、地质学基础、地貌学、气象与气候学、地理信息系统、人文地理学、城乡规划、城市规划、植物地理学、土壤地理学、水文学、自然资源学原理、测量与地图学、中国地理、世界地理、地理教学论、遥感概论等。

地质学：主要课程有地球科学概论、结晶学与矿物、晶体光学、岩石学、古生物学与地层学、构造地质学、地球物理学原理、地球化学、资源地质学及大量的和地质、结晶、晶体、岩石、古生物及构造地质等相关的实验课程。

大气科学：是研究大气的各种现象演变规律，以及如何利用这些规律为人类服务的一门学科。主要的分支学科有大气探测、气象学、天气学、动力气象学、大气物理学、大气化学、人工影响天气、应用气象学等。本科阶段的专业课程包括大气科学基础、天气学原理、动力气象学、大气探测学、雷达气象学、卫星气象学、数值天气预报、热带天气学、大气化学环境、气象学、边界层气象学、天气分析与预测、污染气象学、应用气象学等。

数学：关注数学家用假设、假说、公理和前提创造的抽象数量世界，然后通过证明定理进行研究。数学这个一级学科下包含数学与应用数学、信息与计算科学和统计学这三个二级学科，它们都需要共同学习的课程包括数学，这里面的数学是高等数学，有数学分析、有解析几何，还有高等代数、概率论与复变函数论、实变函数与范函数分析、抽象代数、常微分方程、微分几何、数学计算方法、数学模型、数学实验、拓扑学、数学历史、物理学、计算机基础知识、C 语言。

统计学：是通过搜索、整理、分析、描述数据等手段，以达到推断所测对象的本质，甚至预测对象未来的一门综合性科学。统计学用到了大量的数学及其他学科的专业知识，其应用范围几乎覆盖了社会科学和自然科学的各个领域。大数据时代，如果具备统计学知识，就能如鱼得水。统计学要学到的专业课程有数学分析、几何代数、数学实验、常微分方程、复变函数、概率论、数理统计、抽样调查、随机过程、多元统计、计算机应用基础、程序设计语言、数据分析及统计软件、回归分析，可靠性数学、实验设计与质量控制、计量经济学、经济预测与决策、金融数学、证券投资的统计分析、数值分析、数据结构与算法、数据库管理系统、计算机网络系统、系统分析与软件设计等。

物理学：是研究将物体（原子、亚原子微粒、量子）和往往不能直接观察但确立了可见现实基本结构的力（万有引力、电磁力、强相互作用力、弱相互作用力）连接在一起的基本物理法则，以及宇宙学（宇宙的形态、成分、结构和演化）。下设课程有线性代数、力学、热学、数学物理方法、理论力学、电磁学、光学、原子物理学、电动力学、热力学与统计物理、量子力学、固体物理学、普通物理基础实验、普物综合与设计性实验、近代物理实验、物理教学论、中学物理课堂教学技能训练、凝聚态物理学导论、非平衡态统计物理学、原子核物理学、物理学史、电子线路与实验、单片机原理与实验、电工学、计算物理基础、传感器原理与应用、工程力学、材料物理、结构与物性、C 语言、专业英语。

文化人类学：是当代人类学（对于人类的全貌视野研究）的学科分支之一，把一个个文化视为有机整合的整体，以其自身内在逻辑和文化作为一套符号、仪式和信仰，社会以此赋予日常生活以意义。文化人类学家探讨人类的文化变异性，搜集观察结果，往往通过调查工作的参与观察，进而了解地方文化的运作及社会结构，并检视全球的经济与政治过程对地方的影响。

经济学：重在研究市场相互作用，个体充当独立、自主、理性实体，并把群体（乃至社会）看作不过是其中个体的总和。经济学下设四个一级学科，分别是经济学、财政学、金融学、经济与贸易。二级学科包括经济学、财政学、税收学、金融学、金融工程、保险学、金融数学、国际经济与贸易。

政治学：把世界视为政治竞技场，其中个体与群体在追寻权力或行使权力的基础上做出决策，所有文化中的各级政治活动都被视为一场永无止境的争斗，以使其价值观，而不仅仅是利益，在优先权设置和做出集体选择中占上风。

心理学：认为人类行为反映了个体为协调其心理活动而形成的认知结构。心理学家还研究先天心理机制，既有遗传体质，也有个体差异。是一个专门研究人类心理现象及其影响下的精神功能和行为活动的科学，兼顾突出的理论性和应用实践性。所以心理学家从事基础研究的目的是描述、解释、预测和影响行为，这属于应用心理学的一个分支内容，就是提高人类生活的质量，但这并不是心理学的全部。心理学这个专业包含的主干课程有普通心理学、实验心理学、心理统计、心理测量、生理心理学、人格心理学、社会心理学、认知心理学、发展心理学，等等。

社会学：是一门研究社会的学科。社会学特别关注各种亚文化群的意见，分析制度及政府机构和既得利益如何左右生活。社会学的研究对象范围广泛，小到几个人面对面的日常互动，大到全球化的社会趋势及潮流。家庭、各式各样的组织、企业工厂等经济体、城市、市场、政党、国家、文化、媒体等都是社会学研究的对象，而这些研究对象的共同点是具有社会性的社会事实。

艺术与艺术史：艺术史并非单纯梳理各年代的美学流派，注记个别艺术家的创作历程、图像风格的转变或异同。更多时候，艺术史研究将作品视为时代文化与创作者之间复杂互动的结果，来理解一件作品创造背后之可能的社会、个人成因及其文化影响，并由此检视既有史观、美学理论、探究方法，以补充不同面对的诠释，或为历史本身推理展开更为丰富且有凭据的面貌。

历史学：历史学家认为充分理解任何历史时期，离不开对导致该历史时期的趋势和发展的认识。历史事件是社会力量和个人决策的共同结果，对过去的描绘或叙述不如它的细节那样丰富。历史学这个学科简单地来讲就是学习历史、研究历史，并把学习研究的这种成果应用到实际的社会生活中，去指导生活。从科学的定义上讲，历史学是人类对自己的历史材料进行筛选和组合的知识形式。历史学类专业主要包括中国史、世界史、考古学这三个一级学科，以及博物馆学、民族学、文物学等二级学科。历史学这个学科门类主要学习的课程有中国通史、世界通史、史学导论、中国史学史、西方史学史、考古学通论、历史地理学、古代汉语、中外历史文化原点导读与选读、中国断代史、专题史、世界各主要国家和地区史及中外关系史。

文学（英语）：文学专业包括外国语言文学，也就是我们常说的外语类专业，不管你所学的外语类专业是英语专业还是小语种专业，都隶属文学这个学科门类。中国语言文学或外国语言文学属于文学这个学科门类下的一级学科。文学这个学科门类下边的一级学科还包括新闻传播学。中国语言文学主要学习的课程内容有语言学概论、现代汉语、古代汉语、文学概论、中国古代文学、中国现代文学、中国当代文学、外国文学、中国古典文献学、文学批评史等课程。外国语言文学这个一级学科主要学习的课程有基础相应语、高级相应语、视听、口语、相应语写作、翻译理论与实践、语言理论、语言学概论、主要相应语国家文学史及文学作品的选读。还有个一级学科新闻传播学，下设广告学、网络与新媒体、新闻学、传播学、广播电视学、编辑出版学、国际新闻、数字出版等专业。

音乐与音乐教育：音乐教育家认为，没有认识古往今来的文化所产生的音乐，就不能充分认识文化的这个重要组成部分。音乐能够改变人们的生活，给人们以力量。

教育学：在大学的学习过程中主要的课程包括普通心理学、发展心理学、教育心理学、中国教育史、外国教育史、教育通论、课程论、教学论、教育原理、教育社会学、教育统计、测量、评价、教育哲学及中小学语文或数学的教学法。同时教育学这个专业还会有一些实践性教学环节，比如教育、见习、实习、社会调查、教育调查等。研究知识体系，离不开教育学。

哲学：承认人类知觉能力和认知能力的种种局限。哲学把现实视为情境和景观。现实不是反映超越所有特定情境的“绝对现实”的不完美表现的集合；恰恰相反，这些表现是这个世界的现实。哲学是对基本和普遍问题进行研究的一个学科，是关于世界观的理论体系的研究，是一个纯理论学科。这个学科门类之下包括四个一级学科，分别是哲学、逻辑学、宗教学和伦理学。包含的主要课程有哲学概论、马克思主义哲学原理、中国哲学史、西方哲学史、科学技术哲学、伦理学、宗教学、美学、逻辑学、心理学、中外哲学原著导读等。简而言之，哲学研究“世界的本质”“如何认识世界”“人生的意义”等等。

宗教研究：认为信仰和信仰传统是人类试图理解现实的重要方面，并通过相信超越日常生活的神圣王国来应对现实变迁。对于科学无法解释的现象，人们往往诉诸宗教。

法学：这个学科门类下包括政治学类、社会学类、民族学类、马克思主义理论及公安学类这五个一级学科。

管理学：是研究管理规律、探讨管理方法、建构管理模式，取得最大管理效益的一门学科。这个学科学习的主要课程包括管理学、微观经济学、宏观经济学、会计学、人力资源管理、财务管理、生产与运作管理、统计学、企业文化、货币银行学、国际贸易、运筹学、概率与统计学。管理学下设的一级学科有管理科学与工程、工商管理、农林经济管理、公共管理及图书情报与档案管理。

系统科学：是研究系统的结构与功能关系演化和调控规律的科学。这是一门新兴的综合性交叉学科，它以不同领域的复杂系统为研究对象，从系统和整体的角度探讨复杂系统的性质和演化规律，目的是揭示各种系统的共性，以及演化过程中所遵循的共同规律、发展优化和调控系统的方法，进而为系统科学在科学技术、社会、经济、军事、生物等领域的应用提供理论依据。系统科学是在数学、物理、生物、化学等学科基础上，结合运筹、控制、信息、科学等技术科学发展起来的，在工程、社会、经济、军事、生命、生态、管理等领域得到了发展与应用。系统科学主要的学习课程有高等数学、数学分析、线性代数、概率论与数理统计、模糊数学、线性规则、运筹学、控制论、系统工程、数据库及应用、数据结构、软件工程、系统动力学、系统分析软件管理学及各种计算机课程。

4. 从哪里找资料?

· 学术论文、文献、学术期刊

· 搜索引擎搜索

· 公众号搜索

· 知乎、Quora 等在线问答网站

· 电子书平台

· 图书馆、书店

论文是科学或社会研究工作者在学术书籍或学术期刊上刊登的，用来进行科学研究和描述或呈现自己研究成果的文章。论文往往强调原创性的工作，但也可以是对前人工作总结的回顾及评价，后者被称为综述性文章。

学术期刊是一种经过同行评审的期刊，由学术团体、科研单位或高等院校编辑出版，致力于传播某一特定学科或研究领域的最新成果及其评论的连续出版物。发表在学术期刊上的文章，通常涉及特定的学科。学术期刊展示了研究领域的成果，并起到了公示的作用，其内容主要以原创研究、综述文章、书评等形式的文章为主。

从学术的角度看，文献是古代为官方或民间收藏的用来记录群体或个人在政治、经济、军事、文化、科学及宗教等方面活动的文字。

影响因子，或译成影响指数、影响系数，是美国科学情报研究所的《期刊引证报告》中的一项数据。指的是某一期刊的文章在特定年份或时期被引用的频率，是衡量学术期刊影响力的一个重要指标，由美国科学情报研究所创始人尤金·加菲得在20世纪60年代创立。自1975年以来，每年定期发布于《期刊引证报告》。

影响因子即某期刊前两年（S, T）发表的论文在统计当年（U）的被引用总次数X（前两年总被引次数）除以该期刊在前两年（S, T）内发表的论文总数Y（前两年总发文量）。这是一个国际上通行的期刊评价指标。公式为：$IF_U = (X_{(S,T)} / Y_{(S,T)})$。

例如，某期刊2010年影响因子的计算如下：

本刊2009年的文章在2010年的被引次数：48；本刊2009年的发文量：187。

本刊2008年的文章在2010年的被引次数：128；本刊2008年的发文量：154。

本刊2008—2009的文章在2010年的被引次数总计：176=（48+128）

本刊2008—2009年的发文量总计：341=（187+154）

本刊2010年的影响因子：0.5161=（176÷341）

意义：该指标是相对统计值，可克服大小期刊由于载文量不同所带来的偏差。一般来说，影响因子越大，其学术影响力也越大。

《科学外史》作者指出：对于《自然》《科学》《柳叶刀》这类两栖杂志而言，占据杂志大部分篇幅的非学术文本所产生的所有引用，都会被计入“影响因子”计算公式的分子值中。于是我们就会面临这样一个问题：在《自然》《科学》《柳叶刀》这样的杂志上的非学术文本，会产生SCI引用吗？

这个问题并非没有意义，因为对于长期拜倒在“国际顶级科学期刊”面前的人来说，他们习惯性的思维是：这些杂志的全部篇幅或起码绝大部分篇幅，都是用来刊登“高大上”的学术文本的，这些杂志之所以有很高的影响因子，是因为它们刊登的学术论文质量高、影响大，所以被很多人引用。对这些人士来说，《自然》这样的杂志上，竟然会有三分之二以上的篇幅都是非学术文本，这已经是难以想象的事情，更难以想象的是，这些非学术文本（比如11岁小姑娘写的幻想小说），也会产生SCI引用。

每年发布的“科学引用索引”和“期刊引证报告”，如今被科学界视为两种最权威的学术评估数据。科学引用索引，可用来检索科学论文被引用的情况，期刊引证报告则是前者的衍生产品，它是基于对前者（后来包括SSCI和A&HCI）引用索引数据进行整合处理后得到的结果，这就是期刊的“影响因子”。许多人一直想当然地以为它们是由国际权威科学机构发布的，而实际上发布这两个报告的机构是“科学情报研究所”。这家科学情报研究所从一开始就是一家地地道道的私人商业公司，1992 年被汤森路透收购在旗下。

附：推荐一些学术搜索网站

学术搜索网站集成

https://scholar.chongbuluo.com/

Sci-Hub 由哈萨克斯坦软件开发暨神经技术研究生亚历山德拉·埃尔巴金创建，在 2011 年 9 月 5 日正式上线。埃尔巴金过去在哈佛大学从事研究时，由于无法支付所需的数百篇论文的开销，曾使用他人分享的侵权论文。这次经历让她认为只有让更多人浏览付费墙后的内容，才能够提升知识的传播。

2013 年开始，Sci-Hub 与俄罗斯的教育书籍和文件数据库创世纪图书馆（Library Genesis，LibGen）合作。Sci-Hub 网站也在印度、印度尼西亚、巴基斯坦、伊朗、中国、巴西等国家逐渐盛行。在最初的网站创建目标中，埃尔巴金明确地提到将为资源较少的机构与国家提供研究资料。在 2014 年，学术界开始预测网站将会发展为类似 Napster 的服务。该项目的原始域名为 Sci-Hub.org，在被美国法院禁封前平均每天有 80,000 多名访客浏览。

2017 年，宾夕法尼亚大学的丹尼尔·希姆尔斯坦（Daniel Himmelstein）研究了 Sci-Hub，发现网站上的论文共有 8160 万篇，包含了所有学术论文的 69%，基本能满足大部分的论文需求，而剩下的 31% 是研究者不想获取的论文。

Sci-Hub 是目前已知的第一个大量免费提供付费学术论文的网

站，用户不需要事前订阅或付款，就能使用原本存放在付费数据库中的论文，网站还提供搜索原先出版社网站内的文档文件服务。这些文件都是通过世界各地匿名学者提供的使用账号获取的。通过这些账号网站能够获取 JSTOR、施普林格科学 + 商业媒体、赛吉出版公司、爱思唯尔等出版社所拥有的论文，并将之加以结集。当用户向 Sci-Hub 提交论文请求时，网站会先搜索创世纪图书馆是否有可提供的文件；如果创世纪图书馆并没有事先存储，Sci-Hub 会以特定数据库的账号下载文章，并送至创世纪图书馆备份以供将来使用。

https://sci-hub.se/

创世纪图书馆是科学论文及书籍的搜索引擎，可以免费提供被挡在付费墙后的内容。截至 2018 年 6 月，创世纪图书馆数据库宣称其包含超过 270 万册图书，以及超过 5800 万篇期刊文献。

https://libgen.is/

语义学者（Semantic Scholar）是由微软联合创始人保罗·艾伦（Paul Allen）做的免费学术搜索引擎，检索结果来自期刊、学术会议资料或学术机构的文献。

https://www.semanticscholar.org/

04

构建知识体系

构建知识体系是“知识的系统化工程”，目的是为解决“离开学校之后应该如何自学”的问题，依据教育学原理和元知识设计出用于自学的模型框架。

什么是知识体系

越来越多的人意识到“知识体系”的重要性，那么，什么是知识体系呢？

知识体系是根据特定的目的整理知识元素之间的关系并将其组织起来，可以使之产生特定的功能（例如“学习路径”“知识与能力转化”）的整体。知识体系能够帮助我们有效自我学习。

构建知识体系的过程，指的是在有明确目的的前提下（迫切需要提升某个领域的知识能力和水平），规划学习路径，有意识地获取知识，并将其结构化（点、线、面、体），通过合适的工具（2D 3D 脑图、图表、PPT、知识卡片）以及元知识方法论进行知识的转化形成知识地图，通过解决实际问题（或者向他人传授）融合在个人的认知系统中，最终形成的外部实体结构化知识文档（显性知识）及内在的知识储备（隐性知识）。

知识体系是具备整体性、系统性的知识集合，是知识领域的立体地图，是完备的知识点多维结构。

就像人类世界里的“分形”一样，一个大的知识体系可以由多个小的知识体系通过某种结构连接在一起组成。

大学学习统计学专业的学生，攒够学分，毕业论文通过，学校会授予相应的学位，意味着通过了官方设立的“统计学知识体系”的学习和考核。

统计学是一级学科，也是一个知识体系，还包括数理统计学、社会经济统计学、生物卫生统计学、金融统计、风险管理与精算学、应用统计 6 个二级知识体系（学科）。

《数理统计学》是教材，是书籍，其中的内容又可以往下分为概率论的基础知识、数理统计的基本概念、参数估计、假设检验、回归分析、方差分析、实用多元统计分析。

也许有人会认为，知识体系和“技能树”一样，都是树形结构，树形结构是人们对三维世界真实树木的二维平面化的一种简化。知识体系应该是立体的网络结构。

一个统计学专业毕业的学生，就算没有和“计算机科学”这个知识体系结合起来，同样也可以用统计学的知识解决问题，但是无疑这样效率会低 N 个数量级，也无法利用各种成熟好用的算法包。

为了在社会上更好地生存，这位学生还需要学习“人际关系”知识体系。假如毕业之后进入电商公司，还需要学习“零售学”这样的行业知识体系，才能将统计学的知识应用到实际工作中。做商品效率预测，同样也少不了“机器学习”知识体系，而将人工智能算法应用到软件产品中，是为用户做个性化推荐。

学校教材是知识体系的载体

只要你读过书，上过学，无论小学中学大学，你都已经感受过成体系的知识。

小学开学第一天，会领到一堆新课本及配套的练习册。里面有语文、数学、英语、科学、音乐、美术等学科。在一个学期里你要学完课本上的所有内容，在这期间，你要经历单元测验、期中考试、期末考试。一年有两个学期，小学分为六年制，读完六年，小学就可以毕业了。

你所看到的这些，都是教育体系中的知识载体，经过老师们的教育，你要去参加统一考试，这个考试可以认为是一种衡量知识掌握程度的标准。当你毕业之后，国家和社会就会默认你掌握了相应学历的知识体系。

教育的目标是“培养面向未来的优秀公民”。既然是面向未来，那么就不能用现有的分学科教育方式，因为这样教育出来的学生毕业后无法适应快速变化的社会。

教育部门经过一番分析，认为学生们应该掌握如下能力：

· 思考与学习的能力。

· 文化识读、互动与表达能力。

· 自我照顾、日常生活技能。

· 多元识读能力。

· 数字化能力。

· 工作生活能力与创业精神。

· 参与、影响并为可持续性未来负责的能力。

教育管理部门围绕着教育目标，制定了教学大纲和教学计划。根据大纲和教学计划组织编写新的教材和课件，经过修订和审核的教材，再通过印刷厂印刷成册。

不同年龄段的学生有不同的年级，不同年级有不同的教材，这些教材之间具备连续性，不能让每个年级的教材之间出现断层，不然学生无法理解。

教材之间具备一致性，每个年级的各学科教材应当符合当前年龄段学生的心智，不然学生们也无法学习。教材也要完整，不能教会了学生加法、减法、乘法，但是不教除法。教材组合起来要配合教育活动，完成教育目的。

因此，学校教育的知识体系标准化程度最高。

为什么要构建知识体系

构建知识体系的目的是为了解决“离开学校之后应该如何自学”的问题，根据教育学原理设计的用于自学的模型框架。

知识体系分为通用知识体系及专业知识体系。通用知识简称为“通识”，专业知识简称为“专识”。学生时代，人们在学校接受的就是知识体系教育。小学、中学是基础和通识，大学是通识和专识。

学校知识体系的特点是科学、标准、严谨、滞后。科学指的是根据社会需要并依据教育理论和人的认知规律设计的系统知识工程。标准指的是知识具备通用性，尽可能标准化。严谨指的是知识内容都会经过严格的审核。但正是因为学校教育涉及一个大的系统，有许多环节，在过去的时代中，知识更迭没有如今这么快，新事物没有如今这么多，所以学校知识必然会滞后。

此外学校的知识体系建立在“学科”基础上，学科又是还原论的产物。学科细分对于研究事物来说很有用处，但是，实际上人们遇到的往往是复合型场景，学校的知识体系面对现实问题有些力不从心。

因此，从学校毕业后参加工作的毕业生们，会发现仍然有许多东西要学习，有很多问题自己没有能力解决。而自我学习，建立自己的知识体系变得很有必要。

那怎样才能让自我学习像学校教育一样有效果呢？我们需要有适合自学的知识体系。但是市面上没有一套标准化的知识体系，这需要我们自己来设计和构建，用来帮助我们有效学习。

1. 展现某个领域的完整知识结构

什么是知识结构。美国心理学家杰罗姆·布鲁纳（Jerome S. Bruner）提出了“结构主义教育”思想。他认为，知识有结构，是人们对客观事物构造的一种主观模式。知识结构若能与客观事物相符，能很好地说明事物。知识的基本结构，包括该领域的基本概念、基本原理以及它们之间的关联。完整的知识结构，能够避免学习者出现“不识庐山真面目，只缘身在此山中”的问题。

2. 通过知识地图，展现知识学习路径

人们在生活中利用地图来寻找最优路径，条条大路通罗马，但每条路都不一样，有的路距离短，但是障碍多；有的路距离长，但是障碍少；有的路需要过路费；有的路是免费，所以学习者应该根据自己的情况，来选择一条最优学习路。知识地图，是知识体系中知识元素的“地图化”。

3. 加深对某领域知识的理解层次及掌握程度

根据布鲁纳提出的教育目标分类，学习者对自己的知识掌握程度可从六种层次进行评估：第一，对知识进行简单记忆；第二，对知识进行理解，能够解释或总结信息，是从具体到抽象的过程；第三，能在不同情境中对知识进行应用，解决实际问题；第四，分析不同知识之间的联系；第五，将不同知识综合成全新连贯的整体；第六，能够对知识进行评价。

构建知识体系能够帮助学习者提升知识掌握程度。

4. 避免碎片化学习，知识体系化有助于提升学习效率

“体系”是“零散”的反义词，为什么学习者自学效果不好，是因为自学缺乏学校教育中的知识“体系”。因此要避免“碎片化学习”带来理解上的问题。碎片化导致缺失知识之间的关联，知识之间若没有建立关联，容易成为“孤岛”。

5. 有助于理解该领域的发展史、思维方式、理论框架

知识之间的关联包括该领域的知识发展史，每个学科都有其发

识记（编码、存储）	· 通过感知、思维、体验和操作等活动获得知识和经验 · 是将我们知觉、思考或感觉到的信息进行编码，然后转化为持续记忆的过程。是一个主动建构的过程 · 指对先前学习过的知识材料的记忆，包括具体事实、方法、过程、理论等的记忆，如记忆名词、事实、基本观念、原则等。
理解（抽象与具体的联系）	· 称为领会、了解、懂得、思维作用（intellection） · 是概念表灰（又称为概念化）的界线。理解某一事物，也就是已经对该事物实现了一定程度的概念表达或者说概念化。 · 与诸如人、情形或讯息之类的某种抽象的或有形的对象相关，借此一个人能够对其加以思考，并且运用概念对该对象加以适当的处理。 · 可以通过三种形式来表明对知识材料的领会，一是转换，即用自己的话或用与原先不同的方式来表达所学的内容。二是解释，即对一项信息（如图表、数据等）加以说明或概述。三是推断，即预测发展的趋势。
运用（解决新问题）	· 指把学到的知识应用于新的情境、解决实际问题的能力。它包括概念、原理、方法和理论的应用。运用的能力以知道和领会为基础，是较高水平的理解。
分析（结构化思维）	· 指把复杂的知识整体分解为组成部分并理解各部分之间联系的能力。它包括部分的鉴别、部分之间关系的分析和对其中的组织结构的认识。例如，能区分因果关系，能识别识别史料中作者的观点或倾向等。分析代表了比运用更高的智力水平，因为它既要理解知识材料的内容，又要理解其结构。
综合（创造新模式）	· 指将所学知识的各部分重新组合，形成一个新的知识整体。它包括发表一篇内容独特的演说或文章，拟定一项操作计划或概括出一套抽象关系。它所强调的是创造能力，即形成新的模式或结构的能力。
评价（价值判断）	· 指对材料（如论文、观点、研究报告等）作价值判断的能力。它包括对材料的内在标准（如组织结构）或外在的标准（如某种学术观点）进行价值判断。例如，判断实验结论是否有充分的数据支持，或评价某篇文章的水平与价值。这是最高水平的认知学习结果，因为它要求超越原先的学习内容，综合多方面的知识并要基于明确的标准才能做出评价。

图 4-1　布鲁纳教育目标分类理论

展史、思想史，如经济学史、科学史等。不同的领域有不同的思维方式，不同学科有自己的理论框架，例如物理学的诸多理论、认知心理学中的心智模型等等。而这些都是知识体系中不可缺少的元素和组成部分。

6. 为解决领域问题提供知识库、工具箱

知识体系中包含思维方式、理论和框架、领域知识等。知识是人们认识世界、改造世界的成果，在遇到问题的时候，先从知识体系中寻找合适的思维工具和理论。这从某种意义上来说，是实现了查理·芒格的“栅格工具箱”理论。

避免踏进“知识体系”的误区

有人说，知识体系是把知识点按照树形结构画成思维导图。每个节点可以链接到具体的知识卡片或书籍，这样就能建立自己的知识体系。这样看起来，建立知识体系就和做读书笔记一样简单。

有人说，知识体系是把碎片化知识结构化加工，在知识和知识之间建立多维链接，就像立体网状结构一样。这样看起来，建立知识体系似乎又很复杂，还要找到合适的软件来展示。

记得《冰河世纪》里松鼠Scrat矢志不渝追求那枚坚果的场景吗?

对松鼠Scrat来说，坚果意味着食物，为了囤积食物，可以连命都不要。对人类来说，知识可以让自己生存得更好，人类对知识也有收藏的偏好。

下载几百本电子书、订阅数千元线上课程、收藏上千篇文章的笔记，从开始的有序到后来的无序，从乐此不疲地收集信息和资料，到最终放弃。

人们在对待知识体系的认知上存在误区：

A. 认为知识体系是“按照一定的分类规则收集资料”

B. 只做输入（听和看），不做输出

C. 很少尝试主动解决问题

D. 收藏的知识，从不进行更新和整理

E. 认为资料越多越好

囤积知识，源于人规避损失的心理。

1. 源于历史

从远古时代到工业时代，从最早的祭司、部落长老开始，到西方的贵族、东方的士大夫，再到私塾，知识在很长的时期内掌握在少数人手里。古代的国立学校，无论是太学、国子学、国学还是国子监等，学生入学的资格是依父辈或祖辈的官位品级而定的，平民子弟极少有机会入学。

2. 源于规避损失的心理

看见知识不收藏，会有一种遭遇损失的心理感受。人有我有才好。

3. 高估自己对于学习的热度和坚持

人们总是倾向于高估自己，包括“坚持学习”，把“学习的冲动”误认为“学习的意愿”。

4. 社会导向和大众行为的影响

知识经济的兴起，使得自媒体和知识服务商有意无意地制造焦虑，给人一种“不能落伍”的感觉。

知识体系分为有形和无形的部分。有形的部分是我们存起来的书籍、笔记、电子文档、笔记软件、资料等，这些有的是素材，有的是半成品，有的是成品。

素材是我们收集的信息，当我们对信息进行分类和打标签之后，素材就成了半成品。做到这一步，仅仅是完成“知识的外部存储”。

经过思考这一步，才能完成“知识内化”这一关键步骤。怎样衡量是否经过了有效思考呢？看是否有输出“知识成品”。在载体形式上，可以是思维导图、PPT、Visio 图表、成体系的系列文章等。

无形的部分是在我们吸收转换后，形成知识储备并转换成能力的部分。包括元知识（知识的定义、知识的分类理论和方法）、人类有哪些知识领域、大学都有哪些学科、每个学科都研究什么问题，等等。

从 0 到 1 构建知识体系

构建过程分为学习规划、获取知识、建立体系、知行合一四大部分。

1. 学习规划

做事先规划是个好习惯，规划能够分清边界，想清楚“为什么学”“应该学什么”“不学什么”，然后是“怎么学”。

最佳的规划，应该有助于实现“人生目标”。而“人生目标”是“我应该怎样度过人生才有意义”的答案。“人生目标”再拆分为多个“阶段目标”，每个阶段有不同的学习目标，要学习不同的知识领域，这是一个逐步拆解从大目标到小目标的过程。

（1）明确目的

圣人曾说：“吾生也有涯，而知也无涯。以有涯随无涯，殆已！已而为知者，殆而已矣！”圣人这么说并非是让我们放弃求知，而是让我们有正确对待知识的认知。

知识像海洋，如果做一件事（尤其是有难度，容易放弃的事情）没有明确“为什么”，就像在大海上航行没有舵手，迟早会迷失在海洋里。

人只有明确建立某个领域的知识体系，才能明确主攻方向。

一个人在不同的阶段，需要不同领域的知识。做事情要分轻重缓急和价值高低，但为什么只有在求知这件事上不这么做呢？

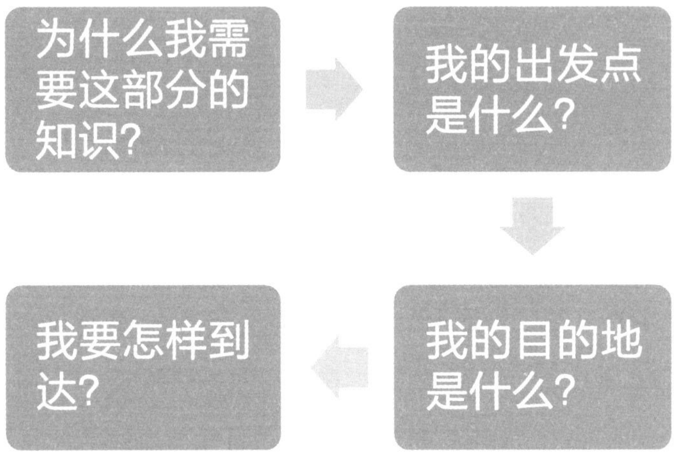

图 4-2　明确目的

（2）度量自己的能力，找到差距

假设有个 Java 程序员，叫小明，随着人工智能普及，小明认为在未来很长一段时间内，如果程序员没有掌握 AI（人工智能）编程技术，可能会被边缘化，此外，他从小对机器人很有兴趣，希望自己能开发出一个 AI 机器人产品，因此他定了一个目标“成为 AI 程序员”，这一步是“明确目的”。

从一个 Java 程序员到一个 AI 程序员，距离有多少？小明认为可以从多种渠道获得答案，例如通过买书或者搜索互联网。

小明在查阅相关信息和资料后，填写了“知识能力度量表”，如下：

知识与能力	是否具备
英文阅读	×
人工智能数学基础	×
认知神经科学基础	×
人工智能算法	×
产品设计能力	√
程序实现能力	√

表 4-1　知识能力度量表

小明清楚自己的问题和差距——英文阅读能力有限，阅读理解国外顶尖大学及学术期刊的文章很吃力，如果想学习最新的人工智能理论就需要提高英文阅读能力。此外，还需要学习相关的数学基础、人工智能算法。

（3）制定计划设定目标

这不是一件短期能够轻易实现的事情，小明根据实际情况做出三年目标规划：

第一年	第二年	第三年
提升英文阅读技能（阅读外文期刊）	掌握人工智能的数学学习基础理论	设计人工智能产品并实现
构建有效学习英文（阅读）的知识体系	学习认知神经相关学科	重建认知升级的知识体系
	融合人工智能与认知升级相关的知识体系	

表 4-2　小明的目标规划

小明不想付费报培训班学习，那么，他应该怎样自学呢？

（4）标识学习路径

人们要去陌生地方，会通过地图找一条最优路径，然后沿着路径到达目的地。学习也是一样，自学有自学路径指导，方法正确一样能提升成功率。

条条大路通罗马，不代表每条路花费的时间或者说难度都一样。所以有必要寻找一条最优的学习路径。路径可以不断调整。那么，在有明确目标（知道要去哪里）的情况下，怎样获取知识的最优路径呢？

小明之前查过资料，除了英文阅读能力之外，还需要学习相关数学基础和人工智能算法，但不够具体，比如，数学基础包括哪些知识？人工智能算法有很多种，应该学哪种？

①需要哪些领域的知识？

查找资料（图书馆、购买书籍、学术期刊、个人知识库、搜索引擎等），综合不同的信息，得出一份知识清单：

- 人工智能需要的知识。
- 基础数学知识：线性代数、概率论、统计学、图论。
- 编程语言基础：Java、Python 等。
- 人工智能算法：深度学习等。
- 大数据相关数据：Hadoop 体系。

明确自己需要哪些领域的知识，然后对经验知识下的分类进一步地细分，找出最优学习路径。在初期尽可能忽略知识的旁枝末节，先把路径打通，标记出从当前到目的地所需的关键知识点，将知识点连起来，就是最优路径。

有助于找到最优路径的建议：

A. 如果不是做学术研究，最新不一定是最好

B. 找到成功案例

C. 注意知识的时效性

D. 尽可能找到该领域有影响的人学习

E. 如果花钱能省时间的方法可用

F. 最优路径是最符合你的现状（学习能力）的路径

G. 最优路径不一定是最短（时间短、难度高）的路径或最经济（花钱最少、时间长、难度高）的路径

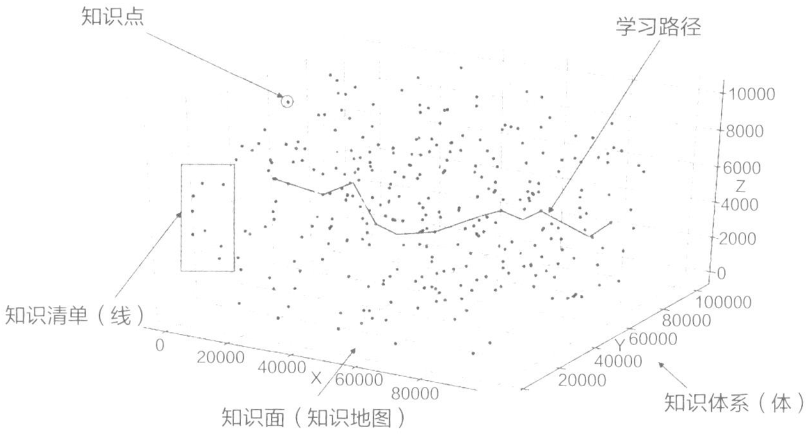

图 4-3　学习路径

②获取知识需要什么额外的技能？

国外研究机构的论文是一个很好的知识来源，因此，良好的阅读能力是一项额外的技能。

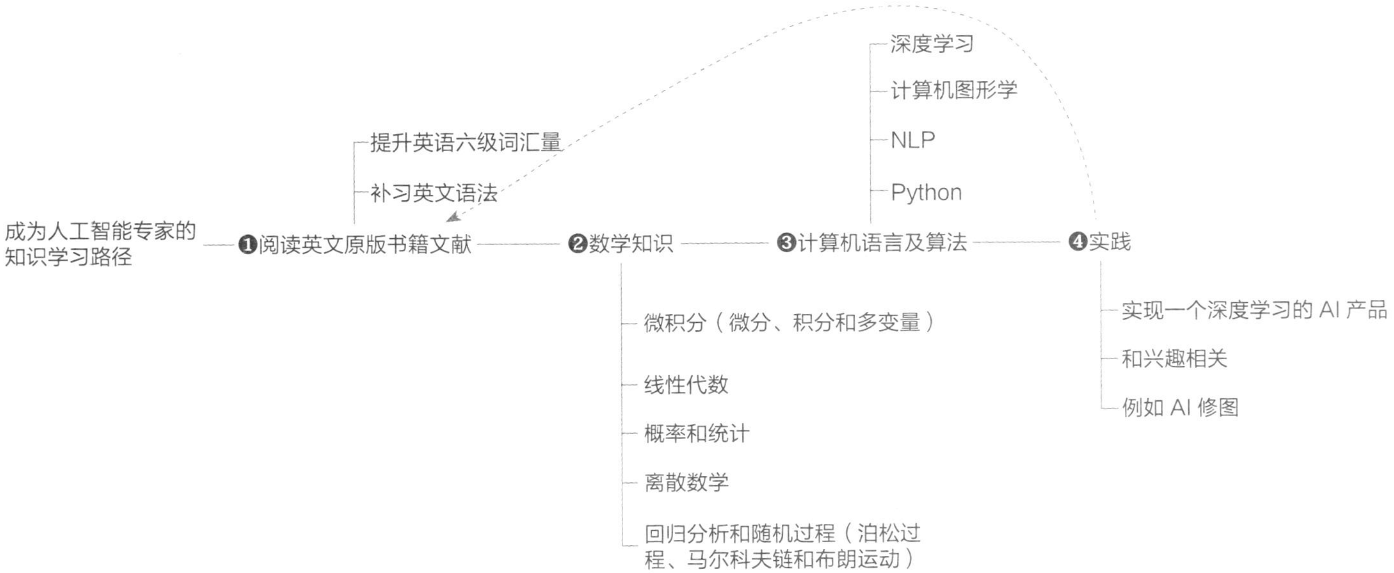

图 4-4　成为人工智能专家的知识学习路径

虽然可以完全依靠中文，在中文世界里寻找知识和问题的解决方案，但是在时效（信息不会及时更新）、信息损耗度（翻译导致信息损耗）、同质化程度（知识获取门槛低）上都有或多或少的问题。因此，提升英文阅读能力，非常有必要。

根据这些信息，设计出来的学习路径如下页图。

小明明确了知识的学习路径：

A. 提升英文阅读能力：扩充英语六级词汇量、补习英文语法，以看懂学术期刊为目标

B. 学习数学知识：微积分、线性代数、概率和统计、离散数学、回归分析等

C. 学习人工智能算法：深度学习、NLP、Python 语言等

D. 实践动手做一个 AI 产品：从兴趣出发，用深度学习算法实现一个产品

2. 获取知识

获取知识的过程包含知识获取、知识清理、知识输出。

其中最为关键的是知识清理。收集到知识后，立刻进行抽象、分类、概括，并且将之变成知识点，整理进知识清单、知识地图中。

如果你只收集不处理，或者是打算某天再处理，那么这些收集来的知识，价值将会随着时间而逐步减少，最终只会成为一堆杂乱的信息。

3. 建立体系

（1）知识体系的演进

图 4-5　个人知识体系演进

知识体系演进是循环迭代的过程，也是将知识点整理成知识清单，再从清单到知识地图的结构化过程。

知识体系演进的过程可分为：

①知识需求。

知识需求的来源可以分为工作需要、生活需要、情感需要。人们学习知识，有的是为了提升工作能力，例如学习某种技能；有的是为了让生活更有趣，例如培养兴趣爱好；有的是情感需要，例如解读人的心理现象，等等。

②知识收集。

知识收集有很多渠道，如使用搜索引擎、订阅推送、阅读书籍等。此时的知识相当于素材，没有被系统化，也没有被加工整理，存在的形式以“笔记”“收藏”为主，是知识素材。

③知识整理。

知识整理是为了将零散、碎片化的知识，按照一定的主题分类，整理成有条理的“半成品”，这是梳理的过程。在这个过程中，要运用批判性思维，去伪存真，去掉陈旧的、错误的信息。知识整理的交付物可以是知识卡片（点）、知识清单（线）、知识地图（面）、知识框架（体）。

④知识关联。

知识关联是将知识整理这一步的交付物进行关联扩展，可分为横向关联、纵向关联、时间轴关联、空间关联等方式。横向从广度出发，纵向从深度出发，时间轴从时间维度看发展历史，空间关联从地理维度看知识在不同地区的关联。知识关联是建立知识结构向体系化演进的重要步骤。

⑤知识运用。

加工完的知识如果不运用，只是一堆信息，知和行没有合一。那么，怎样才能运用好呢？首先要长期使用，运用“结构化思维”，看到事物，首先要想到如何结构化、概念化。用知识来解决实际问题，在实践中加深理解。例如通过“费曼学习法”，检验自己是否真正理解。

⑥知识内化。

内化可以理解为外部向内部转化，知识内化是外部的知识转化为人的内部能力，是显性知识转化为隐性知识。显性知识指的是可以用文字、符号、图像、视频表示的知识；隐性知识指的是不能用符号表示的知识，例如一些自己能做出来但无法通过言语教会他人的知识。就像欧阳修的《卖油翁》里写的卖油翁展示倒油技术，把油通过葫芦口上的铜钱口倒入葫芦，铜钱不湿的秘诀是“我亦无他，惟手熟尔”。这里涉及倒油的速度、角度、全身肌肉协调等诸多因素。到了这个阶段，才算知识体系真正有所成就。

该演进过程也具备“迭代性”，即知识体系也呈螺旋状可以不断演化。

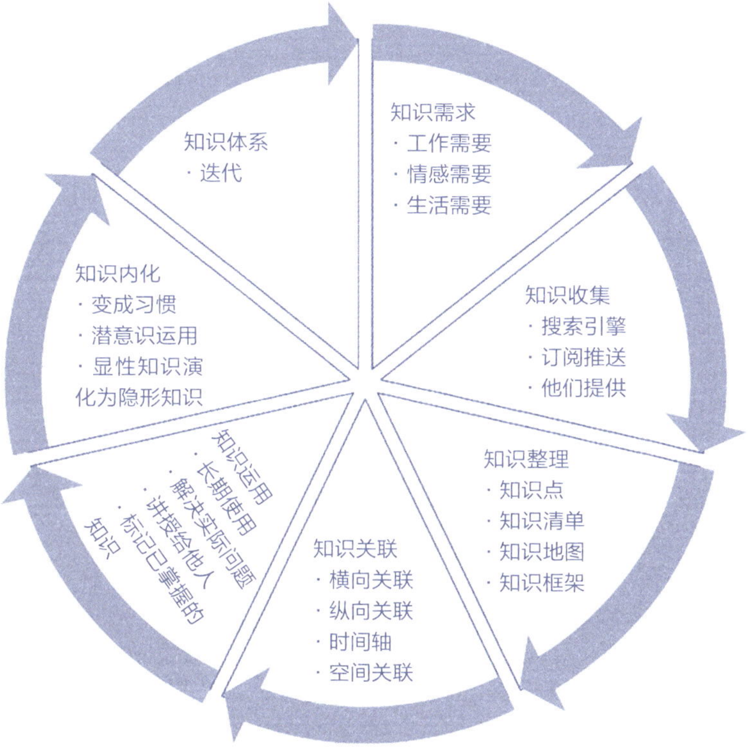

图 4-6　知识内化

（2）知识结构及其元素

组成知识结构的元素包括知识（点）、知识清单（线）、知识地图（面）、知识体系（体）。

①知识点。

知识点是知识的相对独立的最小单元的集合。

知识点 ={ 知识最小单元 1，知识最小单元 2…… 知识最小单元 N}

什么是知识的最小单元？例如“矩阵图法”，就是一个知识最小单元。知识最小单元的特征是学习者可以通过练习掌握的。

把解决相同问题的知识最小单元放在一起（集合），就成为一个知识点。

知识点可以利用笔记、知识卡片、思维导图、PPT 进行记录、管理。可以根据个人喜好和习惯来选择。

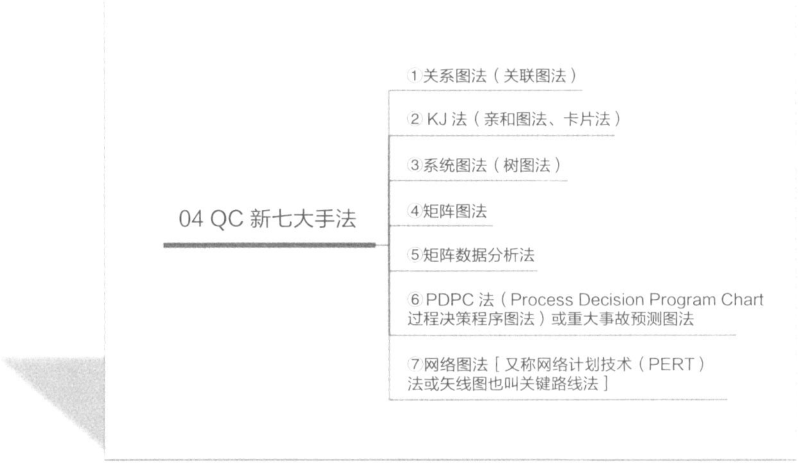

图 4–7　知识点（知识卡片）

②知识清单。

知识清单 ={ 知识点 1，知识点 2…… 知识点 N}

知识清单是同领域的知识点集合，可用思维导图制作。

③知识地图。

地图的定义是：以一定的数学法则（模式化）、符号化、抽象化反映客观实际的形象符号模型，也称为图形数学模型。地图是根据

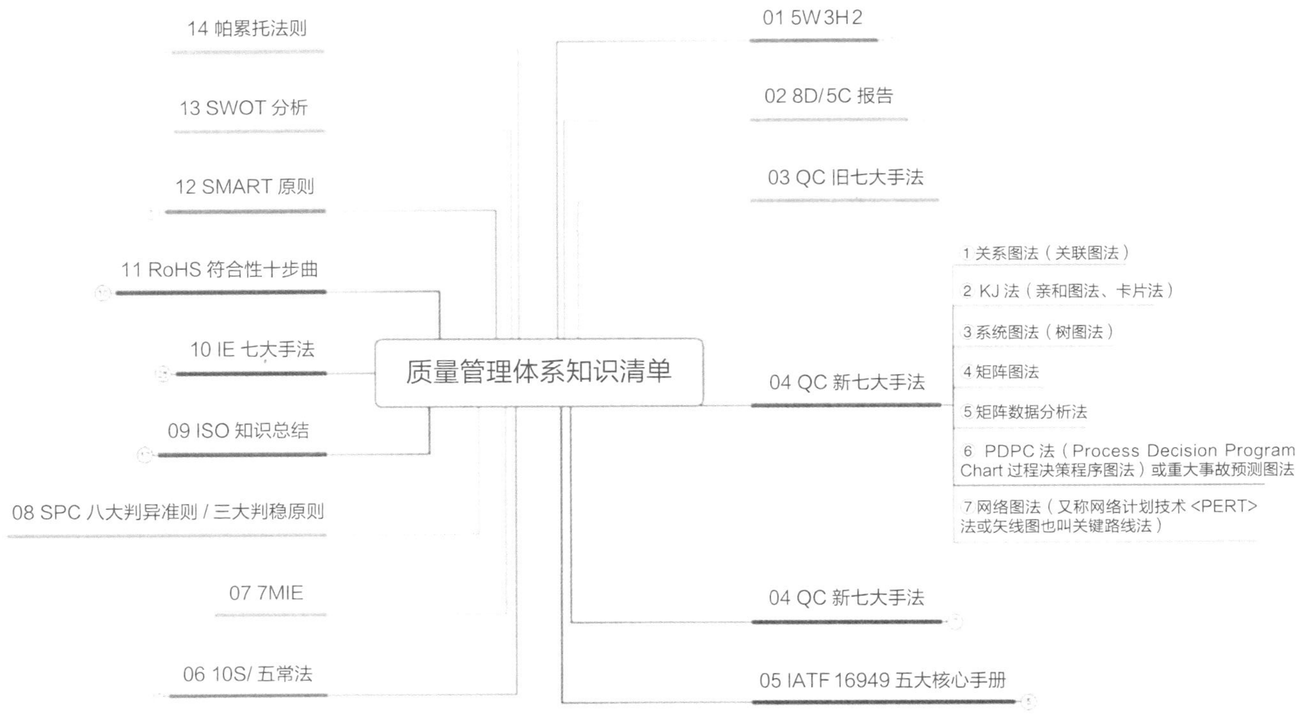
质量管理体系知识清单
01 5W3H2
02 8D/5C 报告
03 QC 旧七大手法
04 QC 新七大手法
1 关系图法（关联图法）
2 KJ 法（亲和图法、卡片法）
3 系统图法（树图法）
4 矩阵图法
5 矩阵数据分析法
6 PDPC 法（Process Decision Program Chart 过程决策程序图法）或重大事故预测图法
7 网络图法（又称网络计划技术 <PERT> 法或矢线图也叫关键路线法）
04 QC 新七大手法
05 IATF 16949 五大核心手册
06 10S/ 五常法
07 7MIE
08 SPC 八大判异准则 / 三大判稳原则
09 ISO 知识总结
10 IE 七大手法
11 RoHS 符合性十步曲
12 SMART 原则
13 SWOT 分析
14 帕累托法则

图 4-8　知识线（清单）

一定的数学法则，将地球（或其他星体）上的自然和人文现象，使用地图语言，通过制图综合，缩小反映在平面上，反映各种现象的空间分布、组合、联系、数量和质量特征及其在时间中的发展变化。

知识地图的定义如下：

是根据一定的知识分类法则，将某个领域的知识，使用图形符号，通过制图综合，缩小反映在平面上，表征知识的分布、组合、联系、数量和质量特征及其在时间中的发展变化的符号模型，是知识体系的组成部分。

知识地图的作用包括建立知识全局观、表示知识之间的关系、寻找知识的最优路径等。

知识地图 ={ 知识的逻辑结构（XYZ），知识清单 1，知识清单 2……知识清单 N}

知识的逻辑结构（框架），由 X、Y、Z 轴组成。

X 轴是知识的时间线（知识的发展史），包括起源、发展里程碑、当前阶段最新的观点（包括对立的观点）、未来可能的发展。

Y 轴是关联的其他知识点（关联性），可能是跨学科，从广度出发。

Z 轴是知识的深度、本质原理，该领域知识的第一性原理。

以人工智能知识体系举例：

X 轴：人工智能的发展时间线（从原理、理论、学派等不同维度选取进行整理）。

Y 轴：关联的其他知识点——计算机编程、计算机视觉、语义

识别

Z 轴：数学、认知科学。一个人工智能领域的软件工程师就算不懂算法背后的原理，一样可以使用网上的开源代码或商业 SDK 来实现人工智能。但遇到问题，会束手无策。因此还是需要深入了解该领域的知识（如深度学习的源代码、实现算法、论文、认知科学等）。

知识地图可用绘图软件 Visio 制作，也可用 Photoshop 或其他平面绘图软件制作，如下图所示。

④是否体系化。

体系是一个抽象的概念。体系，泛指一定范围内或同类的事物按照一定的秩序和内部联系组合而成的整体，是不同系统组成的系统。

不成体系的特征：缺乏目的和功能、边界不清晰、不完整，有缺失的要素、相互矛盾不统一、同一层次颗粒度不一致、缺乏逻辑结构、缺乏层次定义等。

本书“通用学习模型”章节，体现了领域知识的体系化。

⑤知识体系和系统的关系。

什么是体系？

体系从字面上理解是“整体 + 系统”的意思。

如下图，是一个事物的系统模型。

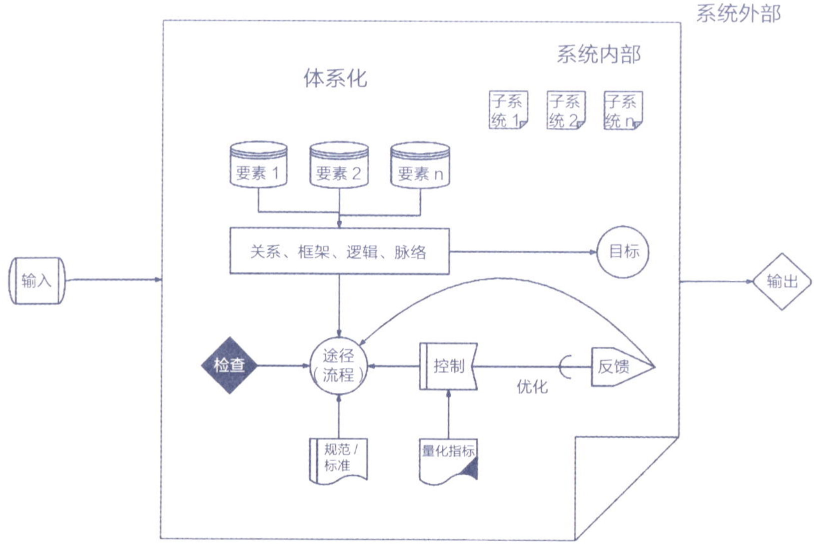

图 4-9 事物的系统模型

这里涉及“系统”的概念。

系统是为达成某共同目标，而依规律化的交互作用，或相互依赖的事物结合，所构成整体。政府、商业机构可视为由人组成的系统。系统可以包含子系统。例如计算机系统是由计算机硬件、软件组成的系统，其中硬件又可分为输入系统、计算系统、输出系统等。

系统包含部分（要素）、关系、逻辑、边界。系统的关键是“整体大于部分之和”。把一辆车的零部件扔在一起或随意安装，这辆车能跑起来的概率为0。但是如果遵循“安装说明”并经过严格的测试，就能得到一辆能上路的车。这里的“整体”指的是合格的车，“部分之和”指的是把零部件装在一起。

银河系是一个系统，太阳系是一个系统，地球是一个系统，一个系统可以包含很多子系统。看待事物的时候，用系统的角度来思考，称之为“系统思维”，系统思维脱胎于哲学上的“系统论”。

系统论是超越还原论，发展整体论，所以，实现还原论与整体论的有机结合与内在统一是其结果。还原论主张“分析－重构方法”。在还原论方法中居主导地位的是分析、分解、还原：即首先把系统从环境中分离出来，孤立起来进行研究；然后把系统分解为部分，把高层次还原到低层次；最后，用低层次说明高层次，用部分说明整体。

脑科学中的神经元学说，是还原论的一种典型应用，最初由于工具有限，只能把大脑分成不同的区域，通过实验来确定不同区域的分工。后来发现大脑是由上千亿的神经元组成，于是开始研究神经元细胞和突触。神经科学就是在细胞和分子层面研究脑的活动。但到目前为止，仍然没有理解这些看似简单但不简单的神经元细胞是如何涌现出意识的奥秘。

就像蚂蚁作为简单的个体，一旦成规模之后，就能搭建宏伟的蚁穴，宛如一个城邦。实质上并没有一个指挥部在指挥蚂蚁，这种现象无法用还原论找到其中的机制。如果人类想搭建一个宏伟的建筑，必然要有一个自上而下的组织来完成复杂的工程。

人们日常也会不自觉地使用还原论解决问题。

把完成一件事情需要的步骤进行分解，比如，从冰箱中拿东西，第一步是打开冰箱，第二步是取东西，第三步是关冰箱门。

比如，要研究一个机械闹钟，会用螺丝刀把闹钟大卸八块，把所有的零件拆开来，一个个研究。

系统科学并不简单否定还原论，但仅仅持有还原论的观点远远不够。系统科学是通过揭露和克服还原论的片面性和局限性而发展起来的。

⑥知识结构与知识体系的区别。

在康德看来，体系是“一个理念之下各种知识（Erkenntnis）的统一”或“依据原则所编排的知识的整体”。

体系是一个源自哲学的概念，随着互联网的兴起，许多物理学、哲学的概念都被广泛使用，例如熵、第一性原理、方法论、系统。而“体系”的应用更为广泛，如教育体系、知识体系、价值体系、管理体系等。凡是结构化的事物都被称为“××体系”。

体系起源于博物学（不是博物馆学）。博物学家们对动物和植物进行分类之后，试图在这些分类中寻找关系，使它们成为一个整体，并称之为“体系”。哲学家们也喜欢建立自己的哲学体系（不过，现代哲学家们已经不再热衷建立体系）。

在方法论的意义上，体系是指对于知识进行加工处理的一种结果或产物。人们的经验会积累成知识，这些知识经过分析、比较和归纳之后会显示出相互之间的内在关联及这些关联成为整体之后所具有的作用和功能，这意味着这些具备整体性、系统性的知识威力远超简单堆积在一起的知识。

就像一幅拼图，每个知识点都是一片拼图，把这些拼图随意放在一起就是“碎片化知识”，人不近看，无法看清这些碎片代表着什么。只有从四个角开始，随着匹配的碎片越来越多，才越来越能看清拼好的那些区域是什么图案。这个过程是“知识结构化”。但是因为缺少某些区域，还谈不上“知识体系”。只有完全拼起来，不多不少一块不落，才能看到完整的、正确的内容。

把拼图装裱起来，挂在某处成为装饰品，是“整体大于部分之和”的意思。但一堆碎片放在那里，其实没有什么价值。只有拼好之后，才成为可带来欣赏价值的作品。

根据特定的目的调整这些知识之间的关系并将其组织起来，可以使之产生特定的功能。这种依据特定的目的设定所期待的功能，并将知识或事物根据其关系组织起来的方法，即是所谓的体系化。其任务是将任何时点已经获得的知识以整体的方式全部表现出来；将整体中的各个部分用逻辑予以联系。

体系化是一种方法，让零散的知识具备系统性，最终构建成为知识体系。从前面的定义来看，知识体系是一种双重定义，体系本身就是系统化的知识，和其他体系要区分开来。

因此，“××体系”指的是××领域的系统化知识。如果该体系不仅仅包含知识，也包括其他实体，那么可以称之为“××系统”，如计算机系统、教育系统、医疗系统等。

由此可以得出结论，“体系”隶属于“系统”，是系统的子集。

“知识结构”容易和“知识体系”混淆。从上面的定义和阐述，我们会发现，体系包含结构。因此知识结构不能等同于知识体系。

从范畴而言，片断化 < 结构化 < 体系化。

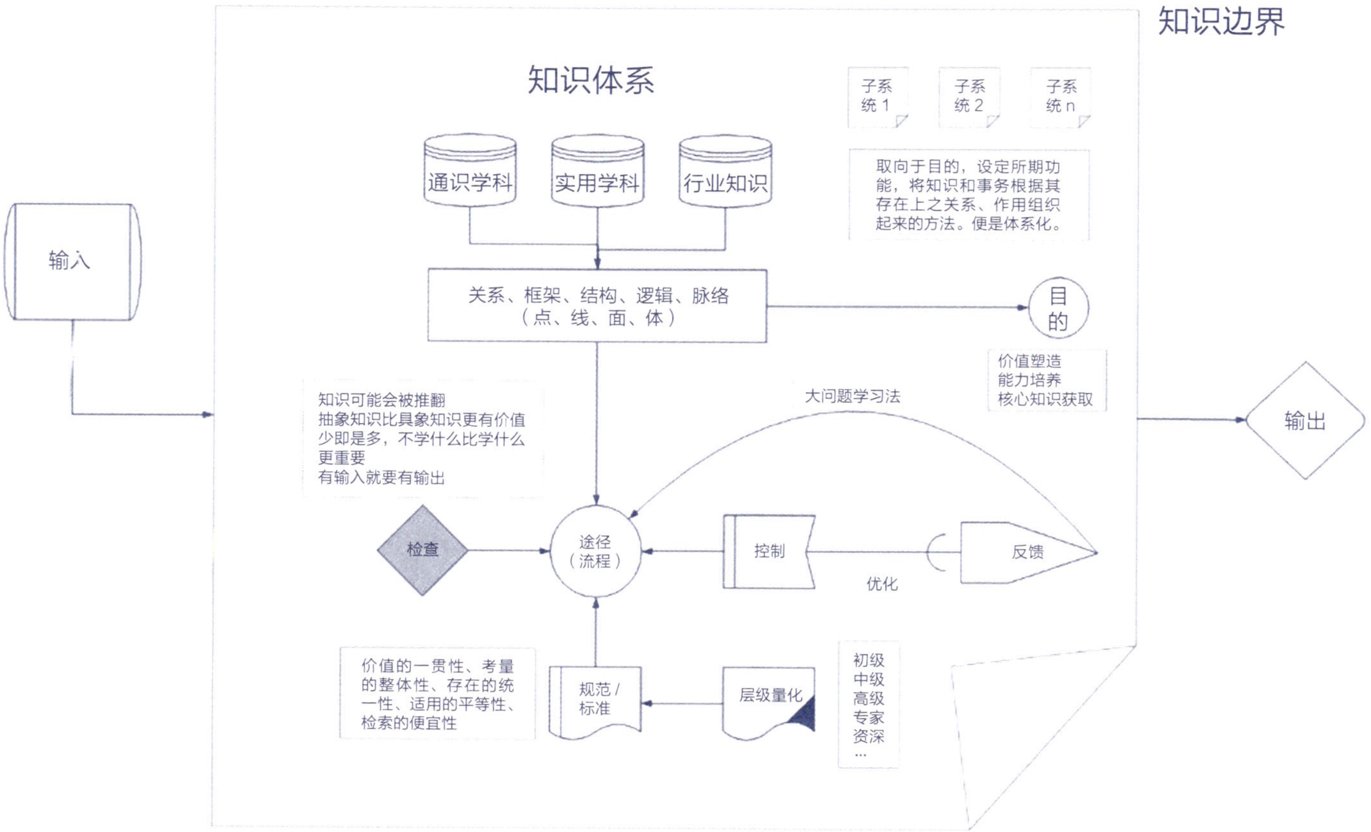

图 4-10　知识的系统模型

人们说某个人的知识结构有问题，意思是这个人的知识结构不完整。完整的知识结构也不能称为“知识体系”，因为它可能不够系统化。

当我们接触到新的片段化知识的时候，会试图将它加入已有的知识结构中，通过找到和它有关的其他知识建立联系，完善自己的知识结构，最后通过系统化的方式，将知识结构升级成知识体系。

如下是一个系统化（符合系统定义）的知识体系。

知识体系模型：

要明确目的——是为了解决问题，还是为了提升能力，又或者是为了价值塑造？还是为了顺利毕业，或为了工作晋升？无论目的是什么，总之要有。

需要有哪些知识？是通识学科、实用学科，还是行业知识？这些知识之间的关系、框架、结构、逻辑、脉络是如何构建点、线、面、体的？

为了实现目的，需要什么样的方法和途径（流程）？有哪些关键点需要注意？

需要什么样的标准来衡量方法和途径，使我们能够达成目的？如何衡量学习效果？

整个知识体系是否有反馈机制，能够促进自己坚持学习，得到反馈？整个知识体系是否有机制能够保证有序（有条理）而不是随着时间积累趋于混乱？

大多数人都有这样的体会：把读过的书、学过的课程用笔记的形式记录下来，但是随着时间的增加，笔记越来越多，即使采用标签 +N 级目录的方式存储，仍然感到混乱。

因为有些知识不知道该怎么分类，不知道该怎么打标签，可能归入了错误的分类或打上了不够精确的标签。知识规模小的时候，错误不多；随着规模的增加，错误会以指数级增加。

是否定期进行整理，用什么方式（原则、标准）整理？这都很重要。因为知识也有更新迭代，所以要及时去更正错误的知识。

⑦知识体系的其他视角。

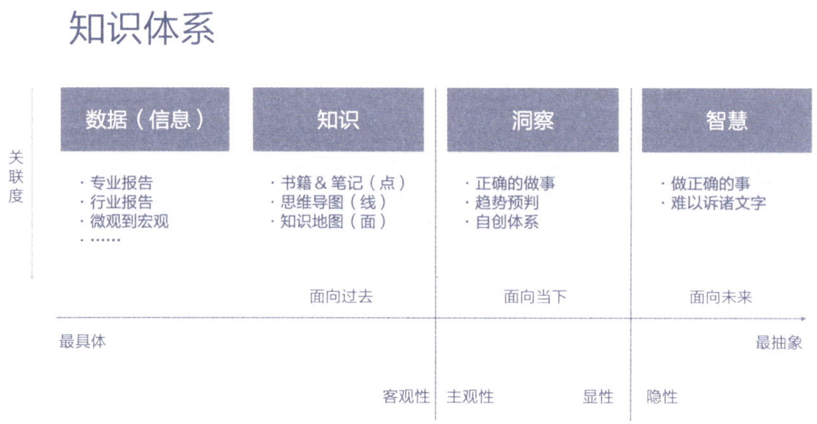

图 4-11　知识体系的其他视角

A. 关联度：由上至下，从点到线再到面，从微观到宏观

B. 抽象度：从左到右，是最具体到最抽象的过程，抽象程度反映了知识内化的程度

C. 时间维度：数据与知识是过去的沉淀，而洞察面向当下（能

够解决当前问题，做初步的预测，但是预测准确度不高），智慧则是面向未来（对趋势的直觉，预判的准确度更高）

D. 客观性 / 主观性：数据与知识属于客观范畴，而洞察与智慧属于主观范畴，和个人有关

E. 显性 / 隐性：在洞察与智慧之间有一道分割线，可以视为显性和隐性的分界线

4. 知行合一

把自己当成“老师”，制作系列的“课件”，用“讲课”的形式传播知识，将知识分享给其他有兴趣的人，通过他人的反馈来获得改进。在分享的过程中，也能发现自己“没有想清楚”的部分。

最好的方式是在实践中检验，通过解决实际问题来提升能力。

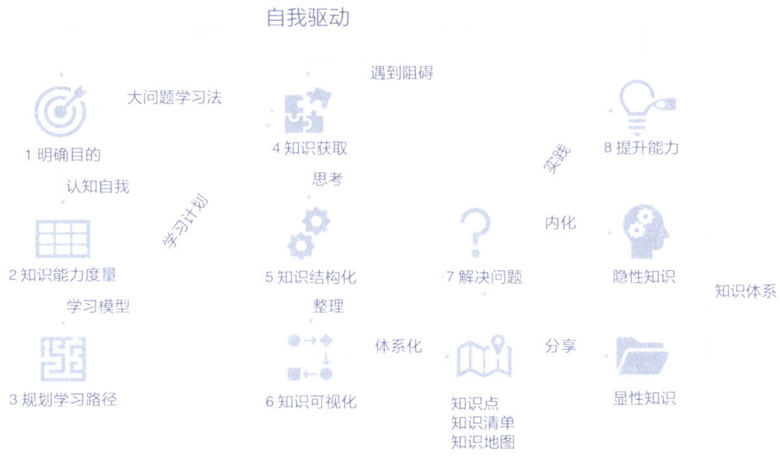

图 4-12 构建知识体系到能力提升的过程

05

学习方法：为什么你要多读书

如果把构建知识体系比喻成建筑设计，那么读书则是完成建筑的重要环节。想清楚这一点，“没有时间看书”这样的问题会迎刃而解。

为什么人们越来越不爱阅读

还记得上一次完整读完 5000 字以上的文章是在什么时候吗？

互联网企业从人性的角度设计产品来抢夺用户的注意力和时间。尤其是短视频，通过大数据推荐算法迎合用户的喜好，时间不知不觉流逝，手机刷到停不下来。

短视频使用时长占移动互联网总使用时长的比例已从 2016 年的 1.2% 连续高倍增长到 2018 年的 11.4%。

相比文字来说，短视频更容易获得人们的青睐，因为短视频更符合人们的心智——图像视频相对文字更容易让大脑理解，大脑可以更轻松，不仅仅是因为视频承载的信息量比文字多太多。文字是符号，人们阅读文字比视频多了“将符号转换为画面”的步骤，增加了大脑的认知负担，所以读书让人“头疼”，看电影追剧（视频）让人放松。

自从电视出现后，研究者讨论过电视对孩子的危害，认为电视让孩子被动接受信息，会弱化思考，影响他们的成长。但这些研究结果是否科学，我表示怀疑，因为人类对于大脑意识如何工作的机制仍然存在诸多未知。视频和文字相比，前者会减少人的想象力，后者更有想象空间——多数原著小说改编为电视剧后，读过原著的观众大概率会认为电视剧没有原著精彩。

“短视频会让成年人大脑变蠢”这种说法很容易被反驳，我们只要睁开眼，无时无刻不在接收海量的影像信息和音频信息——我们所处的现实世界就是如此，如果该说法成立，人类只有闭上眼睛才能避免智力下降。

但是短视频，准确来说，值得警惕的地方在于，它减少了用户的专注力，人们变得越来越没有耐心。当耐心越来越少的时候，会匆匆点开一篇文章、一个短视频、一张图片，又迅速关闭，会有“信息焦虑”，总担心错过什么。

人们原本只对常见事物熟视无睹，现在变本加厉，因为互联网产品越来越有“毒”——它夺走了人们的时间。

当互联网产品都在争夺用户时间的时候，“在周日的下午慢慢品读一本书”成为一件奢侈的事情，这是移动互联网时代的“贵族”。

看书能提高耐心吗？难。

但为什么还建议你看书呢？因为“时间守恒定律”，说明空闲时间如果用来看书，就不会去刷视频玩游戏了。

读书：保证知识质量的最优途径

网络上看似有海量的知识，但大多数都是重复的、过时的、道听途说，甚至真假难辨的内容。

学校教育之外，获取知识的途径无非有如下几种：阅读书籍、知识服务、公众号、网络文章、网络视频等。但并非所有自媒体会保证其中内容的有效性、真实性。在这些途径中，好的书籍通过出版社审校制度可保证质量。

出版社会严格执行图书选题论证制度（编辑—编辑室—中心—总社）、三审三校制度、内部审读制度，保证内容质量。

出版社要和作者沟通选题，作者要把书稿的书名、主题设计好，提供目录和万字以上的样章。出版社再进行判断——内容是否陈旧，写法是否落伍，主题是否符合市场需求。

选题论证通过之后，作者完成书稿，就可以进入出版社审校阶段。出版社会严格执行三审三校制度，校对修改错别字和病句，改正常识、事实及逻辑错误。

读书是成本最低的知识获取方式

如今人们已经对付费获取知识服务习以为常，越来越多的学习者能够理智看待知识服务机构的“大课”“专栏”。

在一些“学习群”里，越来越多的学习者反馈知识服务的专栏越来“越水”，给人的启发并不多。可能有这样几种情况：一种情况是机构要求作者减少知识的深度以追求更多受众，实现商业利益最大化；一种情况是作者遇到瓶颈，写几年之后，很难持续输出好内容；最后一种情况，学习者的水平也在逐步提升。

知识服务的专栏，通常都在几十到几百元之间，买几个专栏，要花费上千元。如果从花钱的角度来看，书籍无疑是最经济的知识载体。而阅读则是人们学习知识最经济的方式。

我国的书籍比其他国家的书籍都要便宜，主要有几个原因：

首先，我国的人口基数大，图书印刷量大，能降低成本。作为人口大国，图书出版也享受了人口红利。

其次，不同国家的图书定价方式不同，有成本定价法、间接定价法、印张定价法、利润率定价法等。我国是按照直接成本定价，定价的倍数也低于美国、日本。

最后，网络销售渠道的兴起，在线图书折扣从 3 折到 7 折都有，而实体书店最多打 8 折。随着物流完善，网络销售时效和成本都在降低。网上购书因为便宜，人们购买力较强。

书是体系化的知识

书有明确的主题，每个章节有延续性、相关性，有逻辑论证和推理。作者写书稿之前，需要先列大纲，再确定每个章节的目录。思考其中的关联，调整顺序，增加或删除和主题无关的章节，是“体系化”的知识载体。

写书的作者都有一个理想——自己的作品要能够经受时间的考验。一本书能否经得住时间的考验，就不能聚焦当下的新闻、“热点”事件，否则和杂志期刊有什么区别？

新媒体的代表是公众号，公众号既然是追“热点”，那么就有时效性，而且无法提前规划，因此，公众号文章很难体系化。多数公众号为了流量，会取一个能够激起人们好奇心的标题，而文章有鲜明的观点（无论对错，必须旗帜鲜明），能最大化地激发读者的阅读情绪，获得共鸣才能促使转发。

公众号和书籍虽然都是信息和知识的载体和形式，但是两者在“目的”上有区别。通常而言，公众号写作包含几种类型：普通人记录生活和工作；自媒体、新媒体转新闻文章。而新媒体和自媒体的商业属性，需要追求流量和时效。但流量和时效与“体系、严谨”有着难以调和的矛盾。媒体内容必然是“碎片化”，既然有时效性要求，就不能提前做规划。

书有好书，也有一般的书。要选好书读。书的种类很多，如果按照“体系化”维度来排序，首选是学科类的教材，尤其是高质量经典的高校教材。

读书能带来什么改变

人的大脑并不擅长“阅读文字并理解”这件事，因为大脑最初的设计并非用来阅读文字。文字和图像、视频比起来，信息量不足，抽象且具有模糊性。而大脑天生不喜欢抽象和模糊性的事物，这就是人们不爱阅读的原因。阅读需要占用大脑很多资源，尤其是阅读抽象名词，更容易产生疲劳感，这种感觉会让我们很快就放弃阅读。

在最初阶段，甚至一段时间内，阅读带来的改变极其微小。但如果在想要放弃的时候，把阅读的习惯坚持下去，阅读的书籍会足够多，在某个阶段就会产生“涌现”，即突然发现自己眼中复杂的世界变得简单多了。

这背后的原理很复杂，也许大脑里有个看不见的“小人”会把你读过的文字在你休息的时候不知疲倦的整理——就像我勤劳的母亲总是会在我去上班的时间把我凌乱的房间整理得十分整齐一样。

只看几本或者几十本书，效果不明显，但阅读量越来越大时，大脑里的“小人”发现这些书之间有一些可以连接的地方连接起来，当连接点足够多，就形成了某个领域的知识网络。

想象有一个插满无数小灯的地图。阅读某本书的时候，大脑会把书的主要内容存入点亮某个小灯，每次阅读到同样主题的时候，地图上相应的小灯会变得更亮。阅读到有关联的主题时，两个小灯之间会建立一个连接点，关联的点越多，连接的强度也就增加了。

不同类型的书读得越多，地图上点亮的小灯就越多，当你在某个领域的书读得越多，该领域的小灯就会变得更亮。没有涉猎过的书，小灯是黑的。小灯没有亮，就看不见小灯下面的地图。而小灯越亮，地图看得越清晰、越立体。

当地图和地图之间组成一个立体结构的时候，这个立体结构就是我们的大脑（不严谨的类比）。而那些小灯则是大脑神经元，地图则代表着信息、知识。

大脑有1000亿以上的神经元，纳米级的神经元相互连接在一起，组成了神奇的大脑。

一个人在学校除了基础教育之外，还包括专业教育。但是这些知识并不足以让我们很好地应对快速变化以及越来越复杂的社会。阅读能够让我们点亮足够多的小灯，让我们变得更智慧。

读书百遍，其义自见。

希望这一点能够点燃你阅读的兴趣。

怎样做到每天坚持阅读 200 分钟

人们都知道读书好，但是许多人没把时间用在读书上，尤其在一线城市的上班族，每天工作那么忙，加班是常态。社交、娱乐、运动，哪一项都看起来很重要，时间不够用，只能压缩阅读时间。

人们对某件事的重视程度，从时间分配上就能看出，越重视的事，花费时间越多。不是没时间，而是没有从心里真正认可读书学习的重要性和必要性。

1. 为什么阅读

阅读分为两种：一种是解决问题为目的；一种是漫无目的闲看。

第一种是因为对某个问题有兴趣，或是需要解决什么疑问，通过搜索关键字的方法来阅读。这种方法就像需要买东西到电商平台上搜索，有合适的再下单。有了明确的目的性，就会知道自己想要什么。

第二种是没有目的，看到书名自己有兴趣就点开来看，不想看就换一本，每天阅读时间累计达到 200 分钟就不看了。就像逛街，并没有明确的购物需求，纯属享受“逛”的乐趣。

不要有“读书就是要学到什么，不然就亏了”的想法。如果一件事做起来令人不开心，要么不做，要么就让自己找到开心的理由。

一旦有“必须有收获”这种功利的想法，多数时候会让人失望，最后对读书的兴趣越来越少。

2. 带着问题去读

问题就像一个指南针，在浩瀚的书海中不至于迷路。

“带着问题阅读”是阅读的一种方法，但不建议所有的书都要带着问题去读。有的书不需要让人思考，而是让人感受。

例如书中这句：花村外，草店西，晚霞明雨收天霁。四围山一竿残照里，锦屏风又添铺翠。

感受雨夜屋檐下的一盏灯。在江边看着雪花飘落，在洞庭湖赏秋月，在寒山寺听钟声，在渔村等待夕阳落下。多美。

人们都知道提出一个好问题比回答一个问题更难。那么，怎样才能提出一个好问题呢？

提出一个好问题需要有三个要素：好奇心（不满足于现成答案，所以才提问题）、想象力（设想多种可能答案）和批判性思维（挑战已有结论）。

前文中提到“大问题学习法”已有详细阐述。

3. 好奇心驱使

好奇心分为知识型好奇和消遣性好奇。知识型好奇指基于想了解世界的运转原理为出发点的心理。例如想知道“逻辑和概率的关系是什么”“大脑神经元如何产生意识”“宇宙有十一维是怎么回事”“移动互联网时代邓巴数字理论还成立吗？”“如何从生物学角度研究小猫到底有没有坏心思”等等。

消遣性好奇较容易理解，指的是八卦猎奇心。例如“关公和秦琼到底谁的战斗力更强”“澳门赌王的遗产分配采用了什么经济学理论”“某互联网企业被罚百亿背后的法学原理”等等。

很多时候，“八卦猎奇心”会转变为追求科学的好奇心，这其中只需要将思维方式做转变即可。

培根说，如果想进入科学的王国，就必须像孩子一样保持旺盛的精力和强烈的好奇。

4. 解决实际问题

为解决特定问题，从书籍中寻找答案的阅读方式。

问题可以定义为现实与理想的差距，人每天都在解决大大小小的问题。如果“天底下没有新鲜事”这句话成立，意味着“天底下没有新问题”同样成立。

学生可以从教辅书中找到课本练习题的解题思路；数据分析师可以学习产品经理思维转变成数据产品经理；产品经理也可以学习数据分析转变成数据产品经理。

人们可以从书里找到：如何学会一门新的计算机编程语言，如何和他人相处，如何用手机拍摄出好的照片，如何做健康美食等各种工作和生活问题的答案。但是也有很多问题找不到现成答案。

5. 不带“目的”的阅读

有一类问题找不到现成答案，例如“怎样像马斯克一样成功”“如何把一家小店做成跻身于世界500强企业之一”等等。你虽看了，不见得能成功。但是有很多书店里最好卖的就是这一类书，不是吗？

确实如此，这一类书明显要比“宇宙的外面有什么”这样的书更容易引起人们的兴趣。但其实我们仔细想一想，那些书中的内容，真的是有效答案吗？

如果这些问题都是有着切实可行的答案，就不会有那么多的难题摆在人们的面前。

这时候，我们需要没有“目的”的阅读。

6. 不要带着功利心阅读

玩游戏能够让人着迷，在于能够给人“立即反馈”。人的大脑习惯“行动 – 反馈”模式，意味着任何行为都需要有反馈，大脑有时候像个精算师，有时候像个吝啬鬼。

对于有些事情，付出行动之后没有得到反馈，大脑会认为是浪费能量，不值得去做。所以不要责怪大脑。人类在漫长的岁月中，有很长时间处于吃不饱的阶段，所以大脑像“守财奴”，吝啬能量的使用。

1. 时间从何而来

（1）利用所有的碎片时间

等人、等饭、等车的时间都是碎片时间，但这些时间很多人都用来刷手机了。人们应该计算自己的时间成本（单位时间收入），每次刷手机的时候不妨提醒自己，这次半小时可折算多少钱。

手机系统自带“屏幕使用时间”功能，看看时间都花在哪里。有人利用碎片时间看娱乐新闻、“热点”事件；有人利用碎片时间读完了一本本书，人和人的差距就这样一点点拉开。

利用碎片化时间阅读碎片化文章，叫作“碎片化学习碎片知识”，利用碎片化时间阅读书籍，叫作“利用碎片时间学习体系化知识”。

（2）改变通勤方式

很长一段时间我开车上班，大城市里的交通在高峰期的时候堵得一塌糊涂，不仅浪费时间，心情还会因为堵车变得糟糕。

后来改坐地铁通勤，时间用来看书。地铁里的乘客，很多人在看短视频，或是微博，还有些人在看小说。显得很轻松。

每天我坐地铁接近 2 小时，比开车时间多了一倍，但每天多出了 2 小时阅读时间。一个月就多出 48 小时，按照一本书平均花费 4 小时时间读完，那么一个月能读完 12 本书，一年能读完 624 本书。

如果开车通勤，只能通过听的方式，无法聚精会神，效率不高，也不安全。

（3）压缩娱乐时间

娱乐不可少，但不能没有节制，看看新闻很有必要。至于游戏，能不玩尽量不玩。

把一天的收入除以工作时间，就能得到单位时间成本。人们以为自己是免费刷短视频、看八卦新闻、玩游戏，实质上是在花钱玩。如果单位时间成本是一小时 100 元，那么玩一小时相当于损失 100 元。

时间是公平的，每个人一天只能有 24 小时，有钱的人会拿钱换时间，没钱的人用时间换钱。

2. 每天阅读 200 分钟能带来什么收益

（1）从量的积累到质的飞跃

现实中有很多线性增长的现象，年龄每年会增加一岁，如同每个月存 1000 元钱，一年就有 12000 元存款。

线性增长符合人们的认知，也造就线性思维，但其实还有很多非线性增长的现象。

一家企业管理十人、百人、千人、万人、十万人的难度并非呈线性增长。一个人手里有十万，和有百万、千万、亿、十亿、百亿的现金，用于投资的收益也并非是线性增长。同样，一个人只读过十本书，和读过百本、千本、万本书的人相比，每种数量级的知识储备也并非呈线性比例。

读书在量的积累过程中会有质的飞跃，读书是一种复利行为。你读第 101 本书的时候，理解力和领悟力都是建立在之前 100 本书的基础上。

一本书限于作者的能力和篇幅，对于同样的事物描写即使再详细，也会有疏漏。但如果 10 本不同但都是描述同一事物的书，会不会更完整呢？中国古代数学家已经知道应用正多边形逼近的方法近似地求解圆的周长，称为“割圆术”。其核心算法是：当一个圆的内接正多边形边数越多时，其边长就越接近外接的圆周长。

读书百遍，其义自见。

（2）将“知识储备”落实成具体的行动

阐述“思维方式”的书，教人们如何利用“逆向思维”“横向思维”等等思维工具来解决问题。

如果把“思维方式”比作菜谱，还需要有食材才能做出一道菜。食材是“知识”，食材有多少，意味着“知识储备”有多少，食材越多，菜谱越多，做出的菜种类就越多。

空有“思维方式”，但缺乏相应的“知识储备”，无法解决实际问题。这也是为什么有人说，看了那么多提升认知的书，仍然解决不了问题的原因。

仅仅看“提升认知”的书还不够，要多读不同类型的书。

（3）让大脑做思维训练

“用进废退”，如果经常不运动，那么身体的运动技能会退化，一身的肌肉也会慢慢变成脂肪。

大脑如果经常不思考，不假思索根据过去的经验和模式来解决问题，那么久而久之，大脑也会退化。而读书能够帮助大脑做思维训练，读逻辑性以及偏抽象的书籍，能够训练大脑的理性；读艺术性偏具象（有画面感）的书籍，能训练大脑的想象力和感性。

从神经科学角度来说，虽然大脑的神经元在人类成年后不会再生，但可以通过增加神经元连接强度的方式来提升大脑的能力。

3. 读纸质书还是电子书

（1）适合纸质书的人群

很少有查找资料的需要，有大段时间用来阅读，喜欢纸质书手感和油墨香，喜欢仪式感，有足够的地方能够囤书的人，适合读纸质书。

喜爱纸质书的人现今仍有不少。纸质书的触感，翻页时的质感，空气流动时鼻尖闻到的书香味，都是读纸质书的理由。

好的装帧，好的纸张，好的油墨，让一本书超越了书的实体，成为一种精神寄托。

最重要的是，纸质书不会损伤我们的视力——假如你在合适的光线下，和书本保持安全距离，当然，不要躺着看书（容易睡着）。

（2）适合电子书的人群

我有好几个书柜，客厅有一个书柜，书房有一排书柜，卧室还有书柜。寸土寸金的大城市里，房屋的每一平方米都流淌着金钱的味道。除了书柜上，还有零散在各个角落中的书。书柜减少了家里的活动空间，让我越发觉得有必要买大房子。下班回到家里躺在沙发上的时候，多半没有力气去书柜上选一本书来阅读。拿来翻了几页想换本书，又不想起身。最后还是选择电子书。

手机里的电子书架上有3000多本书，这些书不占空间，在云端存着。对某些问题感兴趣的时候，搜索关键词，来迅速定位到需要的内容。

一本书读不下去时，换一本书，下次再读的时候，软件会自动跳转到上次读的页面，还会告诉你这本书你读了多少内容，一共读了多少分钟。

电子书阅读软件很人性化，定期给出“读书成就”，还有每天的“阅读时间曲线”。这些都能有效增加读书的动力——像游戏的反馈一样。

手机里的电子书，像随身携带一座“图书馆”。在任何时候，随时随地阅读，不会浪费每一分钟。

阅读电子书，有两种选择：手机和电子书阅读器，电子墨水屏阅读器，最大的问题是刷新慢；手机最大的问题，长时间看容易损伤视力。

3. 读什么书才好

（1）不感兴趣的书

每个人吃饭都有自己的口味，有人喜欢青菜，有人喜欢萝卜，有人喜欢肉。如果总是不吃那些不喜欢吃的食物，那么身体就会缺少某些营养成分或者维生素。

读书也是一样，如果不喜欢读文学类的书，可能会缺乏对人性的理解，缺乏想象力，缺乏诗意的世界；而不喜欢读科学类书籍，会缺乏理性思维和缜密的逻辑。

适当地读一些不喜欢读的书，会发现很可能是以前没有选对合适的书。如今，既有写得通俗易懂深入浅出的科学书籍，也有思维缜密充满想象力的文学书籍。

“不喜欢”读的书籍里，往往藏着你需要的营养。

（2）“不实用”的书

大多数人读的都是实用性居多的书，看完立刻能解决问题，读这样的书很容易给反馈，但是实用性强的书都有一个大问题。

“实用”的意思是，里面有具体的方法和步骤，是解决特定问题而产生的书籍。里面的内容往往很具体，但有局限性。

这个世界，每天都有层出不穷的新问题，但人们并不会按照书中的场景或靠看书来解决。

某些“不实用”的书，离现实似乎很遥远，例如哲学和历史。

还有一些“不实用”的书，例如文学。文学能给人以幻想的世界，能为人构建一个宏大的虚构时空，让人不必亲身经历就能体验书中人物的喜怒哀乐悲欢离合。

很多“不实用”的书，读完并不能有助于加薪升职。比如，一个程序员，想要加薪升职，读一本《系统架构设计指南》远超过读《中国思想变迁3000年》。

然而，正是因为我们读太多“实用”性书籍，我们似乎需要读一读某些“无用之书”。

（3）经典的书

经典的书大家都知道应该读，但是很难读进去，有几个原因。

第一个原因是经典书时代久远，和现实有差距。有些被证明是错误的思想和理论，还有读的必要性吗。这需要看是否理解读书的要义。

如果读书只关注书里的观点和结论，自然会认为一些经典书籍不需要读。要读的是推理出那些观点和结论的过程，作者的思维逻辑，推理过程，才是经典书籍最宝贵之处。

即使成果最新的书籍，我们又怎能知道这些成果和理论，在未来的某个时刻被新的发现所推翻呢？

第二个原因是，有些经典的书籍过于深刻，没有相应的基础知识，理解不了其中被省略的“术语”，这时候，就应该先补习该领域的基础知识，采取循序渐进的方式阅读。

现在读不懂，多读一些不同的书，自然就能理解。比如，我的物理学基础薄弱，但坚持10年阅读物理学的书籍，就比较能理解物理学的很多概念。

（4）新出版的书

知识有更新迭代，新书也需要与时俱进。由于互联网普及和出版行业的数字化，如今新书的出版周期越来越短。

读新出版的书，能了解最新的知识，能够满足我们的新鲜感。

为什么你读过那么多书却总是记不住

如果一个人的知识缺乏条理，那他的知识越多，他就越感到困惑不解。

——斯宾塞

在我过去的经验里，阅读书籍是一种主要的学习途径。我们的内心知道应该要多读书，也读了不少书，但是有一个让人们苦恼的问题，为什么看了这么多书，总是记不住。是记忆力不行吗？应该怎样提升记忆能力？

错了，并非记忆力出了问题。人们认为记不住是记忆能力差，之所以这样认为，是人们不了解大脑的工作机制。

1. 大脑的工作机制

大脑向来只对几样事物感兴趣：新鲜的、情感强的、与自己关联的事件、经常使用的。别看大脑有接近 1000 亿神经元，但是每天面临的信息量非常大，视觉信息占了大多数。

如果大脑把眼睛看到的每一帧画面都完整记录，很快存储空间会不够用。大脑必须有自动清理机制，来保证有足够的空间存储信息。

因此我们会发现，人们对常见的事物常熟视无睹，只有眼睛往一处看，才能看清楚焦点，但焦点之外的视野都模糊不清。而看书的时候，必须逐行阅读，扫一眼并不能一次看清整页文字。

那么，大脑靠什么来判断信息是否保留？如果一个信息点反复调用，那么该区域神经元会得到强化，大脑会认为这是重要的信息。而很久都用不到一次的信息，会被抹去。

假设先学习知识点 A，再学习知识点 B，如果知识点 A 和知识点 B 没有建立关联，两个知识点在大脑中是两个孤点。等到学到知识点 C，和 A、B 都有关联性（可以是因果关系、相似性、同一性、时序性等），大脑会将 C 和 A、B 都建立关联。

假设每个知识点都有一个权重，该权重数字是该知识点有几个关联的知识点数量，C 的权重是 2，A 和 B 的权重都是 1。对于大脑来说，C 的重要度就要高于 A 和 B。

大脑在执行清理指令的时候，最先被清理的就是权重最低（例如为零）的那些信息。

2. 知识不成体系

如果大脑中有大量这样的信息孤点（孤岛），彼此之间没有建立关联，就像一个完整的瓶子被打碎，从有序变成无序，每一片都还在，但已经不是瓶子。要把碎片拼成完整的瓶子，把无序变成有序，需要消耗能量，占用大脑的认知资源。学习过程是消耗能量的过程，是令大脑不喜欢的过程。

想想人们的日常行为对大脑有什么影响。早上打开手机，看一下推送的信息流，过会儿打开电子书看看没看完的内容，或者是学习购买的课程，看看群里的信息，到了公司要切换到和工作相关的事情上。碎片化信息，大脑努力尝试将这些没有关联的信息连接起来，一天下来认知资源耗尽，哪里还有心思继续学习。

大脑并非是只需要视觉或者听觉输入信息就会自动建立链接。对于简单的、浅显的，有明显相关性的信息，大脑的潜意识（系统1）能胜任。但是对于抽象的信息，纯文字的信息，这时候需要有意识（系统2）对输入的信息进行分析，人工建立关联。这也是为什么人们喜欢看图，不喜欢看文字的原因。看文字需要经过“将抽象的符号概念转变成具象的画面”这样的过程，简而言之，费脑。

学校的教育成体系，有成熟的知识体系（规划的教学大纲）、学科科目（成体系），有授课（输入），有加工（做题目），有输出（考试）。多付出一些努力，就能掌握知识和技能。

离开学校之后，面临的是碎片化、海量的、良莠不齐的信息，以及非体系化的知识。很多人的学习过程是这样的：阅读（输入）、视频学习（输入）、听书（输入），和学校教育相比，自学缺少对学习的规划、思考及输出。

如今，书店里讲述如何学习的书籍，偏向于技巧型，如“怎样阅读一本书”“怎样拆解一本书”，少有讲解如何根据自己量身定做知识体系的书籍。

3. 你以为的懂，不是真的懂

当你学习了某个知识，但并没有改变自己的行为，这个知识对你来说意味着内心并不认可。

无论是东方还是西方文化，流传千年的名言，每一句都是充满智慧，但是人们真的发自内心赞同吗？还是说，只是表面上认为有道理，但是自己做不到。

柏拉图在其著作《泰阿泰德篇》中给出了一个经典的回答：知识是“被确证的真信念”。意思是，知识是被公认的已经确实验证过的真信念（被相信的事物）。

关于知识的作品中，最有影响力的作品，笔者认为是柏拉图的《泰阿泰德篇》，书中他发展了知识的定义。

但苏格拉底认为还不够，人们还必须为之找到理由或证明。

柏拉图的定义暗示我们不能因为“相信一件事并且那件事是真实的”，便说我们知道（了解）这件事。

父母比我们年长，生活经验丰富，有很多从人生经验中获得的“道理”，因为父母亲身实践过，但年轻人没有经历过，就不会相信。年轻人会把这些归为“父母的大道理”，左耳进右耳出。但随着自己为人父母，经历过事情或“踩过坑”之后，会发现，原来父母的人生经验有道理。

有很多古代文化智慧，其表现形式都是“结论”，例如“学而不思则罔，思而不学则殆，”意思是“光学习不思考，就会迷糊；光思考不学习，就会疲倦疑惑而无所得，这样下去就危险了”。为什么“光学习不思考，就会迷糊”，因为其中少了一个论证过程。没有经过思考和论证，注重因果链的大脑便会迷糊，内心不会相信，自然不会照着做。

一个人暂停阅读的进度，放下书本，思考读过的内容，再回忆自己过往的学习过程，认为确实讲的有道理；再进一步从认知心理学中寻找答案，最后终于理解所学知识，这个过程称为“知识的内化”。所以对每一次的学习，要有意识地进行思考。

只有知和行一致，才证明自己真的懂了。

4. 为什么有些书很难读

有些书籍，读起来很费力气，排除作者或翻译的原因，很可能是因为读者缺乏知识基础，不懂专业术语。就像外行人听不懂计算机术语“堆栈”是什么——这也是业务人员认为技术人员很难沟通的原因。

哲学是一门集抽象术语大成的学科。例如“存在”“本体”“先验”等名词，看单个字都认识，组成词语能猜个大概，但如果没有哲学基础，理解这些词语的本意会和原意有极大的偏差。

不同语言代表着不同的思维方式，即使同一语系的语言，意义完全一致的单词也不多。有些哲学原著是德语，有些是法语，还有些是英语。

德国哲学家将自己的思想变成德文的时候，受限于文字这种展现形式，有效信息会有所损失。当一个法国哲学家来读的时候，不可避免地产生不同的理解，然后这位法国哲学家再将德文原著翻译成法语版本，这个过程又产生了信息损失或传递错误；最后翻译成中文的时候，可能整个文风都会变得晦涩难懂了。

如果读的是“二手”“三手”的哲学普及书，由于经过层层加工，信息的损失和错误会加倍放大。因此，有些书如果不太好读懂，不妨换一换版本。

因各种原因（包括时代变迁、东西方文化传播等），书中会出现一些我们熟悉的词和哲学里的词意思完全不一样的情况。例如“自然”的概念。在希腊哲学中，“自然”指的是 physis，即指事物之内在本质，即事物之本性。

亚里士多德在《形而上学》第 5 卷第 4 章中列出的“自然”一词的六种含义分别是：

A. 生长物的生长

B. 生长物的种子

C. 自然物的运动根源

D. 质料

E. 自然物的本质

F. 任何事物的本质

这里“自然”一词的基本用法是事物的本性、本质、本原，是事物之所以如此这般的内在原因，而不是指自然物或作为自然物集合的自然界。

中文“自然”是近代才出现的词汇，古汉语并无这一词汇。古汉语文献中最早出现“自然”这两个字连用是在老子的《道德经》里，是两个并列的字，而不是一个独立的词。“自”即“自己”，“然”即“这样、如此”。“自然”两字并列，意思是“自己如此”，其反义词组是“使然”。

在哲学里把“自然”直接理解成西方的 nature，不仅会造成理解希腊哲学和西方思维的困难，还容易让中国人认为中国很早就有“自然”这个概念。如果你不懂这段渊源，就无法理解为什么“自然”这个概念代表了科学从希腊发源而且只能在西方出现。

所以看书看不懂的时候，有两种选择：一种选择是阅读解读的书籍，好处是更容易理解，坏处是失去了思考和学习的机会，可能还会因为解读错误而产生错误的印象；另一种选择是放下难懂的书，去查一查书中术语的意思，再继续阅读。

从基因层面思考学习问题

基因是遗传学概念，“遗传学之父”孟德尔最早发现遗传过程中存在基因作用。基因英文是 gene。DNA（脱氧核糖核酸）是生物组织中最稳定的化学结构，基因通过 DNA 得以传承和表达。为了方便和简单，人们往往用一段 DNA 表示一个基因。科学家们把基因比作代码，正是这一段代码决定一个人是否有端正的面孔、健美的身体、清新的肤色，以及合适的腰臀比例。

基因喜欢什么？总体来说，基因只有一个目的——让自己广泛传播。广泛传播的首要条件是能够生存，其次才是传播效率。因此，我们从两个角度来分析：生存角度和传播角度。

对于一个生物来说，要提高生存几率，首先要减少能耗。大脑是身体的能源消耗大户，脑子动多了，人们有时会觉得头痛，这就是基因内置编码起的作用。

但是我们不能因此就多了一个不学习不思考的理由。减少思考的难度有助于减少大脑的能耗，也有助于坚持学习。减少思考的难度，可以通过将一些思维框架（无形）和视觉化（有形）结合起来，将抽象、杂乱的概念整理成有序的、具体的事物。

其次是提高存活率，现代人已经很少受饥饿、疾病、战争的威胁，但面临的最大危机，反而是如何在职场中生存。我们再往下细分，职场生存需要多项能力，统一归入“认知能力”范畴。

最后，要想基因传播效率更高，就得让自己变得更优秀。

那么，怎样通过学习（阅读）让自己变得更优秀呢？

可以从提升思维能力、人文素养、社会科学素养、自然科学素养及专业能力五部分入手。

提升思维能力，通常来说，学习一些思维框架或思维工具是一种方法，但这种方法有个问题——仍然停留在工具层面，而不是深入原理层面。而学习哲学，是一种有难度，但是一旦入门后就如同发现宝藏的方法。哲学提升的是思辨能力，是抽象思考能力，是追问本源的能力。

人文素养，包括文学、历史、艺术。文学让人们真正理解人性；历史是人类思想变迁的宝藏，能从历史中收获多少，全靠发掘；而艺术，则是让人们换一种角度看熟悉的事物。

社会科学包括社会心理学、行为经济学、政治学、法理学、认知心理学等。自然科学包括物质科学和生命科学，自然科学帮助人们建立“科学思维”。

当然，还需要在专业能力上继续深入提升，这是谋生的技能。

读书的正确方法

虽然有点老生常谈，还是要提“费曼学习法”。费曼学习法可以有效检测自己是否真的懂了某个领域的知识点。具体步骤是，把学习的知识点试着向一个 8 岁的孩子阐述，直到对方听懂。

读书究竟读的是什么，是观点和结论吗？如果是观点和结论，那么要小心，因为观点和结论有可能是错误的，时间会检验一切。需要关注的是作者的逻辑和推理过程。

让读书变成持久且有效的行为，建议采用“大问题学习法”——提出一个感兴趣且有难度的问题，然后试着去研究书籍和资料来解答。但需要注意，“有难度的问题”，指的是找不到现成答案的问题。

还有，要换一种角度来看待读书。

一想起读书，我们的印象是什么？如果把读书看成一种学习，就容易有压力；如果把目标设定为读完一本书必须要有收获，那么最后很可能会失望。

所有对人有长远影响的书籍，都属于“无用之书”，而不是那些看了能立刻解决问题的书——这些书并不能提升人们的综合素质和能力。

读书是一种投资，如果把读书当作一种投机，必然会失望，因为稍微碰到阻力就会放弃。

最好的投资是投资自己，读更多的书。

后记

这几年流行“知识体系”，有人认为知识体系的表现形式是“思维导图 + 笔记”；有人认为是“树状图”；有人认为是“对知识的分类管理”，不一而足。诚然，每个人都有自己的学习方法，也有自己的“个人知识体系”。这些理解对不对呢？希望读完本书的读者能够自行判断。

只要受过正规教育，在学校念过书上过课，学习的都是体系化的知识。学校是工业时代伟大的发明，有了学校，才有了批量化、标准化教育。但是学校仅仅完成的是“基础教育 + 专业教育”。

学生从学校毕业，来到社会上，会发现学校教育和现实有一道鸿沟，不仅仅是因为知识更新快，教材有滞后性。

限于时间（学制），学校教育没有教会学生的东西还有很多，例如“怎样快速进入一个陌生领域”“怎样无师自通、自我学习”“怎样解决复杂的陌生问题”“怎样调节情绪应对压力”，等等。

整体而言，多数人缺乏“自学能力”，而构建知识体系，正是一种帮助个体提升自学能力的有效方法。

构建知识体系，首先要理解“什么是知识”，这其中涉及元知识、认识论。然后要理解“什么是体系”，这又涉及系统论。如果这两点没有弄清楚、想明白，下一步无从谈起。

构建自己的知识体系障碍有很多，总体而言可以概括为“不知如何构建”“知识太多不知从何学起”“如何坚持学习”三个问题。但是也不需要担心，因为虽然个人知识体系有别于学校的知识体系，但个人化的部分只占小部分，大部分都是有迹可循，有规可依。

本书的写作过程，也是我重新审视自己学习方法的过程。有很多知识属于隐性知识，我尽可能把它们整理成学习模型、应用模型思维，来降低学习的难度。

书中所提到的“快速进入陌生领域”的方法，也是我亲自实践过、具备可行性的方法。“大问题学习法”则更像通过研究某个课题来展开学习。

我试过很多种学习方法，试图找到一种高效省事，能够偷懒的方法，就像软件开发领域的“银弹”一样。很遗憾，所有的“方法”仍然需要读者自己阅读一本本书，甚至还需要读书人进行输出以巩固学习成果。学习从来没有捷径，即使读完本书，也是如此。

本书的写作，对我来说有些不自量力。在这个过程中，我遇到了很多困难，有一些学科没有学过，就必须亲自去学，了解这个学科的起源和发展史。而阅读书籍越多，越觉得学无止境，时间不够用。

也正是因此，我阅读了许多以前可能不太想翻开阅读的书，很多都是那些大部头经典，还有一些冷门学科的书籍。我收藏了 3000 本以上的书，为了阅读这些书，我定下每天阅读 200 分钟的目标，截至目前 2 年时间不到，已经翻阅了 900 余本书（挑感兴趣的部分先阅读），从头到尾一页不落读完的书合计有 80 本以上。

我对收藏的书部分进行分类（书太多之后必须要分类），其中“元知识”195 本、“科学”129 本、“文学”126 本、“哲学”84 本、“历史”83 本、“社会学”76 本、“经济”74 本、“政治”43 本。把书进行标签分类，也是一件体力活，目前分类的书籍还不到总数的三分之一。

收藏数量最多的当属“元知识”书籍，包含着和“知识”有关的书籍，以及各类大辞典、哲学认识论等相关书籍，如教育学相关书籍、各种学科导论等。

其次是“科学”类，准确说是“自然科学”类。这一类书籍可以帮助自己树立正确的宇宙观、世界观。我阅读这类书最主要还是出于兴趣。因为从小我对自然科学有着特殊的喜好，尤其喜欢宇宙物理学。

再其次是“文学”。文学通晓人性，我理科出身，想要提升文学素养，就要一本本阅读文学经典。从数量上来看，“文学”和“科学”类不相上下。

“哲学”会使人明智。许多人对哲学敬而远之，除了“无用”的名声，各种抽象概念也让人退避三舍。如果读者想提升思维能力，不妨多读读哲学书籍，效果远胜于市面上绝大多数“思维提升”类书籍。虽然见效慢，但是效果好。

“历史”使人通达。可能许多人会认为历史是“帝王将相史”或“大历史”。其实历史是一个含义丰富的概念，它还包括各类学科史、思想史。当然，除了宏观史还有微观史。

现代人缺乏通识教育，因为通识和专识相比，离“实用”有距离。有句话叫“无用之用，方为大用”。专识适合解决眼前的问题，通识可以解决未来的问题。所以，把眼光放长远一些，才是脱离当下烦恼的正解。

人们向往“诗和远方”，希望拥有诗意的生活和旅行的新鲜感。但这仍然是一种外部力量的寄托，对于改变自己的人生，效果有限。

真正能改变自己的，只有从内心的精神世界入手。

通识里包含着“诗和远方”，是极好的精神食粮，祝你早日拥有！

吴建平

知乎

有问题 就会有答案

超级学习 ④

SUPER LEARNING

能力提升

吴建平　著

台海出版社

图书在版编目（CIP）数据

超级学习．能力提升 / 吴建平著．— 北京：台海出版社，2022.8
ISBN 978-7-5168-3317-9

Ⅰ．①超… Ⅱ．①吴… Ⅲ．①思维方法 Ⅳ．①B804

中国版本图书馆 CIP 数据核字 (2022) 第 092117 号

超级学习：能力提升

著　　者：吴建平

出 版 人：蔡　旭　　　　封面设计：今亮后声
责任编辑：王　萍

出版发行：台海出版社
地　　址：北京市东城区景山东街 20 号　邮政编码：100009
电　　话：010-64041652（发行、邮购）
传　　真：010-84045799（总编室）
网　　址：www.taimeng.org.cn/thcbs/default.htm
E - mail：thcbs@126.com

经　　销：全国各地新华书店
印　　刷：三河市兴博印务有限公司
本书如有破损、缺页、装订错误，请与本社联系调换

开　　本：889 毫米 ×1194 毫米　1/16
字　　数：156 千字　　　　印　　张：9.75
版　　次：2022 年 8 月第 1 版　　印　　次：2022 年 8 月第 1 次印刷
书　　号：ISBN 978-7-5168-3317-9

定　　价：168.00 元（全四册）

目录

01 如何主动思考与发现问题

02 经验积累有效度模型

03 有效正面沟通法

04 写作即思考

本书如何使用

如果在阅读过程中遇到问题，可以在微信公众号“晓布研习社”后台留言，作者会给予解答。

公众号会持续更新文章，欢迎读者积极参与互动。

序言

回想人生过往中那些需要进行判断和做决策的场景，如参加考试的时候，一道选择题有 ABCD 四个选项，如何选出正确答案？完全靠运气是不行的，而要看你对知识的掌握情况。

当你离开学校准备找一份工作时，有 3～5 家企业抢着要你，这时候，你选哪家呢？如果这些企业你都不了解，是不是无法做选择？这时候，你会通过找人打听、上网搜索企业的口碑、采用他人的建议等方法来决策。而这些都是你引入的外部信息，也就是负熵（即熵减少，是熵函数的负向变化量。负熵是物质系统有序化、组织化、复杂化状态的一种量度），能够减少不确定的信息。

当你成为一家企业的决策者后，每一次做重大决策的时候，也会觉得很难，因为你拥有的信息很受局限，不确定性较大。所以你需要收集市场信息，找更多的人进行很多的讨论会、决策会。

每一个创业者，都希望自己是个创新者。要做一个创新者，也意味你要解决的问题在任何地方都找不到现成的答案，甚至没有可参考的有效信息。

如果人们认为这个世界处处充满不确定性，那么说明人们对这个世界了解不够，对自己了解太少。

从认知层面而言，这说明我们的认知不足以以优雅的姿态面对充满不确定性的世界。

因此，需要升级自己的认知。

什么是认知升级？

认知是一个科学术语，指的是“信息加工的过程”。你走在路上，看到交通拥堵，听到嘈杂的声音，感受到空气的温度，然后你会产生一些想法，无论是好的还是不好的，这些想法都是你的认知结果。

当你听到一个事件的时候，例如前段时间媒体点名批评互联网大公司纷纷在“社区团购买菜”开辟战场的事件，不同认知层次的人会有不同的反应（认知结果）。

认知水平处于第一层的人会停留在事情的表面，以看热闹的心态当“吃瓜群众”。

第二层的人会主动思考，为什么媒体会点名批评大公司集体关心菜篮子？是因为科技是第一生产力，应该让这些互联网公司把业务重点转向科研吗？

第三层的人也许会深入思考，美团能和科研扯上的关系可能是帮助科研人员减少了去下馆子或自己做饭的时间，像网约车帮助大家减少浪费在公共交通上的时间一样。

第四层的人也许会从更抽象的层面上看，认为这件事本质上是

“公平与效率”之争。

卖菜的市场蛋糕就这么大，社区团购并没有做大蛋糕，而是改变了蛋糕原有的分配方式。

通过互联网的优势，提升了“效率”，但是会有失“公平”。

网约车出行虽然解决了打车难的问题，但也影响了出租车司机的收入。最初打车便宜，是资本为了垄断而投入巨额的补贴导致的。当垄断格局已定，提价不可避免。

当原先觉得网约车便宜的人群，后来发现网约车和出租车价格差不多甚至更贵的时候，会有一部分人不再选择打车，而是改乘公共交通。

社区团购这事，让大家购买到更低价格的菜，而且不用出门，实际上也是当初“打车大战”“单车大战”的重演，最终会改变大家去菜市场买菜的习惯。虽然效率提升了，但是却会让很多卖菜的普通百姓收入减少。

举这个例子，是为了让大家理解“认知层次”这个概念。

仅仅学习一些思维方法，就能“认知升级”吗？如果是这样，人人都是解决问题的高手，都是信息加工的专家。

“捷径”这种东西真的存在吗？人类的天性是“取巧”，某些地方确实有“捷径”，但是至少在学习这件事情上，并没有捷径。

古人不是说过吗？书山有路勤为径。这句话正确，但如果放在今天会有问题。

知识大爆炸，如果还是只知道勤奋而没有掌握方法，那么淹死在知识海洋里是常态。

这里说的“方法”是，先建立一个“学习模型”，这个模型包括知识、能力，然后通过这个模型，帮助你建立知识的“地图”“路径”“网络”，最终转换为你自己的能力。

怎样搭建这个模型？怎样让“持续学习”这一行为养成习惯？怎样搭建一个领域的知识体系？怎样把知识体系转换为解决问题的能力？还包括怎样从“大问题”入手，提升自己在时间尺度上的格局，最终带动自己的高速成长？

这些问题是本系列的核心主题。

最后，因学识有限，如果本书内容出现偏差，还请读者见谅。

在此，要感谢知乎刘璇老师和出版社老师对我的帮助、理解和支持，感谢家人，感谢朋友，没有你们，就没有本书。

吴建平

01

如何主动思考与发现问题

如果一个人每天都很忙碌，就应该停下来，花一点时间思考，问题出在哪里。多数情况下，被动解决一个个措手不及的问题易造成忙碌。最高明的境界应该是提前发现问题，将隐患消灭在发生之前。这也是为什么“提出一个好问题”比“解决一个棘手问题”更为重要的原因。

你是否过着被安排的人生

当一个人还是婴幼儿时，对吃什么奶粉、用什么尿不湿、坐什么款式的童车，没有投票权和决定权，顶多嘤嘤哇哇表示抗议，也没得选。到孩童时期，被安排上编程课、书法课、篮球课、补习班，和学习无关的闲书不能看。在学校里，老师安排作业和考试，根据学习成绩安排座位。

18 岁以后，考上大学，以为终于可以过自己的人生，却迫于就业的压力，选择自己压根没有兴趣读的专业。终于毕业，发现这个社会对于文科类应届生不太友善，面试的时候被企业用放大镜全方位 360 度扫描，忍住，找份工作先养活自己。安排的工作内容，让你想起“面试造航母，工作拧螺丝”，再次忍住。面对同事和上级、上级的平级，时刻提醒自己不要忘记职场“潜规则”。

就这些吗？不，还有无处不在的广告，安排着生活方式。可口可乐说“我们卖的不是糖水，而是快乐”。汽车广告说“让自己的生活半径扩大，享受远方和诗意人生”。地产广告说“你应该远离喧嚣，回归自然”。

除去上面那些明显的广告，还有隐藏的，如藏在影视剧里、书本中。自媒体文章教你怎么为人处世，怎样在职场中生存，怎样打发时间。你以为一切是自己选择，实际上是被资本、算法安排。

习惯被动，会弱化最宝贵的特质——主动性。

上班族的本质是用时间换钱，工作的本质是解决企业的具体问题。问题是现实与预期的差距，一切都是问题。你真的只是想成为一个被动的问题解决者吗？为什么不能做一个主动的价值创造者呢？我能主动安排自己的人生吗？

当然可以，这完全取决于你。

什么是消防员思维

城市里有消防局，有消防员负责救火，消防员也是孩子们的偶像，是救火英雄。这样的印象一直停留在人们的脑海中，认为救火是件光荣的事情。企业中经常会有突发问题和事件，管理者需要尽快解决，如同消防员救火那般。

这真的是好事情吗？“不要做救火队员”是每个管理者都需要铭记于心的格言。消防局主要的工作不是“消”而是“防”。减少火灾隐患，减少火灾可能性，才是消防部门的功劳。火灾发生，无论怎样都会造成损失。

大脑中有个“任务中心”，也称为问题中心。“任务中心”是逻辑上的抽象，不代表大脑中的某个物理区域，可能是多个区域同时工作的结果。

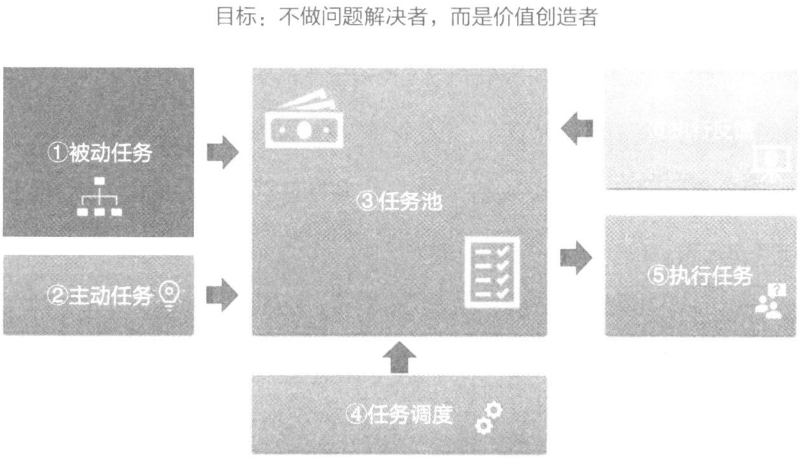

图 1-1　任务中心

任务中心分为被动任务、主动任务、任务池、任务调度、任务执行、任务反馈六个模块。

任务中心的目标是：不做问题解决者，而是做价值创造者。“解决问题”不是目的，“创造价值”才是。把“解决问题”当作目的，容易忽略“创造价值”。企业中的技术团队，把信息系统的稳定性做得极好，从来不出问题，这是基本要求，虽然有价值，但不是价值最高的事情。从“创造价值”这个目的出发，你会发现某些问题都没有解决的必要。

所有不是自己主动发起的任务都属于被动任务。学校布置的作业、导师给的研究课题、老板安排的工作、朋友找你帮忙等，这些都是他人发起的任务。

3小时内完成一个1000片的拼图、半年内读完至少4本不同作者编写的《西方哲学史》著作等，这些是自己因为各种需要主动发起的任务。企业中的高层领导，所有的工作都需要自己来安排，这些都是主动任务。

任务池模块像个大池塘，放着各种各样的任务，有短期任务也有长期任务。这些任务有不同的状态，多数状态是未开始，少数任务同时进行。完成的任务会从任务池中移除。任务池是任务清单的存放地，人们通常不太信任大脑任务池的可靠性，会用“待办事项”记录在纸上或手机里。

任务调度模块负责判定和调整所有任务的优先级、评估价值等，负责“做正确的事”。每天都有很多事情，需要判断哪些事情重要，哪些不重要，哪些是紧急事情，哪些晚点做也不碍事。不做什么比做什么更重要——这句话的意思是，能从一堆事情中找到最关键的那件。人们缺的不是解决问题的能力，而是发现（提出）关键问题的能力。

什么是“正确的事”？企业的战略管理中的路线设计包括总体路线设计、业务路线设计和行动路线设计。

· 总体路线设计：针对的是公司层战略，回答我们是谁、我们要去哪里、将来会是什么样等问题，确定使命和愿景、价值观，标定企业的发展方位、奋斗目标，绘就战略蓝图；

· 业务路线设计：针对的是业务层战略，回答做什么、凭什么做等问题，明确价值创造的逻辑和业务系统；

· 行动路线设计：针对的是职能层战略，回答怎么做、如何竞争等问题，确定战略实现路径和策略。行动路线是由关键任务、策略、路径以及顺序等组成的一系列战略举措。

总体路线设计和业务路线设计的目的是找出“正确的事”，行动路线是为了“正确地做事”。

对于个人而言，可以借鉴企业的战略管理方法，进行人生战略的设计，可分为人生目标设计、事业和生活设计、行动路线设计。

· 人生目标设计：回答我是谁（对自我的认知）、我要去哪里（志向）、将来会是什么样（理想）等问题，标定个人的发展、奋斗目标；

· 事业和生活路线设计：回答做什么、凭什么做等问题，明确个人价值创造的逻辑和个人知识体系、能力发展路线；

· 行动路线设计：回答怎么做、如何在社会立足等问题，确定人生目标实现路径和策略。

如果人没有人生目标，自然也不存在事业和生活路线、行动路线。一切“随缘”，怎么知道自己做的是“正确的事情”呢？很容易走人生弯路，浪费时间。

执行任务模块，负责正确地完成任务，负责“正确地做事”。什么是正确地做事呢？在企业中，价值观保证做正确的事，KPI 和 OKR 保证正确地做事。价值观是判断“正确”与否的标准。有的企业没有价值观（大多数沦为口号），员工就没有衡量标准。对于个人而言，价值观作为判断标准保证自己“做正确的事”；实现自己人生目标的行动路线，是“正确地做事”。

当任务执行的状态发生改变之后，执行反馈模块通知任务池更改状态。假如任务已经完成，会启动任务复盘（反思）——看看某个具体任务执行的过程中出现过哪些问题、原因是什么、怎样才能避免再次出现，从而优化任务中心的算法。反思是一种稀缺的品质，每一次反思，都是让自己变得更好的机会。

你需要想办法提升主动任务的比例，减少被动任务。把自主权抓在自己手里。主动任务和被动任务的多少，和处在社会的层级能够对应。被动任务偏多的人大多是“做事的”，处在社会中下层；主动任务偏多的人大多是“管理者”，处在社会中上层。

被动思考（被动任务）的思考层次

被动任务触发人的被动思考，在事情发生之后，大脑才思考应对的措施。认知层次不同，采用的判断准则也有不同，思考耗费的时间长短也不同。认知层次越高，思考（反应）的时间越长，解决问题的效果越好。

图 1–2　被动任务

执行被动任务（处理问题）的重点是做判断和决策。不同的认知层次对应着不同的判断依据，包括情绪判断、偏好判断、利益判断、规则判断、价值判断、伦理判断。从前往后的判断依据遵循着从直接到间接、从主观到客观、从具体到抽象的变化。

情绪判断是在愤怒下做出错误的判断（决策）。除了愤怒还有恐惧、贪婪、欲望等，这些情绪都会影响判断。

情绪判断意味着判断受到情绪影响，例如看到股票下跌赶紧抛，有人激怒就奋起反击，看见大减价就狂下单。这是一种最原始的“刺激—反应”，不是基于理性的判断和反应。

偏好判断的意思是，人人都有自己的偏好，有喜欢的口味，有喜欢的颜色，有喜欢的流派等。如果能把这些偏好仅仅限制在自己身上，实在是值得赞扬。但有时候，人们可能会不自觉地让偏好越界。

偏好是潜藏在人们内心的一种情感和倾向，它是非直观的。引起偏好的感性因素多于理性因素。偏好有明显的个体差异，也呈现出群体特征。

一个管理者可能会因为下属对某些工作之外的偏好不同，而对下属的工作能力产生怀疑。

人们会把自己的行为偏好强加给他人，根据自己的偏好来做决策，创业者或产品经理尤其如此。这种“想当然”是多数案例失败的原因。产生这种问题的根源在于人们喜欢“以己及人”，认为自己经常遇到的问题是他人都会遇到的问题，认为自己喜欢的东西他人也会喜欢，而忽略人和环境的差异化。

以一件事情对自己是否有利益作为判断与决策的主要依据，称为利益判断。利益可以是显性的收益，如金钱；可以是隐性的收益，如名声。利益是能满足人物或团体需求的事物，如钱财、权力。以利益为判断标准的人，不会受情绪影响，不会受偏好影响。

规则，一般指由群众共同制定、公认或由代表人统一制定并通过的，由群体里的所有成员一起遵守的条例和章程。世界上有各种规则，明处的、暗处的，人际间的、职场的。做判断的时候，从规则的角度出发，称为规则判断。我清楚规则吗？是站在规则对立面，还是按照规则来？我有制定规则的能力吗？

规则有业务规则、商业规则、人际规则、行为规则等，规则判断适合有规则的场景。习惯以规则做判断的人，也会在没有规则的地方建立规则，以帮助降低判断的难度和成本。

价值判断指人对各种社会现象、问题，做出“好与坏”或“应该与否”的判断。价值，泛指客体对于主体表现出来的正面意义和有用性。价值判断往往适用于某个价值体系，和判断者的价值观有关系。价值判断往往伴随着事实判断，从事实判断经过逻辑推理得到价值判断，例如：“外卖骑手为了赶时间闯红灯或快速行驶在人行道上，对行人增加了生命安全的威胁，所以外卖平台应该考虑修改骑手奖惩规则。”

伦理判断是从道德和伦理的角度来进行判断。哲学领域的“电车难题”，是典型的伦理判断。

假如你是火车驾驶员，面前有岔道指向两条铁轨，一条铁轨上有 1 个工人，另一条铁轨上有 5 个工人，此刻他们完全没有意识到火车要撞上来，而你也刹不住车（刹车失灵）。你会怎么办？多数人在这种情况下会选择撞一个人。因为从数量上来看，一个人的死换来五个人的生存，损失可以最小化。再假设另一种场景，有一个健康的人走进医院，恰好这个医院有五个身患重病需要器官移植的病人，将这个健康人杀死，把器官分给五个病人，就能救活他们。但是多数人都不会同意这个做法。同样是牺牲一个人换来五个人的生存，但为什么会有截然不同的选择？

道德伦理判断是复杂度最高的判断。

以上列出的各种判断层次，和“认知层次”“延迟思考”这两个维度相关，前者体现认知层次和格局，后者体现在思考上花费的时间长短。

认知层次越高，思考时间越长，越有助于人们做出更优、更接近本质的判断。

理想情况下，人们做判断都会尽可能采用认知层级更高的判断依据，但实际上，还存在着不同层次的判断依据混合使用的情况。每一种判断依据都有适用场景。没必要在不需要的场景中也使用高层次的判断依据。

“吃什么饭选什么菜”这类涉及个人喜好的选择和判断，根据个人偏好选择即可，不需要上升到规则判断。

在法学理论层面，有四项原则：客观判断先于主观判断，事实判断先于价值判断，形式判断先于实质判断，类型判断先于个别判断。只要坚持上述原则，构成要件无论如何排列都不影响其逻辑性与实用性。

此外，有关利益和价值的概念，学术界并没有形成统一的认识。有人主张价值属于超验层面，利益属于现实层面；也有人主张价值就是利益，利益就是价值；也有人认为利益是不属于任何更广泛的逻辑种类的词汇，无法以正常的方式来定义。

和价值判断关联在一起的还有事实判断。当人们指着一张 100 元的美钞时，“这是一张百元美钞”是事实判断，“这张百元美钞是好东西”是价值判断。

休谟在《人性论》中指出，人们不能从“是”推导出“应该”，即纯事实的描述性说明凭其自身的力量只能引起或包含其他事实的描述性说明，而绝不是做事情的标准、道德准则或规范。

有兴趣的读者可以阅读一些哲学书籍，了解更多的判断类型。

培养主动思考（主动任务）的能力

图 1–3　主动任务

相对于解决问题，“发现问题”的能力更重要。“杜绝火灾隐患”比“消灭火灾”更有价值也更有成效。职场中管理职级越高的人，越倾向于“自我管理”，工作任务需要自己思考，而不是等待上级安排，主动性越高，被动问题越少。

怎样提升自己的主动任务比例呢？本质上是提升自我驱动力，包括使命感、危机感、成就感。人如果没有使命感（初心、志向），或者没有找到自己的人生使命（为社会带来什么价值），很容易失去激情，陷入迷茫。

位置越高的人危机感越强，古语说“高处不胜寒”便是如此。如今许多人都有危机感，有生存的危机感、工作的危机感、生活的危机感。区别在于，有些人把危机感直接转换为焦虑（也有很大一部分原因是知识付费时代导致)，有些人把危机感转换成行动(解决问题)，或者把焦虑转变为行动。

如果担心自己失业，焦虑和空想无济于事，反而影响身体。不如把焦虑变成行动，无论是提升自己的竞争力、准备简历找工作，还是准备创业，都好过每天被焦虑困扰。

成就感，指一个人做一件事情时或做完一件事情后，为自己所做的事情感到愉快或成功的感觉，即愿望与现实达到平衡所产生的一种心理感受。

成就感来源于完成富有挑战和困难的事情。还记得印度电影《三傻大闹宝莱坞》吗？主角 Rancho 提出“追求卓越，成功就会出其不意地找上门”的人生哲学和求学态度。Rancho 说：

“知道我为什么是第一名吗？因为我热爱机械，工程学就是我的兴趣所在。知道你的兴趣吗？这就是你的兴趣：跟工程学说拜拜，跟摄影业结婚，发挥你的才能。想想迈克尔·杰克逊的爸爸硬逼他成为拳击手，如果拳王阿里的爸爸非要他去唱歌，想想后果多可怕？”

追求卓越的人，都离不开成就感。当人有足够的自我驱动力后，需要的是“发现问题”的能力。

发现问题没有捷径。

一是靠专业知识发现问题。

管理经验丰富的领导者，从团队的行为表现，就能发现隐藏在其中的问题。考古学家能够一眼看出手中的文物真伪。身经百战的刑警能从嫌疑人的眼神动作微表情中发现问题。

二是靠对问题的敏感度（直觉）发现问题。

如果你管理着一个规模超过50人的团队，发现一个月前定下的新规范仍然有人不遵守。这时候你觉得是应该多给点时间，还是认为是你的直接下属有问题？

如果一个小团队连续几次都出问题，你是否考虑过把小团队的负责人直接换掉（前提是已经试过挽救）？

发现问题之后，且慢，需要让自己再想想：这是真正的问题吗？

一个商家开店卖东西，顾客说太贵，商家是不是会考虑降价？真的是价格问题吗？是商家的服务不够好，还是东西不够好？

一个产品经理接到用户需求，说，我需要一个导出销售数据的功能。用户的真正问题是什么？他导出销售数据是用来做分析吗？用户通常给出的是“解决方案”，产品经理需要挖掘用户的真正需求，从而给出产品经理的“解决方案”。

找到真正的问题后，要进一步将问题分类。

一种问题是维持性问题，也可以称为已知类问题，是你不一定能解决但是你知道一定有办法解决的问题，例如组装一台电脑或掌握新相机的使用。

另一种问题是变革性问题，也可以称为无知、未知类问题。这一类问题没有答案可以参考，例如怎样让一家创业公司活下去直到上市。

前者是短期任务，后者是长期任务。两种问题需要有不同的策略来解决。

最后一步，准确描述问题（定量、定性）。

减少被动任务的比例，增加主动任务，才能拥有主动权。你的目标并非成为一个问题解决者，而是要让自己成为价值创造者。这句话的意思是解决问题的同时要考虑价值创造。减少被动任务，增加主动任务的比例，可以有效提升自己的社会层次。

什么才是好问题

发现问题比解决问题更重要，可以为你赢得宝贵的时间，提前将问题消灭在隐患之中。

哲学家伏尔泰说过：判断一个人，用他的问题而不是答案。

据说，犹太孩子在放学回家的时候，父母不关心他们在学校里学了什么，老师留什么作业，而是关心孩子今天到底问了什么样的问题。如果听到其他孩子问了好问题就会问孩子：这个问题为什么好？为什么这个问题你问不出来？

这是个好问题。

说一个人“有学问”到底是什么意思呢？光会学，不会问，不能称之为“有学问”。

由此可见学会提出好问题的重要性。

这个问题为什么好?

好问题的特点如下:

1. 大家都想知道的问题（能够引起共鸣）。

这些问题和人们的切身利益相关，包括生存、财富、健康、情感等。

例如:

“如何提高彩票中奖率？”

“怎样知道他人的内心真实想法？”

“中国未来5～10年的经济、社会、科技会有什么样的变化和趋势？”

2. 抽象且涉及本质的问题（适合自己提问、驱动学习）。

例如:

“什么是空间？”

“什么是时间？”

“什么是正义？”

“时间是真实的还是一种幻象？”

“如果一个人的大脑损坏，医生成功完成人工大脑手术，那么这个人是机器还是人？”

“如果一个人的身体部位因为健康原因，每年都换成人工器官，当最后所有部位都被替换完成的时候，这个人是机器还是人？”

“科学和宗教的区别在哪儿？”

“人们关注眼前利益的本质原因是什么？”

3. 挑战知识边界的问题（适合自己提问、驱动学习）。

如果想在某个领域成为专家，或者是为自己进入陌生领域绘制一份学习地图，这种类型的问题能够帮助自己少走弯路。

如果想增加自己的知识储备，这一类问题，是最好的出发点。

例如：

“哪个理论替代量子力学的可能性最大？”

“人工智能研究的边界在哪里？”

“为什么光速在任何场景下都不会发生变化？”

“为什么三维空间里的生物看不见更高的维度？”

“为什么我提不出好问题？”

“怎样面试一个自己不擅长领域的求职者？”

“是语言导致思维方式不同还是语言和思维本来就是相同的事物？”

“有哪些学科是综合类学科（例如历史学、人类学）？”

“人类学和社会学的区别是什么？”

“我能清楚地知道每个问题都属于哪个学科吗？”

4. 质疑“理所当然”的问题（适合自己提问、驱动学习）。

这一类问题很有难度，我想过一堆问题，但后来发现其实不少问题都已经有人在解决了。你猜得没错，是那些创业者们。创业者们最大的问题是“如何创造新事物”。创造新事物相对容易的方式，是从人们根深蒂固的日常生活习惯入手，找出工作、生活中那些被认为理所当然的事情，一个个质疑。

例如：

"企业一定要通过打卡来管理员工吗？"

"一定要每天在公司的办公室里才能完成工作吗？"

"为什么人类无聊的时候喜欢刷手机？"

"打败微信的软件会是什么样的呢？"

"为什么我会这么忙碌？"

"有什么问题是'理所当然'的问题？"

"我存在哪些'理所当然'的观点？"

5. 他人没有想过或没想到的问题。

这一类问题通常被人们忽略。

例如：

"为什么这件事只有你能做成功，而别人不能？"

"如果你希望在这个世界上留下痕迹，会通过什么方式来实现？"

"替代互联网的事物会是什么？"

"为什么孩子比成年人更具有想象力？"

"老年人关注健康，中年人、青年人、少年人关注什么？"

"未来五年有什么是不变的？"

6. 可以获得启发的问题。

例如：

"怎样估算深圳市有多少个汽车充电桩？"

"如果人类预期寿命可到 120 岁，会发生哪些变化？"

“一年之中什么时间充电头和充电线最好卖？”

“此刻你的城市上空有多少架飞机在飞翔？”

“一个网约车司机一天会见到多少乘客？”

“你的城市中喝咖啡的人和喝茶的人数量大概是多少？”

“你的城市中八大菜系餐馆数量上分别占比多少？”

7. 正面的问题。

家长们最头疼的莫过于孩子的教育问题。

当孩子考试只有60分的时候，家长通常都会忍不住说：“为什么你只考了60分呢？”

家长最易犯的错误是把孩子当作成年人一样看待。因此，家长这个问题等同于“你应该好好反思”。对于孩子来说，这是一种负面问题。孩子并不能领会家长的良苦用心，反而会觉得这是一种责备。

但如果换一种问法“如果想下次考试拿80分，应该怎么做？”孩子能感受到正面的情绪，并且会和你一起讨论。

8. 自己想知道、对方想回答的问题。

对于一个喜欢通过他人的话语来建立自信的人来说，你提一个对方想回答但是自己不想知道的问题，不能算提了一个好问题，这有悖于你的内心。

例如：

“如何能够成为一个像你一样知识渊博的人？”

“这么有难度的事情你是如何做到的？”

“你怎样做到在遇到挫折的时候依然保持对生活的热情？”

“能分享一下你是如何挑到这么好的产品的秘诀吗？”

9. 没有现成答案的问题。

任何从书本上或网络上，通过搜索引擎都找不到答案的问题，都可以称为没有现成答案的问题。

例如：

“人类大脑的神经元细胞如何产生意识？”

“高维度空间会是什么形式？”

“什么是美？”

“银河系有多少像地球一样适合人类生存的行星？”

“怎样让一个顽固的人改变想法？”

“怎样把一家创业公司做到成功上市？”

希望你能做个练习，把这个清单扩展下去。

怎样提出好问题

提不出好问题，有如下几种原因，知道原因才能提出好问题。

1. 习惯于接收信息，缺乏独立思考能力

不要让他人左右你的思想。

罗马皇帝兼哲学家马克·奥勒留在《沉思录》中说，一流头脑的特征是，凡有判断都出自第一手资料。这样的头脑产生的思想都是独立思考的结果，从他们对思想的表达上也处处可以看出这一点。

真正独立思考的人像君王，不肯居于人下。他的判断，就像君王的决定，直接来自他的绝对权力。他不再接受权威，正如君王不受命于人。除他自己确定的，他不承认任何事物是有效的。

独立思考的人值得尊敬，因为这种人不会迷信权威，勇于挑战人类的惰性。这和“无脑黑”不一样，后者纯粹出于情绪宣泄，毫无逻辑和依据地提出反对意见，又没有任何有价值的反馈。

不会独立思考的人，永远无法产生新知。

大家都这么说，就是对的吗?

如果有人说“有人专门做实验，发现专业投资人士都比不上乱射飞镖的猴子”，你会怎样看待这个观点呢?这句话的隐含观点是“专业投资人士都不靠谱”，可能会让人联想起自己委托的基金经理、理财顾问让自己损失收益的不愉快回忆，因此这句话能得到多数人的情绪认同。

但是仔细想想，这句话的出处在哪儿?谁做的实验?实验采用什么方法来确保有效性?实际上还用不着这么复杂，如果这是个有效实验，那么投资的人都会去购买猴子，市场上就会兴起“养猴运动”。

如果爱因斯坦不去质疑牛顿经典力学理论的前提，就不会有相对论的出现。这样的例子在历史上比比皆是，甚至可以说，每一次新发现，都是在对过去成功的理论基础上进行反思的结果，尤其是那些有许多限制前提的“有效理论”。

但是独立思考说起来容易，做起来难。

独立思考有很多技巧和方法，例如“兼听则明”——当听到一个理论的时候，不妨听听反对的声音怎么说；例如“利益分析”，当听到某种观点和理论的时候，想一想这种观点和理论对谁最有利；例如“源头思考”，思考某理论是如何发展和演化过来的。

如果一栋大楼的根基不稳，你还敢在大楼中生活或工作吗？在生活中断不会如此，但是在思想领域呢？多数时候，人们无法独立思考，是因为多数人不具备分辨能力，再深究，是知识储备不足。

试试不断提问“是什么？为什么？怎么做？”“是什么”是对事物进行定义，“为什么”是从因果链上思考，“怎么做”是思考如何实现。

面对新事物，都可以套用这个通用思考框架。

2. 缺乏“面试官思维”

如果你做过面试官，就知道最考验面试官的是提问的能力和水平。提出一个好问题能够帮助面试官分辨出求职者的真实能力水平。

让一个产品总监作为面试官去面试一个高级研发工程师，面试的结果并不能作为求职者的研发能力水平的判断依据，人们更愿意相信产品总监对于求职者的产品思维的判断。

我经常思考一个问题“怎样面试一个自己不擅长领域的求职者”。

让自己做好功课，提前对该领域花时间研究。了解该领域的发展史，有哪些门派？有什么代表理论？有哪些原理？

这样的问题可以列一个清单，建立一份该领域的知识地图，如果时间足够，还可以找来该领域的岗位能力模型。

不同的面试者有不同的提问方法。如果是面试应届毕业生，可以问对方在大学里学得最好的课程是哪门课程，这门课程的核心理论是什么，你从中获得的启发是什么，学得不好的课程是哪一门，为什么没有学好。

如果是面试部门的负责人等管理岗位，可以问对方：

（1）在当前的情况下应该如何搭建组织架构？

（2）制定人员编制的原则是什么？

（3）有哪些内部流程？流程的关键控制点在哪里？

（4）你的用人标准是什么？

（5）部门运作的过程中会出现哪些异常问题，如何解决？

（6）你如何理解领导力？

（7）非专业领导者能否对专业团队进行管理？为什么？

如果是专业岗位，除专业问题之外，也有一些通用问题。例如：

（1）你专业岗位分为几个层级？每个层级具备什么特征？

（2）你给自己定在专业等级的哪一层，为什么？

（3）离下一个专业等级还有哪些差距？预计什么时候到达？

（4）你计划如何到达？

5W1H 和 STAR 面试法都是结构化的提问方法。

5W1H，即何人（Who）、何事（What）、何时（When）、何地（Where）、为何（Why）及如何（How）。

使用 5W1H 提问：

（1）当时你向谁汇报？你和谁对接工作？管理多少人？你在的团队有多少人？

（2）你的工作职责是什么？遇到什么问题？

（3）是在哪一段时间？

（4）在什么地方？

（5）为什么你会这样做？

（6）你如何解决这个问题？

STAR 面试法就是面试官通过对应聘者在某个行为事例中的背景（situation）、任务（task）、行动（action）和结果（result）四个方面层层深入进行提问。

（1）背景

当时获得什么工作业绩？

主要的问题和困难是什么？

有什么数据可以说明当时的情况？

（2）任务

为什么是你来完成这个任务？

具体的任务是什么？

你在这个任务中担任什么角色？

（3）行动

你如何分析这个任务？和谁一起完成？

你个人具体做了什么？

花费了多少时间？主要克服了哪些困难？

（4）结果

有什么数据发生变化可以衡量工作成果？

他人（上级、平级、下级、客户）如何评价？

完成这个任务有什么收获？

如果重新再做一次，你会怎么做？

后续的工作是什么？

即使你不是面试官，在日常工作和生活中，不断训练自己的“面试官思维”，也能够有效提升自己的提问水平。

3. 和他人沟通时，没有站在对方角度考虑

如果你提一个涉及对方隐私的问题，对方会很尴尬难堪。这种问题可以归类到“对方不愿意回答的问题”。

最好的提问，是问一个对方想回答的问题。人天生有表达欲望，和他人谈话过程中，尽可能自己少说话，让对方多说话，做个倾听者。提出一些对方有兴趣的话题，有助于获得更好的沟通效果。

在社交场合面对陌生人或不熟悉的人，如果不知道怎么起话题，不妨从让对方说说最近有什么有意思的事情开始。

提开放性问题比封闭式问题要好，多问 Why、How 和 What。

4. 没有学习过批判性思维

批判性思维，是关于提问最好的思维框架。笛卡尔提出，人们应该对大脑进行特别而系统的训练。这种训练的特点是持怀疑精神，大致是这样：

这个理论（思想、观点）的出处在哪里，是谁提出来的？

在该领域，是否有不同的理论和观点？

有哪些专家和学者支持，支持的理由是什么？

该理论的发展历程是怎样的？

批判性思维就是善于对被广泛接受的结论提出疑问和挑战，而不是无条件地接受专家和权威的意见。同时，批判性思维又不是对一切命题都否定，而是用分析性、创造性、建设性的方式对疑问和挑战提出新解释、做出新判断。

一个人即使学会人类的全部知识，但若没有批判性思维能力，他最多是一个有知识的人，还不是一个有智慧的人，也不可能是一个有创新能力的人。

02

经 验 积 累

有效度模型

人类通过实践获得经验，从而完善知识结构。在同等时间下，如何最大化积累有效经验，是一个值得思考的高价值问题。

游戏里有个“经验值”的概念，打怪到一定的数量就能提升等级。前期升级很快，后期随着级别提高，需要的经验值也越高，越到后期越难升级。

现实中，一个人的工作经验增长没有如此简单。工作年限和工作经验不是正相关。一个程序员写出 100 万行代码，一个网络写手写够 3000 万字，一个摄影师拍出 10 万张照片，并不能说明什么。

有人说自己有 10 年工作经验，这个说法不够严谨，这是把工作年限和经验混淆在一起。有的人工作 10 年，还干着“初级”的活。有的人工作 3 年，已经干着“高级”的活。

每人每天都是 24 小时，为什么后者能这么优秀？

什么是经验

康德说，经验是一切知识的开始。

人和世界发生联系，从感性开始。当人做某件事情时，通过感官受到刺激，从而形成新的认识。

石器时代，原始人最初捡锋利的石头来砸东西，砍东西，但不是总能找到天然锋利的石头。有聪明的原始人想到用石头砸石头来制作石器。这个过程中发现，有些石头很坚硬，击石的时候会产生火花。

如果火花边上正好有干草，时机合适就能有“火”。火能吓退野兽，还能加工野兽的肉，吃起来更香，也不会生病。人类祖先掌握“火”这种能量，开启了文明的新篇章，加速了人类演化进程。

部落里年长的长辈积累了很多经验，其中包括如何制作石器、如何寻找燧石、如何用矿石击打燧石取火、如何保持火种等。

经验是一切知识的开始，但不能因此说一切知识都来源于经验。经验是形成知识的直接原因，不是全部原因，更不是根本原因。

经验的局限性

经验是双刃剑，在某些场景下反而会成为隐形的思维围墙。

同样的经验，换个环境不一定能适用。从大公司或互联网大厂出来的“正规军”，来到创业公司，过去成功的经验反而不一定行得通。

大公司的特点是各岗位垂直细分，控制成本不是重点；小公司的特点是每个岗位身兼多职，控制成本是重点。环境发生改变，不太适合用过去的经验来处理新问题，这时就需要因地制宜，灵活变通。

行业经验丰富，可能会成为创新的障碍。1927 年 7-11 便利店在美国成立，属于美国南方公司，1974 年引入日本公司加盟，1990 年，美国南方公司破产，7-11 卖给日本人。

日本人是如何将 7-11 做成便利店的楷模的呢？铃木敏文是一个零售业外行，在 7-11 面临业绩问题的时候，他能够不被行业经验局限，进行变革和创新，例如将固有的“从内向外”看问题的方式（从企业视角来发现企业的问题）变成“由外向内”。主张站在顾客的立场，从顾客视角来发现企业的问题。

打败诺基亚手机的不是功能手机，而是智能手机。

经验容易让人自满，形成封闭的心态。现实中，往往都是初学者会进行学习，因为不学习就无法生存。但是经验丰富者，可能会因为自己懂得多，故步自封，没有开放的学习心态，导致停滞不前。

经验具有时效性。过去成功的经验，不一定适合现在或未来。“一招鲜吃遍天”在知识丰富、获取方便的时代，早已不再适用。

经验积累的过程

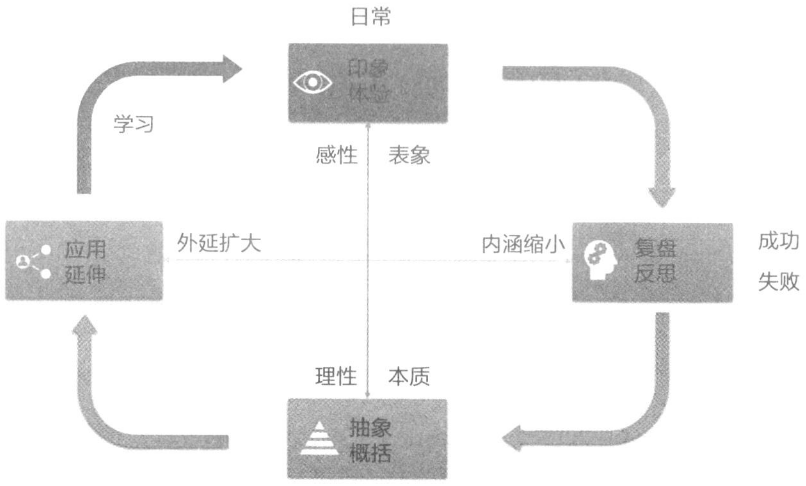

图 2-1　经验循环图

上图说明经验循环产生积累的过程，关键在于观察、反思、复盘、抽象、概括这些动作。

古人钻木取火，找一根硬木头削尖，钻别的木头，上面放点干草，用双手去转动木头取火，是日常实践。

经过多次实践，古人发现（反思、复盘），旋转速度慢、温度不够无法产生火花。旋转得极快，温度才能升起来点燃干草。木头必须要干燥，而且要削出一个尖头（能钻进去且接触面积大），用来旋转的木头用质地坚硬的木头比普通质地的木头要好，而被钻的木头相反，需要质地松软。

取火的成功率取决于木头的材质、干燥程度、尖锐程度、旋转的速度。要提升成功率，则需要找更坚硬的木头、更干燥的木头，并且提升旋转的速度。这是抽象和概括。

钻木取火的原理是摩擦生热，摩擦接触的地方首先发热，然后碳化，逐渐升温到引燃点，才能生出火。本质是动能向热能的转化。

对取火成功率影响最大的因素是木头旋转的速度。怎样才能加快速度呢？于是古人想出改进办法，将质地坚硬的枣木削尖，中段刻出旋转的凹槽，缠上绳索，做成简易的木钻，在质地松软的桐木上钻洞。

但是钻木取火的实际成功率太低（5% 的成功率），而且很费力气（手掌都磨出血泡）。因此人们不断寻找新的取火方式。

到有文字记载的时代，生活中普及的取火方式是击石取火。击石取火用的石头叫作“燧石”，这种石头在火山附近很多，又叫作“火石”，主要成分是二氧化硅，并且含磷等易燃物质。用铁器撞击燧石，会形成颗粒很小但表面积很大的碎屑，碎屑与空气中的氧气充分接触，在分子剧烈运动产生的热力作用下急剧升温，激发火花。

后来人们发现普通岩石受到撞击也会产生火花（火花数少，热度不够），铁块击打另一块铁块也会有火花出现，但是这些方法并不具备实用性，无法成功取火。

这些都是古人在实践中不断获取经验的过程。

有没有办法来衡量经验积累的有效度呢？

经验积累的有效度模型

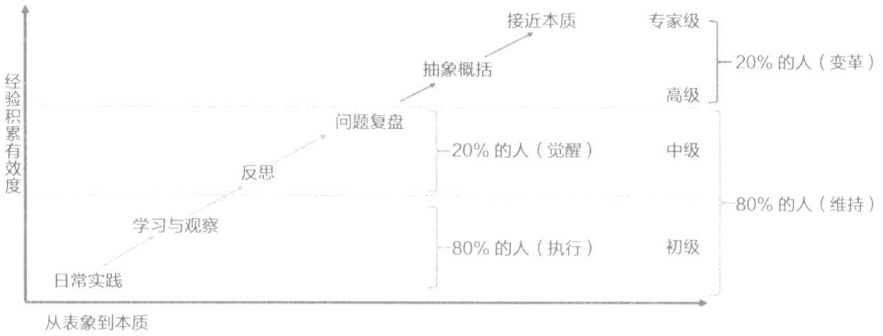

图 2-2　经验有效度模型

经验积累有效度模型用来度量经验积累的有效程度。

1. 经验积累有效度。纵轴线位置越高，经验积累有效度越高；同样的时间内，积累的经验更丰富。

日常实践，指日常的工作内容。有些人日复一日，每天做着同样的事情，这属于社会分工，也很正常。但如果每天都用同样的工作方法，就存在问题。

学习与观察，最好的学习方法是带着问题去学习，即“问题驱动”，问题是指南针，指引学习的方向。如果没有学习的方向，容易学着学着就偏离方向。什么都想学，意味着什么也学不好。

学习是基于新的经历或知识修正，彻底改变心智模式的过程。

学习是需要克服人类天性的一种行为，因为学习要耗费大量的脑部资源。因此，想要有好的学习效果，首先要自律。学习过程中能够克服心理上的惰性、学习反馈的延迟性、认知偏见、防御心理、自我同一性、贪婪等。

学习他人成功经验的时候要警惕，某个人或某个企业成功的原因会有很多，可能用过很多方法，但这些方法和当时的环境（天时、地利、人和）都有紧密的关系，千万不能照搬。

观察指的是注意过程中出现的反常、矛盾、遭遇的失败。“观”和“察”组成观察，“观”包括看到的和听到的，“察”则是对观察到的信息进行处理。多数人的“观察”只做到“观”而没做到“察”。

人对于外部的观察远多于对自我内心的心理过程的观察（内省）。所以人们很容易发现他人的问题，而察觉不到自己的问题（这里也有自我保护机制的原因）。

反思则是弥补无法察觉自我问题的有效方法。许多公司尝试让员工写工作日志，但最后都沦为流水账，原因在于没有让员工理解为什么要写工作日志，以及怎么写。

写工作日志的目的是让人对每天的工作进行总结和思考，从而发现问题，改进工作方法。写日志和总结的关键不在于做了什么事情，而在于解决了什么问题，创造了哪些价值，有什么新感悟和收获。

如果每天都是用重复机械的方法处理任务，那么 365 天后，积累的只是重复经验，365 天的工作经验和 1 天的工作经验差别并不大，只是更为熟练。如果每周都能发现新的方法改进工作效率，或者学到新的问题解决思路，365 天后就能积累 52 个有效经验。如果每天都能有一点微小的进步，相当于一年之中迭代 365 次微升级。

复盘来自棋类术语，也称为“复局”，指对局完毕后，复演该盘棋的记录，以检查对局中下棋者的优劣和得失关键。复盘被认为是围棋选手增长棋力的最重要的方法。尤其是和高手过招时，复盘能够从他人的视角看到自己思考不足的地方，从而将他人的经验化为己有。

复盘不是单纯“背棋谱”，把一招一式每一步记下来。这样做没有多少意义，正如前面所说，以后遇到的问题，几乎不会有一模一样的局势。因此，最重要的是从过程中发现优势和漏洞，评估为什么会有这样的行为。

（科学）抽象是在对感性具体进行分析的基础上，舍弃个别的、表面的和非本质的东西，抽取出一般的和本质的东西的思维活动。这个过程中会运用归纳与演绎、分析与综合等逻辑方法。

对抽象事物的理解能力代表着受教育的水平。

这种抽象与艺术上的抽象不同，科学中的抽象伴随着持续的普遍化，但在艺术的抽象中并没有这种理性的过程。艺术的抽象可以称为主观的或内部的抽象，以区别于科学的客观的或外部的抽象。

作家、画家、作曲家、摄影师的共同点是什么？

这些职业的共同点是用不同的语言形式进行艺术创作以表达主张和情绪。

作家通过文字来表达看不见的思想主张和情绪，画家通过绘画来表达画面之外的主题和情绪，作曲家通过音符的组合来传递主题和情绪，摄影师通过定格的画面表达主张和情绪。

概括是思维过程的一种，是人脑在比较和抽象的基础上，把抽象出来的事物的共同本质特征综合起来，并推广到同类事物上去的过程。

对问题的定义就是一种抽象概括的结果——问题是现实与预期之间的差距。

海德格尔说，本质通常被看作真实万物所共同拥有的特质。亚里士多德说，定义是揭示事物本质的短语。

从自然科学的角度来说，生命的本质是具备新陈代谢、可以自我繁殖、繁殖具备差异化和可累加性。

2. 从表象到本质。横轴线位置表示看问题的深度和层次，从左到右是从浅层到深层的过程。

世间万物有不同的表象，新事物层出不穷，学习新东西如果只看表象，那么 100 种新东西要学习 100 次。但如果能够运用“模型思维”，把新事物往大脑中过往存储的“模型”对比，就能发现 100 种新东西，实际上是 10 种“模型”的变化，但披着不同的外衣。

《西游记》中的孙悟空拥有火眼金睛，是“透过现象看本质”的神话版本。这种“本质”是什么呢？是一些抽象的理论、规律、结构、定律，是万物之“道”，是思维框架，是思维模型。

第一次当管理者，面对团队往往不知道怎么管。让团队成员写周报，周报中包含“上周工作、上周思考、本周计划”，并不能对团队进行有效管理。如果学会一些管理框架，就可以应用在任何职能部门的管理中。

我的部门周会通常包含四部分：

（1）团队效率

首先可以看出下属对自己的团队效率如何定义，是否有过思考。上周是否有效率提升，如何度量效率的提升。

（2）文化建设

部门的文化可以来自公司的文化，例如公司的价值观，也可以在公司文化的基础上扩展。我在创建部门时，根据公司的发展阶段和团队情况，定义部门的文化为“挑战不可能、坚持学习、长期主义”。那么每个二级部门负责人在周会上就要说说，自己是否有实践的案例。文化建设不应该只是挂在企业墙上的口号，而应该落实在日常的行动中。

（3）人才培养

团队负责人是否平时有人才培养的意识，员工在公司除了领工资之外，如果能够获得学习成长，更倾向于留下来，同样对公司也更有利。衡量团队负责人是否有这方面的实践，只需要问对方，“如果你休假，团队里是否有人能够替你完成管理工作”。

（4）员工关怀

员工关怀，不仅仅是平时请团队成员吃饭、购买零食或嘘寒问暖。这些是物质层面的关怀，多数人能做到。而精神层面的关怀，多数管理者都做得不够好。我要求团队负责人，至少每个月和团队里的每个成员能够有一次“1 对 1”的沟通。

平时的工作事项和问题，出现就要解决，放到周会上已经来不及了。所以周会往往很少谈具体事情。

以上是用管理者的周会框架来举例说明，可以用来解决常规的部门管理问题。尽可能多掌握一些“框架”，就能应对更多不同的事情。

企业管理也可以建立模型。作为企业管理者，例如CEO，要抓住不同时期的重点。

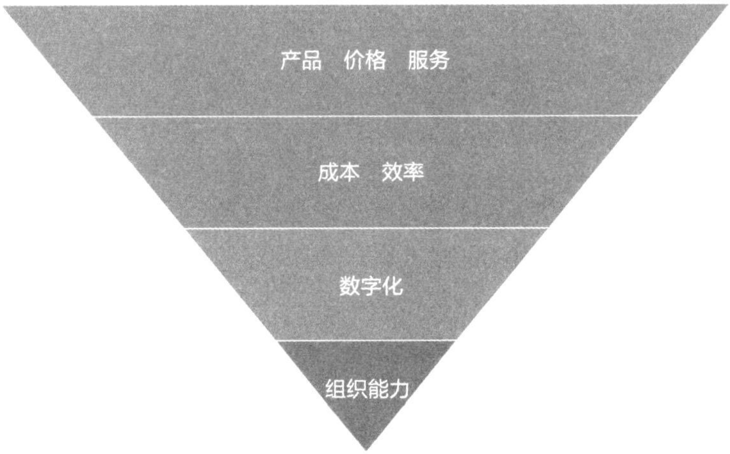

图 2-3　管理模型

上图的管理模型，从上到下分层为：用户体验（产品、价格、服务）、成本和效率、数字化、组织能力。要定期评估每一层的健康度和完善度。组织能力是底层，包括企业文化、人才评估标准等；数字化包括企业内外部的信息化和智能化；成本和效率是企业日常管理的核心；用户体验（产品、价格、服务）是能被用户感知的部分，关键在于赢得用户信任。有了这样一个模型或类似模型，CEO就能建立全局地图，在必要时切入某一层。而什么时候关注哪一层，要视实际情况来定。

3. 如果从专业级别的维度来划分，可以分别对应初级、中级、高级专家级。

在腾讯、阿里、百度等公司里，都有专业等级与能力模型。腾讯和百度是以T开头的等级序列，阿里则是以P开头的等级序列。

专业等级是用来划分专业岗位的级别，和管理岗位一样可以晋级，通常称为“职业双通道”，即避免人人都去挤破头做管理层，为专业人员提供新的通道。

每个公司都应该定义适合公司当前及未来一定时间内的专业等级与能力模型，而不是照搬某个大公司的能力等级模型。

初级的特征是以学习和观察为主，需要通过一定的练习来掌握某种专业技能以解决工作上的问题。

中级的特征是在自己的专业领域内能够熟练应用某些专业技能独立解决问题；能够定期进行反思，并且会对出现的问题进行复盘。

高级的特征是在专业领域里能够带领其他人员解决问题，同时具备抽象和概括能力。抽象能力是高级和中级的分水岭。

至于专家，可认为在其专业领域内对该领域的事物的认知已经不断地接近本质（离本质可能还远），代表着该领域的最高研究水平。

以上划分限于篇幅比较简化，实际应用中，可对每个级别再分三层。

4. 从问题解决维度，可以分为维持（执行、觉醒）、变革（引领）。

把问题分为“维持”和“变革”两种类型，也是一种对问题的抽象概括。

维持性问题指的是这类问题已经有答案和解决办法（你可能知道，也可能不知道）。

购买一套乐高积木，即使是复杂到 3000 片，也可以根据图纸和说明书按步骤搭建起来。所需要的无非是看懂说明书及一定的时间。

人工智能机器学习、数据分析时代，随处可见学习 Python 的广告。一个什么也不会的外行，照着教程一步一步也能编写 Python 程序。

能够进行日常实践、学习和观察、反思、问题复盘的人，可以解决维持类问题，但难以甚至无法解决变革类问题。

善于解决维持类问题的人，有丰富的工作经验，但因此也容易受到经验的局限。

变革类问题指的是没有现成的答案和解决办法。例如创新，颠覆某个行业，把创业公司做到成功 IPO 上市等。

所谓变革，指的是对当前的现状进行有效改变。

能够解决变革类问题的人，至少都具备抽象概括能力、洞察力

（接近本质）。有一个关键点是，这类人能够突破积累的经验，突破经验的局限性，能够在适当的时候怀疑过去的成功经验。

能不能用 1 年时间收获 10 年经验

HR 面试候选人。候选人工作 3 年，简历写着 4 年经验。HR 问：多出来的经验从何而来？答曰：加班。但是再怎么加班，也不可能工作 1 年收获 10 年经验。

答案是：理论上可以做到。但理论上可以做到不代表实际上可以做到。正如人们知道，如果某个人移动的速度能够达到光速，那么相对这个人而言他的时间就能停止，但实际上人类无法突破物理极限（除非我们像粒子一样质量为 0，那意味着我们是光），人不可能光速移动。

1 年时间收获 10 年经验，在人类脑神经科学和认知科学解开“神经元如何产生意识”的谜题之前，“脑机接口”“知识克隆”这两条路走不通。

我面试过不少候选人。看简历是人中龙凤，面试的时候，自我感觉也不错，但介绍工作经历时像是小学生日记——只见“流水账”，不见“价值”。

把“工作年限”和“工作经验”画等号，是最大的误区。拿 10 年驾照，不等于有 10 年驾龄。

有的人工作10年，依然是中级工程师；有的人工作3年，就已经达到高级工程师的水平。

要怎样才能在最短的时间获得尽可能多的经验呢？

1. 正确看待“职业”和“行业”

采购、软件开发、产品经理、电商运营、销售这些是职业，电商、医疗、教育、金融、物流这些是行业。

职业可以有变化，但是行业尽量不要有变化。有句话叫作“隔行如隔山”，每次换行业，意味着之前的行业经验贬值、打水漂。

偏偏现实中，很多人的职业没有什么变化，但是行业变来变去。背后的原因可能是，职业的变动成本很高，人们害怕改变，而行业变化相对更容易。哪个公司薪水给得高，就去哪儿。

一个软件工程师，认为自己会写代码、编程序，而任何行业都需要程序员，所以什么行业都可以换。

企业的用人部门最喜欢什么样的工作履历？是一直在某个行业（或者是相关行业）的工作经历。

但是只有1%的人会坚持在一个行业深耕。

一个软件开发工程师工作了10年，但是做过5个不同的行业，另一个软件开发工程师工作10年换了4家公司，但都是一个行业，仅仅从工作经历考量，哪个更值钱？

显然是后者。

2. 构建“行业拼图”，在某个领域内深入成为专家

“零售”是一个行业，包括传统零售、新零售、国内电商、跨境

电商、电商平台、电商卖家等领域。

每个领域都是“电子商务”的一块拼图，当你在职业生涯里把这些“拼图”都经历过，最终能够完成一幅完整的拼图，这也意味着你对整个行业生态非常了解，亲身学习和实践过。

这样的工作经验具备连续性、相关性、专业性。你当之无愧可以成为“行业人才”。

这样的简历，恐怕行业内的每个公司都想抢着要。你入职后直接可以省去业务学习过程，薪水也能拿得更高，因为多出来的那部分是你的“行业连续经验”的价值。

即使你不想再做个打工人，行业积累的经验、人脉，都是你创业最好的基础。

仅仅把拼图完成还不够，还需要你在职业上精进。

例如一个软件开发工程师，每隔几年就能上升一个专业级别，那么职业上的发展可能会是这样：初级工程师、中级工程师、高级工程师、软件架构师、专家、CTO 等。

精进像“更上一层楼”。假设把层级粗略分为初级、中级、高级、专家四层，那么每个层次有什么典型特征呢？

（1）初级。这个级别的特点是离不开更高级别的人的指导。

（2）中级。这个级别的特点是在操作层面上十分娴熟，能够独立完成任务。

（3）高级。该级别的特点是掌握该领域理论，具备抽象能力。

（4）专家。该级别的特点是具备将理论体系化的能力，同时在行业内具备一定影响力，能够创建能被行业内认可的新理论。

这个过程，也叫“认知升级”。

3. 尝试用不同的方法解决类似的问题

还记得复利公式吗?

复利的本息计算公式是：F=P（1+i）^n。

F：终值（Future Value），或叫未来值，即期末本利和的价值。

P：现值（Present Value），或叫期初金额。

i：利率或折现率

n：计息期数

例如：本金为 10 万元，利率或投资回报率为 10%，投资年限为 10 年，那么，10 年后所获得的本金加利息收入，按复利计算公式来计算就是：100000×（1+10%）^10 = 259374 元。

一年有 365 天，如果每天都用同样的思维方式去解决遇到的问题，那么：

$$思维能力的增长率 =（1+0\%）^{365}=1$$

每天即使只有 0.1% 的长进：

$$思维能力的增长率 =（1+0.1\%）^{365}=1.44$$

假设你的初始思维能力值是 5000，那么 365 天后，思维能力值为：5000×1.44=7200。

如果 1 年后思维能力值要达到 10 倍增长，意味着每天进步 0.6328%。把“思维能力”换成“工作经验”，同样成立。

这个进步，可以是你的知识量的增加、思维方式的优化、解决问题能力的提升等。

4. 在阅读中学习前人的智慧

现在学习的方式多种多样：有浩瀚如烟的网络信息，也有付费就能学习的网络课程，还有线上线下训练营；有帮你拆书讲给你听的，也有无数的经典书籍可以阅读。

但是最好的方式还是阅读经典书籍。这里说的“最好”并不是最省力的，可能会很吃力，但是有效。

方便面容易加工，把开水冲进碗里，等几分钟就能吃上，但是营养不足。泡胀的方便面看起来很大份，但吃完很快就饿，因为水分太多。

如果读书这种行为每天都能推翻你过去的一个观点，点亮某个知识盲区，你还会“嫉书如仇”吗？

光阅读不思考还不行，会成为书呆子。

思考也有多种方式：初级思考是做笔记；中级思考是触类旁通解决实际问题；高级思考则是批判性阅读，有自己的判断，并且能够写下来指出其中的问题。

所有的“概念”的真实意义会随着环境和时间的改变而改变。例如，今天研究古籍“四书五经”的学者，尚且对一些字词的意思持有不同看法。当年印刷术没有发明出来之前，知识的传承要么靠口述，要么靠惜字如金的书籍。一句话经过十个人的传递，会变得面目全非，何况上千年的文化。

有人说，一切历史都是当代史，这话有道理。——仔细思考，这句话的意思是，阅读过去的知识（广义来说，所有过去的知识都可以算成历史），不仅要抛开现代人的想法，还要警惕那些以现代人思维去理解过去的观点。

即使是计算机行业，也有近百年历史。在20世纪50年代，有一种新语言横空出世——银行、金融、保险行业使用的COBOL编程语言。它现在已经成为“上古语言”，没有一家编程教育机构和学校会教授这种语言。

前段时间，美国新泽西州州长发布了一份“紧急召集令”，急聘精通COBOL的程序员，帮助修复已经使用了40多年的失业保险系统。掐指一算，能够符合要求的程序员年龄起码要60岁以上。

5. 学会给自己的时间估值

时间很公平，有钱人和没钱人都是一天24小时。这句话听上去鼓舞人心。但是不要忘记，钱可以用来购买时间。这么一想，又不公平。

如果你每个月收入8800元，按照一个月工作22天，每天8小时，那么你的每小时价值50元。

如果每个月收入是2万元，那么你的每小时价值114元。上班族中午出去吃个工作餐或者快餐，最多吃30元，你不能每餐都吃114元这么奢侈吧？

但是刷个短视频1小时，或者和别人闲聊1小时，意味着你刷短视频或者闲聊的成本是114元。

你会说，我什么也不干，也没人给我一小时114元啊！

我只是想说明时间值钱的程度而已。没有哪个老板会为你下班之后的时间付钱。但是你可以用来学习，提升自己，这 114 元是你的机会成本。

假如你觉得自己的时间不值钱，是因为收入不高，那么要怎样让自己的收入增加？想办法让自己更优秀。优秀的衡量标准是能解决多少人的问题，能解决别人的问题，别人自然会付钱给你。

6. 每天问自己几个问题

这个特别难做到，我深有体会。回忆最近一次的反思是在什么时候？

通常来说，多数人的反思发生在如下场景：

（1）面试的时候，面试官问你自己有什么缺点。

（2）年底写总结报告的时候，回忆自己一年都做了哪些可以值得一说的事情。

（3）遭遇挫折或损失的时候，反思自己为什么不三思而后行。

（4）考试的时候，反思自己为什么平时不认真学习。

这些场景发生的频率并不高，也意味着反思的次数并不多。

人们说，吃一堑长一智，但是为什么要在吃亏之后才反思呢？

吃亏之后再反思，这是被动反思。为什么不能主动反思？因为反思和学习都是需要克服人的天性的行为。

主动反思的次数越多，频率越高，自己的进步才越快。

如果不知道怎么主动反思，可以试试每天问自己下面这些问题：

（1）今天学到了什么新知识吗？

（2）今天对这个世界的认知增加了吗？

（3）今天做了什么值得表扬的事情吗？

（4）今天做的事情有挑战性吗？

可以把这个问题清单扩充下去，作为反思的开始。

没有工作经验怎么办

对于应届毕业生来说，最大的问题是没有工作经验，而多数企业并不愿意花时间来培养应届生。

对于理科应届生还好，至少在大学最后一年的实习时间里，可以在本专业领域内进行学习实践。学计算机的毕业生，多数给导师打过工，那也是实打实的工作经验。

但文科毕业生可就没有那么好办，例如哲学、文学、历史等人文学科的毕业生。

那怎么办？既然没有或缺乏工作经验，那么就想办法展现自己的学习能力，解决问题的能力，对事物进行抽象概括的能力。

找一些自己的成功案例来证明以上能力。

如果要招应届生，我会优先选择数学、文学、哲学、历史、法律这些专业的毕业生。

为什么呢？数字化时代，数据分析、人工智能，这些都离不开数学基础，数学能够培养一个人解决问题的能力。

学习法律，能够让人具备严谨的逻辑推理能力、道德和伦理判断的能力。文学能提升一个人的表达能力和对人性的理解能力。

哲学是最好的思辨武器，让人们更好地看清世界，养成追求智慧的能力。而历史更是一门综合学科，研究历史的过程，也是破案、分析的过程。

03

有效正面沟通法

有效的沟通需要掌握“人性”，区分出“观察”“评价”“想法”“感受”。换一种语言的表达方式，就能有完全不同的效果。

做一个高情商的人，先从有效正面沟通开始。

沟通能力是情商的重要组成部分

沟通看起来容易，只需要张开嘴和他人说话。但有效的沟通却不容易，需要想办法影响对方接受你的观点。据说，有 80% 的人只是按照直觉和他人沟通，但是沟通的效果并不如意。

看下面两个场景。

情侣发生冲突，一方无奈地说：“你能不能讲点道理？”另一方说：“我哪里不讲道理了？”结果要么是一方服软但不服气，要么是冲突升级闹分手。在这场争吵中，一方感受到的是对方的抱怨和指责。正确的做法，是需要放下防御，去发现对方抱怨背后的真实需要。

假设你有一个喜欢美食的同事，经常带你去吃好吃的餐馆，你想表达意见，有两种表达方式：

A：“今天这家没有昨天那家好吃。”

B：“两家味道都不错，但是昨天那家更合我的口味。”

哪种说法会更好？

A 说法同事听完可能会有点不开心，因为在同事眼里，好吃才会带你来吃，你竟然说今天的不好吃。B 说法意味着你并没有否认同事判断美食的能力，只是表述自己的口味。

区别在哪里？前者是你的评价，后者是你的感受。如同好心人给你介绍女朋友，你不满意，可以对好心人说“那个女孩长得不好看”，也可以说“那个女孩不是我喜欢的类型”。哪句话可以给人更好的感受？

你可能会有疑问，如果说话之前都细致考虑，会不会对他人的言语更为挑剔？

恰恰相反，当你明白沟通的艺术之后，反而能够理解那些说话让你不愉快的人，明白对方只是不懂说话的艺术，从而避免自己生闷气。

有效的沟通称为正面沟通，无效的沟通称为负面沟通。

和沟通有关的概念

和人沟通的话语基本上能归到如下某种类型。

· 客观方式——进行观察——对事物或人物的行为或表现的描述，属于客观判断。

· 主观方式——进行评价——对他人的行为或表现的主观话语，对一件事或人物进行判断、分析后的结论，属于主观判断。

· 主观方式——表达想法——对事物或人物行为表现的意见，

属于主观判断。

· 客观方式——表达感受——描述事物或人物对自我的影响、造成的生理和心理反应，属于客观判断。

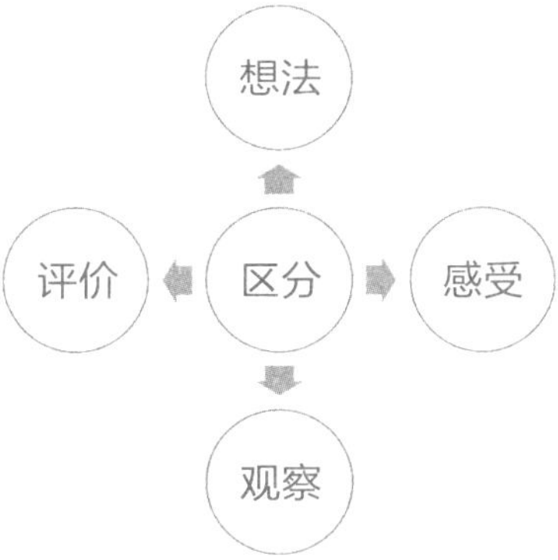

图 3-1　沟通的话语类型

假如你和朋友约好一起看电影，但是对方经常迟到。你希望朋友能够改变这种行为。

通常人们容易不假思索地和对方抱怨：“你总是迟到。”这句话是评价，是负面评价。朋友本来有些内疚，听到这句话后反而会抵消内疚，甚至有些不愉快。

朋友感觉不好意思，和你说：“抱歉啊路上堵车。”这时候，你再补上一句：“你下次不要再迟到了。”这句话听起来像是命令。

你和朋友的友谊会受到影响。

再设想一种新的对话方式，或许能够增进你们之间的友谊。

当朋友迟到之后，你说：“上个月你迟到了 8 次，平均每周 2 次。”朋友不好意思地说：“抱歉啊路上堵车。”

此时你补上一句："等人的滋味很不好受，每个路人路过都看我几眼。"朋友会更不好意思，连忙说："下次不会再迟到了。"

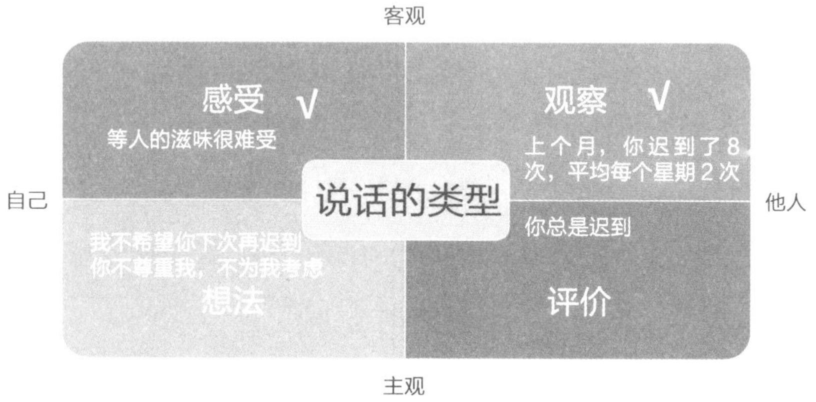

图 3-2　说话的类型

正面沟通的方法

什么是正面沟通呢？

正面沟通并非指人与人要正脸对正脸沟通，而是指积极、有效的沟通。正面沟通的对立面是负面沟通，是无效、消极的沟通。

正面沟通的关键点可总结为，以观察替代评价，以感受替代想法。通过观察到的事实和依据，表达自己的真实感受，从而让对方理解你的想法，而不是因为你的主观判断、评价导致内心的抗拒从而拒绝。

评价：“你总是迟到。”

观察：“上个月你迟到 8 次，平均每周 2 次。”

想法：“你迟到是件不礼貌的事情。”

感受：“等人的滋味很不好受，我站在这里像个傻子一样。”

把观察和评价混在一起，人们听到批评总是会倾向于进行反驳，产生抗拒心理。

观察基于事实和依据，评价基于主观判断。

要尽量客观阐述事实，避免使用模糊主观的词语，例如“经常”“总是”“我认为”。

评价的语句包括好与坏、是与否、对与错，使用“经常”“总是”“每次”“从不”“很少”。

如果某些场景下，必须要进行评价，尽量表达自己的感受。

想法：“某人很丑。”

感受：“某人对我没有吸引力。”

想法通常以“你”开头，感受通常以“我”开头。用“我”字开头的信息来替代“你”字开头的信息。“我”字开头的信息代表我自己的感受和态度。“你”字开头的信息很容易让对方进入防御心理。

具体的过程可参照下图“正面沟通过程”。

图 3-3　正面沟通过程

假设你有一个下属最近一段时间工作表现很糟糕，你需要和对方进行一次正面沟通。

1. 观察对方。

不做判断和评价，只说事实和依据。

A：“你总是不及时提交我要的数据，提交的数据总是错的。”×

B：“上个月你有 3 次没有按时提交我需要的数据，提交的数据有部分是错的。”√

2. 表达感受。

区分感受和想法，说出自己的感受有助于对方理解你。

A：“你应该按时提交我需要的数据。”×

B：“我没有及时收到你提交的数据，收到后还要花时间校对数据，导致市场部门没有及时做出调整。”√

3. 真实需要。

挖掘对方的真实需要，合理表达自己的需要。

A：“如果你再不做出改变，绩效评估的时候怎么办？”×

B：“我有些担心你的状况，是不是有什么事情困扰你？需要我做什么吗？”√

4. 阐述故事。

如果想让对方接受你的观点，把观点（道理）放到故事里。

A：“你必须要努力工作。”×

B：“我给你讲一个年轻人成长的故事吧。”√

具体如何讲故事，后面会详细讲述。

5. 提要求。

要求要具体。

A：“以后你要及时完成我交代给你的任务。”×

B：“每周五 17 点要准时提交数据给我，提交之前要确保数据无误。”√

接下来，详细说说讲道理和讲故事。

讲道理不如讲故事

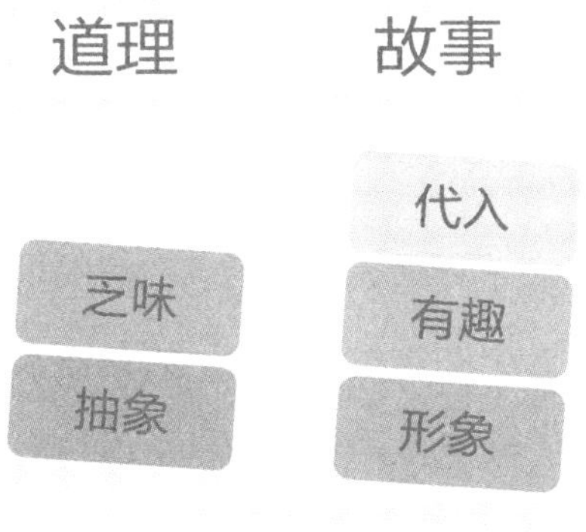

图 3-4　讲道理和说故事

为什么讲道理没作用？道理谁都听过，但是没有真正理解，知易行难。

父母对孩子说，你要好好学习认真学习。这句话通常没有任何作用，像一种例行公事的安慰剂。孩子没有理解为什么要好好学习，就不可能好好学习。

为什么人们喜欢讲道理？道理抽象，可以用在很多地方，但并不能解决对方的具体问题。相对亲身示范，身体力行，动嘴说道理更容易。

一个人对道理（抽象事物）的理解程度，体现了其受教育程度以及人生阅历的丰富度。

老子的《道德经》有 5162 字，和一篇文章字数差不多。但市面上研究解读《道德经》的各种书籍，汗牛充栋，成千上万，足见其抽象程度。

有人问你应该如何为人处世，你答复四个字“上善若水”。对方多半会一脸茫然，具体怎样“若水”呢？天知道。

所以讲道理行不通。

新石器时代，夜幕降临后，原始人在洞穴里围着半明半暗的篝火，长者开始在黑暗中开启叙事模式，听众原本的哈欠随着长者诉说的故事逐渐消失。那些故事里有太阳每天在黑夜来临的时候死亡，月亮出现，在第二天清晨太阳又复活，有经验丰富的猎手如何对付猛兽，还有更早时期的神话传说。

人类最初的学习和教育，是从听故事和讲故事开始的。长者和巫师讲述的故事，涉及世界起源和人类从何而来的神话，传递着人类对周遭世界和自身生活的意义理解。故事里有过去的伟大英雄，有过去的灾难如何克服，还有未来的预言。

如果你希望对方接受你的观点，请用故事代替道理。

为什么讲故事更好呢？

故事有很强的代入感，和冰冷的道理相比，故事能够连接人的情感。看小说、看电影，我们轻易就能把主角替换成自己，从而感受其中人物的喜怒哀乐。

故事通常都具备“渴望、冲突、解决、结果”四大要素，能够引起人的兴趣，容易理解。

道理是站在阐述者的角度，故事是站在听众的角度。换言之，讲道理是站在自己的角度，讲故事是站在对方的角度。

好故事从来不会直白地说教。

如何讲好一个故事

把道理蕴含在故事中，让抽象的事物变成形象的事物。一个清晰、引起好奇、激发情感共鸣的故事就是好故事。

一个故事应只包含一个观点（道理），用对方能够听懂的语言，简单直白，不用专业术语。观点太多，听众会不知道你到底想说什么。

人们对自己感兴趣但不了解的事情会感到好奇。所以最关键的一点是你的故事要和听众有交集，才能引起听众共鸣。

故事的架构由价值观（核心）、表现内容、表现形式构成。

价值观是故事的 Why，是讲某个故事的出发点。

价值观是人们关于是非曲直的标准或规范。“修身践言，谓之善行。行修言道，理之质也。”（修养身心并付诸实践，就可称为美好的德行。行为端正，说话合乎正道，这是礼的实质。）这是古代中国儒家的价值体系和价值观的一部分。

你心目中评判善良、正直、诚信、公正的标准就是你的价值观。不同文化、不同国家、不同时代的人们对于善良、公正等的评判标准是不同的。例如“普天之下，莫非王土”和“大道之行，天下为公”就是有冲突的价值观。

表现内容顾名思义是故事的组成，是 What，是某个事件的来龙去脉，包括起因、经过、结果。无论是神话故事、传说还是真人真事，都是表现内容的组成。

表现形式是故事的逻辑结构，是 How，是怎样讲述某个事件或故事。可以平铺直叙，也可以倒叙，可以单线叙述，也可以交叉叙述。如果不是写小说，那么表现形式越简单越好。能用 100 字说清楚，就不要用 200 字。能用简单直白的语句，就不要用艰涩难懂的语法，不要用术语。简单是相对于听众而言，不等于对阐述者很“容易”，亦即阐述者思维应该非常清晰。

使用类比、比喻这样的修辞手法，能让复杂的概念或专业术语

（内行话）变得简单易懂。例如，计算机术语中有“代码”和“程序”，那么怎样向外行解释这两个术语呢？如果说“代码是人类用编程语言编写的符号集合，用于人类阅读和维护，程序是经过软件开发工具将代码翻译成的机器语言符号集合，用于机器执行”或者说“代码是没有翻译成程序的符号集合，程序是经过翻译的代码。代码给人类阅读，程序给机器阅读”，理解起来可能还是有困难。

但如果简化成“代码是人类能看懂和维护的语言，程序是计算机能看懂和执行的语言”，则更容易理解。

讲故事的顺序分为背景、冲突、解决。

假如要讲一个励志故事，那么背景包括故事的主角介绍、主角有什么理想等。

冲突是主角的理想和现实的冲突。解决是主角采取什么方法和行动解决冲突，最后实现理想。

接下来讲一个真实的商业故事。

哈罗单车能够后来者居上，成为单车领域霸主的真正原因是什么？

共享单车时代，后起之秀哈罗单车加入共享单车战场的时候，摩拜单车、小黄车单车已经占据一线城市的绝大部分市场份额，这时候大家都在研发新单车。（背景）哈罗单车需要迅速抢占二、三线城市的市场份额。（理想）

摩拜单车和小黄车单车的新产品研发周期分别是 1 年和 1.5 年，而哈罗单车的研发周期要长很多，业务很难开展（冲突）。

当时摩拜单车设计理念是“耐用”，不容易损坏和丢失，但是骑行体验不好。小黄车单车的设计理念是“低成本”，骑行体验好，但是很容易损坏和丢失。哈罗单车的设计理念是“成本和耐用、好用之间的平衡”，突破点在于如何缩短产品的研发周期尽快投放新单车，于是哈罗单车重金聘请日本自行车专家，组建“攻坚敢死队”进行封闭式开发，克服重重困难，在三个月内研发出新产品（解决），该公司率先推出“免押金”模式，迅速吸引大量用户使用，再后来，该公司已经是共享单车领域的第一大服务商。

市面上所有公开资料介绍哈罗单车成功破局的原因有两个，一个是和国内最早的“固定桩单车”公司合并获得技术积累，另一个是背后有互联网金融巨头提供资金和用户信用体系，能够开启“免押金”模式。

事实上，还有一个原因是“大幅缩短产品研发周期”，哈罗单车的研发周期是两大对手的1/6。

这个故事告诉我们，面对困难不要畏惧，迎难而上，就能创造奇迹。（核心价值观）

这时候，可能有人会问：我不会编故事怎么办？

不是每个人都能编故事，对于多数人来说，故事可以是从亲朋好友听来的，也可以是从书本上比如人物传记中读到的，或者是在电影电视剧中看的。中国古代国学有无数的故事和典故，可以用来参考。

多读书是增加故事储备的好方法。

讲故事需要注意的是——如果你不能用一个人真实的选择、行为以及带来的后果来表达一个生活道理，无论怎么摆事实讲道理都没用。听众能分得清什么是真什么是假。

不要用那些历史悠久的老故事。老故事就和道理一样，听多了就没有感觉了。好故事讲一次足够，讲多了就是陈词滥调。

最后，比讲故事更有效的方式是用行动引导行动，以身作则。你希望孩子远离电子产品、培养阅读的习惯，那么你就要自己少用手机，拿起书本阅读。你希望员工努力工作，那么你自己首先就要做到努力工作。

看到这里，相信你已经掌握了正面沟通的方法。但有时候，沟通不仅不能影响他人，可能还会面临他人的批评和指责。

这时候该怎样面对呢？

正确面对批评和抱怨

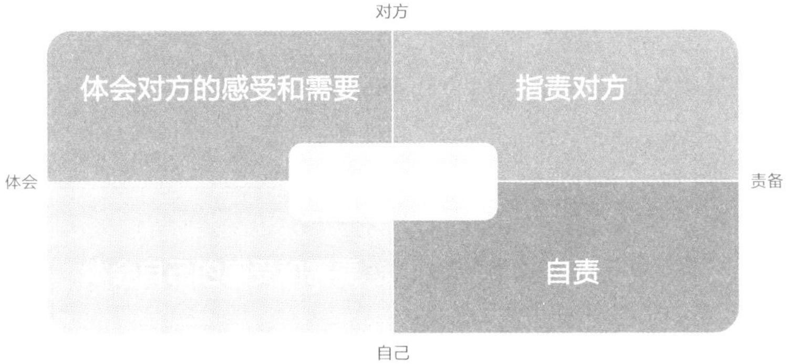

图 3-5　面对批评

即使再优秀的人，也有受到批评的时候。理智告诉我们，批评对我们有好处，但情感这时候会跳出来表示反对。

面对批评是一件很难的事情。类似于古代战场上士兵们面对前方飞来的箭矢会情不自禁用盾牌去挡住，大脑内部也在进行激烈的斗争。负责理智的部分会开始运用逻辑思考，检索记忆中自己的言行举止是否如对方所说，这个时间过于漫长，有时速度像乌龟一样慢吞吞的。

而你的潜意识和情绪顾不上理智的逻辑思考，会像闪电一样跳出来，告诉你“我怎么可能错了，一定是对方的问题”“这样很没面子耶，怼回去吧”“不要思考了，反驳对方吧”。

同时，血液开始加速流动、呼吸开始急促，双手不由自主地握紧，身体已经做好战斗的准备，这是自远古以来进化出来的反应。在远古时代，批评意味着挑衅，意味着他人对你的负面评价（可能会导致你分到的食物变少或者分不到食物），面对战斗你必须反击（这关乎生存）。

于是你开始反驳，或者争吵。等事情过去之后，理智带着逻辑思考的结果姗姗来迟，告诉你可能确实自己有需要改进的地方，然后你开始后悔刚才的冲动。

实际上，现代社会，批评并不会直接导致你分不到足够的食物而饿死。但是大脑依然认为受到批评是一件很严重的事情。

面对批评和指责的最大挑战在于，你是否愿意等理智运用逻辑思考来探寻真相，是否愿意相信自己的认知有限，是否承认自己并非自己想象的那般完美，是否愿意去相信他人的批评之中隐藏着建设性的建议，能让你变得更好。

如果你的回答趋向于肯定，代表你是开放的和包容的。

控制住情绪，接下来，就需要思考对方的批评是否有效（合理），对方是否了解事实，有没有资格批评你。

当对方有情绪的时候，批评或指责的时候可以使用“非防御性沟通”类型的语句。例如“我能理解你的心情”“你的想法值得深思”“等你平静下来我们再聊”。

如果是无效（不合理）的批评，可以请对方提供事实而不是评价。陈述自己的想法时，使用以“我”开头的语句，而不是以“你”开头的语句。“我认为我们之间可能有误会”比“你冤枉了我”要更好。因为正如前文所述，前者是表达自己的感受，后者是对对方的评价。

如果是有效的批评，坚定地接受批评，但不要一味贬低自己。提出解决方案告诉对方，前提是自己一定能做到。如果自己也不知道该怎样解决，可以请教对方提供改进的建议。

总结本文的知识点。

沟通能力是情商的主要代表。

正向的、有效的沟通的前提，是要区分感受、想法、观察、评价。用观察替代评价，用感受替代想法。

如果希望对方接受我们的观点和道理，可以试试把道理融合到故事中。讲故事比讲道理更有效。

面对批评的时候，先控制情绪，坚定、自信地面对。让自己拥有包容且开放的心态。如今的现代人，早已不是原始部落中靠他人评价和口碑生存的原始人。

每一次批评都可能是一次自我提升的机会。

最后，附上一些高情商沟通的特征：

1. 如果他人没有请你发表意见，尽量保持沉默。

2. 不轻易告诉他人你对事物的判断和评价。

3. 在和他人沟通的过程中，80% 的时间在倾听。

4. 讲故事而不是讲道理。道理抽象，故事具体，人容易理解具体的事物。

5. 明白对方需要表达的言外之意。

6. 不吝啬自己的赞美。

7. 和陌生人沟通时，会提一些对方擅长的话题展开对话。

8. 不打断他人说话，克制自己的表达欲。

9. 和非本行业的人交流本行业时，不讲术语，而是换一种对方能理解的说法。

10. 沟通的时候能够意识到对方的认知程度。有一种认知偏差被称为“知识的诅咒”，意思是人们潜意识中认为他人懂得和自己一样多，可能会导致在沟通中说一些他人不能理解的内容。

11. 沟通之前，能有效判断对方的情绪，包括快乐、悲哀、愤怒、恐惧。

12. 当他人说的话让自己感觉不舒服的时候，首先是反思自己会不会也会犯同样的错误。

有效沟通不是谁说得快、嗓门大谁就能赢。

说话之前先思考，最初一段时间里你可能会觉得这样很累，那是因为本质上这是一种思维方式的改变，从以自我为中心，改变为从对方立场出发。但随着这种思维方式的持续运用，它最终会融合在你的大脑中，像吃饭喝水一样自然，使你最终成为一个高情商的人。

有效沟通的原则

讲沟通的书有很多，大多数都停留在技巧层面。技巧有很多，不好记，不如记住原则。原则是从不同的技巧中提炼的一般性的原理。

沟通的原则如下：

1. 相反原则：使用和过去的习惯相反的策略。

如果过去习惯打断对方说话，不妨改成等对方说完。如果每次对话都想抢着说话，不妨让对方先说。如果过去说话不经过大脑，不妨说出口之前好好思考一番。

2. 定义原则：确保双方讨论的是同一个问题。

对方讨论和对话有争执、无法达成一致，80% 以上的可能是双方讨论的不是同一个问题；或者是双方对于讨论的问题定义不够清楚，导致有歧义。这样必然谈不拢。

3. 需求原则：找到对方真实的需求。

很多人说话，喜欢委婉表达。尤其是地位高的人，更喜欢话里有话，以彰显高深。也有人说话模棱两可，不容易被人抓住把柄。还有些人，不好意思表达自己真实的需求。因此，找到对方真实的需求，是让谈话变得有效的秘诀。

4. 理智原则：不要在情绪占上风的时候进行沟通。

在有情绪的情况下容易说出让自己后悔的话，不妨等情绪平复之后再说。情绪会影响人的判断，在大脑的优先级中，情绪的优先级最高。

04

写作即思考

写作是把三维网状结构的思维信息转换为线性文字的过程，把“无序的意识”转换为“有序的文字”。

每个人都应该有意识地训练写作能力，以帮助大脑进行“知识内化”，刚开始的时候会令人痛苦，但是一旦掌握这种能力，就会受益终生。

做笔记从入门到放弃

有同学问我用什么笔记软件，这个问题一度让我很难回答。我很久没有做过笔记，没用过笔记软件（曾经是某笔记软件的高级版用户）。除了在学校学习时做笔记、工作后做备忘，在很长的时间范围内，都没有场景让我在笔记本上做记录。我并非否定笔记的作用，相反，做笔记很有必要。但是我比较懒，而且字迹潦草，不工整，像极了散兵游勇。假如你到网上搜索“清华学霸笔记”，就能发现笔记也能是一种行为艺术。这也是我和学霸之间的差距之一，我做不到。所以我寄希望于笔记软件。

在互联网时代，我有一段时间用笔记软件，从最初的网页信息采集工具到专业的笔记软件，都使用过。从一开始热衷使用到最后放弃，遇到的主要问题在于，笔记收藏容易，整理难。

对，要让笔记有效的唯一原则，就是需要定期整理和使用。

现代的笔记软件功能越来越强，越来越方便，从早期的“信息采集”功能发展到“知识结构化”，逐渐从“知识管理工具”往“帮助思考的工具”发展。

这是必然趋势。

笔记软件的弊端

如果笔记软件进化为“帮助思考的工具”，我一定会使用。如果是仍然停留在“信息采集”和“知识结构化”阶段，对我来说依然缺乏使用的动力。

早期因为有效信息相对匮乏、资源稀缺以及网络状况不佳，使得我们有把有用的信息存储在某个地方这样的需求。在知识付费、自媒体兴起之前，多数人学习只能是通过传统途径，信息相对匮乏。

如今网络上到处都是各种学习资源，电子书和在线课程比比皆是。当信息和知识能够以近乎免费的方式获取的时候，为什么还要把容易过时的信息（尤其是陈述性知识）存储在大脑里？我们是否应该思考，用笔记软件的目的是什么？

至于“知识结构化”，目前的笔记软件在这方面有长足的进步（例如双向链接功能），但依然需要使用者进行标签化，需要定期整理。

我的“知识结构化”方法，是通过 PPT、XMind、Visio 这些常用软件来帮助我。结构化之后的产出物，则是各种表达图形、思维导图及文稿。

写作即思考。

如果把学习的过程分为信息采集、信息整理、知识加工、结果输出，那么多数人使用笔记软件，还停留在信息采集和信息整理两个阶段。

我把笔记软件称为“信息的容器”，或者是“知识的容器”。如果你把知识存在大脑里，那也不错，但是存在硬盘里有什么用呢？证明自己在坚持学习吗？

如果你的笔记很久没有整理过或者是使用过，那么说明你和我一样，不适合做笔记。

知识的仓储模式和研发模式

本文提到的“做笔记”仅仅针对笔记软件而言，不包括手写笔记的记录方式。

“做笔记”和“不做笔记”实质上是对于信息（知识）的不同认知和使用方式，是两种截然不同的模式。

“做笔记”是仓储模式，先把信息存储在“仓库”里，用笔记软件将信息块、知识点分门别类。分类有很多方式，有的按学科分，有的按用途分，有的按技能分。

分类以目录或标签方式展现，当笔记数量不多或分类科学合理的情况下，笔记看起来赏心悦目。一旦数量多起来，或者是分类标签混乱，不知道给笔记内容打什么标签，很容易放弃整理。

仓储模式主要用于记录、存储知识点，属于原材料级别的仓储。

仓储地点在哪里？在你的手机里、电脑里，但不在你的大脑里（手写笔记效果会更好）。

“不做笔记”是研发模式，以知识产品研发为主，或者是以思考某个问题为导向。以问题驱动，当遇到问题的时候，通过灵活运用搜索工具，在不同的渠道中实时搜索。

这些渠道包括但不限于网络、电子书架、学术期刊、论文等等。这个过程中，也会出现临时存储的中间环节。找到需要的信息、知识点之后，需要暂时存储起来，可以用 XMind 这样的思维导图软件记录下来。

当所需要的知识点和纲要齐全后，可以采用 Visio、PPT 或其他图形软件，对知识点进行加工，方法包括关联、顺序调整等。最后，用文章的方式，将内容填充好。

研发模式的好处是省去笔记的管理过程，避免笔记的内容时效问题（信息也有时效性）。同时最为关键的是，研发意味着对知识点的再加工，写作即思考。

所有最终的知识产品，都能存储在大脑里。

把思考变成行动

用户真正需要的是帮助思考的工具，不是“信息仓库”“知识标签化存储工具”这样的中间过渡形态。使用笔记软件记录知识点，要起作用，需要使用者花时间整理笔记，设计好目录和标签，还要对笔记进行再加工，例如将之转变成文章。

这对使用者的要求更高，导致最后笔记软件成为摆设或“知识的容器”。

知识的仓储模式，在网速不高、信息稀缺的时代发挥了很大作用，但如今网络环境和知识的丰富度有翻天覆地的变化，“笔记思维”也需要转变。

知识的研发模式，能够省去笔记的整理时间；研发过程中对知识点（信息）的结构化思考，能够帮助大脑真正理解和吸收。

因为写作即思考，所以要从知识的仓储模式，转变为知识的研发模式。

有人问，我又不想当作家，也不做自媒体，为什么要提升写作能力？

这个问题听上去很有道理，可是仔细想想，在学校上语文课学的是什么呢？上语文课有什么作用呢？为什么高考语文的作文那么重要？

语文是什么？是语言和文字的学问。为什么对于学生来说语文很重要？用一位语文老师的话来解释——连考试题目都看不明白或者理解错误，还能指望答题正确吗？为什么作文很重要？因为作文（写作）能够体现一个人的语言和文字的综合应用能力。

写作对我来说，是一个有效地促使我思考的方式，是提升思维能力的工具之一。语言文字和思维能力从来都是互相影响，不可分割的。

写作能力 = 书面表达能力。

书面表达能力（写作）和口头表达能力（沟通）组成一个人的沟通表达能力。

移动互联网时代，不需要用钢笔和信纸写一封字迹工整的信再通过邮局寄到对方手中（虽然这富有诗意），但还要写工作总结，需要发邮件，要给老板写汇报材料。不过这些还不是需要提升写作能力的最底层的原因。

你会不会每次写完之后，总觉得写出来和所想的完全不是一回事？写作的过程是将脑海中的网状思维转换成书面线性文字的过程，从想法到文稿，信息存在丢失和损耗很正常。

写作对于普通人有一个非常实用的好处——强制人们思考。身体经常锻炼才能更健康，大脑经常思考才能越来越智慧。

在能让思考落到实处的方法中，写作是一条康庄大道。

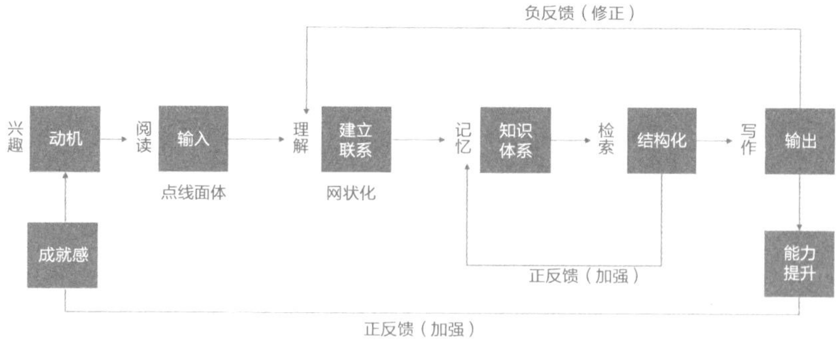

图 4-1　学习反馈回路

好的文字是什么样的

文笔流畅、通俗易懂。

读起来很顺畅，没有错别字，不会有不通顺的感觉。通俗易懂，指的是尽量使用非专业术语，通过类比、比喻等手法让读者理解专业名词。一篇文章（非专业论文）的公式数量和阅读量往往成反比。用简单的语言说出深刻的道理，正是文字的魅力。

逻辑清晰、论证精彩。

文章有合适的分段、结构化编排，包含论点、论据、论证过程和结论。论证精彩能够提升读者对你的信任感。如果作者有哲学素养，有思辨的方法，运用在文章中，能够加强文章的逻辑性。

引人入胜、情感共鸣。

能够吸引读者的好奇心，通过设置悬念给读者带来不同的阅读体验，让读者脑海中不断产生“然后呢？然后呢？”这样的疑问。文章观点能够强烈激发读者的情绪，引起共鸣和赞同。

图 4-2　好文字的特征

写好单篇文章要具备的能力：吸引注意力的能力、理解人性的能力、文字运用的能力、节奏控制的能力。

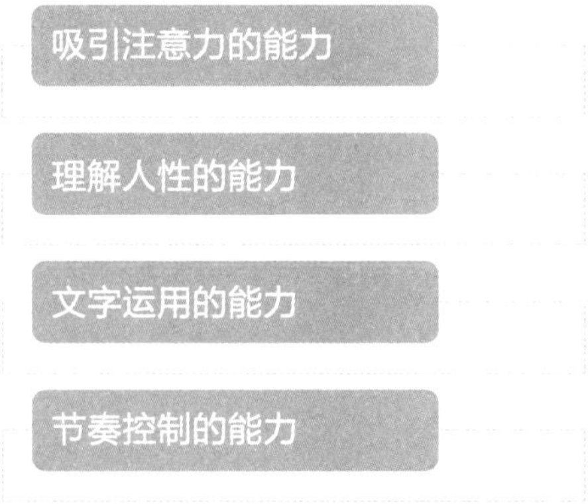

图 4-3　写作能力

吸引注意力的能力

移动互联网时代，所有的 App 和内容都在吸引用户的注意力，读者的耐心越来越少，专注时间越来越短暂。假如标题没有挑起读者的兴趣，文章很容易被忽视，连被打开阅读的可能性都很低。

好的标题有助于思考一个问题：“文章能够给读者带来什么价值？”

一个好的标题是怎么起的呢？有哪些要素？

1. 站在读者的角度思考。

读者不一定具备某些专业领域的知识，标题起得专业性十足，反而会让读者退避三舍。

托尔斯泰说："每一个人都希望谈论自己或是自己感兴趣的话题。"

你的标题如果让读者感觉和自己无关，读者也同样不会有兴趣点开。

性能 / 效用：这篇文章和我有什么关系？能不能解决我的问题？

形象：这篇文章如果转发是不是符合我的个人形象和定位？

可靠：文章的观点和依据是否可靠？

容易：文章读起来是不是很轻松，不需要思考？

2. 引起读者的好奇。

人天生厌恶损失，不想成为最后知道消息的人。

早期有些新闻类推送，喜欢用"刚刚！""现在！""注意了"这一类让人感觉似乎有突发事件发生的词，会让人忍不住点开。这一类文章我会直接略过，第一个用这样的标题的作者利用了人性，但是追随者再使用，就落了俗套。

有篇文章是《自媒体送外卖怎么了？》，明显技高一筹。把两个不相干的职业结合在一起，是不是会引起读者的好奇心呢？

3. 传播理论 AIDMA 法则。

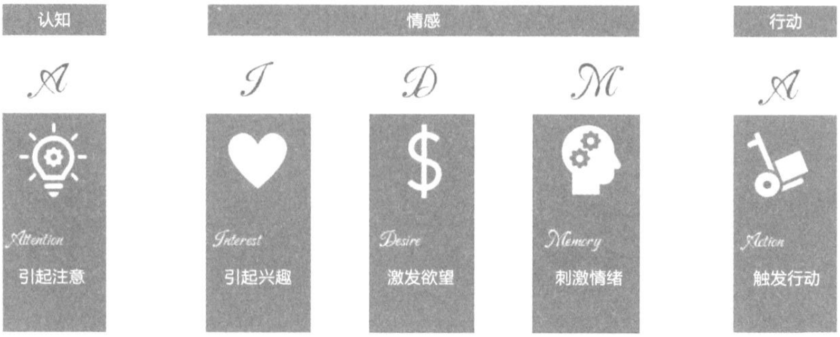

图 4-4　AIDMA 法则

AIDMA 法则，是指在消费者从看到广告到发生购物行为之间，广告应动态式地引导其心理过程，并将其顺序模式化的一种法则。

这个法则稍微修改，会更适合文章创作。

A：Attention，标题必须先能引起读者的注意；

I：Interest，在产生注意力的基础上，内容需要使读者产生信息互动的兴趣——避免自说自话，要让读者有参与感；

D：Desire，激发读者对内容的需求（欲望）；

M：Memory，通过写作技巧反复地刺激读者的情绪；

A：Action，读者产生共鸣，转发文章。

理解人性的能力

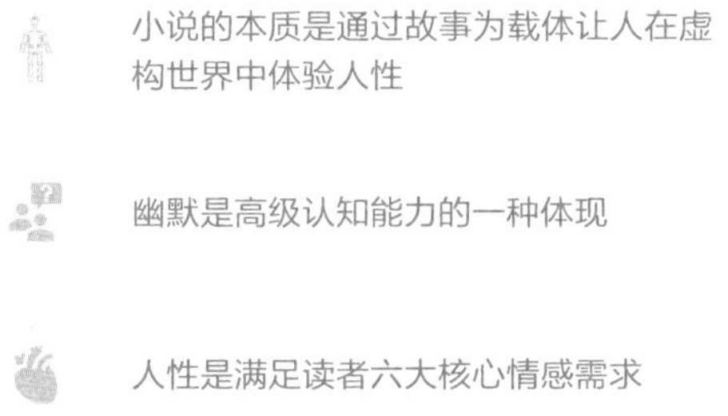

图 4-5　理解人性的能力

1. 小说让人在虚拟世界中体验人性

米兰・昆德拉在《小说的艺术》中写道："……每一部小说都对读者说'事情比你想象的复杂'，这是小说的永恒真理……"

余华的小说《活着》的主人公福贵悲剧不断，但仍然顽强地活着。若是普通人经历其中任何一次变故可能都会痛不欲生。这部小说让人们思考，活着的意义是什么？

小说可以让我们到任何一个时空中去体验，可以用一周的时间读完小说中一个主角的一生，可以在小说中了解到人性的阴暗和光明之处。

假如作者只是和读者讲道理，文章页面大概率会被直接关掉。但如果把道理藏在故事里呢？通过一个个故事的吸引，让人不知不觉随着主人公的命运沉浮，体会主人公的喜怒哀乐。而那些哲理、道理、作者想表达的思想，已经不知不觉影响了读者。

2. 幽默是高级认知能力的体现

幽默是一种心理应对机制，是大脑在冲突下产生的副产物，它帮助大脑处理复杂矛盾的信息，并解决令人困惑的情感。人透过辨识这种冲突才能理解幽默。幽默是一种高级认知能力，综合语言运用、想象力、创造力、应对能力等多种能力。

幽默是情理之中意料之外的信息传递。以嘲笑贬低讽刺他人以获得优越感的方式不能称为幽默，但如果以自嘲的形式展现，就能起到既不伤害他人亦能让他人产生优越感的效果。

有学者通过各种理论分析过幽默产生的理论基础。合作原则是语言学家格莱斯（1913—1988）在他的著作《逻辑与对话》（1975）中提出的。格莱斯认为人们在谈话中遵守的合作原则包括四个范畴，每个范畴又包括一条准则和一些次准则，即：

（1）量的准则。

A. 所说的话应该满足交际所需的信息量

B. 所说的话不应超出交际所需的信息量

（2）质的准则。

A. 不要说自知是虚假的话

B. 不要说缺乏足够证据的话

（3）关系准则。

说话要相关

（4）方式准则。

说话要清楚、明了

A. 避免晦涩

B. 避免歧义

C. 简练

D. 有条理

然而，人们在实际语言交际中，出于需要，会故意违反合作原则。格莱斯把这种通过表面上故意违反合作原则而产生的言外之意称为“特殊会话含义”。“特殊会话含义”解释了听话人是如何透过说话人话语的表面含义而理解其言外之意的，说话人由此来表达另外一种意思，幽默时常在这时产生。

违反质的准则：

A：你又偷偷喝酒了。

B：不，我是在做一个“论酒精作用于大脑神经的最低有效浓度测试”实验。

违反量的准则：

唐僧：你想要啊？悟空，你要是想要的话你就说话嘛，你不说我怎么知道你想要呢？虽然你很有诚意地看着我，可是你还是要跟我说你想要的。你真的想要吗？那你就拿去吧！你不是真的想要吧？难道你真的想要吗？……

违反关系准则：

老师：“小新，画画是要想象的，你试试闭上眼睛。”

小新：“哦？！”

老师：“对了，就是这样，你看到了什么？”

小新："一片漆黑！"

A：那个人武功很高。

B：有多高？

A：三层楼那么高。

违反方式准则：

昨天晚上吃饭的时候，冷言少语的父亲突然说了一句：儿子，今天我帮你拿了块地。我心里一惊，长久以来一个深藏在心里的想法浮出脑海——其实我是个隐形富二代，之前的贫困都是为了历练我，时机终于成熟了！家里终于肯让我大显身手了！我强忍激动，放下筷子，双手托着下巴，看着父亲道：哦，哪块地？父亲道：××快递。

大部分幽默的经典台词或笑话、段子，都可以从如上理论中找到依据。

幽默除了靠违反"合作原则"来设计之外，还有如下研究理论：

（1）顺应论：语言使用是语言发挥功能的过程，或者说，是语言使用者根据交际语境的需要不断选择语言手段，以达到交际意图的过程。

一些国外的电影字幕，翻译成中文的时候，翻译者会进行本土化，以达到幽默的效果。

例如：

英文：It's all gone.

中文：都成了浮云。

英文：Well, you can't force things.

中文：听着，强扭的瓜不甜。

（2）模因论：是一种基于达尔文进化论的观点解释文化进化规律的新理论。它指文化领域内人与人之间相互模仿、散播开来并一代一代地相传的思想或观点。

这种很学术的理论应用在语言幽默中，和“模仿”“偷梁换柱”“拿来主义”差不多。

例如，因为发型师（理发师）取英文名用“Tony”的概率比较大，听起来比较洋气，所以人们在网络上喜欢把“Tony 老师”作为理发师的代称。

相同的语言，更换使用场景，也能产生幽默的效果。例如，车贴的幽默感，来自把同样的文字更换使用场景而产生不一样的效果。“别逼我变形。”变形的概念来源于变形金刚，而汽车上的“变形”车贴则让人联想到汽车人。

（3）语用预设理论：语用预设（或称语用前提），指那些对语境敏感的，与说话人（有时包括说话对象）的信念、态度、意图有关的前提关系。语用预设是说话人说话之前假定的预设的内容；通过前期铺垫预设，让人有预判，但是实际结果又和预设不同，产生幽默效果。

关于“驾照学习”的段子和笑话大多出自该理论。

例如：

驾校学员学车（一）。

教练：如果路上你看见一个人、一条狗，你撞哪个？

学员：当然撞狗。

教练：你不合格，回去重新学习吧。

学员：难道撞人？

教练：你该刹车！

驾校学员学车（二）。

教练：看到前面那个人没？

学员：看到了。

教练：撞上去。

学员：什么？那是人欸！

教练：那你还不踩刹车？

3. 读者的六大核心情感需求

图 4-6　读者的六大核心情感需求

如何通过文章来满足读者的核心需求呢？

（1）确定性：

文章能给人带来安全感吗？

可以稳定读者的情绪吗？

有对未来的预测吗？

读起来能让读者感觉到舒适吗？

（2）多样性：

文章让读者感到惊喜吗？

有没有让读者耳目一新？

是不是讲述读者没发现的变化？

能不能让读者感到兴奋？

（3）爱与联系：

是否让读者感觉自己被社会认可以及和外界存在联系，激发心中爱的需求？

（4）重要性：

有没有让读者感受到自己的重要性，感到被他人需要？

（5）成长：

人都有提升自我的需求，你的文章能给读者带来关于成长的哪方面知识？

（6）贡献：

你的文章有没有激发起读者对某些群体的同情、关心、保护等情绪？

文字运用的能力

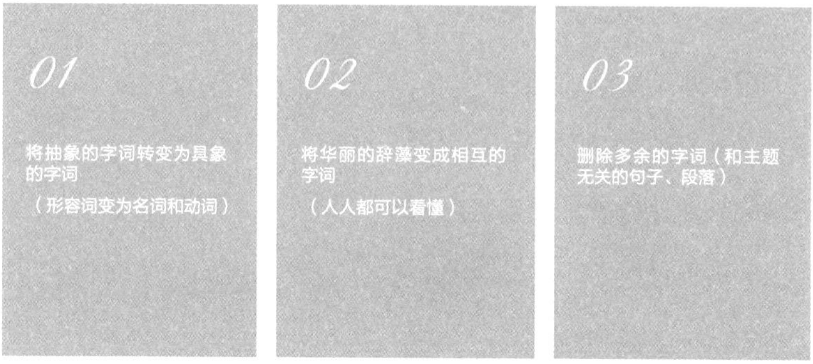

图 4-8　文字运用的能力

1. 将抽象的字词转变为具象的字词。

抽象的文字写起来很容易，但读者会不明所以。

例如“清晨的海边日出很美丽”，美丽是一个抽象的形容词，读者无法知道作者笔下描写的海边到底如何美丽。没有具体的感觉，无法触发读者内心的反应，读者自然也会无动于衷。

试着将这句话变换一种写法：“清晨的海边凉风徐徐，天边隐约透出一丝亮光，顽强地想要穿透云层。天空中的色彩忽然多了起来，西边有几朵云染成红色，嵌在蓝色天空上。大地逐渐亮起来，在太阳跳出海面的那一刻，白色海浪冲击岸边礁石，碎成金黄色的浪花和水珠。”

读者在阅读此段文字的过程中，脑海中会重现作者笔下的画面，这也被称为“画面感”。

2. 将华丽的辞藻变成朴素的字词。

从先秦到 11 世纪，汉字的数量一直在增长。比如目前发现和整理的甲骨文，文字数量有 4000 多个；在东汉《说文解字》中，汉字数量增长到 9353 个；三国时《广雅》收字 18150 个；到北宋《类篇》收录的汉字，高达 31319 个；之后汉字增量放缓，直到清朝《康熙字典》共收字 47035 个，是古代收录汉字数量最多的字书。现代工具书如《汉语大字典》更是收字 60370 个。中国九年义务教育的识字标准是 3000 个汉字。这意味着，只要受过九年义务教育，至少可以掌握常用的 3000 个汉字。中国的大学生占总人口的比例有多少？只有 5% 不到。如果你的文章需要让剩下的 95% 的人都能看懂，那么尽量采用 3000 个常用字。

3. 删除多余的字词。

要想让文字变得流畅、简洁，就需要删除多余的字词。

（贾）岛初赴举，在京师。一日于驴上得句云："鸟宿池边树，僧敲月下门。"又欲"推"字，炼之未定，于驴上吟哦，引手作推敲之势，观者讶之。时韩愈之权京兆尹，车骑方出，岛不觉行至第三节，尚为手势未已。俄为左右拥止尹前。岛具对所得诗句，"推"字与"敲"字未定，神游象外，不知回避。韩之立马久之，谓岛曰："'敲'字佳。"遂并辔而归，共论诗道，留连累日，因与岛为布衣之交。

贾岛的"推敲"成为著名的典故，这种专业精神堪称文人之典范。

写完文章后，先朗读一遍，有不通顺的地方，修改后再次朗读，如此反复。通顺之后，再检查哪些字词或句子多余。

怎样判断哪些字词多余呢？

如果这段话和你想表达的中心思想、主题没有任何关联，那么可以直接删除。（如果舍不得，可以把内容保存到其他地方。）

书面语和口语有区别，要注意尽量避免在文章中出现口语（除非是对话）。书面语和口语应用的场景不同，在日常对话中使用书面语，或者在文章中使用口语，都会让人感觉奇怪。

节奏控制能力

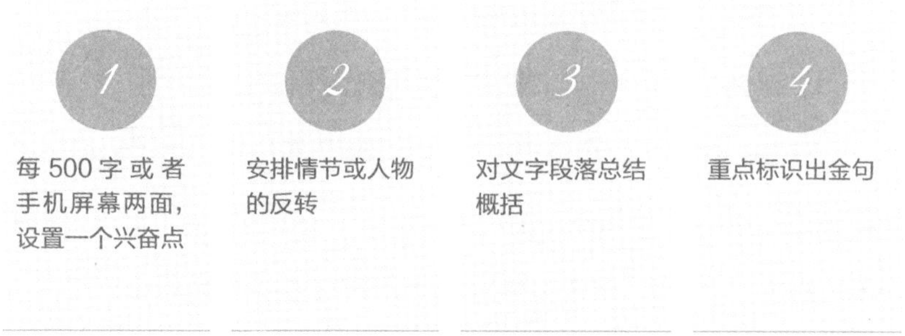

图 4-9　节奏控制的能力

1. 设置兴奋点。

人需要及时反馈，无论是玩游戏、看电影还是阅读。玩游戏的时候，很快可以看到成果。看电影的时候，短短两个小时中，要能看到主角的渴望、冲突、解决、结局。

阅读也是一样，如果很长一段文字里面没有让读者感觉到兴奋、紧张、刺激、悬疑、好奇、有趣的内容，读者会没有读下去的念头。

2. 情节反转。

如果你总是让读者能猜到你接下来写的内容和情节，读者会感觉索然无味，没有挑战，从而否定作者。

如果不是希望看到或学到什么，读者凭什么花时间来阅读你的文章呢？

为了出乎读者意料，需要考虑文章如何实现情节反转。

例如，你的文章主题是讲述主角一直低调资助贫困山区学生，那么在文章前半段，可以花上篇幅和笔墨来描述主角平时对待自己多么抠门，喜欢省钱。然后在合适的地方使情节反转，通过一些意外让周围的人发现主角原来一直在存钱资助贫困生。

3. 适当总结。

即使是教材，也会在适当的时候，比如在段落中做小结，在大段之后做总结。

这么做的目的是减轻读者的理解难度。如果你的文章让读者感到难以理解，等于变相地让读者觉得自己有挫折感。

4. 标识好句。

什么是好句？

例如：

生活总是让我们遍体鳞伤，但到后来，那些受伤的地方一定会变成我们最强壮的地方。（海明威《老人与海》）

读者希望阅读能有收获，希望能看到眼前一亮的句子。因此要适当引用富有哲理的话或经典语句。

有能力的作者，会自行创作令人记忆深刻的短句——无论是寓意深刻还是令人愉快的短句——会让读者眼前一亮。

图 4-10　为什么会感觉写作很难

为什么想法很多但写不出来

1. 写作是网状思维转换为平面线性文字的过程。

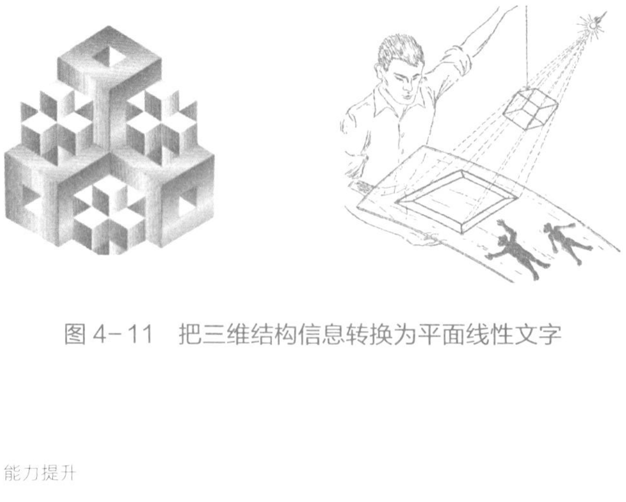

图 4-11　把三维结构信息转换为平面线性文字

信息在大脑中通过神经元存储，这些节点之间互相关联，呈三维网状结构。而我们会把信息存储看成“想法”，在适当的场景下，会有一种表达的欲望和冲动，例如写成文字或文章。

可是当落笔的时候，会发现写出来的文字和大脑中的想法并不一致，会词不达意，或是根本写不出来多少字。原因是我们缺乏把存储在大脑中的立体网状结构的信息有效转换成线性文字的熟练技能。这里说的有效转换指的是，把想法尽可能无损地通过文字表达，传递给读者。

如果上面的说法你难以理解，试着想象，有一个球体，内部有无数个节点，每个节点和无数个节点互相连接。节点上都存储着信息。这些节点组合成记忆。如果你打开这个球体，就能感觉到什么是毫无头绪，杂乱无章，一团乱麻。

有很多写作教程会告诉你，应该尝试用结构化思维来处理那些千头万绪的信息，转换成结构化的文字就是观点、论据、论证过程、结论。

这种方法用来写论文、公文、商业文书，再合适不过。但若是要写点别的什么，写出来有点像格式文章一般，读起来令人觉得无味。

倘若大家都用同一种方法来写，那和工厂里流水线制作的工业品有什么区别呢？

当大脑中的信息转变成文字之后，无可避免地存在信息丢失。另外还存在一些情况，有些信息实在难以用语言描述，自然也无法表达出来。

写作没有速成的方法。

2. 以自我为中心，而不是以读者为中心。

如果文章写给自己看，可以随心所欲。洋洋洒洒，想到什么写什么，不需要章法，也不需要考虑想表达什么。但这不是今天要谈论的重点。

写文章有点像和他人谈话，假如你总是说自己怎样、自己有什么想法，对方恐怕会觉得索然无味。

时刻记着，以读者为中心，读者才可能有兴趣看下去。

从无序到有序（熵减的过程）　从立体到平面（信息维度丢失）　从自我到读者（主体的转移）

图 4-12　写作的过程

3. 胸无点墨，如何成文章？

这里的“墨”指的是知识量，也可称为知识储备。写作像烹饪，即使是大厨，没有食材（写作素材）也没法做出佳肴。

多数人的问题是把写作的冲动当成写作的能力。

书本、网络、课堂从来不缺乏如何写作的知识，为什么我们依然写不出来？因为我们懂的不多。

阅读无疑是最经济有效的方法。杜甫当年的求职简历《奉赠韦左丞丈二十二韵》上提到“读书破万卷，下笔如有神”。这里的“破万卷”有两层意思，一是阅读量要大，二是要读熟读透。

杜甫时代写作还是用竹简，而且是文言文，能读懂谈何容易。

阅读不求甚解，充其量只能增加谈资。

4. 学习写作技巧却不实践，无法提高写作水平。

我时常提醒自己不要做“思想上的巨人，行动上的侏儒”。光阅读不思考和光学习不练习实质上结果都一样。

我曾经读过至少几十本关于写作的书籍，绝大多数都是经典书籍，因为看完之后没有立刻实践，早已把那些写作技巧和思想抛到九霄云外。

后来发现，他人成功的写作方法，不一定适合自己。尤其是越具体到操作层面的技巧，越会知其然而不知其所以然。如果不知道为什么要这么做，怎么可能用得好？

我们更应该关注的是写作的理论，而不是具体的技巧。用理论结合实践，而不是用技巧结合实践。

理论具备通用性，上手难，有无限可能。技巧具有局限性，上手容易，但容易止步不前。

图 4-13　系统学习写作必备

这里提出的学习方法，是一种思路。这条路走起来比较有难度，和那些写作培训班不一样，没有现成的答案告诉你该怎么写。一切都需要你自己去探寻。

只学习写作技巧，很容易变成“写作流水线工人”。你看那些文学大师，教人写作，从来不谈写作技巧（如果你发现有，请告诉我）。

大师谈的往往都是在“道”这个层面，而技巧属于“术”的层面。为什么不谈“术”，因为“术”的数量实在太多，怎么写都很难写全。

阅读经典作品：准备一份经典作品的清单。为什么我没有列出来，是因为每个人的阅读喜好都不一样。你完全可以去网络上选择一份经典作品的书单。读经典作品是为了明白这些作品之所以成为经典的原因，而并非让你去模仿经典作品——经典作品都有其时代特色，不能脱离当时的环境谈其写作特色。

分析作品结构：挑选一些你认为或者公认的好作品，分析作品结构，有助于了解文章的结构，看看高手如何布局。小说的结构可分为线状结构、网状结构、画面结构、象征结构、写实结构、散文结构等。

文学史：重在对文学的历史研究，是文学的历史，是研究文学的历史现象及其发展规律的科学。根据不同国别、地域、民族及不同时期、不同体裁等分类标准，可分为国别史（如中国文学史）、世界或地区史（如世界文学史、欧洲文学史）、通史或断代史（如中国现代文学史）、民族史、分体史等。

像学哲学时初学者会从哲学史入门一样，学文学也需要学习文学史。

光是中国文学史，就有很多本，例如鲁迅的《中国文学史略》、胡适的《中国文学史》、郑振铎的《中国文学史》。此外，有近代的，有当代的，还有现代的。

文学史有很多，到底读哪本呢？可以去图书馆看看，选一本自己能读懂的即可。读不懂，多读几遍，或者交叉阅读。如果不是为考试和研究，以兴趣为出发点最佳。

文学理论：指研究有关文学的本质、特征、发展规律和社会作用的原理、原则的一门学科，重在对文学逻辑的研究。从古往今来的文学现象中，找出文学的本质和发展规律，揭示文学的不同形态的特点。包括文学哲学、文学社会学、文学心理学、文学符号学、文学价值学、文学信息学、文学文化学等。

文学的作用是“使看不见的东西被看见”（龙应台语）。

文学批评：重在对文学的现实研究。通过对文学作品进行分析和评论，既能影响作家对文学的理解以及文学作品创作的发展，又能影响读者对文学的鉴赏以及文学社会功能的发挥。不要被文学批评中的“批评”两字误导。

批评不是指令性的，而是描述性的；不是评判性的，而是创造性的。批评与其说是对文本的阐释，不如说是对文本的自我认识、自我发现、自我选择和自我创造。（吴亮《文学的选择》）

把写作当作产品来对待

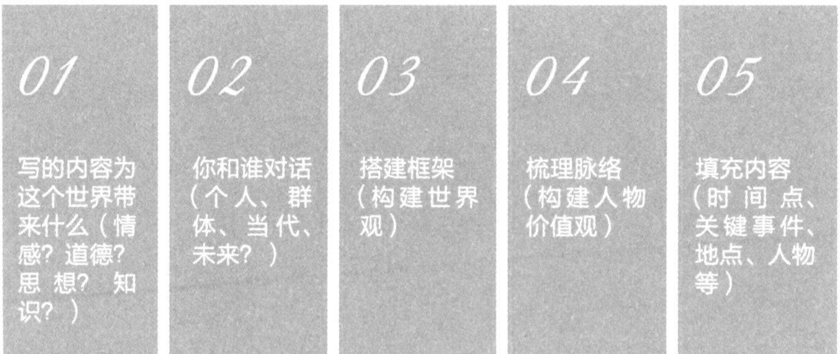

图 4-14　写作时像产品经理一样思考

1. 写的内容能为这个世界带来什么。

你需要清楚写的内容会给读者带来什么价值。

情感：是否能触动读者的情绪，是治愈疲惫、激发斗志、情感共鸣还是其他什么。

道德：是否从道德层面帮助人们建立良好的道德观。

思想：能否给读者带来新思想。

知识：能否让读者掌握新知识。

以上分类仅是列举一部分，并非全部，也无高下之分。总而言之，文章需要对读者有价值，而不是“自嗨”。

2. 和谁对话。

这代表你的作品格局、面向的时间尺度、面向的人群范围，决定了作品的时效性。

个人：描写当下的热点事件。

群体：对群体现象进行解析。

当代：时间跨度在百年之内。

过去和未来：文字超越了时间范畴，能够经久不衰。

和谁对话，决定作品能够流传的时间长短。畅销不代表经典，经典也不等同于畅销。

需要说明的是，时效性和描写的对象并无直接关联。描写小人物和个体并不一定不如描写大时代、大人物。典型的例子如《老人与海》。

好的作品，不同层次的人读起来的理解也不同。

3. 搭建框架。

建筑师在设计的时候，需要先把房子的结构框架设计好。程序员开发软件的时候要把软件的架构设计好。写小说要把小说的主题、大纲、时空设定好。

框架是支撑作品的主要组成部分。

写作框架可以由“为什么、是什么、怎么写”三部分组成。

为什么：为什么要写这篇文章，是为满足读者的好奇心，还是为了让读者通过阅读来获得某种满足（优越感）？

是什么：指这篇文章的主题。主题要明确，不能让读者读完之后一头雾水，不知道作者想表达什么。例如：101 个网约车司机的真实故事。

怎么写：设定文章要素——标题、人物、地点、时间、渴望、冲突、解决、反转等。

思维导图有助于整理思路，搭建文章框架。

4. 梳理脉络。

框架设定好之后，需要梳理脉络——人物和事件之间的关系和联结。

使用一些工具可以梳理写作脉络，例如鱼骨图、时间轴。

我们都见过鱼骨，完整的鱼骨包括鱼头、主脊椎、鱼刺、鱼尾。鱼骨图特别适合从结尾倒推出整个文章的脉络。也可以用来设计文章的主线、支线。

时间轴依据时间顺序，把多方面的事件串联起来，形成相对完整的记录体系，再运用图文的形式呈现给用户；时间轴可以运用于不同领域，其最大的作用是基于时间顺序展现事物的变化。

5. 填充内容。

一部小说也好，一篇文章也好，框架确定，脉络确定，剩下的就是填充内容。

填充内容包括：环境描写、人物刻画、事件描写等。

艺术都有相通之处。如果你学过摄影或者被拍摄过（无论是拍证件照还是写真），大概会知道，如果是在室内拍，摄影师会先布置好灯光、背景布；如果是在室外拍，则是选好一处背景干净、色彩丰富的地方，或是选择不同的场景（森林、学校、教堂、雪山等）。

影视剧也是如此。摄影和电影电视属于影像艺术，能够非常直观地让观众迅速了解时间、空间、环境。

让文字图像化，是填充内容的重要工作之一。

文学通过语言文字这些抽象符号来叙事，需要读者在脑海中转换、想象，远不如影视、音乐、摄影、雕塑等视觉艺术直接。这是文学艺术的难点，但赋予了作品无限的想象空间。

14 条写作技巧清单

写作的问题是开头难、中间难、收尾难，难在要么写不出来，要么写不好。我的写作周期是用三年左右的时间写一本书稿。有的人花毕生时间写一本书，这样的书很可能会成为经典。有的人十几年写一本书，实际上是在做研究（其中多数都要做实验），最后把研究的过程和结论写下来。

要说写作有没有秘诀，似乎有又似乎没有。为什么这样说呢？我看过很多关于如何提升写作能力的书，最后发现，书上的知识可以帮助你写作，但是并不能帮助你写出好作品。抛开这些写作技巧，写作的本质其实是“通过思考将大脑中的知识储备加工成为可读性强的文字符号”，再简化则是“通过思考将知识转化为文字”。核心是“思考”和“知识”。写不出来的原因是思考不足、知识储备不够。

多数人有写作的冲动，但是缺乏写作的能力。把写作的冲动误认为写作的能力，很快会面临写不出来或写不下去的问题。

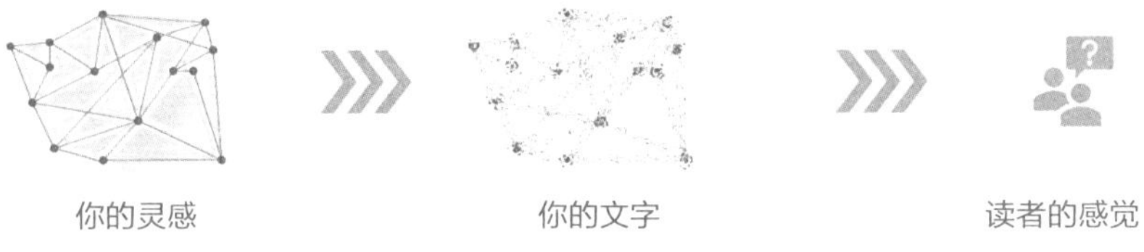

图 4-15　如果把写作灵感直接变成文字

当我们突然有写作的灵感想写出来的时候，如果灵感不够清晰，写出的文字必然也不够清晰，读者会感到不知所云。灵感不等于有效的思考。灵感是碎片的、闪现的意识，而有效的思考又离不开丰富的知识储备。

我总结出一个公式：

好的写作 = 有效的思考 + 丰富的知识储备 + 娴熟的写作技巧

这个公式适合大多数人，不适合一些具备写作天赋的人。

有效的思考可以提升自己的思维能力，丰富的知识储备则不是一朝一夕的事。好消息是，对于写作的初学者来说，写作技巧能够很快帮助我们开始写作。接下来的 14 条写作技巧，希望能够对你有帮助。

图 4-16　写作技巧清单

1. 不要在乎有没有人看。

世界上如果有说起来容易做起来难的事情，那么写作必然是其中之一。

网络让每个人都可以成为自媒体，但是花费心思和时间写的文章阅读量只有几十或几百，这种感受没有人喜欢，于是作者慢慢开始放弃写作，很少有人能够坚持下去。

怎样才能坚持下来？

为什么要写作，想清楚这一点至关重要。如果不是职业作家，写作就不应该以赚钱为目的，毕竟通过写作发家致富的人屈指可数，通过写作实现财务自由的人永远是金字塔尖的那部分人。想清楚自己写作的目的是为什么，这样才不会被没有多少人阅读所困扰。

写作是为了促进自己更有效地思考。要想将写作坚持下去，就要把写作当成一份“工作”。

2. 把写作当成你的工作（假装有薪水）。

为什么每天要挣扎着离开被窝，去公司开始一天的工作？每当我们坚持不下去的时候，一想起要靠薪水养活自己，只能坚持下去。

写作也类似。在键盘上敲上一些文字，把想法表达出来，这看上去是一件十分轻松的事情——和朋友在社交工具上每天聊的话累积起来，一年大概可以出版一本书。但实际上，谁动笔谁知道。

如果不是一个以此为职业的作家，很容易说服自己放弃——我还有自己的工作呢，写不出来就不写吧。如果一件事情不做对你的生活并没有什么影响的话，选择放弃的成本也很低。

但如果假设自己的职业是写作，你可能会改变之前的态度。如果你是一名网络小说作者，会有交稿日期，有质量的要求，一想起如果每天不写3000字读者们会怎样催更，会忍不住打个寒战。

换个角度说，写作还是有很多好处的。经常有人问，你怎么有这么多时间写作？我说当你在玩游戏、刷视频、聊天、赴饭局、看电影、睡大觉、谈恋爱的时候，我敲着键盘写完又删，删完又写。有人用时间换钱，我用钱换时间。人们说时间是挤出来的，不是的，是换来的。时间恒定，如何能够压缩？

写作究竟有什么魔力？

写作能发现自己知识面的狭窄。写作需要阅读大量书籍，拓宽知识储备。如果觉得自己写不出什么，很大的可能是自己知道的太少。有段时间我阅读一些“稀奇古怪”的书籍，例如《步兵攻击》《察举制度变迁史稿》《动物生活史》《僵尸生存指南：如何在活死人出没的黑暗世界求生》《生活中的毒理学》。读这些书，我感觉这个世界太有趣了。

写作是最好的思维整理工具。当我完成“认知”系列书稿之后，属于自己的思维框架和认知模型也完成了。当我完成这个系列的书稿，原有的思维模型又得到了升级。

写作是锻炼想象力的思维活动。作者是自己笔下故事中的上帝，构建一个个虚拟世界和人物，这是一件多么有挑战的事情。

莫泊桑学写作的时候感到自己没办法写得更生动，便请教法国文学大师福楼拜，福楼拜让他去观察家门口经过的马车，然后记录下来。莫泊桑记录了几天觉得这有啥好记录的，单调至极，于是又去找福楼拜。

福楼拜说，怎么能说没什么东西好写哟！那富丽堂皇的马车，跟装饰简陋的马车是一样的走法吗？烈日炎炎下的马车是怎样走的？狂风暴雨中的马车是怎样走的？马车上坡时，马怎样用力？车下坡时，赶车人怎样吆喝？他的表情是什么样的？这些你都能写得清楚吗？

看到这个故事，我深受启发，开始放弃上下班开车，天天坐地铁，在地铁上观察每一个人。经过一段时间每天一小时步行（去地铁站来回的时间）的锻炼，感觉身体素质大有提高。写作的好处简直太多，竟然有益身体健康——村上春树为更好地写作每天跑步。

3. 把目标变成习惯。

习惯和目标之间的区别不是语义上的。每一种习惯都需要不同形式的行动。

例如：

想学习一种新的语言，可以决定在 6 个月内达到目标（目标），也可以每天练习 30 分钟（习惯）。

想读更多的书，可以设定目标，在年底之前阅读 50 本书，也可以决定随身携带一本书（习惯）。

想花更多的时间与家人在一起，可以计划每周与他们共度 7 个小时（目标），也可以选择每天晚上与他们共进晚餐（习惯）。

想写一本书，可以计划一年内写完 20 万字的书稿（目标），也可以选择每天写 3000 字的内容（习惯）。

对比之下，养成习惯比设定目标要更容易实现，而且好处巨大。

为什么不推荐定目标：

（1）目标有终点，完成以后怎么办？继续定新目标吗？

（2）目标不可控的因素太多，容易受影响或者发生变化。

（3）目标通常都很大，具备一定难度。

（4）目标取决于意志力和自律。

为什么要养成习惯：

（1）习惯可以持续下去，成为终身拥有的技能。

（2）习惯相对容易完成。

（3）习惯一般都比较小。

当寻求在生活中有所成就时，最好花时间来养成积极的习惯，而不是专心于特定的目标。

4. 准备写作大纲。

大纲可以对自己要写的内容进行提前设计，避免出现如下问题：

（1）想到什么写什么，写了后面忘了前面。

（2）有些人物写着写着没有后续。

（3）结构混乱，不知所云。

（4）难以把握节奏。

以小说举例，如果你想写小说，通常都要准备如下大纲：

（1）剧情大纲。

大纲包括小说五大要素“渴望、冲突、行动、高潮、结果”。无论是主线剧情还是分支剧情，都会包括这五大要素。

（2）主线大纲。

将剧情大纲以主线进行更细的阶段划分。

（3）地图大纲。

小说通常会虚构一个世界，为让自己和读者能够对文中出现的地点有清晰的理解，不至于出现前后矛盾的情况，需要在地图上标识出文中出现的地点，这样才能有方位、距离、方向等相对位置信息。地图大纲也会描绘出人物或事件的行动路径。除了小说作者会使用地图大纲，警察和侦探也会使用这一工具分析案情。

（4）背景大纲。

背景大纲描述的是世界观设定，包括时代、社会、风土人情、政治、经济、地理，甚至宇宙定律（常见于玄幻小说、科幻小说）。

（5）角色关系。

通常用图谱来表示人物之间的关系，在电影电视剧中常可以看见要破案的主角在墙上的白板上贴满照片，照片之间用线连起来表示关系。

（6）人物设定。

文中所有出现的人物，都需要预先设定，包括外貌、内心、性格、能力等，以及人生大事表。写作的时候，需要严格按照人物设定来描述。

图 4－17　大纲的分类

如果这些大纲你认真思考，并且仔细完成，整篇小说至少完成一半。

不一定是在写小说时才需要大纲。大纲让你能够有全局观，做到心中有数。

5. 避免使用泛化的句子，勇敢表达自己的观点。

文章观点不鲜明，读者会有不知所云的感觉。不能期望读者都能发现你运用了哪些写作技巧，读者也不会因为文章行文流畅、没有错别字就会认为这是一篇好文章。

读者并不关心你的文章写作技巧运用得有多棒，而是关心阅读文章时自己的感觉有多棒。文章观点不鲜明，读者就不能找到情感共鸣或被引发情感（无论是赞同还是反对）。要么让读者开心，要么让读者愤怒或伤心。

6. 增加和读者的互动。

避免单向输出　　站在读者的角度　　提供平等的感觉

图 4-18　和读者互动

在文章里留一些给读者思考的问题。如果只是一味地自说自话，灌输自己的想法，可能会让读者喘不过气来。适当的时候，提一点问题，让读者思考，让读者有参与感。

把读者当作你的朋友。你会怎样和你的朋友说话呢？是不是应当避免长辈、老师、上级的语气呢？阅读优秀的作品，能感到作者在通过文字和你互动。用朋友的口吻向你叙述他所看见的事物，他心里的想法、情感和观点。

站在读者的角度审视。写完文章后，试着换一个身份，从一个读者的角度来阅读自己的作品，兴许你能发现一些可以修改的地方。思考下面这些问题：

这篇文章，对我有什么作用呢？

我从里面能学到什么？

文章能激发起我什么情感和共鸣？

文章能给予我启发吗？

文章让我有茅塞顿开的感觉吗？

我愿意将此文章推荐给其他人阅读吗？

7. 学习如何写好句子（句子结构）。

（1）长句拆成短句（理解程度）。

长句考验人的理解能力和耐心。

你能一口气读完一个几十字的长句吗，会不会感觉有点喘不过气？如果作者自己都不能，就不应该要求读者同样拥有运动员一样的肺活量。长句会增加读者的阅读理解难度、理解偏差。结构复杂的长句中定语、状语多，联合成分多，某些成分结构复杂，内容含量大。

例如“我们穿过怪石嶙峋的假山丛看见一只红色眼睛绿色皮肤的小蜥蜴用警惕的目光时刻关注我们和它的距离”。

如果改成“一只绿色皮肤的小蜥蜴在假山上，红色的眼睛闪烁着警惕的目光，做好随时逃跑的准备”，是否更容易让人理解和阅读?

图 4-19 为什么要简化

（2）对称和押韵（可读性）。

每个句子最后一个字韵母相同。押韵能够让句子有音乐之美，有节奏感，读起来好听。阅读包括“阅”和“读”，文字既要看起来有长有短、错落有致，也要读起来朗朗上口。

例如：

窗外飘着细雨，扰人心绪。

最大的幻觉是时间，这是人们最熟悉的概念，反映出人们思维的缺陷。

虽然押韵会让文字的可读性增加，但也没必要舍本逐末，一味追求押韵。避免走极端。

（3）汉语过分西化。

英文喜欢用抽象名词做主语，而中文动词居多。过分西化会造成理解困难，使文章不够简洁，体现不出汉语之美。

例如：

a.《西游记》是最伟大的中国文学名著之一

b. 由于他睡眠不好，使得上班没有精神

c. 对敌人造成重大伤害

d. 你明天到我这里吃晚饭好吗？

e. 后来我又补充道

f. 他是一个坏人（习惯用“一”）

g. 十分的开心

i. 关于绩效考评的通知（依赖介词）

j. 现场的员工们情绪激动（复数一律用“们”）

改后：

a.《西游记》是伟大的中国文学名著

b. 他睡眠不好，上班没精神

c. 重创敌人

d. 你明天跟我们一起吃晚饭吧？

e. 我随后补充道

f. 他是坏人

g. 十分开心

i. 绩效考评通知

j. 现场员工情绪激动

（4）抽象变成具体（易于理解）。

人类对于抽象事物的理解，反映出受教育程度的高低。随便翻开一本哲学著作，里面充满各种抽象概念，如存在、本体等，初学者往往翻几页就想放弃。但阅读一本小说，却能看得天昏地暗、废寝忘食。小说里面通常有大量的具体描写，由一个个故事情节串起来，读来十分轻松。

善用合理的比喻，能够减少读者理解抽象概念的难度。比喻是一种常用修辞手法，意思是打比方，用浅显、具体、生动的事物来代替抽象、难理解的事物。比喻句的基本结构分为三部分：本体（被比喻的事物）、喻词（表示比喻关系的词语）和喻体（打比方的事物）。

例如：

光阴似箭，归心似箭。

蜀道难，难于上青天。

学海无涯苦作舟。

（5）营造画面感（身临其境）。

展现同样一个故事，可以通过文字、照片、音频、视频等方式。为什么我们更愿意观看影像（电影、电视、短视频）？因为容易理解。

上面几个载体，由于自身承载的信息量有限，会不可避免地造成信息的丢失。这也是小说改编成电影后，熟悉小说的读者往往会感叹“这都改成什么样了”的原因。

假如你刚去过一个人间仙境般的风景优美之地，回来后想写一篇游记。

如果这么写：

这个地方很美，令人流连忘返，实在是美得无法言语。

大概率很难引起读者的共鸣。句子里都是形容词、副词，抽象而不具体，适合描述任何一个风景秀丽的地方，因此不会令人留下任何印象。

换种写法：

黄昏时分，我站在高处，高达百米的瀑布在右前方200米处奔腾直下，空气中飘浮着细微的水珠，远处漂浮着洁白如牛奶般的雾气。左面的天空挂着一个巨大的蛋黄般的金色落日，阳光以低角度穿过云层，阴影让地面上的山坡显得十分立体。远处的天空绚丽多彩，像是一幅色彩丰富的油画映入眼帘。

这么写会不会更有画面感？

8. 使用具象的描写而不是抽象的形容词。

抽象词语包括：思考、认识、理解、认识、实现、相信、记住、想象、欲望等。该列表还应包括：爱与恨。

抽象的事物，每个人有不同的理解。

你认为的美和他人认为的美可能不一样。

描写具体的美，才能让他人感受到你所感受的。

好的作者，懂得如何用文字实现人类五感（视觉、听觉、触觉、味觉、嗅觉）的作用。

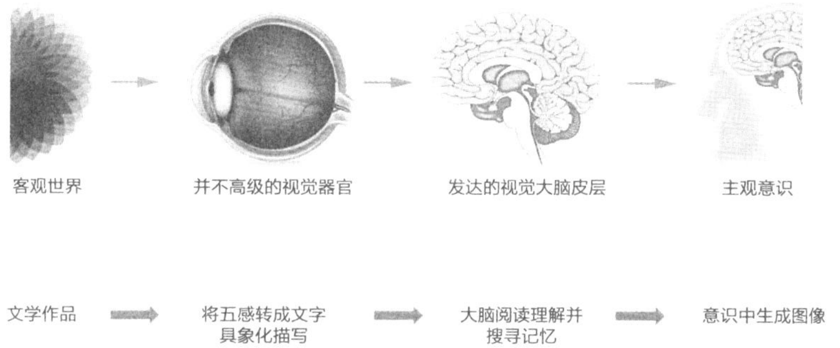

图 4-20　图像在大脑的生成过程

9. 用行为描写替代直白的情绪描写。

例如：我很难过。

试试：该吃晚餐了，我摇摇头，今天一粒米也没进，喝杯水应该够了吧。窗外灯火通明，车水马龙，感觉到自己的眼眶湿润了，鼻子有点酸。

10. 采用图像化写作而不是文字式写作。

无论是你要分享的故事还是让你激动不已的事件，无论你要讲述的是什么，都应以这种方式进行描绘，即无论谁读了它，都能看到你的所见，感觉到你的感受。文字是你可以使用的颜料，选择的文字将决定文章质量。

图 4-21　文字可视（图像）化

11. 不知道如何动笔的时候，试试反向写作法。

当我敲键盘准备写点什么，例如小说、故事或者别的，只起一个标题，然后写出开头几个字就放下了——这种情形出现过 80%。

写一个精彩的开头容易，但是持续地让精彩内容均匀分布在文章段落里，是一件让人望而生畏、心生退意的事情。

有时候写着写着，文章变得像 F1 赛场上忽然失控的赛车，最后不是成为流水账，就是“烂尾楼”。离“精彩”两字的距离，和孙大圣的一个筋斗云的距离一样远。

假如想描写一个人物，突出这个人物道德高尚并且富有正义感，那么什么事迹能够表明这个人的道德和正义感呢？

——是喜欢帮助他人吗？让这个人平时乐于助人，帮助老弱病残，省吃俭用捐助慈善机构？在无人监督的情况下不贪污？在独处的时候依然遵守道德规范？为公益可以牺牲自己的利益？面对不法分子在犯罪的时候能够挺身而出？

那如何表现这个人一直道德高尚？

——让这个人置身于危险中，或者是面临两难选择。

什么样的危险或两难呢？

——解决安全危机。恐怖分子绑架了这个人的女儿，并且在另外一个学校安置了定时炸弹。这个人是先救女儿还是先去学校寻找炸弹呢？

危机是从什么时候开始的？

——有一天，他突然接到一个匿名电话。

为什么会有这样的危机呢？

——因为他为警察提供嫌疑人的犯罪证据，而嫌疑人的哥哥要报复他。

为什么他能掌握犯罪证据呢？

——因为他的正义感，导致“爱管闲事”。

什么样的“闲事”呢？

——深夜回家的路上，他在街头发现一个提着手提箱的女子被人追杀，凭着他以前学习过的武术散打基础去救人。最后嫌疑人逃跑，但是女子因伤重送往医院抢救无效而死亡。

反向写作能够帮助我们厘清思路。这种方式，也可以称为逆向思维、反向思维。

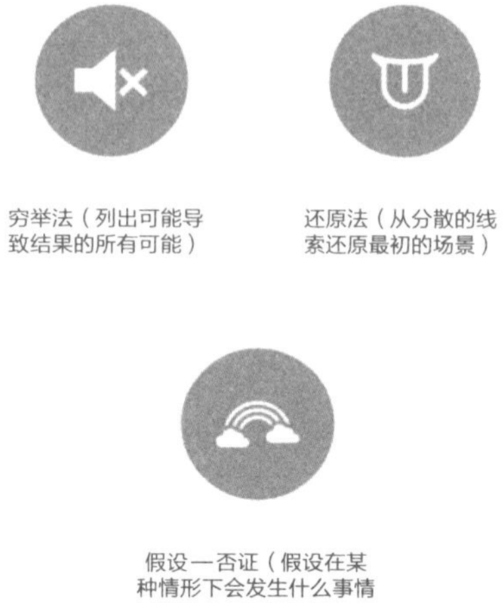

图 4-22　反向思维

12. 大声朗读。

好的文字，听起来有韵律感，如行云流水般，流畅通顺。

王小波介绍自己文学师承何处，摘取王道乾先生译作《情人》中的一段文字：

我已经老了。有一天，在一处公共场所的大厅里，有一个男人向我走来，他主动介绍自己，他对我说：我认识你，我永远记得你。那时候，你还很年轻，人人都说你很美，现在，我是特为来告诉你，对我来说，我觉得你比年轻时还要美，那时你是年轻女人，与你年轻时相比，我更爱你现在备受摧残的容貌。

先试试看一遍的感觉，再试试读一遍的感觉，比较两者的不同。

读读上面那些短短的文字，是否能够感受一种韵律和气氛？这段文字有长句短句分隔，每句话末尾的字的韵母对应着。例如

“里”“己”和“比”，前后几个“你”“美”，多次出现，形成一种节奏感和韵律美。

这就是好文字。

一个汉字的拼音，一般都有声母和韵母。例如“公”字拼成gōng，其中g是声母，ōng是韵母。声母在前面，韵母在后面。再看“东”dōng，“同”tóng，“隆”lóng，“宗”zōng，“聪”cōng等，韵母都是ong，所以是同韵字。

同韵字都可以押韵。把同韵的两个或更多的字放在同一位置上。一般把韵放在句尾，所以又叫“韵脚”。押韵是为了声韵的谐和。同类的乐音在同一位置上的重复，这就构成声音回环的美。

说起音律，古诗词有个“平仄”的概念，是古代对声调的分类。诗人们把四声分为平仄两大类，平就是平声，仄就是上去入三声。仄，按字义解释，是不平的意思。凭什么来分平仄两大类呢？因为平声是没有升降的、较长的，而其他三声是有升降的（入声也可能是微升或微降）、较短的，这样，它们就形成两大类型。如果让这两类声调在诗词中交错着，能使声调多样化，而不至于单调。

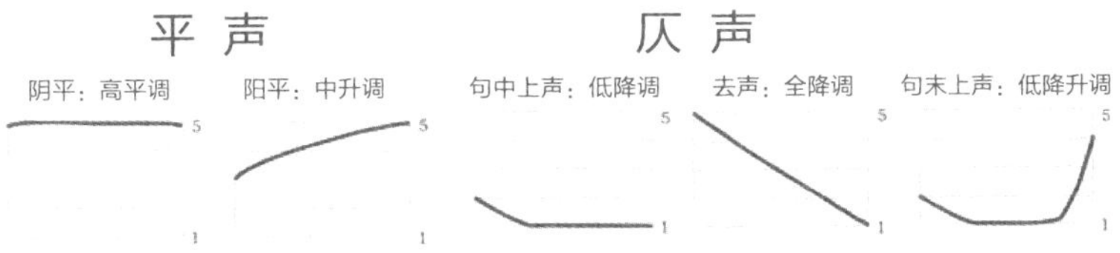

图4-23 平声与仄声

现代普通话的声调有四个，阴平声是一个高平调（不升不降叫平）；阳平声是一个中升调（不高不低叫中）；上声是一个低升调（有时是低平调）；去声是一个高降调。可以对应上图来看，你也可以在心里默念加强理解。

古诗词中的平仄规律大致如下：

（1）平仄在本句中是交替的；

（2）平仄在对句中是对立的。

例如毛主席《长征》一诗的第五、六两句：

金沙水拍云崖暖，

大渡桥横铁索寒。

对应的平仄是：

平平｜仄仄｜平平｜仄，

仄仄｜平平｜仄仄｜平。

四声二元化，是统计学原理的应用，其根据是四除以二等于二的公式。平均数只能平均，不能离散，4 可以等于 2 × 2，也能等于 1+3，把四声分为两类，即有 2：2 及 1：3 等多种可能。因此，既有合律的音韵美，也有出律的音韵美。

现代写作不必拘泥于平仄（普通话和古汉语平仄对应不上），但是可以参考，尽可能把普通话的四声调放进写作中，这样的目的是使语句读起来有声调变化的感觉。

读起来顺口就好。

写作和摄影一样，最终目的是传达作者或摄影师的想法和情绪，所以本质上是一个如何表达你的想法和情感的问题。让文字视觉化、听觉化，有助于提升可读性、可听性，提升文字美的高度。

尽量减少没有用处的副词，增加细节、具象的描写来让文字可视化，还要注意语句的押韵，声调的变化和对立。最后，自己反复阅读，反复修改。尽可能大声朗读，确定它顺畅流动，如果不顺畅请开始修改。如果作品听起来断断续续，请尝试在单调的节奏中添加一些更长的句子。如果内容听起来太复杂，请简化一些句子。大声朗读可以帮助你查看有哪些内容需要修改。

大声朗读

· 字句是不是顺口?
· 是否听起来有节奏?
· 是否朗朗上口?
· 是否合适制作音频?
· 够不够精简?

图 4-24　朗读作品时注意什么

13. 别舍不得删。

把自己当作老师在批改学生的作品。如果一句话删除丝毫不影响上下文，或者说对内容并无影响，但是又觉得句子写得精妙，那么你完全可以把这句话移到一个分门别类的储藏库（可以是任意一个文件或笔记、备忘录）。如果你清楚知道写作的目的不是炫技，而是为了向读者讲故事，那么尽可能用朴实无华的文字，用简洁明了的语句——与之相反的是辞藻华丽但空洞无物的长篇大论。

看看句子能不能精简。任何语句都应该为你想表达的主题服务，如果不是，读者容易产生疑问——作者到底想表达什么？好的作品，每个句子都有其深意。

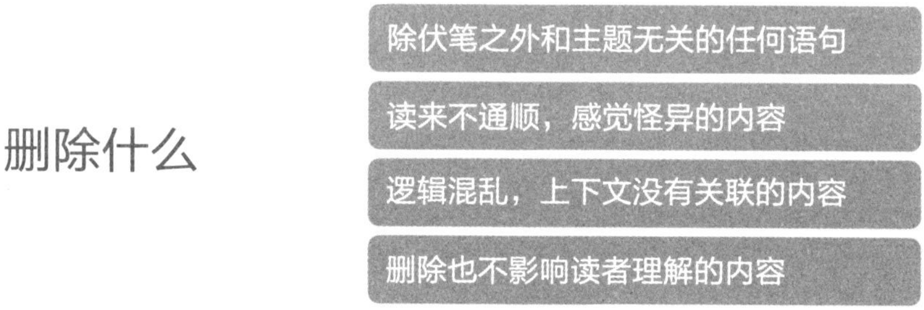

图 4-25　如何删除

14. 学习经典作品。

《老人与海》讲了一个老渔夫的故事，但是在这个故事里却揭示了人类共同的命运。王小波读完后说：“我佩服老人的勇气，佩服他不屈不饶的斗争精神，也佩服海明威。”

这是一篇高度隐喻的作品。不同年龄和阅历的人读起来能激发不同的感受。对于一个高三学生来说，做不完的试卷和高不可攀的分数，都是那条拦路抢劫的鲨鱼。一个创业的 CEO 能够从中找到精神支柱和勇气，鼓励自己面对“要钱没钱、要人没人”的考验，坚持不懈地斗争。一个在一线城市的普通人，还不完的贷款和各种日常开支，就是那条凶猛的鲨鱼正在蚕食那所剩不多的薪水。

你我都知道读文学经典有好处，但是难在可读性不够好，没有网络小说读起来那种欲罢不能的感觉，没有通俗小说故事情节曲折离奇。正如大众喜欢爆米花电影远超经典电影一般。

原因有如下几点：

第一，外国文学经典存在翻译水平高低问题，英语和汉语代表不同的思维方式，有些词英语有而汉语没有，有些词有不同的含义。因此，有些版本的文学经典如果读起来不够流畅、优美，可以试试换个更好的版本。有不少计算机经典教材，翻译成中文后，变得艰涩难懂，原因也是如此。文学作品的精髓在于文字之美，遣词用句是文学的首要要求。而翻译不够“信雅达”，让“文学之美”大打折扣。

第二，经典之所以成为经典，往往是因为作品超出当时的时代，无论是文学上的创新还是思想上的突破，从而被载入史册，成为经典。《追忆似水年华》开创“意识流”文学，成为经典。

第三，通俗小说、畅销小说立足于故事层面，有些经典文学立足于思想（人性）层面（超越当时的时代）。多数人喜欢故事，不喜欢透过文字思考，读经典文学难免有些沉闷。因此，我们不妨思考自己阅读经典文学的目的，是为了学习文学还是解闷，如是后者，则应该换通俗小说。

如何从经典文学中学习写作，可用分层的角度阅读思考。首先要了解需要阅读的书籍，为什么可以称为经典。利用网络搜索资料是一种方式，看文学史也是一种方式。

（以下仅列出部分问题，读者可以自行扩充问题）

思想（本质）层：该书表达的思想是什么？当时的整体社会环境是怎样的？通过什么样的方式来表达？

框架（核心）层：该书的时空如何构建？世界观是什么样？结构上有何特点？时间和空间如何布局？

技法（表象）层：遣词用句的风格是什么样的？如何描述一个场景？如何塑造人物形象？如何表达对话？

以上问题思考出自己的答案，再试试模仿作者的风格写一段，如果写不出，再返回思考如上问题。

解决无从下笔的问题

作家余华说过：

我对语言只有一个要求：准确。一个优秀的作家应该像地主压迫自己的长工一样，使语言发挥出最大的能量。鲁迅就是这样的作家，他的语言像核能一样，体积很小，可是能量无穷。作家的语言千万不要成为一堆煤，即使堆得像山一样，能量仍然有限。”

我总结了一些建议，希望对经常感觉无从下笔的人有所帮助。

人生来就有表达的欲望，无论是用语言、动作还是文字。

不要把写作的冲动当成写作的能力。我认为有写作的冲动是好事情，毕竟有冲动比没冲动好。冲动意味着年轻，年轻意味着无限可能。

就拿我来说，虽然不再年轻，但是依然有冲动，看见美丽的事物会心动，看见键盘忍不住要敲，拿着锤子看见什么都像钉子，想敲几下。

在没有动笔之前，心中有千言万语欲呼之出来，一旦开始在键盘上敲下汉字，心中的千言万语忽然鸦雀无声，一个个不知道躲哪里去了。任凭千呼万唤，半个时辰过去，编辑器里还是一片空白，写了又删，删了又写，如此反复。

千言万语和思绪万千在某些时候代表一团乱麻、毫无头绪。像是大脑里放着无数个毛线球，线头到处都是，却无从下手。一个非专业作者，通常会有一些疑难杂症，例如写作缺乏章法，文笔难以吸引读者。或不懂写作技巧，文学素养有限，写出来的文章自己也看不下去。这些问题其实都是藏在大脑中的那只“看不见的猫”所幻化。

应该如何抓住这只捣蛋调皮的“隐形猫”呢？

1. 像建房子一样开始。

首先要明确你的文章类型和主题，是随笔、议论文还是小说。你要建房子总要明确是建个凉棚、亭子、平房、楼房还是别墅吧。

写文章和建造房子有许多相似之处。写一篇短文像搭一个凉棚，而写一部长篇小说，可能像建一栋宏伟的大教堂。建筑首先要打地基，然后再搭框架（无论是用混凝土还是木头），然后再砌墙、盖上屋顶、装上门窗、对内部进行装饰。

软件行业有个岗位叫作架构师，架构师考虑的问题简单说来就是如何搭软件系统的框架。架构一词来源于建筑行业。

写文章也是一样，不同类型的文章需要有不同的目录、主题结构（框架）。假如要写一篇文章《一只鸟是否知道自己是一只鸟》，先要把论点、论据、结论准备好。

思维导图是一种帮助整理思绪的图形化工具。人们喜欢看图多于看文字，图形化有利于大脑进行思考。整理的过程也是梳理思维的过程，像两军对阵之前，作战指挥部的沙盘演练。

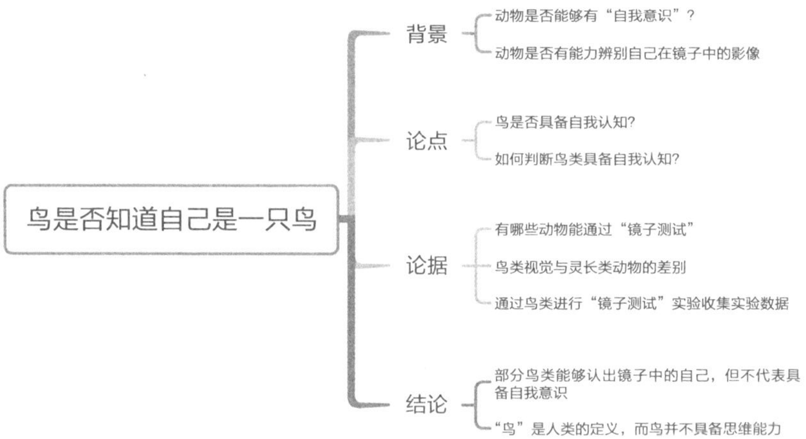

图 4-26　写作思维导图

2. 用产品思维来写作。

明确读者是什么类型，对什么题材感兴趣，读者的文化水平是否能够理解你的文笔；是男性还是女性群体，是青年还是中年群体。

根据文章读者是什么样，决定遣词用句。假如要写给文化层次不高的人群看，不能用太深奥、冷僻的字词，不要过度引经据典。写给年轻人看，要知道他们的人生阅历并没有那么丰富，太有深度可能会不能理解，有些内容就不能省略。

没有文章能够“老少通吃”，有人喜欢就会有人不喜欢。文章如果受欢迎，能给作者带来成就感。

写文章要站在读者的角度来思考，而不是站在自己的角度。从人性的角度来思考，抓住人性的弱点，文章就成功了一半。读者有什么样的需求，有什么样的痛点，你都清楚吗？你的文字能解决读者什么痛点，让读者开心？让读者愤怒？让读者如获至宝？让读者引起共鸣？要赢得读者的共鸣，读者才会给你点赞、评论、转发。文章要让读者读完有收获，或者是产生“原来如此”“惊心动魄”“很有收获”等情绪上的变化。

移动时代，社交无处不在。文章想引爆读者，就需要考虑你的文章能不能让读者读完之后体会到优越感，能不能激发读者强烈的共鸣，想要转发给朋友们阅读。

学会对读者进行“用户画像”，能让你更清楚文章应该怎么写。

读者的用户画像，一般会用如下元素描述：性别、年龄范围、农村 / 城市、文化水平、心理诉求、阅读偏好、是否忙碌、学习 / 娱乐等。确定一个读者范围，才能有针对性地写出适合读者的文章。

互联网产品讲究迭代，迭代的特征包括短期内交付使用（通常在两周左右）、不断修正（根据市场反馈逐步添加新功能），然后再交付市场。

写文章也是如此，要不断接收用户反馈，进行修改。

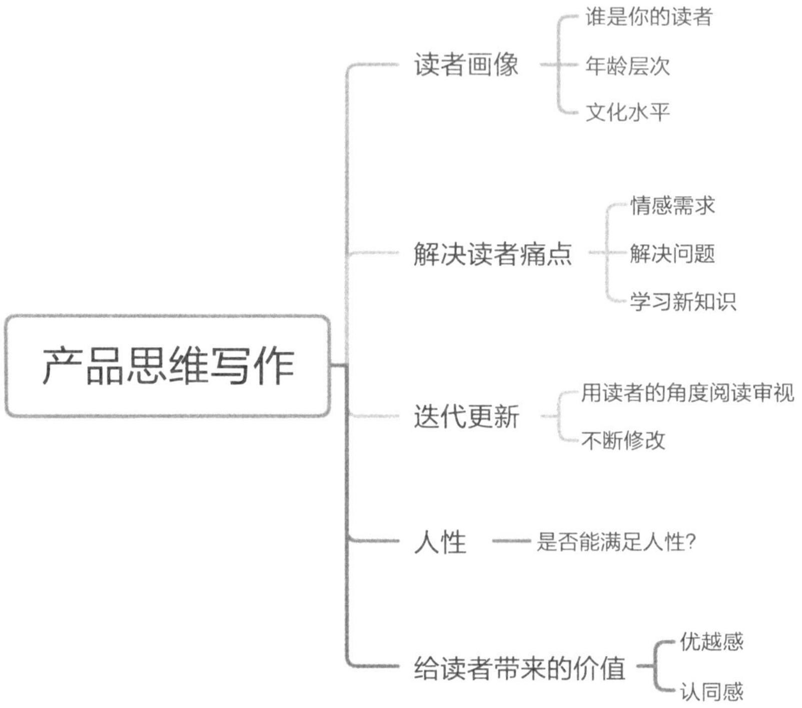

图 4-27　产品思维写作

3. 学习一些写作技巧。

如果写故事，要遵循故事三要素“冲突（渴望 + 障碍）、行动、结局”，让情节充满冲突和对立。如果写游记，不要写成流水账。人们为什么喜欢看 PPT 演示而不喜欢看大段文字？因为人喜欢视觉化，视觉化更有利于理解。所以需要学会让文字视觉化、场景化。

有些人用具体的细节、场景替代干巴巴的形容词。例如“她很漂亮”，“漂亮”一词很抽象，而每个人对漂亮的定义不同，读者看到这句话，不会留下深刻的印象，这只是文字，并没有图像化。图像化是指，读者根据你的描述能在脑海中浮现一个具体的人物形象，这样就成功了。

把“她很漂亮”改成“她有着一袭长发，长得快要接近纤细的腰，白皙的脸无论从哪个角度看都赏心悦目，此刻脸上有些微红，大大的眼睛流露出无辜，嘴角轻微上扬显然出卖了她内心暗藏的小小得意”。

拥有自己独特的写作风格，会给读者新鲜感。

好的文字可以读出来，试试朗读自己的文章，注意押韵。倘若学过一些诗词的写作技巧，也会有帮助。押韵使语句富有音乐美感，韵字的位置一般有规律，使语句充满节奏感，让语句读起来朗朗上口。

假如你的文章需要朗读制成音频，有意识地运用押韵，会让文章更吸引人。在读自己写的文章过程中，可以发现一些阅读所不能发现的问题，看看语句是否通顺，语调是否平淡。要顺口而不能拗口。现代人写文章，很容易受文言文、白话文、翻译、英文、口语等多种语言和文体的影响。一篇文章里，如果既有文言文的用法，又有英文的语法，书面语和口语混杂，读起来通顺才怪。

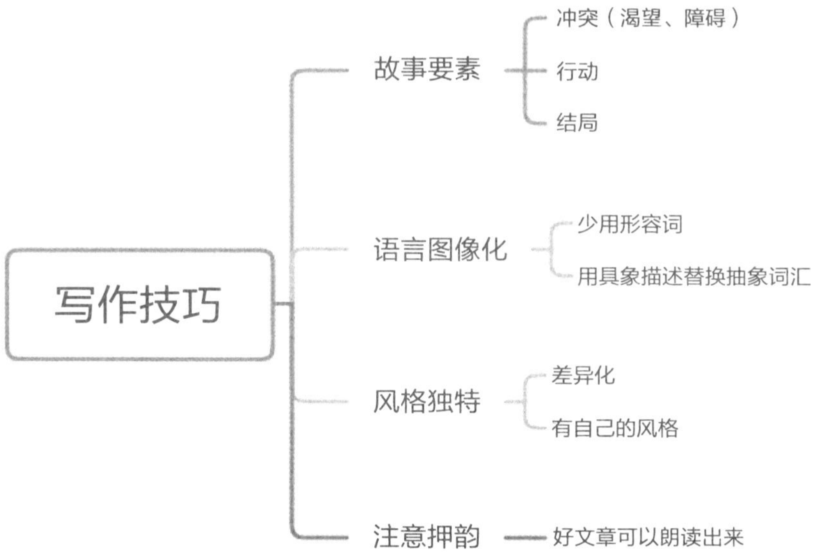

图 4-28　一些实用的写作技巧

4. 千里之行始于足下。

再长的文章也是一个字一个字写出来的，在框架完成之后，按大纲写，一段一段写完。罗马不是一天建成的，冰冻三尺非一日之寒。没写出的文字，都是空想。我有一段时间写书稿，一周内写上三篇左右的文章，三天的时间写初稿，剩下三天改稿，一周为限。

为什么会同时写三篇文章？是因为我能力有限。如果有能力，一周七篇也可以，前提是能保证质量。每天在三篇文章之间切换，当一个章节写不下去的时候，可以切换到另一篇文章。

这三篇文章类型都不一样，有随笔——这一类文章写得比较随意，用来放松大脑；有游记——像写故事，锻炼大脑的想象力；还有一类文章和思维相关，例如“认知”系列文章。这一类文章写起来不轻松，需要逻辑缜密，论点论据一样都不能少。

虽然很难保证每篇文章都能在一周之内完成，但有个好处——不至于让自己无从下笔。写作也需要有素材。知识可以通过大量阅读来获取，也可通过旅行来增长见识。这些都是为写作积累素材的途径。

没有输入，就没有输出。

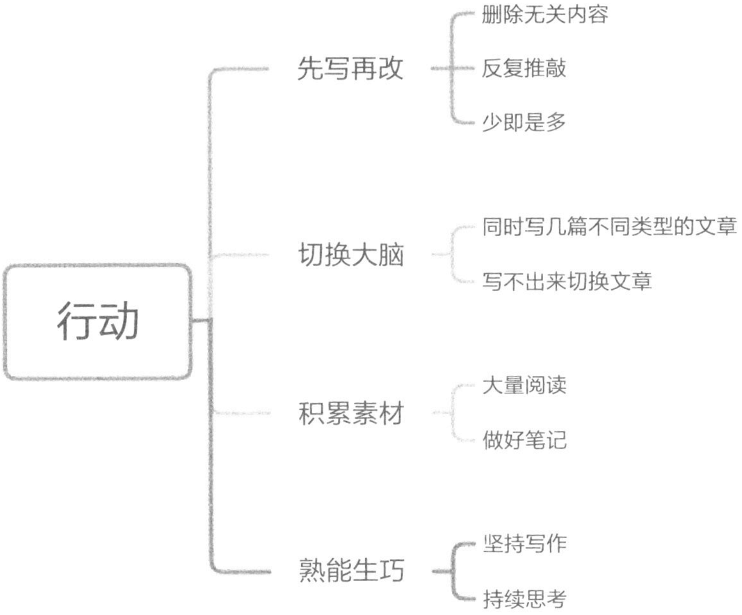

图 4-29　写作要付诸行动

5. 反复推敲，好文章是改出来的。

好文章需要不断修改。写完之后，就要开始准备修改，不要心疼，我曾经整段整段地删。如果你觉得可惜，以后还有用，可以保存在其他地方。

《风格感觉：21 世纪写作指南》会告诉你，“少即是多”。删除无关内容，让文字看上去简洁干练，读起来也轻松。无关的内容多了，读者会不知道文章想表达什么内容，觉得文章不知所云，所以修改很重要。

怎样判断哪些内容需要删？凡是和主题、要表达的思想无关的内容，无论是段落还是句子，都不该存在于文章里。每段文字都应该为主题服务。即使这一段文字写得再精彩，和你传达的主题没有关联，也要删除。

来看一段文字。

到南京时，有朋友约去游逛，勾留了一日；第二日上午便须渡江到浦口，下午上车北去。父亲因为事忙，本已说定不送我，叫旅馆里一个熟识的茶房陪我同去。他再三嘱咐茶房，甚是仔细。但他终于不放心，怕茶房不妥帖；颇踌躇了一会。其实我那年已二十岁，北京已来往过两三次，是没有甚么要紧的了。他踌躇了一会，终于决定还是自己送我去。我两三回劝他不必去；他只说，“不要紧，他们去不好！”

——朱自清《背影》

朱自清到南京时，停留了两天，第一天朋友约朱自清去逛街，想必也是极有乐趣。和朋友许久不见，又是逛街又是游玩，见到许多事物。对于朱自清而言，这一天自然很有意思，但是在这篇文章里，短短一句带过，并没有写和朋友去哪儿了、吃了啥、看到啥、有什么感想。因为这些内容和《背影》的主题毫无关系。

在这短短一句话里，其中有“勾留”两字，这个“勾”字用得十分巧妙，换成“停留”“逗留”，便少了意味。一个“勾”字体现出朋友对朱自清的热情，也描绘出朱自清对南京的喜欢。

有些作家成名之前，为多拿一些稿费过生活，会在小说里不断地塞进许多小故事，而这些小故事删除完全不会对整体有任何影响。按照现在的说法，就是灌水，像不良商贩往牛肉里注水。在读一些经典作品的时候，要结合作家当时写作的环境、经济情况，才能理解这些作家的行为。

如何锻炼自己的修改能力？有个方法：随意找本经典文学作品，从中找出几句或一个段落，试着用自己的语言来修改，直到改得比原作还好。

对于自己的文章，还可以再用前面说过的办法，反复读。有些句子前后顺序换换，说不定就有不同的效果，同一个句子，把语法进行调整。好句子读起应该来顺口，而不是拗口。

删完无关内容之后，要看看是否有地方需要补充。所谓修补，是在文章中前后段落之间增加承上启下的内容，使文章读起来更为通顺，而不是莫名其妙，让读者觉得突兀。

6. 认知在写作上的运用。

认知能力中包含各种思维方法和工具。例如交叉思维、逆向思维、观察力、隐喻等思维方式，可以运用在写作上，以达到创新的目的。

交叉思维用来组合创新，也可称为“跨界思维”，通过对不同类别的事物、概念、情节进行组合，从组合之中找出一些新鲜东西。

逆向思维常常用来给文章增加一些“神转折”或喜剧效果。

线性思维包括正向思维和逆向思维。正向思维是人的习惯，坏处是容易陷入行为和思考的固定模式，固定模式导致思维无法突破思维惯性，思路限制在一个无形的框里。正向思维会有许多预设和假定，正是这些预设限制思维。逆向思维可用来拓展思维。

“段子手”们精通逆向思维。段子的精华在于“神转折”，能够让人在看完之后会心一笑。究其根源在于利用了人们的一般心理，前面一段文字铺垫把人引入自以为是的解释，在最后突然来个完全相反的结尾——情理之中，意料之外。

例如：

双十一过了，这个剁手的季节，女友让我感动至极，她总共买了24件东西，一共花了40865元，其中23件是给我买的！！！衣服裤子鞋子还有我爱吃的巧克力，不说了，我现在去看看她那4万块的包长啥样。

我的一篇文章中有个段落：

你们不要认为我早熟，实际上我是晚熟，至于是五成熟还是七成熟，这要问我认识的熟人才知道。我从小天资并不聪慧，小学到初中，因为个子太高，就被安排到最后一排，而最后一排大家都懂，凡是学习不好的同学都在那集中了。而我的兼容性又非常好，随遇而安，和差同学很快就打成一片，但是我个子高，打起架来非常有优势，往往是对方拳头还没有到我面前，我的拳头已经到了对方身上。

其中“和差同学很快就打成一片”，通常读者看完前面一段话，读到这里的时候会认为我和同学们相处得非常融洽，但实际上这个“打成一片”，是打架的打。

7. 从模仿开始。

作家最开始的写作往往从模仿开始，如果仅仅是模仿，即使模仿到神似，也无法超越原作。艺术大家的作品能流芳百世，依靠的是艺术家开创了某个领域的先河，即使后人模仿得再像，也依然无法超越其高度。

以摄影来说，亚当斯的名作《月升》，后世无论多少摄影师在同样的季节、同样的地点用同样的拍摄手法，拍出来的作品，即使再美，卖出去的价格永远相差几个数量级。所以模仿只是开始，而不是最终的目的。

模仿时要理解大家为什么这样写。

鲁迅散文集《野草》中的一篇文章《秋夜》，开篇第一句是这么写的：“在我的后园，可以看见墙外有两株树，一株是枣树，还有一株也是枣树。”鲁迅这样写的目的是让读者能够身临其境，跟随着文字仿佛也在望着后园，像电影镜头从一株枣树移到另一株枣树。两株枣树必然隔着有些远，作者闲来无事，在院子里东看看西看看的感觉就出来了。试着对比这个句子："在我的后园，可以看见两株枣树。"这样的写法显得单薄很多，读者并不能感受到太多信息。

有人觉得挺有意思，依葫芦画瓢，写出这样的句子："在我家门口的小巷子，停着两辆车，一辆是桑塔纳，还有一辆也是桑塔纳。"这种写法一看就是模仿鲁迅的笔法，太生硬。我们需要做的，应当是在前人的基础上做得更好，超越前人。

每个人都应该了解自己在写作上的优势和长处，并且找到自己的定位。想写小说还是游记，想写评论还是教程，想写随笔还是时事点评，每一个领域都可以找到作品来学习。

8. 小结。

图 4-29　写作建议

做任何事情都有方法，写文章这件事情，也是升级认知的过程。从前我写散文，经常写得"七零八落"，像被打散的大米，满地都是。后来才意识到，散文是形散神不散。

好的文章 = 想法（构思）+ 文法（展现）

写作没有速成班，多写多思考，是为写作之道。

最大的问题在于，想得太多，书读得太少。

后记

《能力提升》是本系列中的第四册，前面三册是《思维模型》《认知自我》《知识体系》。

《思维模型》一书帮助读者建立对“思维模型”的认知，我喜欢建立各种思维模型，除了有助于更好地理解世界，还能建立“体系”，同时也符合“科学”。这本书也是后面三本书的基础。

《认知自我》一书帮助读者从世界观、人生观、价值观的建立开始，审视自我，找到自己真正想要的东西。人们向来习惯于“向外看”，很少“向内看”。找到自己的内在驱动力，是首要的任务，是建立知识体系和能力提升的基础。

《知识体系》一书帮助读者建立个人的知识体系。在互联网时代，知识是世界经济增长的催化剂，是人类财富增长的源头。建立知识体系，也是建立个人的学习地图。

《能力提升》一书帮助读者完成从知识到能力的转换。学习知识，但不进行实践，那么知识无法内化。把“知道”变成“做到”，有“输入”，也要有“输出”。

读书不是为了记忆，而是为了吸收。“记忆”一词，容易误导人们，认为“记”比“忆”更重要，实际上，“忆”比“记”更重要。

只“记”不“忆”，人就成为“知识的容器”。因为不“忆”，大脑的机制会自作主张把没用过的知识舍弃，这也是总有人说自己记忆力不好的根源。

如果读书的目的是为了记住书里的内容，那么读书就成了一件辛苦事。我喜欢“读后即忘”，给大脑减轻负担。

那要怎样才能有效做到吸收知识呢？这需要改被动学习为主动学习。怎样主动学习呢？只需把大脑中纯粹的思考行为转变为“可视化思考”——画成图形，再尝试用文字表达即可。

人们常说逻辑思维能力，要让自己说话听起来有逻辑，条理清晰，不妨先用图形和文字将逻辑整理表达出来。养成这样的习惯，能力自然也就拥有了。

因此，知识和能力的转化，关键要素是“输出”，包括理论的输出（图形、文字）和实践的输出（行动）。

写作是用来拯救我这种“记不住内容综合征”的灵丹妙药。阅读书籍的过程遵循着“字、词、句、段落、文章”的顺序，等同于知识结构的“点、线、面、体”顺序，是一个“组装”的过程。虽然做了阅读的行为，但不一定能保证把知识点组装成结构。

如果能够凭着记忆，用自己的语言写出来，再看看和原作的区别有多大，就能衡量学习的效果。如果写不出来，或者写不下去，说明没有真正理解。写作和阅读的过程相反，遵循着“文章（立意）、段落（提纲）、造句、遣词、写字”的顺序，是一个“拆解”的过程，等同于知识结构“体、面、线、点”的反向顺序。

因此，写作的过程，也是把思考变成行动的过程。把写作的内涵从“文字”扩展到“图画”“导图”。而这些都代表着可视化。

如果把人看成“系统”，系统的能力包括输入、输出、交互。把“输入”理解为学习（经验、知识），“输出”理解为思考（写作），那么，“交互”则是双向沟通（写作是单向沟通）。

本书的结构，也是因此而来。人的能力有很多种，如果一定要提炼出最重要的三个能力，我认为是学习、思考、沟通三项。

读者可在这个基础上，试试问自己三个问题：

1. 我最常用的学习方法是什么（知识结构、经验积累、有效阅读）？

2. 我如何思考（独立思考、批判性思考、解决问题、写作）？

3. 我如何与外部有效沟通（语言表达、文字表达、可视化表达）？

我在工作中经常面试应聘者，无论什么行业、职业、岗位，都是用如上三个问题去问候选人。多数人可能平时没有想过这些问题，所以基本上很难有令人满意的回答。如果能条理清晰、逻辑自洽地回答出来，即使没有相应的行业经验，也是一个“A+”人才。

如果回答不上来，也没有关系，缺什么补什么，哪一部分是短板，则补上哪部分。这些都是通用能力，是高级认知能力，决定一个人能够发展到什么程度。

吴建平